大数据之路 ②

数据更普惠，商业更智能

瓴羊智能科技 著

电子工业出版社
Publishing House of Electronics Industry
北京·BEIJING

内容简介

本书是《大数据之路：阿里巴巴大数据实践》的升级版，内容不再仅仅聚焦于阿里巴巴，而是延伸到对千行百业的实践与探索。本书从追溯数据中台的起源与发展脉络，到从多视角、绘蓝图、资源化和资产化等多方面设计满足业务需求的数据中台框架，再到全方位探讨数据的交易与流通、智能算法的应用，以及"1NN"决策分析框架的应用，汇聚了作者在大数据实践过程中的经验、教训和方法。

本书理论与实践相结合，包含大量真实的案例，从金融服务的风险控制，到制造业的供应链优化，再到零售业的个性化营销，通过大量鲜活的实例为读者提供极具价值的参考与启示。不论是企业经营者、数据管理者，还是技术实践者、数据爱好者，都能从中受益。

未经许可，不得以任何方式复制或抄袭本书之部分或全部内容。
版权所有，侵权必究。

图书在版编目（CIP）数据

大数据之路. 2，数据更普惠，商业更智能 / 瓴羊智
能科技著. -- 北京：电子工业出版社，2025. 2.
ISBN 978-7-121-49210-5

Ⅰ. F272.7

中国国家版本馆 CIP 数据核字第 2024MX6751 号

责任编辑：张彦红　　文字编辑：孙奇俏
印　　刷：涿州市京南印刷厂
装　　订：涿州市京南印刷厂
出版发行：电子工业出版社
　　　　　北京市海淀区万寿路 173 信箱　　邮编：100036
开　　本：720×1000　1/16　印张：28.5　字数：595.3 千字
版　　次：2025 年 2 月第 1 版
印　　次：2025 年 2 月第 2 次印刷
定　　价：98.00 元

凡所购买电子工业出版社图书有缺损问题，请向购买书店调换。若书店售缺，请与本社发行部联系，联系及邮购电话：（010）88254888，88258888。
质量投诉请发邮件至 zlts@phei.com.cn，盗版侵权举报请发邮件至 dbqq@phei.com.cn。
本书咨询联系方式：faq@phei.com.cn。

本书编委会

编委会主任：朋新宇

主　　　编：王　赛

编者团队（按姓名首字母拼音排序）：

董芳英	谷忠玫	洪骏元	江　岚	柯　根
孔珊珊	李濠甫	梁　爽	林永钦	刘春辰
刘牧洋	阮城锋	申宝柱	石　斌	孙　蕾
孙伟光	王　彬	王　静	王　伟	王兆天
王中要	夏　草	徐　宁	杨　靓	杨勇义
姚　栋	叶笔长	张　建	张　谦	张双颖
张文韬	张　宇	郑　凯	周　鑫	朱瑞丹

序言 1

走好选择的路，不选好走的路

距离《大数据之路：阿里巴巴大数据实践》一书出版已经过去 7 年。这些年里，我们收到了很多关于这本书再版的咨询，其中有学生，也有企业高管，以及不少出版社对第二本书的出版邀请。我们难免有些诚惶诚恐，这些摸着石头过河的经验没想到成为行业里的先行者和定义者，于是我们对出版新书更加审慎。

这 7 年来，数据浪潮引领着互联网时代来到了 AI 时代，各种变化也纷至沓来。数据体量的变化、竞争格局的变化、经济形势的变化和世界环境的变化，都给企业和企业里的数据人带来了巨大的挑战，也带来了巨大的机遇。数据，作为第五生产要素，正在发挥着前所未有的重要价值。

于我们自身而言，最大的变化是从阿里巴巴内部的数据团队转变为独立的数字化品牌——瓴羊智能科技，也是现在阿里巴巴云智能集团的核心数字化软件服务业务。从过去服务阿里巴巴，到现在服务千行百业，深入各个行业，我们发现数字化的发展程度各不相同，各家企业的需求也不尽相同，甚至一家企业内部对同一个数据的认识也不同。

我于 2004 年加入阿里巴巴，从加入的第一天起，我就在数据相关的岗位工作，可以说是中国最早的一批数据人。在阿里巴巴这艘"大船"上服务了 20 年，我们亲眼见证过数据从少到多、从繁到简、从局部优化变成核心引擎。

我印象最深的是 10 年前，当时阿里巴巴正在高速发展，生意增长非常快，业务也越来越多元化，这就面临着一个非常严峻的问题——如果不能有效地治理数据，那么仅仅服务器产生的成本就会吃掉公司未来的利润。当时，1 张数据库表，8 个部门存 8 遍。1 张表一年的成本是 1200 万元，8 张表加起来将近 1 亿元。

这个任务摆在了 DT（Data Technology，数据技术）团队面前，虽然彼时互联网蓬勃发展，但放眼全行业，几乎没有专业的数据人。面对每天层出不穷的问题，我们既没有可以借鉴的解决方案，也没有可以照抄的答案。更何况，庞大的数据治理工作需要各个业务部门的配合，但当时每个业务部门都在高速发展，都有非常充分的拒绝配合的理由和困难。有好心人提醒我:"做得好,不一定是你们的功劳;做得不好,你们可要负全部责任!"顶着这个压力,我带着团队进驻项目室,在干中学,在学中干,一边建设,一边优化。

最终,我们成功构建了集团数据公共层,这正是后来广为人知的阿里巴巴"数据中台"。在那个时期,我们确立了诸如 One Data、One ID、One Service 等概念,这些概念早已超越了阿里巴巴内部的专用范畴,不再仅仅是数据行业的专业术语,而是成为跨越多个领域的通用词汇。

如果说上一本书从我们在阿里巴巴的经验出发,在"术"的层面讲讲数据,那么在《大数据之路 2:数据更普惠,商业更智能》一书中,希望分享的更多是从瓴羊这个组织走出去,我们看到的千百家企业如何基于数据形成一套组织生长、企业管理、业务洞察的"方法论",聊聊"道"的层面。

尤其 2024 年以来,AI 成为全行业共同的关注点,我们也感觉到企业对未来的期待和不安。期待,是因为新的变革和机会已经近在眼前;不安,则是因为不知道如何抓住先机。2024 年,在跟我们服务的一些企业 CEO 交流时,他们普遍表示:"我们对 AI 持非常开放的态度,并且非常愿意尝试,但问题在于,我们不知道如何与 AI 结合。"

这些 CEO 的困惑也是大部分企业正在面临的挑战,我们希望本书能给读者解惑,这也正是本书的价值所在。我们在服务每一家企业时,都是将企业视为一个"生命体",深入研究其生长周期。数据作为这个"生命体"最基本的单元,如何生长更替,帮助企业完成"新陈代谢",顺利穿越不同的经济周期,实现基业长青,是每家企业都渴望的目标。

最后,我也想向撰写本书的瓴羊团队致谢。他们在保证产品上线、升级、客户交付等工作的情况下,将瓴羊在行业中积累的经验和实践整理成文字,相信其中的价值已体现在字里行间,待各位读者细细翻阅。也特别感谢一路上信任和给我们提出宝贵意见与建议的客户、同行、专家和老师们。深知不足,唯有携手前行。

朋新宇

阿里巴巴集团副总裁、瓴羊 CEO

序言 2

再谈数据的价值

《大数据之路 2：数据更普惠，商业更智能》一书的出版让我感到非常高兴。在这个 AI 时代，当大家都在讨论大模型和 AI Agent 时，能够静下心来探讨数据的重要性显得尤为必要。

数据到底如何创造价值？创造了哪些价值？我想这是数据从业者常常会被追问的问题。

10 年前，马斯克宣布要将美国航空发射器的成本降低到中国水平的七分之一。10 年后，他成功实现了这一目标。SpaceX 的每公斤发射成本从 18 500 美元降至 2 720 美元。这背后的一个重要因素在于：SpaceX 在产品开发的早期阶段，通过"数据+算法"的模式择优替代传统的实物试验，大幅降低了研发成本，缩短了研发周期，提高了研发效率和产品质量。

当我们追问数据到底是怎样创造价值的时，或许我们可以先追问数字化的本质到底是什么？在我看来其本质是两场革命：一场是工具革命，另一场是决策革命。今天数字化的一个重要方向就是企业研发、设计、生产、运营、管理过程中的每一个决策行为，无论是人的决策还是机器的决策，都在尝试通过"数据+算法"的方式进行替代。

当我们讲数据驱动决策的时候，面对一个复杂的业务场景，我们要提出 3 个基本的核心要素：第一，你的数据是不是实时在线的；第二，你的数据是不是端到端的；第三，你的数据是不是科学、精准的。

在当今的数字化转型中，数据要素在实体经济中的核心作用在于：基于"数据+算法"的决策重构企业的运营机制。无论是面对消费者（C 端），还是面对企业客户（B 端），不仅需要升级客户关系管理系统、制造执行系统、PLC 等各类软件系统，还需要实现数据驱动的关键，即所有的企业决策都应基于需求的动态变化来进行。

无论是产品研发创新、智能制造、渠道管理、销售与分销、品牌建设、数字化营销，还是用户运营，所有决策都应该基于对客户需求的精确判断。这不仅可以实时感知消费者（C 端）的需求，还可以针对企业客户（B 端）不断优化解决方案。更重要的是，它能够基于对客户的感知，满足客户的实时需求。这才是数据发挥其核心作用的地方，也是数据要素创造的价值所在。

只有经过计算的数据才能产生价值。从数据流动的角度来看，数字化解决了"有数据"的问题，网络化解决了"数据流动"的问题，智能化则解决了"数据自动流动"的问题。数据流动的自动化，本质上是用数据驱动的决策来替代经验决策。

基于"数据+算力+算法"可以对物理世界进行状态描述、原因洞察、结果预测和科学决策。"数据+算法"将正确的数据（所承载的知识）在正确的时间传递给正确的人和机器，以信息流带动技术流、资金流、人才流、物资流，优化资源的配置效率。不难看出，在利用"数据+算力+算法"优化决策的过程中，大部分企业最需要关注的是数据。而《大数据之路 2：数据更普惠，商业更智能》一书是关于数据价值问题的一次全面回答。相信本书会带给各位读者意想不到的价值。

安筱鹏

阿里云智能副总裁

中国信息化百人会执委

序言 3

从方法到思维，从数据到价值

作为土生土长的杭州人，我自然知道阿里巴巴这家公司。但"数据中台"这个词，在我 30 年的海外数据工作中从未听说过，直到 2020 年回国后才开始关注。我一直不理解"数据中台"到底是干什么的，为什么美国没有这个概念呢？

为了深入学习，我购买了《大数据之路：阿里巴巴大数据实践》一书。阅读几遍之后，我认识到国内在数据管理方面拥有如此优秀的理论和实践，这令我非常惊叹。经过认真学习，我特意制作了一份 PPT，在国际数据管理协会（DAMA 国际）的会议上介绍了"数据中台"这一概念。我还特意比较了国外主数据 One ID 和数据中台 One ID 的异同，并建议将"数据中台"纳入 DAMA 的数据管理知识体系（DMBOK），反响非常好。这并非因为我讲解得好，而是因为这套理论本身非常好，尤其是国内还有很多成功的数据中台案例。

实际上，美国的很多数据系统都是在企业内部成熟后向外部赋能或开源的。例如，谷歌的 Kubernetes、TensorFlow，以及 Cloudera 的 Impala 等。阿里巴巴能够从自身实践中创造出"数据中台"并向外赋能，这完全符合业务逻辑。

一晃这么多年过去了。这次看到这本书的第 2 版《大数据之路 2：数据更普惠，商业更智能》问世，当王赛先生把全书文件发给我时，我仔细读了一遍。第 1 章就把我吸引住了，因为它讲述了数据中台的历史。回忆过去可能是我们中年人特有的倾向，但这段历史确实值得铭记。这段时间恰好是我国崛起、杭州快速发展的高光时刻。看到瓴羊的成长壮大，仿佛见证了我国数据行业在国际舞台上的发展。我们的影响力日益增强，这令人感到非常欣慰。

和第 1 版相比，第 2 版详细阐述了 Data Fabric、Data Mesh、DataOps、大模型等一系列理论和实践，特别是用一定的篇幅来解释大语言模型，这是有意义的。人工智能的发展有赖于高质量的数据。数据是数字经济的基础，数据管理是人工智能的前提。作为有效管理数据的方法，数据中台为 AI 提供高质量的"算料"，同时人工智能本身也可以反过来帮助我们更好地管理数据。数据中台和人工智能的结合一定是未来发展的趋势。

《大数据之路2：数据更普惠，商业更智能》还增加了有关数据资产管理的内容，包括数据资产入表。这些新增内容具有重要的时代意义。如今的"数据中台"不仅是一种技术解决方案，还是一种业务模式———一种崭新的思维和运营模式。毕竟管好数据的最终目的是实现数据的价值，而为业务赋能是实现数据价值的一种方式；数据资产入表和数据资产的交易是实现数据价值的另一种方式。

本书提供了大量的分析案例，这些案例具有很好的参考价值。当技术方案比较抽象时，案例就是最好的注释。本书不仅适合技术人员和数据专业人士学习，还适合业务人员和管理人员阅读，是一本难得的好书。

汪广盛

国际数据管理协会大中华区主席

上海市静安区国际数据管理协会会长

前　言

随着新一轮 AI 技术浪潮的来临，企业如何借助科技之力，完成新一轮生产效率和经营方式的升级，激发业务创新与增长，成为全行业普遍关注的话题。与此同时，2022 年发布的《中共中央 国务院关于构建数据基础制度更好发挥数据要素作用的意见》（简称"数据二十条"）标志着数据在技术演进和政策经济发展的双重推动下，已经来到了一个新的重要位置。

《大数据之路：阿里巴巴的大数据实践》一书于 2017 年问世，当时正值大数据概念及其所代表的技术力量蓬勃发展的时期，本书受到了广泛关注。各行各业开始感受到数据规模不断增长所带来的压力，以及面临的挑战和机遇。本书凝聚了我们在大数据实践过程中积累的经验、教训和方法，并有幸得到了广大读者的认可与喜爱。

此次出版的《大数据之路 2：数据更普惠，商业更智能》一书不再局限于阿里巴巴，而是延伸到对千行百业的实践和探索，我们希望本书能为企业经营者、数据管理者、技术实践者厘清数据发展的脉络，分享实践经验，并提供有价值的参考。

本书之所以可以从阿里巴巴的方法论延伸到千行百业的实践与探索，是因为团队本身的变化和发展。我们从过去的阿里巴巴内部的技术团队成为阿里巴巴全资子公司——瓴羊。我们不再局限于阿里巴巴内部的问题，而是为 24 个行业、近 5 万家企业在数据加工、数据消费和数据流通 3 个环节提供产品和服务。本书是对我们过去几年的经验和方法的总结，也是对这部分内容的首次公开。

本书共 11 章，遵循以下脉络展开。

第 1 章回溯数据中台如何从一个初步构想逐渐成长为推动企业数字化转型的核心动力。

第 2 章从 CXO、数据管理者和数据消费者多元视角全面剖析数据中台在实际应用中的重要性与价值，生动展现其如何助力企业在激烈的市场竞争中占领先机。

第 3～5 章依次介绍数据中台的构建框架、数据架构与建设、数据治理与管理等主题，详细阐述如何设计一个既能满足当前业务需求，又能支持未来发展的数据中台框架，并提供一系列实用的指导与建议。

第 6、7 章全方位探讨数据的交易与流通、数据与智能算法的应用。通过生动的实用案例，展示如何构建企业内外部的数据消费生态体系，并揭示智能算法如何在推荐、广告与搜索等领域点燃业务创新的火花。

第 8 章介绍 "1NN" 决策分析框架，阐释其如何助力企业构建数智管理内核，推动决策分析的设计与实施，从而在瞬息万变的市场环境中运筹帷幄。

第 9~11 章汇集了大量真实的案例，展示了阿里巴巴及其他行业领军者在数据中台领域的宝贵实践经验。从金融服务的风险控制，到制造业的供应链优化，再到零售业的个性化营销，这些鲜活的实例不仅为读者提供了极具价值的参考与启示，还能激发读者的创新思维，鼓励大家在各自的专业领域探索无限的可能性。

本书的写作耗时近 1 年，横跨内部多个团队，30 多人参与编写，旨在将最有价值的探索和经验分享给广大读者，不负大家一直以来对"大数据之路"的期待与厚爱。诚如本书的书名，希望与企业经营者、数据管理者、技术实践者共同实现"数据更普惠，商业更智能"。

目 录

第1章 再出发：数据中台的萌芽与蜕变　001
- 1.1 理念起源：中台思维的初步形成　002
- 1.2 标准确立：OneData 体系的升级　004
- 1.3 平台构建：OneData 与数据中台的融合　006
- 1.4 转型深化：数据中台的新变革　011
- 1.5 持续进化：数据中台的未来发展　012

第2章 多视角：从千行百业中的问题出发　013
- 2.1 CXO 视角：数据中台的战略考量　014
  - 2.1.1 数据中台的实质分析　014
  - 2.1.2 数据中台的目标与价值体现　014
  - 2.1.3 组织与人才在数据中台建设中的作用　017
- 2.2 数据管理者视角：数据中台的运维与治理　019
  - 2.2.1 数据中台业务价值评估与团队认同　020
  - 2.2.2 数据资源的高效利用与成本控制　021
  - 2.2.3 数据治理实践与数据质量提升　023
- 2.3 数据消费者视角：数据中台的使用体验　025
  - 2.3.1 优化数据搜索效率与用户体验　025
  - 2.3.2 提高数据质量与数据可信度　026

第3章 绘蓝图：数据中台的思维与框架　027
- 3.1 跨越十年：数据中台的演进与本质思考　027
  - 3.1.1 应变之道：面对变革的策略选择　027
  - 3.1.2 双轨并进：数据构建与应用的协同演进　029

3.2 数据中台思维：战略·价值·运营 ... 032
    3.2.1 战略为先：顶层设计与渐进迭代 ... 032
    3.2.2 价值导向：业务共振与价值生成 ... 034
    3.2.3 运营为核：数据中台的建设策略 ... 037
3.3 数据中台框架：从顶层设计到价值实现 ... 038
    3.3.1 顶层设计：塑造战略导向，组织敏捷与文化创新 ... 039
    3.3.2 资源化：构建稳健数据架构与高效建设机制 ... 041
    3.3.3 资产化：深化数据管理与治理，实现数据资产增值 ... 043
    3.3.4 要素化：促进数据交易与流通，激活数据市场活力 ... 044
    3.3.5 价值化：智能决策赋能，驱动业务创新与增长 ... 046

第 4 章 资源化：数据架构与建设 ... 049

4.1 数据架构的时光机：阿里巴巴视角下的演变 ... 049
    4.1.1 开启旅程：孵化期的业务数据启蒙 ... 050
    4.1.2 蓄势待发：萌芽期的独立引擎与离线仓库 ... 050
    4.1.3 迈向未来：迭代期的实时计算革命 ... 052
    4.1.4 筑梦成真：成熟期的 OneData 与数据中台 ... 054
    4.1.5 引领变革：变革期的湖仓一体架构 ... 055
    4.1.6 迎接挑战：大模型驱动的数据进化 ... 057
4.2 数据架构模式的前沿探索 ... 057
    4.2.1 分布式之美：Data Mesh 的领域驱动 ... 057
    4.2.2 织就数据网：Data Fabric 的统一数据体验 ... 058
    4.2.3 敏捷运维之道：DataOps 的持续改进 ... 059
    4.2.4 数据中台：企业级数据治理的典范 ... 060
4.3 数据架构的理论基石与设计原则 ... 061
    4.3.1 数据架构的本质与价值 ... 061
    4.3.2 数据模型架构设计的原则与方法 ... 063
    4.3.3 解析数据平台架构设计的关键要素与实践 ... 068
4.4 数据架构案例：达米公司的数据架构建设实践 ... 071
    4.4.1 业务布局与数字化转型需求 ... 072
    4.4.2 如何规划企业级数据仓库 ... 073

　　　　4.4.3　如何克服数据"孤岛"，实现数据集成　　082
　　　　4.4.4　如何构建和管理多模态数据资产　　089
　　4.5　行业数据架构推荐与案例分析　　131
　　　　4.5.1　金融行业：数据治理与合规挑战　　131
　　　　4.5.2　汽车行业：大规模数据处理与分析　　136
　　　　4.5.3　服饰行业：个性化数据服务与营销　　140

第 5 章　资产化：数据治理与管理　　145

　　5.1　数据治理概述　　145
　　　　5.1.1　区分数据治理与数据管理　　145
　　　　5.1.2　解析数据治理的核心问题　　146
　　　　5.1.3　制定数据治理的目标　　150
　　　　5.1.4　构建数据治理的框架　　150
　　5.2　数据标准管理　　152
　　　　5.2.1　数据标准的核心问题　　153
　　　　5.2.2　"三流合一"的数据标准解决方案　　154
　　　　5.2.3　数据标准的治理工具与平台　　161
　　5.3　数据质量管理　　169
　　　　5.3.1　数据质量管理的核心挑战　　169
　　　　5.3.2　"三流合一"的数据质量管理模式　　176
　　　　5.3.3　数据质量评价与优化机制　　184
　　5.4　数据安全与流通管理　　188
　　　　5.4.1　数据安全合规面临的核心挑战　　189
　　　　5.4.2　数据安全治理的方法和框架　　192
　　　　5.4.3　数据安全实践　　202
　　5.5　数据成本管理　　203
　　　　5.5.1　数据资源利用的核心挑战　　203
　　　　5.5.2　资源治理闭环体系的构建　　204
　　　　5.5.3　数据成本计量与模型设计　　207
　　5.6　数据治理运营体系建设　　210
　　　　5.6.1　阿里巴巴数据治理模式："0-1-N"模式　　210

第 6 章　要素化：数据的交易与流通　219

- 6.1 构建企业内部数据消费生态体系　220
  - 6.1.1 数据资源化：激活数据价值的引擎　220
  - 6.1.2 场景价值导向：驱动数据消费的深化与拓展　222
  - 6.1.3 数据运营：企业数字化转型的基石与引擎　228
  - 6.1.4 阿里巴巴大促：数据驱动下的精细化运营实践　237
- 6.2 布局企业外部数据流通生态体系　239
  - 6.2.1 如何高效整合外部数据资源　239
  - 6.2.2 数据资产商业化的策略与挑战　241
  - 6.2.3 瓴羊港：企业数据流通的服务枢纽　243
- 6.3 数据流通的深化合规与技术融合　253
  - 6.3.1 多维合规视角下的数据流通治理　253
  - 6.3.2 合规与技术驱动的协同机制　258
- 6.4 数据资产入表　266
  - 6.4.1 数据资产入表的定义与会计处理依据　267
  - 6.4.2 数据资产入表的重要性　267
  - 6.4.3 数据资产入表的条件　269
  - 6.4.4 数据资产入表的步骤　270
  - 6.4.5 数据资产入表的准备工作　274

5.6.2 数据治理的人才体系及培训机制　211
5.6.3 数据治理的管理机制优化　213
5.6.4 数据治理的文化建设与宣导　216

第 7 章　大模型：数据与智能算法　277

- 7.1 从符号到大模型的 AI 跃迁　277
- 7.2 深度学习与数据驱动　279
  - 7.2.1 深度学习模型的迭代与创新　279
  - 7.2.2 数据到模型全流程优化路径　284
- 7.3 智能引擎在推荐系统、广告系统与搜索引擎中的应用　292
  - 7.3.1 推荐系统的架构、链路与算法　292

7.3.2 计算广告体系的架构、链路与算法 … 298
7.3.3 搜索系统的架构、链路与算法 … 301
7.4 大模型时代的革新与发展 … 305
7.4.1 语言模型：从 Word2Vec 到通义千问 … 306
7.4.2 多模态大模型：从学习到生成模型 … 312
7.4.3 AI Agent：革新、架构与行业应用探索 … 322
7.5 大数据赋能大模型创新与突破 … 326
7.5.1 数据规模，大模型演化的关键 … 327
7.5.2 检索增强，大模型可信化的基石 … 328
7.5.3 数据资产，大模型效能的催化剂 … 330
7.6 大模型赋能 Quick BI … 332
7.6.1 Quick BI，数据洞察的智慧平台 … 332
7.6.2 Quick BI 与智能小 Q … 333
7.6.3 Quick BI 的底层核心能力 … 336

第 8 章 价值化：数据驱动下的智能决策 … 339

8.1 "1NN" 决策体系框架：构建企业数智管理内核 … 339
8.1.1 一套数据语言体系：打造企业内部的"神经中枢"（"1"） … 340
8.1.2 N 层决策分析核心架构：从战略到执行的准确映射（"N"） … 342
8.1.3 N 个决策分析关键要素：确保数据语言准确高效（"N"） … 343
8.2 "1NN" 决策体系建设思路：推动数智管理的设计与实施 … 344
8.2.1 "1NN" 决策体系建设的三大关键支柱 … 344
8.2.2 "1NN" 决策体系建设的实施路径及步骤 … 346
8.3 数智管理案例："1NN" 决策体系在业务场景中的应用 … 348
8.3.1 业务痛点及核心需求分析 … 348
8.3.2 "1NN" 决策体系解决方案：定制化应对策略 … 349
8.4 业财一体化案例："1NN" 决策体系数智化重塑业财融合 … 352
8.4.1 业务痛点及核心需求 … 352
8.4.2 "1NN" 决策体系的业财解决方案 … 354
8.4.3 案例总结：业财融合的成功实践 … 357

8.5 人力资源数智化案例："1NN"决策体系重塑人力资源管理体系　　358
　　8.5.1 背景与需求　　359
　　8.5.2 关键要素分析　　359
　　8.5.3 人力资源管理的转型　　360
　　8.5.4 人效金字塔方法论　　361

第9章 价值化：数据驱动产销协同　　365

9.1 数智产销的发展进阶　　366
　　9.1.1 初始期：业务流程驱动管理　　367
　　9.1.2 发展期：决策分析驱动管理　　369
　　9.1.3 变革期：数据智能驱动管理　　370
9.2 数智产销协同化　　372
　　9.2.1 产销的"1NN"决策体系设计　　372
　　9.2.2 产销的 PLM 智能决策设计　　376
9.3 数智化产销决策实战案例　　379
　　9.3.1 新品企划：宠物用品从洞察到爆品的实战路径　　379
　　9.3.2 商品铺货：小家电的精细化管理实践　　384
　　9.3.3 需求预测：供应链优化的实战案例　　386
　　9.3.4 精准补调：瓴羊赋能快消品供应链优化　　388

第10章 价值化：多源数据融合的智能营销探索　　391

10.1 多源数据融合的价值场景案例　　392
　　10.1.1 营销服务的痛点透视与核心需求解析　　393
　　10.1.2 RTA 构建高效广告投放优化实战　　394
　　10.1.3 LBS 数据赋能品牌跨渠道协同效应　　396
10.2 多源数据融合的关键技术　　400
　　10.2.1 通过 OneID 建立标签画像　　400
　　10.2.2 Embedding 的两种形式　　407
　　10.2.3 隐私计算与联邦学习　　409
　　10.2.4 DataTrust：如何实现数据可用不可见　　410

第 11 章 先行者：数据文化与组织建设 　　415

　11.1　不同企业数据战略下的组织设计 　　416
　　　11.1.1　以"数据能力建设"为导向的组织设计 　　417
　　　11.1.2　以成为"客户运营商"为战略的组织设计 　　420
　　　11.1.3　面向"数据商业"的组织设计 　　423
　11.2　阿里巴巴的数据组织与文化运营 　　428
　　　11.2.1　阿里巴巴数据组织的发展历程 　　428
　　　11.2.2　数据岗位的设定与标准 　　430
　　　11.2.3　数据文化的酝酿与繁荣 　　433
　11.3　数据组织与文化保障企业数据战略落地 　　435
　　　11.3.1　数据组织及文化建设的关键点 　　435
　　　11.3.2　企业数据组织建设与数据文化运营的建议 　　437

第1章 CHAPTER 01

再出发：
数据中台的萌芽与蜕变

2017年，《大数据之路：阿里巴巴大数据实践》一书出版后，许多后来加入阿里巴巴集团（以下简称集团）的技术人员都说受到过这本书的启发和影响，这让我们感受到莫大的鼓舞和肯定。

如今再来看《大数据之路：阿里巴巴大数据实践》一书，我们仍然自信地认为，这本书的价值丝毫不减。但同时我们也意识到，在这7年时间里外部环境、企业经营情况、数据技术等都发生了变化，已无法覆盖新的问题。总结我们的经验和实践，给新问题以新答案，成为我们此次成书的初衷。

本书以阿里巴巴数据发展为起点，延伸到千行百业的数据问题。因此，我们有必要在最开始对阿里巴巴的数据发展历史做一个梳理。

阿里巴巴自1999年在杭州湖畔花园成立以来，经过20多年的发展，已经成长为一个市值千亿美元的上市集团，其业务范围广泛覆盖全球数字商业、云计算、本地生活服务、娱乐等领域。在阿里巴巴集团内部，我们经常强调阿里巴巴的本质是一家由数据驱动的公司。早在2016年前后，阿里巴巴的数据量就已经达到了EB级别，部分单张表格每天的数据记录量就高达几千亿条。阿里巴巴的数据工程师每天要处理百万级规模的离线数据任务。这样一家拥有巨大数据体量的公司在数据处理上所面临的挑战和提供的解决方案，无疑对各行各业都具有重要的参考价值。

1.1 理念起源：中台思维的初步形成

2011 年，阿里巴巴业务包括 B2B、淘宝、支付宝三大板块，三大板块拥有各自独立的数据仓库团队。三个团队虽有交流，但是由于技术和业务的不同，在这一时期，仍然呈现出三个不一样的数据体系发展方向。这种"不一样"为后来数据中台的诞生打下了基础。

由于业务的快速发展，业务部门对数据在效率、管理、价值等多个方面的需求不断增加，同时对效率的要求也越来越高，甚至有些业务部门希望能够自行管理数据。在此期间，三个板块的数据仓库团队也进行了多次组织结构调整，以更好地满足业务发展的需求。2011 年，B2B 数据团队进行了重组拆分，我们这个由 20 多人组成的小团队加入 1688 业务技术团队。在团队负责人朋新宇（小芃）的带领下，我们开始着手建立被称为"三板斧"的数据体系结构。

"三板斧"的核心目标是在构建统一数据体系的大方向下，积极探索采用新技术和新模式的方法来进行变革。为了实现这一目标，我们致力于统一数据标准，搭建先进的技术平台，并提供对用户友好的数据产品。同时，我们不断寻求创新的技术和模式来推动进步（如图 1.1-1 所示）。

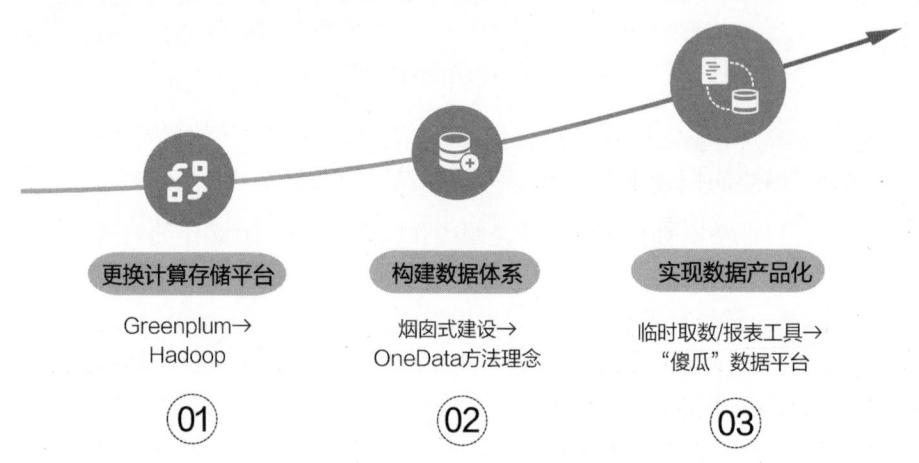

图 1.1-1 方向不变、方法求变、埋下新种子三部曲

在这个核心目标的指导下，我们的工作主要集中在三个方面：更换计算存储平台、构建数据体系和实现数据产品化。

首先，更换计算存储平台，从 Greenplum 迁移到 Hadoop。1688 当时使用的是 Greenplum 平台。我们决定更换平台的原因有二：一是由于存储硬件的坏盘问题，Greenplum 平台的不可用情况日益增多，严重阻碍了业务的发展；二是基于谷歌三大大数据论文的理论支持，新一代分布式计算平台 Hadoop 应运而生。淘宝数据团队率先采用了 Hadoop 平台，并通过实践验证了其稳定性。

其次，构建数据体系，从烟囱式建设转向 OneData 方法理念。完成从 Greenplum 到 Hadoop 的平台迁移后，我们继续采用新的模型和指标构建方法来建设和管理数据。我们认识到，只有高质量的数据才能确保日常工作的高效运行。数据模型和指标口径的管理是数据质量管理的关键环节。为了解决这个问题，我们将 Ralph Kimball（维度建模的重要贡献者）的数据建模思想与 Hadoop 平台的能力相结合，融入整个体系。这一过程最终被命名为 OneData，OneData 有力推动了阿里巴巴中台的发展。关于 OneData 的详细介绍，请参阅第 4 章的内容。

最后，实现数据产品化。过去，业务数据分析需求由 RA（需求分析）岗位负责处理，我们通常是临时取数并通过报表工具展示分析结果。然而，随着业务的快速增长，这种响应方式变得越来越难以应对。我们需要一种新的数据分析形式，不仅要统一接收和处理需求，还要以长期性、全局性、可复用性的思想进行客户需求洞察，开展应用的规划与设计。为此，我们增设了产品经理（或 PD，即产品总监）岗位，从 RA 到 PD 的转变标志着我们开始从用户的数据分析体验角度出发，基于业务和团队的现状，建设一个更加易用的数据分析平台。我们希望这个平台像早期的傻瓜相机一样易于使用，因此将其命名为"傻瓜"数据平台。

需要特别说明的是，迁移、重构和产品建设这些工作通常是并行进行的，一个问题尚未解决，新的问题就会出现。值得庆幸的是，1688 数据团队是一个善于面对问题、解决问题、使命必达的团队。我们在不到一年的时间内完成了上述工作，使数据建设成功追上了业务发展的速度，1688 业务板块的数据体系也逐步构建完善。

与此同时，阿里巴巴其他几个业务板块在数据相关领域也取得了许多突破性进展。成立于 2009 年的阿里云开始自主研发云操作系统"飞天"和大数据计算平台 ODPS（MaxCompute 的内部名称，即云梯 2），阿里巴巴金融业务开始在新平台之上运行。淘系发布了数据魔方、量子统计等数据产品，Hadoop 平台的集群规模迅速扩展到上千台，我们内部称之为"云梯 1"，它是我们通往"飞天"的中间路径。这些能力的建设与发展为阿里巴巴推进更大规模的数据统一奠定了坚实的技术基础。

1.2 标准确立：OneData 体系的升级

到 2013 年，"三板斧"工作取得了一系列成果，业务满意度得到了提升。然而，数据人天生喜欢探索的特质驱使我们"无法停下脚步"，开始利用一些富余的精力研究新技术，例如实时计算。Storm 成了阿里巴巴实时计算的第一个技术平台选择。

与 1688 业务在阿里巴巴集团中的相对独立地位不同，此时淘宝业务正处于高速增长期。到 2014 年，阿里巴巴集团的数据存储规模以每月 8% 的速度增长。按照这一速度估算，2017 年的数据存储规模将是 2014 年的 16 倍，这给我们带来了巨大的成本挑战。如图 1.2-1 所示，每个圆代表一个数据项目，连线表示项目间的数据调用关系。真实的可视化视图展示了复杂的数据关系，导致业务体验不佳和技术资源浪费的问题日益突出。

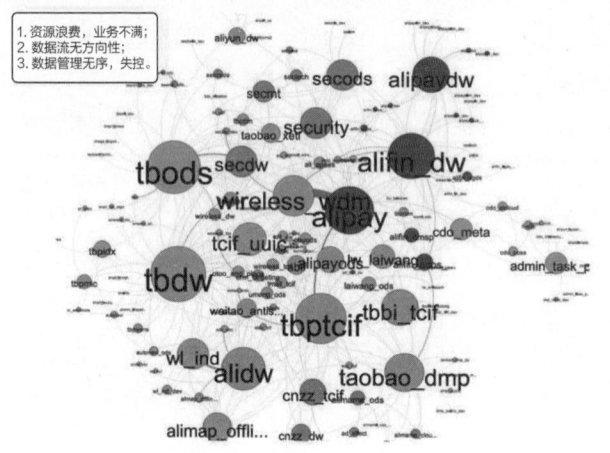

图 1.2-1　当时问题的现状

2014 年，阿里巴巴集团从业务层面加强了 1688 与淘宝业务的联系，我们这个相对独立的团队整合进了淘宝数据团队。随着阿里云上的 ODPS 平台逐渐成熟，5K 项目成功突破了跨机房分布式计算节点的调度能力。

当时，阿里巴巴集团高层关注的一个问题是：1688 数据团队的经验是否可以推广到整个集团。我们的回答是肯定的。面对的选择是先通过"登月"项目快速迁移数据，还是基于 OneData 构建集团共享层。一方面，业务在快速发展，业务部门希望平台迁移对业务的影响最小化，以便将资源投入当前的业务应用中；另一方面，如果不趁此机会进行治理，未来的治理将变得更加困难。推迟处理会导致问题进一步加剧，尤其是在数据规模持续增长的情况下。经过各方的努力沟通和详细论证，集团最终决定改变"登月"项目的实施路径，合并集团公共层项目，全面治理集团的数据体系。其目标不仅要实现平台层的统一，还要实现数据资产体系的统一。

当时集团的技术方向是为了更好地服务于业务，建设一个统一的底层大数据平台，为公司的长远发展做好技术准备。基于这一方向，阿里巴巴集团启动了"登月"项目，将数据迁移到云端，并选择了自主研发的 ODPS 作为统一的存储和计算平台。

项目的执行依然充满挑战，需要在"登月"项目的最后时间节点不发生变化的基础上，插入公共层建设项目计划（如图 1.2-2 所示）。在统一项目目标的前提下，通过建立虚实结合的项目团队，设立专项项目室，让来自十几个业务团队的数据人按照一个项目目标及统筹的进度节奏开展工作。

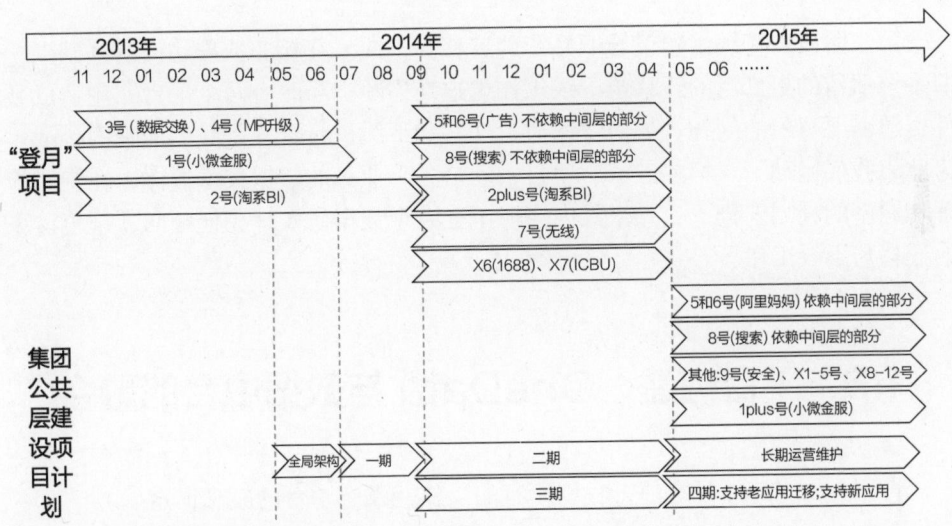

图 1.2-2 "登月"项目与集团公共层建设项目计划

该计划的关键里程分为以下三个阶段。

第一阶段：技术全局架构与业务全面盘点。在架构和技术规范体系方面，我们基于 1688 的经验和积累，结合集团更大规模数据的特点，对 OneData 体系进行了升级，制定了更详细的数据模型控制规范，并对全局过程进行评审和检查。在业务需求梳理方面，团队的产品经理对以往的分析体系进行了全面梳理，与业务人员详细对齐指标口径算法，并在符合 OneData 规范体系的基础上进行指标规范定义。这项工作不仅建立了统一的标准，还为后续废弃对象的快速下线奠定了良好的基础。

第二阶段：抓住关键重要数据重构与重要业务场景。我们专注于关键业务的数据建设，在所有的"登月"项目中，重点切入与淘系数据相关的"登月 2 号"和"登月 7 号"、与 B2B 数据相关的"登月 X6 号"和"登月 X7 号"。在抓住重要业务场景方面，我们重点关注了两个非常重要的场景和痛点："双 11"的业务实时媒体直播和商家的数据分析产品"生意参谋"。2014 年，阿里巴巴集团完成了 IPO，决定将"双 11"的实时动态向全社会开放，这对数据团队来说是一个巨大的挑战和机遇。实时计算海量订单数据的稳定性与准确性是关键问题。得益于数据团队在 2013 年"双 11"期间进行的实时计算演练，技术人员对此增添了几分信心。团队迎难而上，成功实现了 2014 年"双 11"的业务实时媒体直播的数据大屏。2015 年，为了使商家数据分析的口径更加统一，并让数据及时反映平台的经营方针，数据团队推出了商家一站式数据分析产品——生意参谋。这使得商家可以基于数据全方位且及时地进行经营决策。

第三阶段：持续性建设与旧系统的迁移与下线。在核心数据建设的基础上，旧系统遗留的更广泛的迁移与下线工作也迫在眉睫。当时，两个平台共用造成硬件资源需要双份的问题，如何快速通过迁移和下线进行合并是我们面临的挑战。为此，我们启动了"蚂蚁搬家"项目，动员各个业务的数据技术群体，在统筹梳理和周密的计划安排下，几个月内完成了上万个数据研发计算任务向新规范体系的迁移与下线工作。

1.3 平台构建：OneData 与数据中台的融合

直到 2015 年 12 月之前，我们所有的工作并没有中台的概念框定。

在 2015 年 12 月，集团宣布启动中台战略，旨在打造一个符合 DT 时代需求的更具创新性和灵活性的"大中台、小前台"组织和业务模式。这一战略让一线业务部门能够更加敏捷、迅速地适应多变的市场环境。中台则汇聚全集团的运营数据和产品技术能力，为前台业务提供强有力的支撑。此举推动了阿里巴巴集团电商零售平台的全面改革和升级，促进了云计算、阿里妈妈、菜鸟等新兴业务的独立发展。同时，这一战略也为集团内更多优秀的年轻人提供了承担更大责任的机会。朋新宇被任命为数据中台的负责人，这标志着中台定义与发展的新阶段。

我们需要将以往的成果进行沉淀，并在中台的思想、方法和组织体系上进行深入迭代。为此，我们重点展开了以下五个方面的工作。

第一，顶层设计。

围绕数据资产体系，使用 OneData 规范体系建设阿里巴巴集团的资产，持续沉淀技术和产品，同时技术和产品工具为数据资产的长期、持续、稳定建设提供支撑，全面构建面向业务的深度服务能力，让业务消费数据更便捷；专业的数据产品经理构建业务解决方案，持续与业务进行运营陪跑；兼顾通用性与差异的灵活性特点，以一套底座的产品为业务提供多样性的业务服务（如图 1.3-1 所示）。

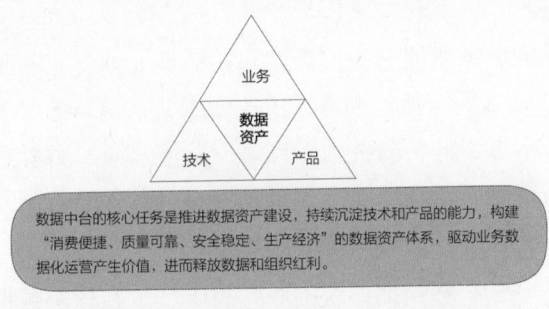

图 1.3-1　阿里巴巴数据中台顶层设计

第二，产品建设。

数据的价值取决于问题的价值，问题来源于业务场景，业务场景来自客户与用户。我们分别定义了中台的客户角色，深入分析他们的需求，并建立了一系列的产品体系（如图 1.3-2 所示）。

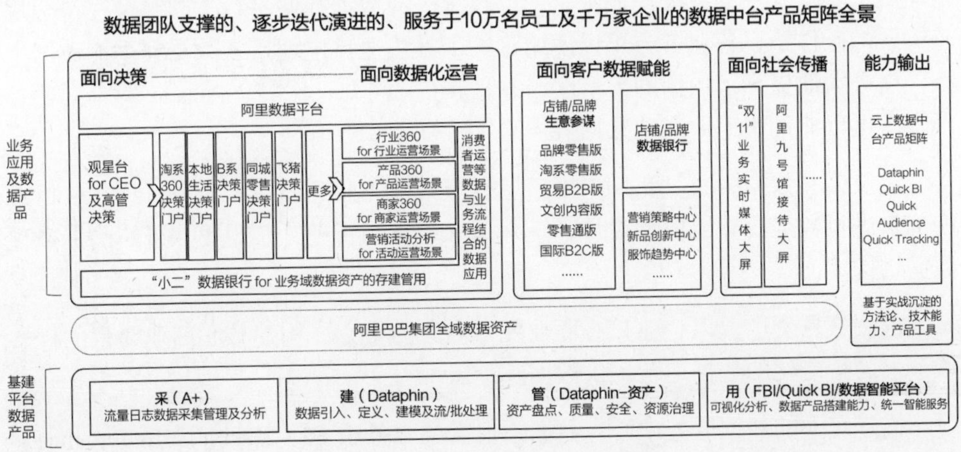

图 1.3-2　数据中台及应用全景图

面向阿里巴巴集团内部员工从决策到数据化运营：首先，以统一的阿里数据平台作为聚合门户，提供 PC 端与移动端的多端访问能力；其次，在 CEO 及高管决策层，以观星台产品呈现公司级别到业务板块级别的关键经营指标全貌，商业分析团队保障数据口径的统一，并提供商业分析建议；再次，提供面向各个不同业务板块的决策门户，贴合不同业务板块的分析个性诉求；然后，面向各个职能的运营人员提供领域级别的专题分析，比如阿里巴巴的产品运营、行业运营、营销活动运营，分别建设了行业 360、产品 360、营销活动分析产品；最后，面向一线各类"小二"，提供开放的数据公共层及 BI 分析工具。总之，70%以上的数据决策分析"普惠"是我们一直坚持在做的事情。

面向商家客户的数据赋能：我们曾询问在平台上经营业务的商家，经营生意必备的数字化工具有哪些。他们回答说，生意参谋和 OMS（Order Management System）工具是必不可少的，前者用于打单、发货处理，后者则基于数据进行生意经营。数据分析能力对于每个商家都至关重要，因为他们每天都要面对平台上瞬息万变的竞争环境，并基于数据做出及时的策略调整，以提高经营效率和 ROI（Return On Investment）。我们提供了三大产品体系：生意参谋面向店铺经营与决策分析，品牌数据引擎面向消费者运营，策略中心则面向品类规划。这些产品分别在店铺整体经营、品类选择和消费者营销方面提供数据支持。

第三，数据建设。

扩大数据源的接入。随着阿里巴巴集团业务板块的不断发展，在符合法律法规的前提下快速接入新增板块数据是我们能力的基础。我们提供了统一的数据采集埋点工具、统一的数据集成工具，以及统一的数据存储平台。同时，在符合规范体系的条件下，各业务方可以使用这些工具快速自主地接入数据到垂直数据中心，这极大地提升了数据的丰富度，并且 UC、高德、优酷、Lazada 等不同业务形态都可以非常快速地实现数据接入。

建设公共数据中心。我们采用三层拆解架构（业务板块、业务过程、分析维度）来进行数据公共层模型设计，统一指标定义与管理，实现更加统一的标准化数据结构。

挖掘数据资产。以企业核心商业要素对象为中心，构建核心商业要素的标签体系，为智能化的数据运营提供数据基础。

构建统一的数据服务中心。数据不仅需要服务于 BI（Business Intelligence）决策分析，还需要用于商业运营场景。因此，一个统一且高可用性的数据服务体系至关重要。阿里巴巴集团通过打造 OneService 体系，既能管理对前台业务的数据出口，又能通过统一服务节约成本，保障高可用性。

至此，阿里巴巴集团的数据中台在数据资产建设方面的核心方法论也进行了升级与迭代，OneData 演变成了 OneModel、OneID、OneService 三部分，分别用于构建公共数据中心、萃取数据中心和统一数据服务层（如图 1.3-3 所示）。

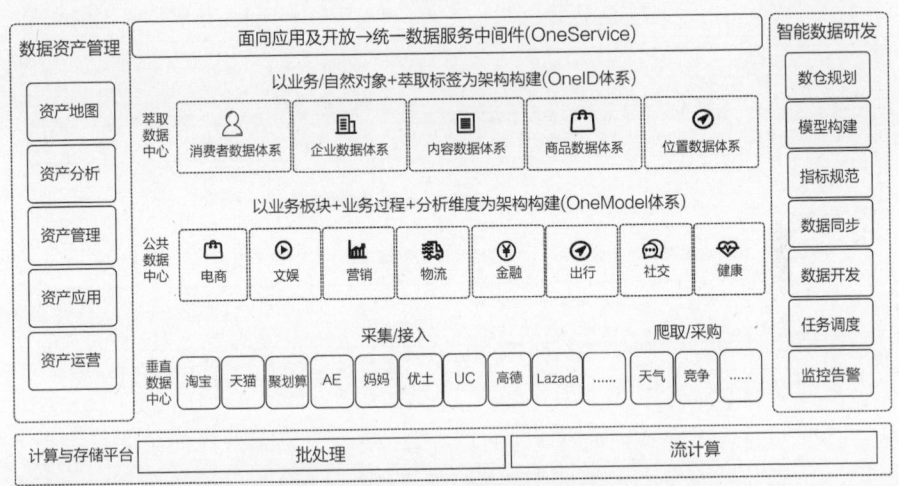

图 1.3-3　数据中台的数据资产建设方法论

第四，数据治理与管理。

数据建设与管理的一体化、数据治理与管理的一体化是阿里巴巴集团数据中台数据管理的核心原则。在数据建设的过程中，我们强调数据生命周期的管理、数据质量监控规则的设定，以及数据测试保障的实施等一系列要求，并将这些政策制度嵌入工具体系中，确保治理的制度要求与实际执行相一致，围绕质量、成本、安全几大领域，制定明确的目标并展开相应的管理工作。我们还建立了包括分析、诊断、优化与反馈的闭环体系，在数据化管理方面构建了健康度量指标体系，并将这些度量指标应用到人员开发流程与权限管理中，有效地阻止不规范、不合规、低标准的行为（如图 1.3-4 所示）。

在阿里巴巴数据资产管理的发展历史中（如图 1.3-5 所示），我们从目标出发，结合阿里巴巴集团各个阶段不同的重点，建立了核心任务，在管理过程中开发工具，形成阿里巴巴统一的数据资产管理平台。在组织侧，我们从以资源管理为重点任务的虚拟组织团队发展为一个专职的团队，这个专职团队强调制度、工具运营执行的一体化与协调一致性。

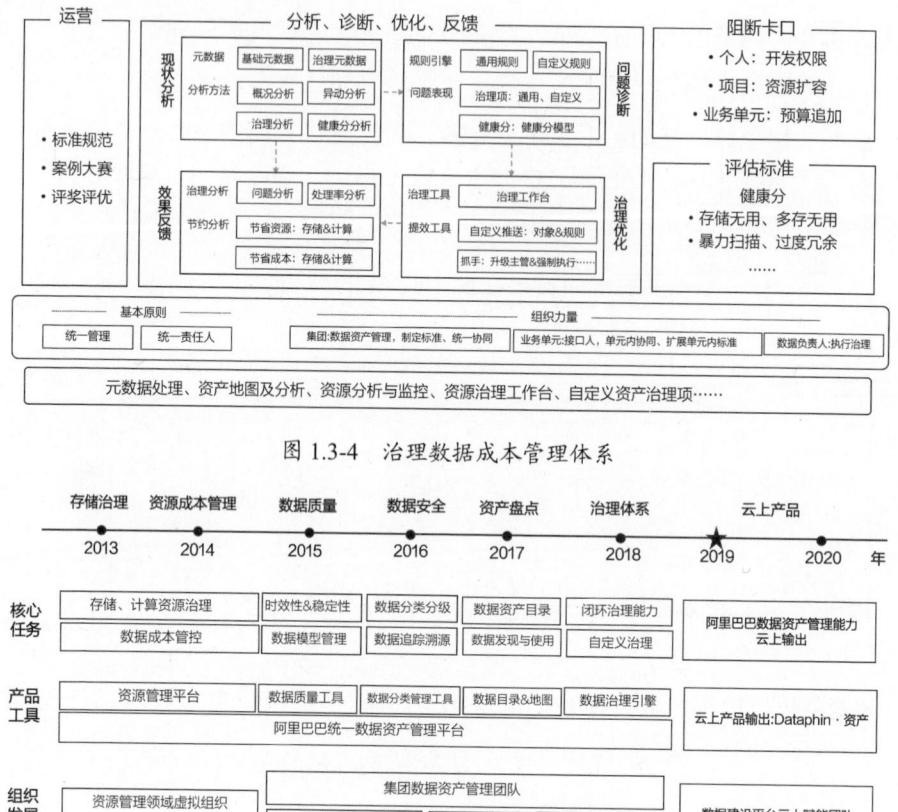

图 1.3-4　治理数据成本管理体系

图 1.3-5　阿里巴巴数据资产管理的发展历史

第五，数据流通。

在《中华人民共和国网络安全法》《中华人民共和国数据安全法》《中华人民共和国个人信息保护法》相继实施的背景下，阿里巴巴集团推进对各个独立业务经营主体的数据进行合规管理。这不仅仅是简单地切断数据流动，更重要的是，在遵守法律法规的前提下，实现数据的高效流通，因为数据只有在流通中才能更好地发挥其价值。国家法律政策的出台为数据的合规流通提供了明确的指导和法律依据。阿里巴巴集团建立了一个以技术、流程、合规三要素为核心的数据流通中心解决方案。数据提供方通过流通管控平台接入数据，并将其发布到数据市场；数据消费方在明确应用场景的情况下，接受必要的实际用途和用法的合规审查，通过底层的可信数据空间，完成对数据用途的计算，确保数据在清晰的场景和目的下，实现符合法规的分析与计算（如图 1.3-6 所示）。

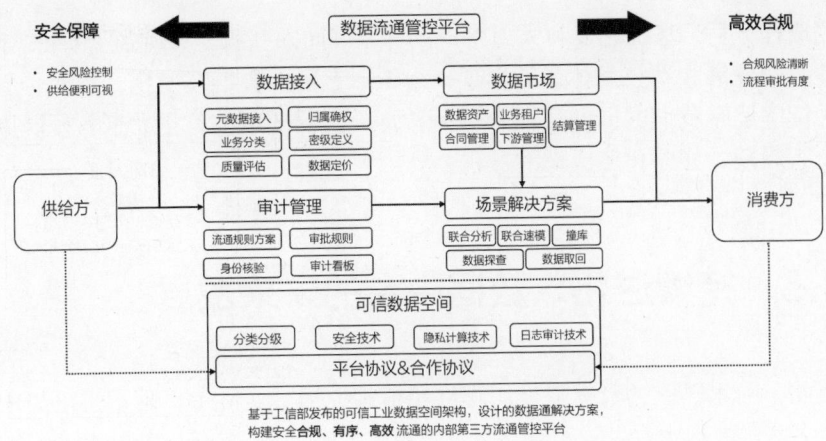

图 1.3-6 基于可信数据空间理念打造的集团型企业内部数据流通方案

1.4 转型深化：数据中台的新变革

随着阿里巴巴集团业务体系的新变化，外界对阿里巴巴集团将如何处理中台产生了疑惑。面对这些疑惑，我们应该如何理解？首先，数据人需要理解和认同以下几个关键问题。

第一，更丰富且统一的数据，有利于业务更便捷地使用数据。

第二，统一且稳定的技术平台，能保障更多的人力资源被投入业务中。

第三，具备足够的开放能力，让更多的业务人员自助化地实现需求，这是灵活且便捷地满足需求的重要策略。

第四，数据团队在任何时候都需要深入了解业务，帮助业务创造价值。不同时期的组织形式应与当时的业务发展状况相适应。

实际上，经过 10 多年的深入迭代和发展，阿里巴巴集团的中台体系已经沉淀并产品化了核心中台能力。同时，业务方对数据应用于业务的需求也在持续增强。因此，我们选择保持中台沉淀的产品化能力，使业务能够更加灵活地管理和使用数据业务解决方案专家资源。这种模式逐渐成为阿里巴巴的一种组织形态选择。我们仍然保留了统一的数据采集、统一的数据公共层建设和统一的数据治理与管理体系。同时，我们将更倾向于业务线的产品和人员"上浮"到业务团队，使他们在组织关系上更接近业务团队。例如，生意参谋、品牌数据引擎、阿里数据平台等一系列产品仍然是业务方数据运营的重要支撑。我们在建设大厦时使用的脚手架完成任务后，基础建设和大厦将一同保留，而一些脚手架则需要拆除。未来，随着业务的发展和新技术体系的出现，组织形态可能会继续变化。然而，上述提到的关键问题是我们共同的认识和目标。每一次的变革都只是大事务发展周期中的一个小周期，如同化茧成蝶的过程。

1.5　持续进化：数据中台的未来发展

至此，阿里巴巴的数据建设历程已经梳理完毕。实际上，阿里巴巴集团从未有一个名为"数据中台"的团队，该业务单元（Business Unit, BU）的全称是"数据技术及产品部"，内部简称 DT（Data Technology）。

2021 年 12 月 1 日，DT 团队转型为一家独立的创业公司，被命名为"瓴羊"。

一个原本服务于阿里巴巴集团内部业务的团队，为何会走向服务外部企业，并最终成为一个独立的数据智能服务公司？这离不开社会需求、我们的愿景，以及阿里巴巴集团的支持。

早在 2017 年，当外界对阿里巴巴的数据建设方法表现出日益浓厚的兴趣时，我们就开始思考如何将 OneData 方法体系升级为更具自动化和功能化的形式，使数据建模和指标定义与开发过程更加协同。这一思考推动我们创建了 Dataphin 产品。同时，这也让 DT 团队萌生了走出阿里巴巴、服务各行各业的想法。

经过随后几年的建设，DT 团队积累了坚实的客户基础。面向未来，我们需要提供更加专业化和体系化的服务。阿里巴巴鼓励我们以商业公司的体系独立运作，于是"瓴羊"诞生了。从一个数据团队发展为一个 BU，再进一步成为一家独立的商业化公司，这恰好反映了目前各公司在构建数据能力时的三种组织形式。第 11 章将对此进行详细探讨。

瓴羊是一家年轻的公司，因为我们成立的时间很短。但瓴羊也不年轻，因为我们的数据人已经经历了 10 多年的风风雨雨。我们仍记得在"三板斧"建设期间，深入研究基于《ERWin 数据建模》的理论，改进指标定义和管理方案。

无论是对数据人还是对企业而言，"大数据之路"从来不是一条平坦的大道。正如朋新宇在一封内部邮件中曾经鼓励我们所说的："放弃需要勇气，坚持需要底气。我们 DT 人相信，走好选择的路，而不是选择好走的路。"

"大数据之路"一定是正确但艰难的路，我们将自己的方法、经验和思想分享在本书中，与大家一起前进，共勉。

第2章

多视角：
从千行百业中的问题出发

阿里巴巴的数据中台探索之路具有鲜明的特色，涵盖了互联网平台型企业的业务模式、基于互联网的数字化原生数据基础，以及组织层面的高度数据战略认同感。与此同时，无论是在传统制造业与零售领域，还是在大型互联网平台企业中，它们都不约而同地意识到数据在业务中的核心作用。数据作为企业最宝贵的资产之一，正深刻地塑造着企业的决策和运营方式。自2017年起，阿里巴巴瓴羊数据团队开始与外部企业接触，并持续与来自各行各业的客户进行交流和分享。通过这些交流，我们学习并感知到不同客户在业态、组织形态、技术基础、人才体系等方面各有特点。数据中台在企业中的建设并非一帆风顺，无论是规模庞大的互联网企业还是传统制造业，都需要克服一系列复杂的问题。从数据治理到数据价值的挖掘，再到数据服务的高效性，每一个环节都需要进行全面而系统的解决。正如一句俗语所说"困难是我们最好的老师"，在数据中台建设中遇到的各种问题和挑战，正是让我们更深入地理解和掌握数据驱动业务的核心所在。

我们合作的对象通常分为三类角色：首先是业务经营的核心管理者，如CEO、CFO、CIO等，我们统称他们为"CXO"。他们最关心的是在实现数据驱动的业务增长过程中，如何确保内在能力和组织关系的适配性。其次是数据管理者，他们主要关注企业数据质量等问题，确保数据资产的健康和可用性。最后是数据消费者，作为终端用户，他们面临的最直接的问题是如何找到和有效使用数据。

2.1 CXO 视角：数据中台的战略考量

在当今这个数据洪流涌动的时代，每一位肩负企业航向的 CXO 都不免深思：如何在这片浩瀚的数据海洋中精准导航，挖掘那些潜藏的珍宝，以数据为舵，引领企业破浪前行？"数据中台"这一概念自阿里巴巴的前瞻实践中孕育而生，如今已成为众多企业数字化转型征途上探寻的灯塔。它不仅是技术架构的一次革新，更是企业战略思维模式的深刻变革，这要求 CXO 们不仅要做数据的观察者，更要成为数据价值的驾驭者。

在本节中，我们聚焦 CXO 视角，深度解析数据中台的本质，明确建构目的与价值，阐明组织与人才的关键作用，并指引如何在战略实施的每一步中避开误区，确保数据中台成为企业转型升级的加速器，而非沉没成本的黑洞。

2.1.1 数据中台的实质分析

早在 2015 年，阿里巴巴就提出了数据中台的概念。随着数字经济逐渐影响社会的各个方面，政府在"十四五"规划及 2035 年远景目标纲要中也描绘了数字中国的未来愿景：激活数据要素潜能，推进网络强国建设，加快以数字化转型整体驱动生产方式、生活方式和治理方式的变革。在这个过程中，数据中台的概念被不断讨论和升级，越来越多的企业 CXO 开始关注数据中台的内涵，以及它与数据平台、数据仓库、数据工具链之间的区别。

实际上，许多数字化转型项目对数据中台的概念理解并不清晰。例如，一些数据湖项目被误认为是数据中台，还有一些企业错误地认为数据中台仅限于数据大屏展示等表面工作。数据中台实际上是一套可持续"让企业数据活起来"的机制，它是一种战略选择和组织形式，根据企业特有的业务模式和组织架构，通过具体的产品和实施方法论支撑，构建一个持续不断地将数据转化为资产并服务于业务的机制。其核心在于对内优化管理并提升业务效率，对外实现数据合作和价值释放，成为企业数据资产管理的中枢。

2.1.2 数据中台的目标与价值体现

随着企业数字化转型的发展，越来越多的企业 CXO 开始思考企业的数据战略问题。数据战略是在明确企业目标和业务需求的前提下，对所有相关的数据资源进行规划、整合、利用和管理,以实现组织价值最大化的一种战略形态。很多企业在制定战略的过程中都会遇到一个绕不开的问题,即为什么要做数据中台?

要回答这个问题,应当从企业整体情况出发做判断。如果一家企业从整体战略出发,推导出在多个层面、多个场景都有数据需求,那么毫无疑问应当推进数据中台体系。相反,如果一家企业从战略层面找不到做数据中台的必要原因,并且从业务部到管理层,对中台建设的支持都比较少,只是"为了做而做",就容易陷入数据中台难以体现的困境,而且这样的项目往往会无疾而终,对企业来说是时间和资源的浪费。

数据中台体系的构建并非一朝一夕之功,而是一个复杂且系统化的工程,涉及长期规划、分步执行、持续优化与迭代升级等多个环节。这个过程要求企业具备高度的灵活性和敏捷性,以便根据业务发展和市场变化进行动态调整和完善。数据中台的建设不仅要适应新的业务场景,还要满足不断增长的数据服务需求。

在明确了数据战略方向后,企业的 CXO 需要定期审视企业的战略目标。然而,在当前激烈的市场竞争中,许多企业对数据战略的理解主要依赖于 CXO 的个人经验。同时,一些数据中台服务商会对数据中台进行各种概念上的包装,这可能导致企业的 CXO 在评估数据中台的价值时陷入一些误区。

误区之一是观点的盲目追求。许多 CXO 认为数据战略是解决企业问题的关键,他们容易被新颖的观点所吸引。例如,今天有人推荐"DataOps",企业觉得这是一个好主意;明天,又有人提出"全域数据资产管理",企业又认为这是更好的选择。这种做法往往会导致在制定数据战略时过分追求新潮概念,而忽略了实际需求。正如古语所说"临渊羡鱼,不如退而结网",企业应该务实,专注于构建实际可行的数据战略。

误区之二是盲目借鉴同行。许多 CXO 倾向于借鉴其他企业的成功案例,认为数据战略有很多可参考的实例,并认为只需找到一个类似的案例进行复制即可。然而,在数据中台战略层面,实际上只有极少数组织真正完成了全面的探索并拥有可指导行业的经验。由于优秀的范例稀缺,盲目模仿可能导致"南辕北辙"的结果。

误区之三是缺乏前瞻性。一些企业在设计数据战略时,会设定较为狭隘的目标。这种情况通常发生在业务快速发展阶段的企业中,其利润的主要贡献部门,即价值链上的关键部门,拥有较大的决策权。由于大数据部门往往不是价值链上的关键部门,企业的 CXO 在规划数据战略时往往侧重于"满足业务部门的期望,解决眼前问题",这导致数据战略缺乏长远的眼光。数据战略应当着眼于解决未来企业发展的关键问题,过于具体和短期的目标可能会让企业变得短视,进而在执行过程中犹豫不决。

针对数据战略的思考，企业的 CXO 往往会面对企业未来三到五年的数据中台体系的建设规划。在这个过程中，如果缺乏企业级的"数据中台蓝图"设计，就无法明确数据中台建设的目标和愿景。例如，某企业的数据中台蓝图设计如图 2.1-1 所示。

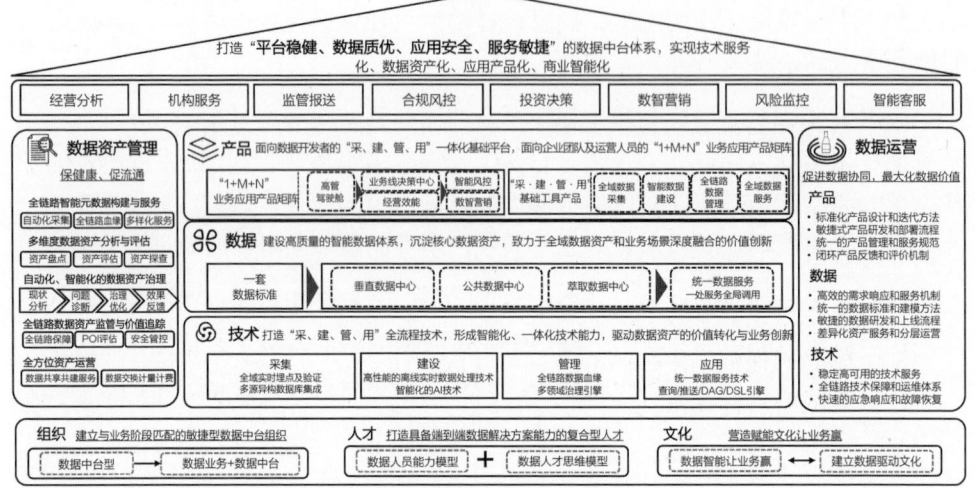

图 2.1-1 某企业的数据中台蓝图设计

在设计"数据中台蓝图"时，企业的 CXO 常常会在"数据""技术""产品""演进路径"这几个方面遇到问题。

（1）数据蓝图体系设计不够清晰：数据蓝图应是企业战略不可或缺的一部分，需要与整体战略目标紧密相连。企业常常缺乏将数据资产化、服务化、产品化的思维，未能建立一个标准统一、质量优良、全域贯通、服务迅速的智能数据中心。此外，数据与业务的结合不足，不能充分发挥数据在支持决策和制定战略中的作用。这一问题的根本在于"数据人员不懂业务，业务人员不懂数据"，导致数据与业务难以真正融合，价值无法充分体现。

（2）技术蓝图体系设计不完善：技术蓝图是企业数字化转型的基石。缺乏明确的技术蓝图规划和实施，企业将难以在技术创新和发展方面取得进展，无法有效应对市场变化和竞争压力。特别是在数据采集、构建、管理和应用的关键环节，如果没有数据中台技术体系的支持，企业将无法构建起既能高效汇聚数据又能快速响应上层业务需求的技术能力。

（3）产品蓝图体系设计未建立：产品蓝图旨在为企业各项业务提供统一的技

术支撑和资源共享平台，涵盖数据平台和业务产品等多个方面。其中，数据产品体系的核心在于赋能业务、创造价值、实现业务数据化和数据业务化。企业若缺乏面向数据生产者和管理者的"采集、构建、管理、应用"一体化数据基础设施平台，就无法打造出高质量的数据资产。同时，缺乏面向数据消费者的完整数据产品矩阵，将导致无法有效利用这些高质量数据，并限制了数据价值的发挥。

（4）演进路径与任务设计的脱节，价值认知不足与战略执行缺失。

- 数据中台的价值认知不足：企业因未能明确业务需求和战略规划，导致对数据中台的定位和价值认识模糊，无法在建设过程中把握重点和方向。数据中台的核心价值在于提升数据处理的效率、精度和全面性，从而为业务决策提供更有力的支持。

- 中台战略与执行的衔接缺失：数据中台的建设必须与企业的战略目标紧密结合，并落实到具体的执行步骤中。然而，许多企业在实施数据中台过程中忽略了战略与执行的衔接，致使战略目标难以达成。因此，重要的是确保数据中台的战略目标与执行计划一致，并监督执行过程，以实现战略目标的落地。

- 关键任务缺乏明确性：在数据中台的构建过程中，根据不同阶段的战略规划，企业往往未能明确定义每个阶段的关键任务，这需要通过逐步推进来解决。例如，在数据治理体系建立的初期，应基于关键业务场景推动全链路治理，并建立健全的治理标准和体系；进入中期，则着重于形成治理闭环和全局优化，统一治理标准，并通过工具化手段实现自动化闭环链路及从局部优化向全局优化的转变；在高级阶段，应将治理融入日常工作，创建一种设计、开发和消费均包含治理的新模式，同时针对每个关键阶段制定具体的任务列表。对于数据中台建设的每个阶段，企业都应确立清晰的关键任务，以保障任务的有效执行。

2.1.3 组织与人才在数据中台建设中的作用

企业的 CXO 基于数据战略，往往会思考如何通过组织使"数据中台真正运转起来"，以及现有的组织架构和人才体系是否与数据中台的建设和发展要求尚存在较大的差距。

1. 组织架构问题

数据中台的建设是一个涵盖技术和业务的全面体系，涉及的部门和人员广泛。

因此，有效的组织架构设计是确保数据中台成功实施的关键。许多企业在数据中台建设过程中，缺乏与业务发展阶段相适应的敏捷型组织架构，没有形成良好的业务前台与数据中台相结合的分布式数据组织。当前的组织架构可能不够清晰或不合理，缺乏跨部门的合作机制。这种状况会导致业务前台与数据中台之间的联系不足和沟通存在障碍，进而影响数据与业务的高效融合，以及数据对业务的快速赋能能力。数据中台的建设需要打破部门和系统的界限，促进不同团队和部门之间的合作与协调，消除信息"孤岛"和部门间的利益冲突，推动组织变革和协同作业。在业务流程中，我们需要采用一种方法，将数据和业务通过组织方式直接耦合并集成，使之成为一项系统工程。同时，应从最终客户的视角出发，将数据从底层直至应用层整合到业务应用中。我们的目标是将数据嵌入业务流程，将数据融入业务体系，形成一个价值闭环。在组织架构方面，核心是提高特种兵团队的交付效率，使其能够自行完成更多需求的闭环交付，提升中台各领域的服务化能力，为上层特种兵和实施团队提供充足的资源和支持。通过顺畅的连接机制，促进特种兵团队与中台各领域之间的良性互动和增强回路（如图 2.1-2 所示）。

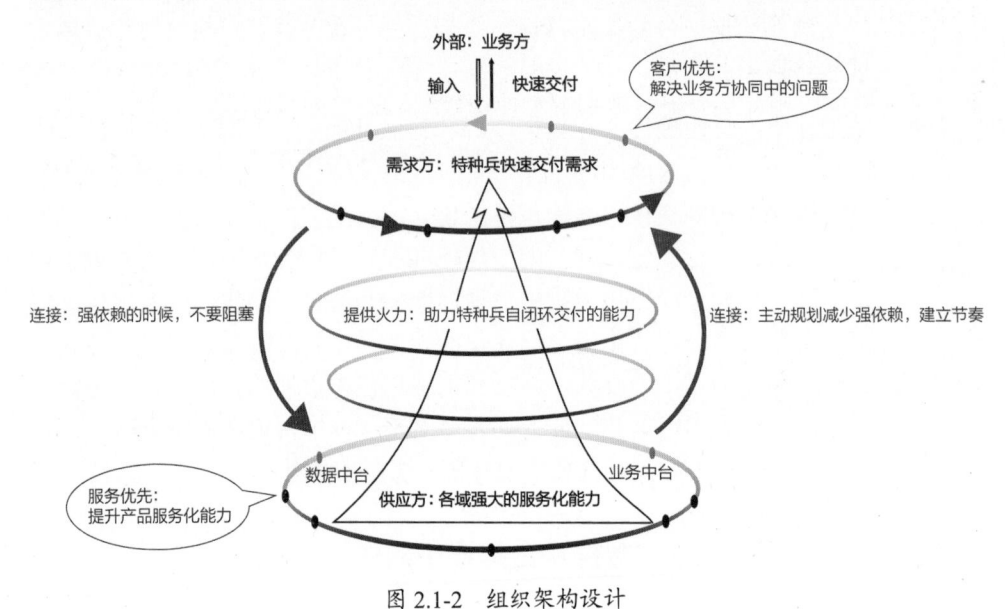

图 2.1-2　组织架构设计

2．组织人才问题

人才体系建设的基础是在数据中台建设策略和任务指导下，对数据中台的关键岗位进行识别，并提前进行储备和培养；人才决定了数据中台的可执行性，人才体系驱动组织能够有效地运转。目前很多企业在数据中台建设的不同阶段，缺乏对数据中台人才的识别与组织角色能力的配置，无法在不同的业务背景和目标下，做到循环实施和人才体系的迭代。在数据中台的组织人才体系中，存在多个岗位角色的缺失，并且缺乏以人才能力成熟度认证体系为依据的机制，这导致无法为人才快速培养和成长提供依据和强大助力。数据中台需要多种人才角色进行配合，例如，数据智能科学家、数据品牌与运营师、数据产品经理、数据可视化设计师、大规模数据应用工程师、海量数据研发工程师、数据模型师、数据管理架构师等，需要确保企业具备相应的技术和人才资源，以保障数据中台的顺利建设和运作。

3. 组织文化问题

数据文化建设的主要目的是，营造一种以数据驱动业务、以数据指导决策的文化环境，推广"业务从数据开始"的理念，并加强数据赋能和数据价值的应用与宣传。目前，许多企业尚未建立针对数据、用户、组织等不同对象的数据文化体系，在基础文化建设、品牌活动宣传方面，缺乏有效的实施策略。组织文化的核心在于使每一位员工都能成为数据的使用者，将数据平台和工具有效地融入业务流程中。以一个简单的例子说明，就像每年"双11"前进行的"数据在阿里"培训，我们希望通过"双11"这一特定场景，让员工熟悉这些数据应用场景、数据产品和数据应用，从而更好地理解和使用数据。通过持续的学习和实践，使用数据成为员工的本能反应，成为日常工作不可或缺的一部分。

4. 组织流程机制问题

流程机制的存在是为了确保组织和人才设计能够在实现预定数据目标的过程中提供高效且可操作的保障。许多企业缺乏明确的组织协作和流程机制，无法确保在数据的采集、构建、管理和应用各个环节中，所有的参与者都能有效地遵循既定规范，这导致支持研发、赋能业务的目标难以在具体工作中得到落实。

2.2 数据管理者视角：数据中台的运维与治理

在数据已成为企业核心资产的当下，数据管理者面临的挑战是如何将数据有效地转化为企业发展的驱动力。在本节中，我们将深入分析数据管理者在构建和维护数据中台的过程中遇到的实际痛点与应对策略。这些痛点包括数据取用效率低下、业务价值实现困难、数据产品化进程缓慢，以及数据价值评估难等。同时，我们将探讨如何将数据资源提升为企业宝贵的资产，通过有效的数据治理和数据质量提升，推动企业的发展。

2.2.1 数据中台业务价值评估与团队认同

1. 数据取数效率与业务取数挑战

许多企业在为各级领导和业务部门提供数据分析支持时,会遇到指标取数的问题。大数据团队对这些数据需求的响应往往不够及时,使得取数资源成为一大挑战,无法迅速满足业务的实际需求(如图 2.2-1 所示)。数据研发人员常常被迫充当业务取数的工具,这限制了他们的个人价值成长。大数据团队需要考虑如何使业务人员能够更加方便地访问和使用高质量数据,从而使业务人员能够更加高效、自主地利用和消费数据,提高业务使用数据的效率。

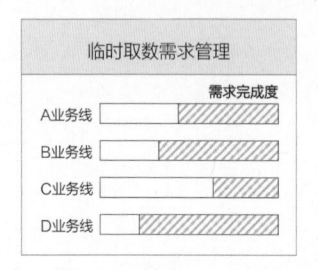

图 2.2-1 技术人员临时取数不能自拔,业务人员抱怨响应不足

2. 数据应用业务价值难以实现

目前,由于缺乏思路的连贯性,大多数企业将数据资源的管理重点放在紧随业务需求的变化上,缺乏深度思考与沉淀,难以充分展现数据团队的数据能力和业务价值。许多企业常常感到困惑,尽管具备出色的数据能力,却无法充分发挥其应有的价值。例如,虽然拥有数据模型、研发效能指标、安全生产数据等资源,但这些内容通常仅限于在业务看板上展示,很少涉及更深层次的分析。当前,大多数企业在尝试描述或构建数据的业务价值时,往往从数据的角度出发,向他人展示数据能够做什么,但这种思路实际上是错误的。业务价值的产生并非源自数据本身,而是源于数据对业务的赋能。数据的目标是为企业管理提供支持,因此,即使我们通过数据公式计算出各种指标,但如果不能明确这些指标如何为管理带来实际效益,那么数据的价值就难以体现。作为数据专业人士,深入了解业务至关重要,特别是在特定领域方向上,需要深入研究。只有真正理解业务,才能发现并释放数据的价值。业务的核心需求是什么?业务需求的不仅仅是数据或产品,还是业务增长问题的解决方案。我们需要根据业务问题的定义来制定解决方案,真正回归业务场景,深入理解业务问题,关注业务的核心流程和关键策略的驱动因素,并不断与业务部门对齐,通过数据赋能业务。

3. 数据产品化能力的缺失

目前，许多企业为业务人员提供的数据服务以提供报表分析为主，缺乏从数据产品的角度提供服务，也缺乏为不同的业务和人员建立体系化分析体系的能力。例如，阿里巴巴在为服务平台上的商家提供经营支持时，规划和研发了多种数据产品，包括面向经营分析的生意参谋、面向客户运营的品牌数据引擎，以及面向品类策划的策略中心。在决策支持方面，阿里巴巴已经建立了相当成熟的"1+N+N"体系，能够快速响应业务需求。在运营支持方面，需要明确数据的形态，使数据能够像水一样融入产品中，与现有流程紧密结合。通过将数据产品整合为数据中心、决策引擎和指标库等能力，可以更好地支持业务。数据中台需要构建产品能力和核心数据要素，通过流通促进这些要素的流转，并基于产品和数据资产构建业务的数据解决方案。

4. 数据价值衡量标准的缺乏

价值衡量是驱动数据中台部门持续建设和资源投入的关键因素。我们需要分析在不同的数据建设阶段是否建立了明确的价值衡量标准，以解决"如何衡量"的问题。对于众多企业而言，价值的衡量方式是多样化的，这包括数据是否离开了大数据部门、是否被业务部门通过数据 API 服务调用、指标或报表被哪些部门或个人访问以及访问频率如何等问题。此外，还需要考量大数据部门在数据处理上投入的成本。这些都是数据团队重点关注的分析维度。通常情况下，数据中台的建设旨在满足两大需求：一是实现技术能力和业务能力的可复用性，二是切实提升业务团队的工作效率。前者较易理解，而后者常常被忽视。实际上，效率的提升是数据中台价值体现的核心所在。从技术层面看，数据中台通常是在数据仓库和数据湖的基础上，实现了数据的平台化、服务化和价值化。通过平台化，实现了工具共享；通过服务化，实现了数据的合规共享；通过价值化，使数据真正产生了业务价值。

2.2.2 数据资源的高效利用与成本控制

在外部环境严峻和许多企业内部推行"高质量"发展战略的双重背景下，各家企业对成本预算的管控变得越来越严格。大数据计算成本的持续高位和不断上升趋势，加之常见的数据"孤岛"、重复计算和存储等问题，必然导致成本的浪费和不可控的增加。因此，许多企业在有限的大数据预算下，既要有效支持业务发展，又要确保成本的可控性，力求数据成本的增长不超过业务规模的增长。

1. 预算明确性问题

预算管理是成本控制的核心环节，其编制的准确性和管理的有效性直接决定了资源使用压力和成本治理效率，进而影响公司的整体利润目标。随着业务的快速迭代和扩展，企业在制定合理有效的预算目标方面存在不足，往往依靠主观判断来进行资源预算的分配，这导致资源使用的浪费。

2. 花费分析的挑战

在进行成本治理时，花费分析至关重要。目前，大多数企业在对大数据平台的费用进行全面治理时，涉及计算引擎、开发平台、消息队列、报表平台等多个方面。然而，这些平台使用的元数据并不完整，并且收费标准各异。不同平台的花费分析方法及其对元数据的需求也有所不同。因此，缺乏统一完善的数据元仓库来支持治理措施的实施是一个关键问题。这些核心因素导致各个垂直业务线在数据治理进展方面缓慢。

3. 传统治理方式的空间局限性

面对治理推进的挑战，许多企业更注重业务成果，而在成本控制和治理意识方面较为薄弱，用户参与治理的积极性不高。部分治理措施的实施影响范围广泛，需要大量下游部门的配合，导致推进难度加大。同时，缺乏自动化的治理辅助工具，治理策略依赖于人工分析，部分员工缺乏治理经验，并且缺乏对治理方案的积累和沉淀。传统治理方式的效果往往是短期的，缺乏对持续性效果的跟踪，效果数据与财务数据无法有效连接，部分任务治理后容易出现反复。

4. 成本与价值的匹配问题

当前的预算成本管控策略，虽然在很大程度上实现了对企业预算与成本的精细化统计和核算，但在执行过程中面临一个严重问题：当业务发展与成本超支发生冲突时，业务部门难以接受成本分配的结果。原有的成本管控方式是各子模块独立进行的，在保证不超支的前提下，无法进行有效的成本调控。即使需要追加预算，也缺乏业务价值的支持。根本原因在于缺乏全链路的业务价值与成本的 ROI 评估机制，既无法实现全局最优，也无法提供有力的控成本或扩预算依据。

5. 应用侧的显著成本问题

目前，许多企业主要依赖业务人员使用 BI 数据分析工具进行广泛的自助式报表分析。BI 工具的核心优势在于业务人员易于入门且操作简便，但也带来了许多不合理使用的问题。例如，业务人员在平台上随意开发和生产数据，许多报表数据仅被查询一次，下游业务并不经常访问这些数据，久而久之导致了日益严重的成本浪费。

2.2.3 数据治理实践与数据质量提升

数据如同双刃剑，它在为企业创造业务价值的同时，也成为企业面临的主要风险之一。低劣的数据质量往往导致错误的业务决策，进而引发数据统计分析不准确、业务监管困难、高层决策复杂度增加等一系列问题。尽管许多企业投入大量资源进行数据治理咨询，以期提高数据质量，但在实际执行过程中常常成效有限。因此，我们将从多个角度深入分析企业在推动数据治理过程中遇到的具体挑战和根本原因。

1. 数据体系标准化缺失

中间层数据模型加工深度不足，导致下游业务无人使用。数据模型缺乏统一的方法论指导，指标口径定义模糊，开发人员依赖个人经验进行模型设计，导致从指标口径到技术实现的逻辑出现偏差，从而造成数据的不标准化和指标解释的多义性。例如，"独立访问用户"这一指标，其中的"用户"可能根据设备、会员等多种口径进行定义，在某些企业中可能存在多达八种不同的口径定义。此外，缺乏标准化的数据体系建设会给业务人员使用数据带来极大困扰，甚至影响业务决策。举一个真实的案例，由于口径定义的差异，导致商家咨询投诉量急剧增加。例如，在天猫、淘宝或聚划算等平台上，商家报名参加活动时需要上传商品信息，但活动有特定的限制条件，并非所有的商家都有资格参与，这取决于商家的资质和服务能力。其中一个条件是，对于报名参加聚划算活动的商家，前一个月的成交额必须超过100万元，否则不具备资格。有商家声称自己的成交额为101万元，符合资格，但平台工作人员回复称系统后台显示上月成交额仅为99万元，从而引发商家投诉。这类问题频繁发生，促使我们寻找并调查原因，最终发现是由于口径不一致所致。因此，建立标准化的数据体系成为迫切需求。

2. 源头数据错误

源系统数据作为数据生产的起点和所有数据加工的基础，其质量直接决定了统计指标的准确性。在源系统中，主要存在四类问题。一是数据不一致，例如，系统内部或系统之间相同的数据内容未能同步更新。这可能是由于系统建设的时间顺序、系统采购的差异、数据标准执行不力等原因造成的，导致同一客户的数据在不同系统中的编码不一致。二是数据缺失，这既包括因建设初期仅考虑业务需求而忽视管理需求导致的数据缺失，也包括虽有字段但未录入数据的情况，或者因源头业务下线导致字段空置率异常。三是数据内容不正确，很多时候是因为用户录入数据不规范，直接导致生产数据异常。例如，个别客户的名称只是一个小型超市名，但注册地却在安道尔，这是因为用户在录入时没有按照规定的要求进行规范填写和选择。此外，数据逻辑错误也会导致内容不准确，比如同时录入了身份证号和年龄，但二者之间存在矛盾。四是业务逻辑更新不及时，当上游系统枚举值变更或出现新业务时，下游无法及时响应，从而导致问题。这些问题的核心原因在于缺乏对源头数据的监控和标准的稽核，需要基于数据标准推动业务系统的改进和发展。

3．数据供应延迟

一方面，随着数据量的不断增长，数据计算压力也相应地增大，原本预期第二天上班前能出的结果，现在可能要到第二天下午才能完成计算，这严重影响了业务方的数据使用。例如，在为一个制造业客户建设数据中台时，客户明确要求将经营成本的数据产出时间从下午3点提前到当天早晨6点。另一方面，由于数据量过大，模型分层不合理，加之计算能力不足，一旦发现数据处理链路异常或计算结果错误，重新获得计算结果可能需要几个小时。如果以上两种问题同时出现，对使用数据的业务方来说情况将会更加严重。

4．错误使用数据

首先，在构建数据的过程中，我们常常不清楚哪些数据来源是权威的。例如，当两个系统都包含员工数据时，我们难以确定应该从哪个系统提取数据，以及哪个系统的员工数据是权威的。其次，由于关联错误或无法关联，某些数据可能会被忽略，整合后可能会发现明细数据的合计与总账不符。这些问题需要数据团队进行抽象并解决，否则可能会因为加工逻辑的问题导致数据缺失或异常。

5．缺失的数据质量保障机制

在方案设计阶段，未能评估上下游依赖关系和异常传播，导致数据稳定性问题。在数据研发阶段，缺乏逻辑校验，数据同步未受到监控，并且在没有回滚预案的情况下修改数据，导致数据出现稳定性和一致性问题。此外，缺乏有效的监控措施也是导致数据不稳定的一个重要原因。

6．运维机制缺陷

在发布前未进行充分测试，在发布后未实施灰度发布。监控报警未能覆盖研发过程的所有阶段。在数据异常时，缺乏主动发现和及时处理的能力。

7. 长数据链路的协同挑战

多个团队之间的职责界限不明确，数据同步链路涉及至少六个独立团队。某个数据计算链路可能涉及 100 多个任务，并牵涉不同的数据责任人，缺乏全局性的关注，应急处理时容易陷入混乱。此外，上下游之间的容量不对等，当上游发生故障时，整个下游的应急响应积极性问题突出。

2.3 数据消费者视角：数据中台的使用体验

面对分布式数据源和多种数据存储方式，数据使用者常常难以迅速而准确地找到所需数据。即便找到了数据，要从技术、业务、使用等多个角度全面理解数据的使用方法，以及评估数据的可靠性和信任度，仍然十分困难。对于业务用户而言，他们需要能够清晰地看到企业的数据资产，高效地找到合适的资产，并且能够便捷地使用这些数据，以提高查找数据的效率和使用数据的体验。

在当前数据驱动的商业环境中，数据消费者作为数字化转型的直接受益者和实践者，其在数据搜索、使用方面的体验与效率直接关系到企业是否能够充分挖掘数据的潜力。他们迫切需要将数据高效转化为业务动力，但常常受限于数据的分散性、质量问题和可信度不足。因此，本节重点探讨数据中台下数据消费者的核心需求：提高数据搜索的效率与体验，以及增强数据的质量与可信度，以确保数据消费的顺畅流程。

2.3.1 优化数据搜索效率与用户体验

作为一线的数据消费者，许多企业在业务运营中发现，数据是整个工作流程中的核心痛点。业务运营人员花费大量精力在寻找数据上，因为他们不了解数据中台内部有哪些数据，缺乏数据清单和资产表，而这些资料也未按有效的目录和分类组织。他们对这些数据所覆盖的具体业务场景知之甚少，导致在尝试用业务术语查找数据时，无法获取所需的业务分析成果。同时，在寻找数据的过程中，经常会遇到多个相似的表格，业务人员不确定应使用哪一个，只能随意选择。许多企业在检索时，发现搜索结果过多，需要逐一查看，效率极低，并且搜索结果与自己的业务需求常常不相关，导致数据与人的匹配效率低下。尽管当前大多数数据地图提供了基本的搜索功能，但其逻辑主要基于文本匹配，未考虑数据消费者的部门、用数历史和具体的业务需求等更有针对性的信息。此外,在寻找数据的过程中,业务人员不仅需要与数据开发工程师多次沟通以明确数据需求,还需跨越多个渠道来寻找数据,这导致数据无法高效地支持业务决策,通常在运营活动结束后才能找到相关数据,只能用于事后的验证。

2.3.2 提高数据质量与数据可信度

一线数据消费者同样面临着用数难的问题。首先,数据供给的质量问题是导致用数困难的主要原因之一。在数据体系内部,存在大量不规范和重复建设的表格,并且缺乏可信数据的评判机制。在许多企业中,数据往往缺少必要的描述信息,业务关系不明确,缺乏数据质量评估体系。数据命名不规范,缺乏注释和相关文档,导致业务人员在使用数据时需要花费大量时间询问数据定义。其次,机制方面的问题也是用数难的重要因素。由于数据规范问题,数据交接后经常出现业务逻辑口径模糊。此外,申请使用数据后,权限审批过程复杂且缓慢,这进一步阻碍了数据的使用。

第3章

绘蓝图：
数据中台的思维与框架

通过学习上一章的内容，我们了解了不同角色在数据体系建设中可能遇到的各种问题，以及对数据中台本质的定义。正如我们所倡导的，数据中台应真正建立"让企业的数据用起来"的机制。为了实现这一目标，我们需要一个有效的框架，并使其能够有思想地持续迭代和运行。接下来，我们将进一步探讨有效解决这些问题的方法和路径。阿里巴巴及其瓴羊团队在数据中台方法论方面进行了不断提炼与升级。在本章中，我们将详细介绍阿里巴巴数据中台十余年探索所带来的启示，并通过更加系统化的方式解答上一章中提出的问题。

3.1 跨越十年：数据中台的演进与本质思考

在回答来自各行各业的问题之前，在本节中，我们将首先回顾一下阿里巴巴数据中台十余年的探索与实践，从中梳理出数据中台演进的底层逻辑，并深入思考数据中台的本质。通过这个过程，我们可以更直观地了解数据中台如何从概念到实际运用，并成为企业数字化转型的重要支撑。

3.1.1 应变之道：面对变革的策略选择

现代性具有流动性，各种元素都处于持续变化之中。这种不断变化和流动的状态带来了可靠性下降、不确定性增加和安全感缺失的挑战。为了应对这种变化和不确定性，进化式的数据体系成了一种有效的解决方案。回顾阿里巴巴十多年来数据体系的演变过程，可以看出它紧密跟随业务发展的步伐。在这个过程中，数据体系随着市场环境的变化和业务策略的调整而不断迭代和适应。同时，数据与业务的融合也在不断深化和扩展。阿里巴巴的数据体系发展大致可以分为四个阶段（如图 3.1-1 所示）。下面将详细阐述每个阶段的特点和演进历程。

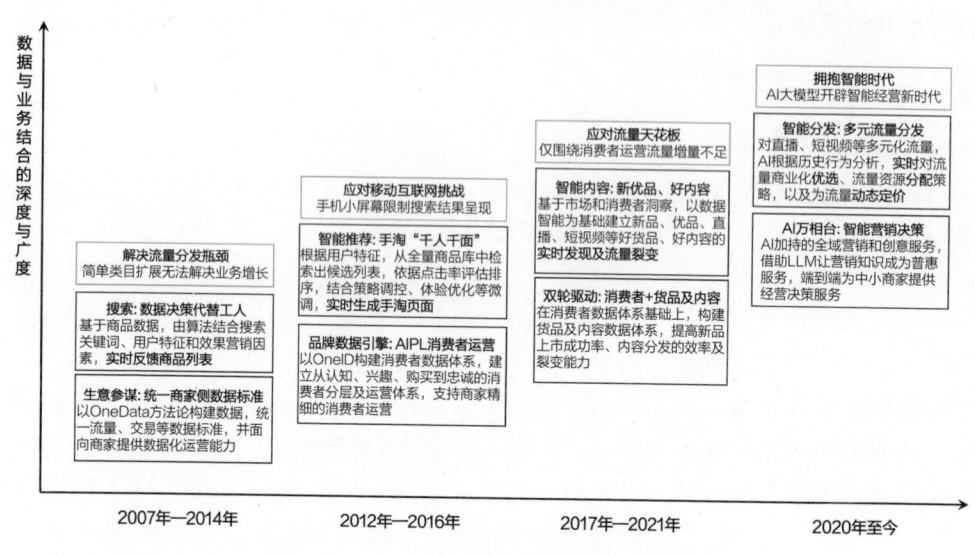

图 3.1-1　阿里巴巴数据体系发展的四个阶段

1. 第一阶段：2007 年—2014 年，解决流量分发瓶颈

从市场和消费者的角度来看，这一阶段面临的核心挑战是流量分发效率低下，以及扩展品类难以有效促进业务增长。问题在于，尽管流量庞大，但满足用户个性化需求的效率不高。关键在于如何更精准地理解和满足用户的需求。因此，基于数据决策的搜索取代了传统的人工搜索。通过算法，根据用户的搜索关键词、特征和效果营销因素，实时反馈商品列表，从而显著提高了流量分发的效率。同时，在商家端，以生意参谋为代表的数据服务提供了统一的经营分析工具。通过 OneData 方法论，建立了统一的数据标准，涵盖了流量和交易的各个方面，为商家提供了数据化运营的能力，帮助他们更快地做出基于数据的决策，从而在流量分发中获得竞争优势。

2. 第二阶段：2012 年—2016 年，应对移动互联网挑战

随着移动互联网的兴起，尤其是在手机小屏环境下，搜索交互和结果显示的体验面临新的挑战。如何在比 PC 端更为有限的屏幕空间中优化用户体验，成为这一阶段的重要课题。通过引入智能推荐技术，手机淘宝应用实现了"千人千面"

的个性化展示，不再仅依赖于传统的搜索功能。该技术根据用户的特性、点击率评估、排序策略调控等多种因素，动态生成界面，向用户推荐更符合他们心意的商品。在商家端，以品牌消费引擎为代表的服务提升了商家对消费者的精细化运营能力。借助 OneID 构建的消费者数据生态系统，商家能够支持从认知（Awareness）、兴趣（Interest）、购买（Purchase）到忠诚（Loyalty）的 AIPL 消费者分层和运营体系。在这种以消费者为中心的个性化推荐机制引导下，市场流量的分配更加精准，商家能够更有效地触及并深化与目标顾客的互动。

3. 第三阶段：2017 年—2021 年，面对流量天花板的挑战

随着移动互联网的渗透率达到高峰，在消费者总数相对稳定的情况下，如何吸引更多消费者的注意力成为突破流量瓶颈的关键。通过提供优质的新品和精选商品，结合直播和短视频等高质量内容的推送，智能内容推荐系统基于消费者行为实现即时反馈和持续优化，以此推动流量的进一步增长。与此同时，商家的运营模式从原有的单纯消费者运营升级为消费者与货品及内容的双轮驱动模式。这意味着在扩展货品和内容的数据体系基础上，商家能够更好地进行新品测试与优化，从而提高新品上市的成功率。同时，对内容进行测试与优化也能增强内容获取流量和转化的能力。

4. 第四阶段：2020 年至今，AI 技术的演进

随着 AI 技术的进步，特别是以 ChatGPT 为代表的大规模模型的成熟，商家的智能化运营迎来了前所未有的机遇。随着图文、视频、直播等多元化内容生产体系的不断完善，消费者端的流量入口进入了智能化分发的新阶段。一方面，AI 通过深度分析历史行为数据，能够实时评估流量的商业价值潜力，优化流量资源的配置策略，实现流量的动态定价；另一方面，商家可以借助 AI 驱动的全渠道营销和创意解决方案，利用大语言模型（LLM）将营销智慧普及化，为中小商家提供从策略到执行的全面经营支持，显著提升商家的经营效率。

各行各业都面临着市场、客户和环境的持续变化，这些变化带来了诸多不确定性。应对这些挑战的核心在于通过端到端的感知、更实时的数据监控和科学的决策，在不确定性中寻找确定性的机会和路径。这需要建立一个涵盖数据采集、实时数据监控和科学决策的数据支撑体系。那么，这个体系是如何逐步构建起来的呢？下一节，我们将对此进行详细介绍。

3.1.2　双轨并进：数据构建与应用的协同演进

在 3.1.1 节中，我们讨论了业务发展中面临的不确定性，并提出了数据体系中

寻求确定性的概念。接下来，我们将深入探讨数据体系的具体内容。根据第 1 章的介绍，数据体系的发展是一个围绕数据构建和数据应用的双重进程（如图 3.1-2 所示）。通过分析阿里巴巴自身的实践以及瓴羊服务覆盖的广泛行业，我们发现这一进程不仅在阿里巴巴得到了体现，而且在各行各业中都有其适用性和共鸣。

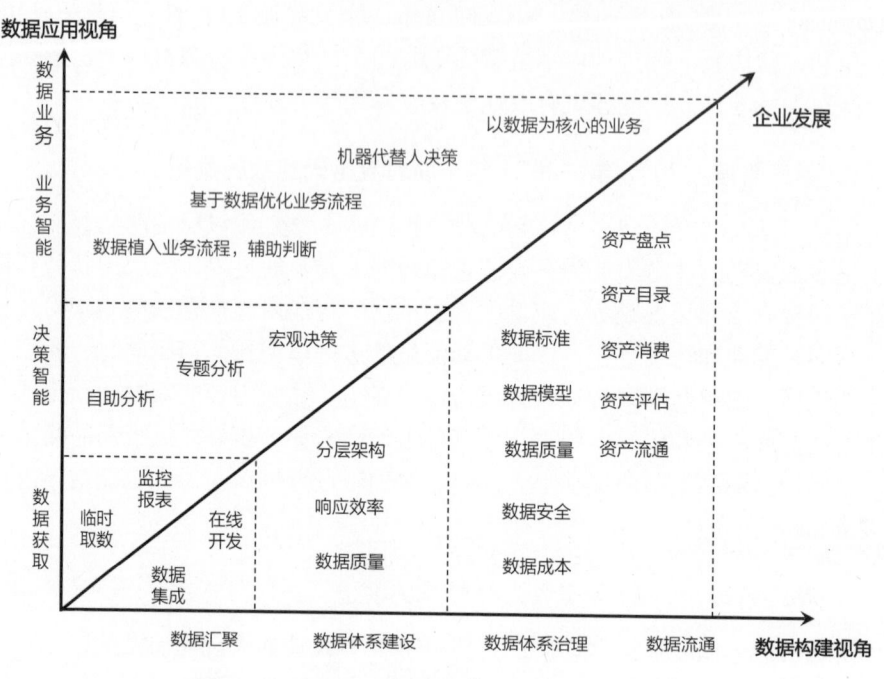

图 3.1-2　阿里巴巴数据构建与应用的双重进程

1. 实现数据价值

实现数据价值的前提是构建高质量的数据体系，这一过程需要遵循一定的方法和步骤，逐步迭代和完善。

（1）数据汇聚。确保有足够的数据可用是第一步。在数据资产化的初期，需要通过集中数据来完成数据整合，将分散的数据统一到一个平台。目前，一些企业为了解决数据资产识别和内部协调的问题，选择将所有的数据上云或入库。在这个阶段，对数据平台的主要要求是提供高效的在线开发环境，以提升研发人员的工作效率。

（2）数据体系建设。简单地集中数据可以满足基本需求，但容易导致数据混乱。原始数据虽然集中，但缺乏系统性，数据作业的依赖关系复杂。此外，由于业务系统中的数据遵循三范式模型，在进行决策分析时会涉及大量的数据表关联，导致业务需求响应效率低下，查询效率也受到影响。为了解决这些问题，数据体系建设应采用分层架构，对原始数据、明细数据和汇总数据分别进行处理，并积极开发宽表以提高业务响应效率。这一阶段的平台需要具备支持分层数据建设和多团队协作开发与运维的能力，以确保数据体系的稳定性和高效性。

（3）数据体系治理。随着数据规模的扩大和应用场景的增多，仅依靠约定的规范已不足以应对挑战。不同的团队独立进行数据开发，容易导致数据口径不一致。同时，数据安全、计算和存储等问题也日益突出。因此，规范化的建模架构、明确的数据定义，以及对数据标准、质量、安全和成本的管理与治理变得至关重要。此外，需要对数据资产进行全面盘点，并从业务角度组织和呈现，提供更好的数据资产查找、验证与消费能力。还需要对数据资产进行评估和筛选，以确保其在企业内部的应用能够持续产生价值。相应的平台必须支持在线、协同和高效的工作流程，以确保治理工作的顺利进行。

（4）数据流通。在这个阶段，数据可以通过特定的形式提供给企业外部更广泛的服务，使数据作为生产要素参与社会化流通，进一步扩大数据资产的潜在价值，并形成相关的数据业务。此时，需要的平台应能够快速与流通平台对接，并提供持续稳定的数据服务，以确保数据流通过程中的顺畅与可靠。

2．数据应用获得价值是企业始终追求的目标

企业追求数据应用的价值，旨在提高效率和推动创新。这一过程可以分为以下几个关键步骤。

首先，数据获取是基础阶段，通过量化手段来掌握业务状态。这是阿里巴巴和其他许多企业在数据体系建设初期的主要目标，表现为数据价值化的初步探索。

其次，决策智能是随着业务发展、数据资产建设和工具平台能力提升而逐渐深化的阶段。数据在决策中的作用越来越关键，从宏观的数据指导，到中观的业务策略制定，再到微观的运营执行，快速自助的数据反馈机制变得至关重要。阿里巴巴的"1NN"决策分析体系就是一个典范，它包括1个高管决策支持平台、N个业务分析门户、N个专题分析和自助分析工具。这一体系展示了数据在不同决策层级上的应用价值。

最后，业务智能及数据业务阶段代表了数据与业务深度融合或以数据为核心开展业务的高级阶段。在这个阶段，数据展现出更深层次的价值。例如，综合统计店铺评价信息以生成动态评分，帮助消费者做出购买决策；基于消费者搜索关键词的分析，优化商家的商品标题；根据消费者的负面评价，触发店铺或商品的风控流程；甚至根据消费者的历史数据，实现系统的极速退款功能。此外，基于

数据的小额金融业务也是一个典型的例子，它展示了数据驱动业务的强大能力。

3.2 数据中台思维：战略·价值·运营

通过对前面内容的学习，我们认为数据中台的三大思维（战略、价值和运营）是解决这些问题的关键。因此，本节将围绕数据中台的战略、价值和运营这三大思维展开阐述，为大家更清楚地理解数据中台提供基础。

3.2.1 战略为先：顶层设计与渐进迭代

数字化转型的核心在于应对复杂系统中的不确定性，而数据中台的关键作用在于提供坚实的支撑，帮助企业在这些不确定性中捕捉机遇并稳步前进，避免在竞争中落后甚至被淘汰。因此，数据中台必须在战略层面上得到充分重视，并与企业的整体业务战略紧密对齐。为此，数据中台的愿景、使命，以及阶段性目标都应从战略高度进行规划和制定。

以往，一些企业在构建数据中台时，过于注重短期收益，或仅在小范围内被关注，结果常常成效有限。正所谓，"胜者先胜而后求战，败者先战而后求胜"，数据中台的成功依赖于战略上的主动性和远见。

以阿里巴巴为例，2015 年，阿里巴巴启动了中台战略，将数据中台作为其核心战略之一。阿里巴巴的数据技术及产品部门制定了明确的顶层设计方案：以数据资产体系为核心，持续积累技术和产品能力，以支持数据资产体系的长期建设。同时，全面构建面向业务的深度服务能力，推动业务实现数据化运营，从而创造更大的价值（如图 3.2-1 所示）。

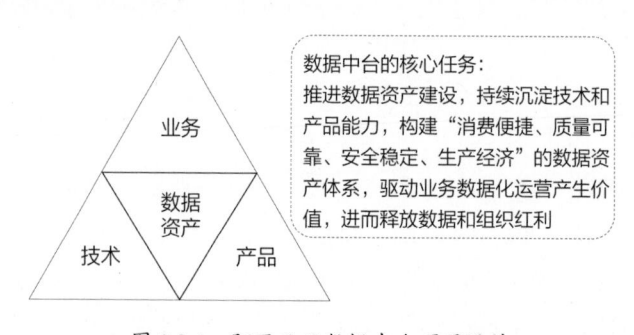

数据中台的核心任务：
推进数据资产建设，持续沉淀技术和产品能力，构建"消费便捷、质量可靠、安全稳定、生产经济"的数据资产体系，驱动业务数据化运营产生价值，进而释放数据和组织红利

图 3.2-1 阿里巴巴数据中台顶层设计

在这样的战略指导下，数据资产的范畴会被明确定义，并在规模、质量、安全和成本等方面建立起相应的要求和评估体系。同时，关键数据技术的目标逐渐清晰，包括数据采集、数据架构建模、高性能分析计算和服务等领域都在持续积累和优化。此外，产品的能力在数据资产建设、管理、分析和应用四大方向上也在不断提升。为了驱动业务数据化运营并创造价值，企业将以此为导向，推进数据解决方案、数据运营和数据文化建设等工作。组织体系也会与这些战略方向相适应，并持续完善和发展。

在过去与瓴羊合作的众多企业中，我们发现那些在数据中台及相关体系建设上较为成功的企业，几乎都是从业务战略的角度出发，明确数据中台的战略和顶层设计。

以某头部乳业公司的数据中台为例，其顶层设计以大数据的"多、快、好、稳、省"，以及提升效率、降低成本、智能增值为愿景，建立了一套先进的数据技术与平台体系，支撑并构建了全集团统一规范的数据资产体系。通过开放数据资产服务和深度数据运营，他们面向整个集团提供了广泛且深入的数据服务，并不断围绕具体业务场景提供智能化的数据服务（如图 3.2-2 所示）。

```
┌─────────────────────────────────────┐
│  大数据 多、快、好、稳、省，业务提效降本、智能增值  │
└─────────────────────────────────────┘

┌─────────────────────────────────────┐
│ 营销领先 | 产品领先 | 供应链领先 | 生态领先 │
└─────────────────────────────────────┘
                  ▲
┌──────────────┬──────────────┐
│  普惠数据服务  │  智能数据应用  │
├──────────────┴──────────────┤
│         数据资产沉淀          │
├─────────────────────────────┤
│         数据技术及平台         │
└─────────────────────────────┘
```

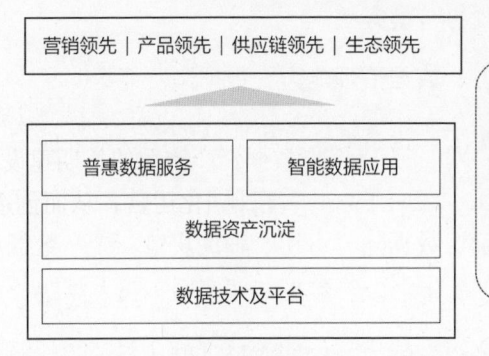

以业务为导向，围绕营销领先、产品领先、供应链领先、生态领先四大关键业务方向，提供数据能力与支撑。

建立一套数据技术及平台，支撑并建设全集团的统一规范数据资产体系，通过开放数据资产服务及深度数据运营，面向全集团普惠数据服务，不断围绕业务场景提供数据智能应用。

图 3.2-2　某头部乳业公司的数据中台顶层设计

在这样的战略指导下，我们从全集团级的数据资产规模及应用特性出发，选择了合适的数据技术栈，构建了一套多集群数据资产建设和管理平台，对全集团的数据资产进行了盘点，并有步骤地进行归拢和建设。同时，建立了一个开放的数据资产服务平台，持续丰富并供给优质数据资产，让数据在集团内部的获取更加简单和普惠，并将其深入应用于业务场景，如营销、产品、供应链和产业生态的上下游，为业务提供有力支持，实现降本增值。

以某全球领先的工业制造企业为例，其数字化转型框架包括五个核心要素（如图 3.2-3 所示），具体如下。

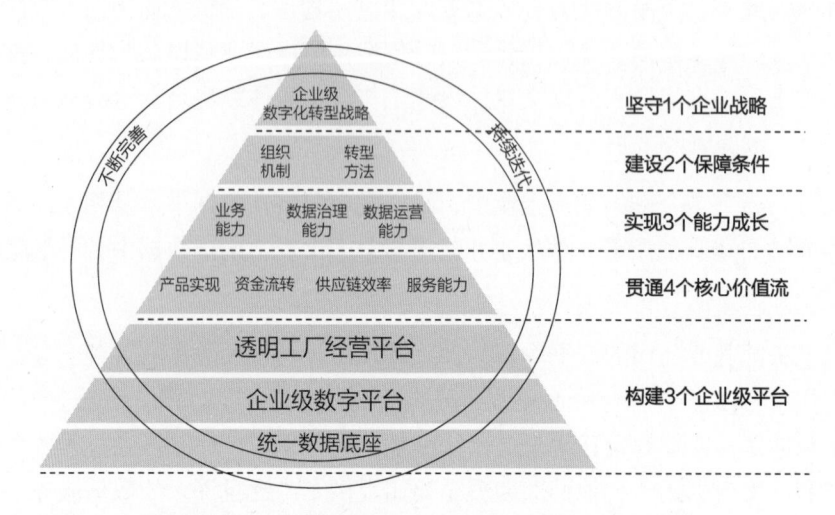

图 3.2-3　某全球领先的工业制造企业数字化转型框架

（1）坚守 1 个企业战略：企业级数字化转型战略。

（2）建设 2 个保障条件：组织机制与转型方法。

（3）实现 3 个能力成长：业务能力、数据治理能力、数据运营能力。

（4）贯通 4 个核心价值流：产品实现、资金流转、供应链效率、服务能力。

（5）构建 3 个企业级平台：透明工厂经营平台，旨在让集团内几十家工厂的人、料、财共享；企业级数字平台，确保数据随时可用、辅助决策；统一数据底座，致力于解决"数据获取困难、数据源不一致、数据如何使用"三大难题。

数据中台的顶层设计显然是数字化转型战略框架的关键部分，为整个战略提供强有力的技术和数据支持，确保企业在转型过程中保持高效运作。

3.2.2　价值导向：业务共振与价值生成

数据中台作为企业数据体系的重要一环，承担着承上启下的角色。它不仅要满足业务对数据的需求，还要向下引导数据技术及相关技术的不断迭代。因此，数据中台的核心牵引力来自它为业务提供支持的能力，以及在此过程中体现的价值。我们常说，数据中台从诞生之初，就是为了创造价值。这种价值源自与业务同频共振的真实需求。它的价值应从两个方面来体现：一是在战略层面，降本增效的助推力或直接收益是数据中台战略目标的关键组成部分；二是在执行层面，关键的应用场景或具体的业务结合点是每个推进阶段的重要部分。

2014 年，阿里巴巴数据中台发起的"登月"项目是一个标志性事件，该项目成功地将原有的开源 Hadoop 体系重构并迁移至阿里云的"飞天"平台。此举突破了原有开源体系无法支持更大规模数据扩展的限制，并通过 OneData 方法论实现了阿里巴巴集团数据标准和规范的建设。这一变革背后有三个重要的业务变化和数据需求驱动：首先，淘宝天猫的行业化运营需要建立行业视角的数据体系，以支持行业视角下的招商选品和综合经营的智能决策；其次，生意参谋的推出旨在为商家提供经营分析，这要求构建面向商家的数据体系，帮助平台上的商家实现智能化决策；最后，"双 11"媒体大屏的需求推动了实时数据体系的建设，以便向公众展示"双 11"活动的实时数据。通过深刻理解业务机会和变化，并与业务发展同步，数据的价值才能得到最大程度的发挥。

多年来，瓴羊深度参与了多家企业的数据中台建设项目，发现项目失败的主要原因有两个。一是项目未能获得 CXO 级别的足够重视，缺乏战略思维和顶层设计，导致战略执行不坚定。二是在实施过程中缺乏业务团队的深度参与，数据或技术团队孤立地专注于数据平台的建设，缺乏业务支持，结果导致数据价值无法真正体现，投入难以产生实际回报。

瓴羊与众多企业的深度合作使我们深刻认识到数据中台建设的关键所在。凭借我们在阿里巴巴内部的丰富实践经验和洞察力，我们不仅注重战略层面的愿景、目标和路径设计，而且重视价值层面的目标与实现路径。我们与合作企业共同探索、设计、实施和迭代每个阶段的应用场景和价值点，确保数据中台项目在各个阶段都能实现具体的业务价值。

下面是我们的一个典型合作案例。

在 2021 年，瓴羊与一家全球领先的汽车零部件企业展开合作。该企业遍布全球 20 多个国家，为全球 80% 的汽车品牌提供服务。我们与这家企业携手推进集团级的数据中台项目，以数据驱动业务智能化为战略导向，确立了四大核心价值领域：产品实现、资金流转、供应链能力和客户服务能力。其中，产品实现涵盖了生产和销售；资金流转关注资金的使用和流通；供应链能力被视为制造业的基石；

而服务能力则包含了对客户和员工的服务。

本合作的第一阶段目标十分明确，既包含从数据技术角度的"统一底层架构、夯实基础"，也包括从业务价值角度的快速胜利点。通过数据中台的建设，我们帮助该企业构建了全球范围内的"透明工厂"，在试点工厂实现了营业额、产品成本、投资回报从预算和预测到实际的全生命周期分析，使得企业能够从集团到工厂层面清晰掌握业务链条上的数据，从而进行高效决策和优化调整。

例如，制造型企业通常面临订单和生产不确定性、原材料价格波动，以及业务、财务、生产系统之间割裂的问题，导致月结过程困难重重。针对这一挑战，瓴羊助力该企业构建了一个数字化综合指挥室，实现了研发与生产一体化的数据管理和维护，将单个工厂的月结时间从 72 小时大幅缩短至 18 小时，月结效率提高了 4 倍。

上述内容只是几个有价值点的示例。我们常被问到一个问题：数据到底有什么价值？这个问题看似简单，实则复杂，因为数据的价值取决于其解决问题的能力，用数据解决多大的问题，就能带来多大的价值。因此，阿里巴巴及瓴羊的数据中台关键思路是：与业务同频共振，首先确定目标客户或用户，理解业务场景，明确涉及的关键问题，然后利用数据中台的关键三大能力：数据、算法、产品/应用来提供解决方案（如图 3.2-4 所示）。

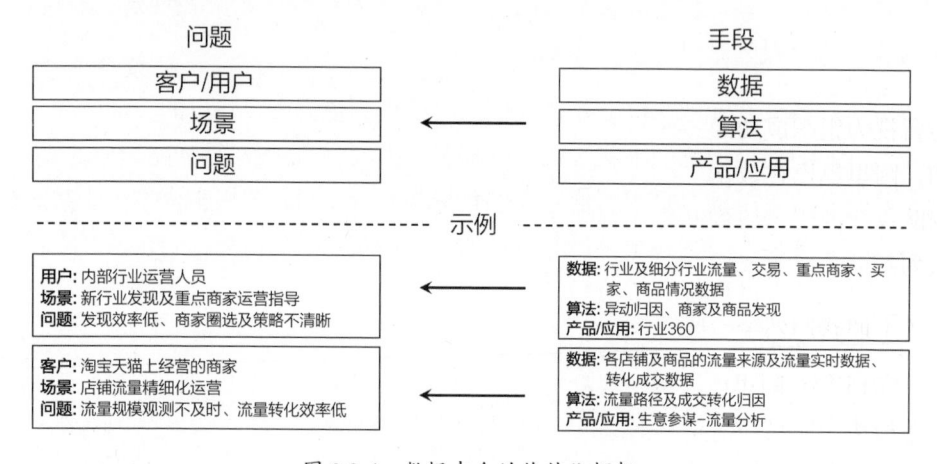

问题	手段
客户/用户	数据
场景	算法
问题	产品/应用

------------------------------- 示例 -------------------------------

用户: 内部行业运营人员 **场景:** 新行业发现及重点商家运营指导 **问题:** 发现效率低、商家圈选及策略不清晰	**数据:** 行业及细分行业流量、交易、重点商家、买家、商品情况数据 **算法:** 异动归因、商家及商品发现 **产品/应用:** 行业360
客户: 淘宝天猫上经营的商家 **场景:** 店铺流量精细化运营 **问题:** 流量规模观测不及时、流量转化效率低	**数据:** 各店铺及商品的流量来源及流量实时数据、转化成交数据 **算法:** 流量路径及成交转化归因 **产品/应用:** 生意参谋-流量分析

图 3.2-4 数据中台的价值化框架

关注业务问题的解决和业务改善的价值导向是数据中台的核心理念，也是数据中台战略得以顺利落地的关键动力。只有通过这种价值导向，才能确保数据中台在企业的业务运营中发挥出最大效益。

3.2.3 运营为核：数据中台的建设策略

数据中台并非一个产品，也不是一个项目，无法一蹴而就，而是一个需要持续投入与运营的企业级数字化演进的运作范式。我们将运营思维作为数据中台的关键思维之一，是因为数据中台的建设强调通过有效管理和优化运营过程来实现组织的相关目标和战略，具体表现包括以下几个关键点。

- 注重细节和实际执行：不论是汇总数据、定义数据指标口径，还是规范数据架构，所有这些都需要在细节和执行层面保持高度关注，并确保相关人员达成一致理解。

- 用户和客户导向：无论是与业务场景的结合，还是提供数据合规流通服务，都需要以目标用户群体为导向，提供相应的宣导、培训和使用帮助，以确保用户能够有效地利用数据中台提供的资源。

- 数据驱动决策：注重数据收集与分析，用数据指标衡量整体的建设水平与价值，并用相关的数据指标来指导和驱动决策。

- 持续改进：通过与数据资产及数据应用的目标用户进行互动，收集反馈，持续提升数据资产的丰富度和质量，并不断迭代数据应用的服务能力。同时，持续优化运营的方法和效率，以确保数据中台能够更好地满足用户的需求，进而推动企业持续发展。

运营思维的核心在于将数据中台所涵盖的平台、资产和应用面向目标用户的运营视为组织成功的关键要素之一，是数字化转型战略成功的重要组成部分。例如，阿里巴巴在数据中台的运营方面不遗余力，涵盖数据资产的宣讲推广、数据团队及业务团队的数据提升（通过培训、案例、大咖分享等）、年度数据峰会等一系列举措，以营造积极的数据文化氛围。

下面我们列举一些细微但极具典型意义的例子。

2014年，阿里巴巴集团成功完成了数据公共层第一阶段的建设，确立了电商业务板块中交易、流量、商家、会员等核心主题域的数据资产。当时，项目团队向数据开发人员、数据分析师等关键数据人员发送了一封重要邮件，强调了集团数据公共层的两大关键点：一是明确其定位，包括服务对象、提供的数据资产类型和解决的问题；二是制定服务承诺，涵盖服务人员范围、数据时效性、数据覆盖范围和数据质量标准。

每年 10 月，数据团队会举办两场重要的巡回培训活动。首先是内部面向阿里巴巴员工的"数据在阿里"系列培训，旨在结合数据、算法和产品/应用，针对日常业务场景及大促场景提供数据解决方案的宣讲与培训，每次都座无虚席。其次是面向商家的"生意参谋——大促作战图"培训，专注于将生意参谋的数据和服务与商家的大促活动相结合，从活动前的准备与预热、活动中期的监控与调整，到活动后的总结与优化，全方位支持商家，广受好评。

正如之前所述，运营思维不仅限于推广，更在于持续迭代。数据中台为业务团队提供了强大的工具来观察市场和客户需求的变化，同时业务团队也会根据这些变化进行相应的调整和优化。数据团队需敏锐捕捉业务动态，评估数据支持的需求，并助力业务效率的提升。例如，2013 年，移动互联网的兴起推动了生意参谋无线端数据分析的推出，帮助商家抓住移动流量机遇；2015 年，随着图文内容的流行和达人业务的兴起，数据中台开发了图文互动类数据指标体系，使业务人员能够及时跟踪消费者的内容偏好，并识别优秀的达人进行重点运营；2016 年，直播购物业务启动后，数据中台为内部团队和主播提供了实时直播数据分析，协助他们判断消费者的兴趣点，从而不断优化直播内容和选品策略。

以某国内知名汽车主机厂与瓴羊的合作为例，通过瓴羊的智能数据建设与治理平台 Dataphin，该厂商建立了统一标准的数据资产，并创建了一个统一的数据资产运营平台。该平台根据不同的业务线或场景需求，对相关数据表、数据指标和数据接口进行筛选和标记，形成定制化的数据专辑，并定期推送给目标部门，激发并促进业务部门使用数据，从而持续释放数据对业务的潜在价值。

这些案例展示了数据中台在企业发展中的关键作用，通过提供数据支持和业务优化，帮助企业在复杂的市场环境中保持竞争力。有效的数据运用能推动业务增长，提升企业的整体效率。

3.3 数据中台框架：从顶层设计到价值实现

思维决定认知与意识，框架则决定我们的行动纲要。瓴羊基于自身在阿里巴巴的实践经验，以及与上百家大规模企业或单位合作沉淀的结果，对数据中台的行动进行总结、提炼、去伪存真，形成了一套数据中台总体框架，如图 3.3-1 所示。

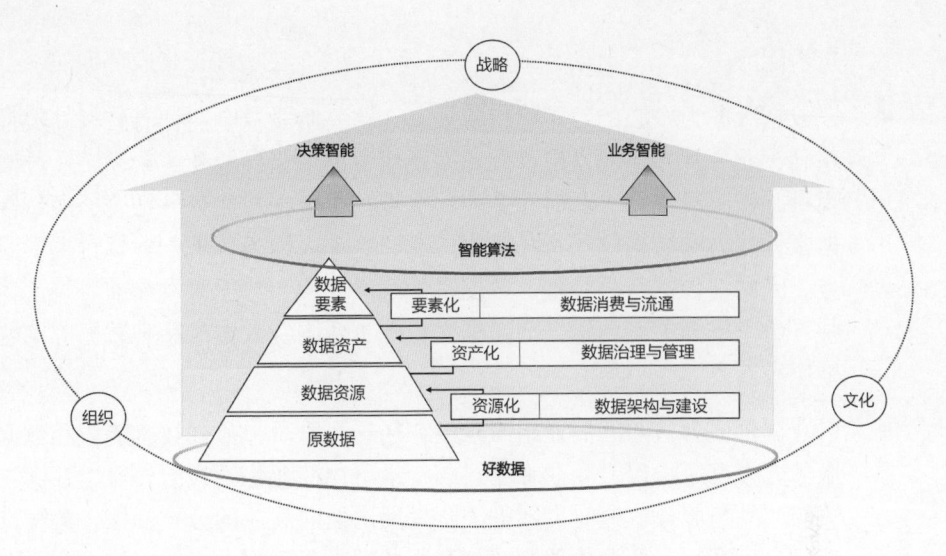

图 3.3-1　数据中台总体框架

从图 3.3-1 可以看出，数据中台的框架主要包括两方面。

- 顶层设计：数据战略的清晰度是关键，组织设计与文化建设是支撑点。
- 内核推进：以数据从原始状态到可消费和流通的数据要素的良好建设、管理与运营为基础，叠加智能算法能力，旨在实现数据驱动的决策智能和业务智能的数据价值化，最终为业务降本增效服务。

下面将以本框架为核心脉络，详细阐述理论与实践的紧密结合，并以此介绍此框架的五大核心层次，为大家提供一条清晰的理解思路。

3.3.1　顶层设计：塑造战略导向，组织敏捷与文化创新

数字化转型之路意味着向数字原生不断迈进，同时也代表在应对不确定性中不断迭代。战略指引方向，而科学的分工与高效的协作则是推动企业前行的关键。符合企业发展需求的数据组织建设和数据文化建设，是确保战略有效推进的重要支撑。

阿里巴巴的数据组织与文化发展经历了以下三个主要阶段。

- 以数据技术为核心的专业组织阶段：在服务业务时，由于数据基础不够扎实，因此企业更加关注数据平台、数据采集技术、数据架构与建模技术，以及数据资产管理体系的建设。在这个阶段，数据模型架构师、数据研发和数据分析师等角色发挥主导作用，数据文化更侧重于推广数据

技术能力。

- 以数据服务为核心的效率组织阶段：在这一阶段，企业拥有较好的数据基础，业务开始蓬勃发展，因此需要用数据来指导业务，帮助企业看清现状并做决策优化。此时，企业的重点在于数据与业务的结合，通过数据服务能力和数据应用产品来更广泛、更深入地为各类业务场景提供服务。因此，数据产品经理、数据科学解决方案、数据研发和前后端工程师等角色成为关键力量，而数据文化则主要围绕数据产品和数据应用的推广来展开。

- 以数据价值为核心的商业组织阶段：在这一阶段，数据技术能力和数据服务能力有所溢出，企业在合适的场景下用商业化方式向外输出数据相关的产品与服务。这时，数据团队发展出面向商业的分支，核心关注点在于目标客户、商业价值、产品和服务的市场适配性等。因此，在原有的产品及研发的基础上，在组织力量方面增加了面向市场的销售及解决方案团队，以及面向客户的售后服务团队；在数据文化方面，更多地强调市场导向和客户服务，以提供更好的市场服务体验，并推广商业化的产品和服务。

从更广泛的视角来看，数据组织不仅局限于数据团队，还涉及管理团队和业务团队。一个企业的数据文化与企业的最高管理者密切相关。因此，在推广数据文化时，数据团队需确保向企业高层管理者提供优质服务，同时让他们成为数据的代言人，重视并积极利用数据。

此外，企业内部的业务团队也应具备数据获取、数据分析和数据应用的能力。在阿里巴巴内部，这些业务团队的相关人员被称为"数据达人"。为这些数据达人提供培训，提升他们的能力，并在服务他们的过程中获取反馈，是数据组织发展和数据文化建设的重要组成部分。

非数字原生企业在数字化转型的过程中，往往需要对原有的组织结构和人员能力提出新的要求，同时对企业的数据文化建设也会有不同的期待。瓴羊在自身数据团队经历了上述三个阶段的组织演进和数据文化建设的过程中，积累了丰富的经验。与来自各个行业的企业和组织合作后，我们对不同企业在数字化转型过程中如何更好地搭建团队、更好地培养人才，以及更好地建设数据文化，有了许多实践心得。下面分享几个实例。

例如，我们与一家拥有超过20年历史的浙江快消时尚品牌合作，该品牌已在信息化建设方面取得显著成就。面对变幻莫测的市场和激烈的竞争压力，他们期望通过数字化转型来加快新品开发速度和实现渠道管理的精细化。然而，这一转型过程要求组织架构和人才能力同步升级，需要组建一支既精通业务，又擅长数据分析的团队。瓴羊与该品牌携手合作近三年，帮助他们逐渐从一个传统的 IT 团队转型成为一个拥有强大数据技术和服务能力的现代组织。这一过程不仅仅是系统和技术的更新换代或项目的简单上线，而且是深入企业核心，提升其对数字化的理解和实践，同时培养了一支能够支撑未来发展的数字化人才队伍。

另外，我们还与一家具有数十年全球发展历史的国际品牌巨头合作。尽管其全球系统建设已相对完善，但为了更好地服务中国市场并满足本地消费者的需求，他们需要一个更加敏捷的本土化响应机制，而数据成为实现这一目标的关键工具。在与瓴羊合作的近三年时间里，他们的团队从传统的项目管理模式逐步转型为一个具备深厚数据理解、数据处理和数据应用专业经验的大团队。更进一步，他们成立了一家独立的科技公司，以一种更高效、专业、透明和敏捷的方式为企业内部及外部客户提供服务。

在第 4 章，我们将对此详细展开介绍。值得一提的是，数据中台团队的权责问题是企业管理的关键。数据作为一项重要的资源，可能在企业内部引起"部门墙"的问题，因此，企业需要明确职责，让数据中台拥有统筹建设和管理的便利性。在政府颁布的"数据二十条"中，明确提到了数据资源持有权、数据加工使用权、数据产品经营权等多权分置的产权运行机制，为企业在内部数据建设、管理和应用方面提供了明确的指导方向。

总之，企业可以借鉴政府的政策，在内部建立相应的数据管理体系，确保数据资源的高效利用和数据安全。同时，这样的体系还有助于打造高效的组织架构、专业的团队，以及与数据中台相适应的企业文化。

3.3.2 资源化：构建稳健数据架构与高效建设机制

一个正常运营的企业组织，每时每刻都在生成大量的数据。这些数据涵盖了生产设备的运行记录、产品设计中的目标与机会分析、销售过程中的订单详情，以及客户服务过程中收集的客户信息和反馈等多种类型。如果这些数据没有被有效地组织和关联起来，它们的潜在价值就无法被充分挖掘和利用。因此，数据中台的一项核心任务是利用合适的技术手段和方法，对这些原始数据进行采集、整合和关联，使之成为企业宝贵的数据资产。我们把这个过程称为数据资源化。

数据架构是实现数据资源化的重要步骤，它对于企业数据质量的重要性，相当于企业战略对于业务发展的重要性。数据架构主要涉及以下两方面的工作内容和产出。

（1）数据模型架构：根据数据需求设计的数据模型及其相互关系，包括对现有数据的清查、数据体系的层次划分和领域规划，同时也包括定义和设计数据模型的结构，以及数据之间的依赖关系。

（2）数据平台架构：明确在数据模型的构建、生产和使用过程中所需的功能架构，包括功能的定义和组合，同时基于资源成本、技术能力等因素决定功能架构中各个组件的具体技术选择。

如果说数据架构相当于为企业搭建骨架，那么数据建设就是在这一骨架基础上进行血肉填充的过程。

数据建设是一项注重执行性和实际操作的工作，主要包括以下两个方面。

（1）数据集成：打破数据"孤岛"。数据集成旨在将来自不同源头、格式各异、结构不一的数据整合成一个统一、一致且易于使用的数据集。这项工作所产生的成果通常被视为企业或组织的基础或垂直数据中心，是消除数据"孤岛"、确保数据合规流通的关键步骤。

（2）多模态数据资产的构建：在汇聚各类数据对象之后，通过二次加工和处理，依据数据模型架构的规范和设计，构建出丰富的数据资产。这一过程涵盖了指标定义、字段定义、代码编写，甚至利用自动化工具生成代码，并随后配置调度 SQL、Python 等不同类型的数据作业，使其周期性地运行，从而为各个主题域或应用场景生成数据。根据企业数据消费方式的差异和数据对象的不同，数据资产的构建可能包括：离线数据与实时数据的处理，以数据表形式常态化存在的数据，围绕企业或组织核心元素构建的数据标签集合，以及为业务系统提供可直接使用的数据 API 等形式。

在数据资源化的过程中，也就是数据架构与建设环节，所涉及的内容和产出将成为整个企业数据中台的关键基石。因此，方法论的选择显得尤为重要。阿里巴巴实践总结的 OneData 方法论是目前业界普遍认可的数据架构与建设方法论。它对数据如何分层划域、工作空间如何划分与协同、数据模型的架构设计、数据指标的规范定义、数据服务的一致性保障等方面，都提供了较为完整的实践经验和建议。而瓴羊则将这一方法论与产品工具 Dataphin 进行了深度结合，具体可参考第 5 章的相关内容。

总的来说，数据架构与建设环节是将原始数据汇聚、整理加工，最终转化成企业或组织内可消费使用的数据资源的过程，这也是确保数据质量的关键基石。

3.3.3 资产化：深化数据管理与治理，实现数据资产增值

"资产"这一概念源自财务领域。随着人们对数据在企业价值创造中重要性的广泛认可，"数据资产"这一理念应运而生。2023年，中华人民共和国财政部出台了数据资产入表的政策，正式确立了数据可以被量化和估值的原则。相比于资源化这一更多聚焦于组织内部的概念，资产化则从企业整体战略的角度出发。

数据资产化之所以重要，是因为它具备一系列关键特征：高质量的数据能够为企业提供服务并创造价值；优质数据具有稀缺性和独特性；企业对数据拥有控制权和所有权；数据可以被转换为更有价值的信息；数据资产具有未来收益的潜力。这些特征显示，数据资产化强调的是数据的独特性和可量化属性。

数据中台所倡导的数据管理与治理的核心目标是创建"质量可靠、安全可控、生产经济、消费便捷"的优质数据，并在此基础上实现数据的合理计量与定价，与数据资产化的目标相一致。因此，数据治理与管理成为在数据中台框架下构建优质数据的关键环节，也是企业全局层面上的核心任务。通过广泛的行业调研和与众多企业的合作，瓴羊发现企业在数据管理与治理方面普遍面临以下三个主要挑战。

（1）同质化平台建设，顶层设计与实施路径分离：数据治理的顶层设计往往过于复杂，容易陷入理想化的陷阱。许多企业直接模仿同行业的做法，忽视了自身的发展阶段、组织状况和基础设施等特点，导致治理效果不佳。

（2）运动式数据治理，治理与管理脱节：数据治理的日常操作与管理决策之间缺乏有效连接，导致各个组织或部门按照各自的理解执行，或在执行细节上存在不足，从而造成治理目标与实际执行的偏差。

（3）资源型数据供给，治理与应用效果分离：对数据治理体系的理解存在偏颇，过分关注数据标准、数据质量和数据安全等方面，忽略了数据治理的核心目的，未能将数据应用纳入治理体系的考量中，这导致数据治理与数据应用之间存在明显的脱节。

数据资产化的管理与治理工作应涵盖以下两个主要层面。

（1）战略层面：从企业数据的最高层视角出发，制定适合企业业务发展的数据战略，明确数据治理的目标、投入程度和范围。战略应包括全局架构和顶层设计、数据治理的组织和制度，以及人才培养和数据文化的构建。

（2）执行层面：以顶层设计及目标为导向，围绕以下几方面开展工作。

- **构建数据资产分析体系**：盘点企业数据资产，编制数据资产类目，形成企业数据资产版图，解决数据资产黑盒及价值难评估问题。

- **构建数据资产治理体系**：通过现状分析、问题诊断、治理优化和效果反馈，形成资产治理闭环，解决数据资产治理的成本和效率问题。

- **构建数据资产监管体系**：实现从数据采集、数据加工、数据服务到用户消费的全链路数据监控，确保数据资产管理可追踪与可溯源。

- **构建数据资产运营体系**，提供便捷的数据服务，助力业务价值和业务创新的催生，解决数据资产消费体验和应用效能问题。

因此，我们可以看出，数据管理与治理的工作范围不仅与数据资源化紧密相连，而且涉及对数据资产管理的跟踪和回溯，有时甚至需要在数据资源化的阶段就预见并解决问题，还需要与数据要素化相协同，关注数据资产的消费和流通情况，这是治理阶段的关键目标和指导原则。这样做是为了确保数据资产的治理与管理具有明确的方向性和价值驱动。

通常来说，从垂直领域的角度看，数据治理和管理包括但不限于以下几方面：建立和推广数据标准、审核校正并提升数据质量、制定和实施数据安全标准以防数据泄露、评估和控制数据成本、收集和管理元数据，以及将数据资产目录以业务化的方式表达和服务。因此，在推进数据资产化的过程中，瓴羊在方法论、平台工具和实施落地上积累了丰富的经验，并建立了全面的服务体系。我们建议企业在实施数据资产化时，除了涵盖上述内容，还应结合自身的成长阶段、组织架构和人才配置，有选择性地优先处理和迭代提升特定领域，以此来最大化企业数据资产化的效益并提高成功概率。更详细的内容请参考第 6 章的相关论述。

3.3.4　要素化：促进数据交易与流通，激活数据市场活力

经过资源化构建、资产化管理与治理的数据，变成了质量优良的数据。要充分释放这些数据的价值，需要通过有效的消费和流通来激活，这一系列过程被称为数据要素化。

数据要素化的关键在于以下两点。

1. 建立完善的数据消费体系

秉承"无消费不价值，无运营不价值"的核心理念，数据团队应当从思想上进行转变，围绕数据消费来释放数据的内在价值。这一理念的核心在于理解业务场景中的具体数据需求，并构建相应的数据解决方案以满足这些需求，从而实现

数据的充分利用。然而，很多企业往往陷入一个常见的误区，即将数据团队和数据本身仅仅视为资源。这种方法倾向于被动地响应需求、评估需求和安排资源，而不注重主动运营。这种被动响应不仅限制了数据价值的发挥，还可能导致业务团队与数据团队之间的摩擦，在极端情况下，小业务团队可能会自行组建小型数据团队以弥补数据支持的不足，这对整体数据体系的长期发展极为不利。因此，一个完整的数据消费体系不仅要响应需求，更要主动运营。数据团队除了掌握专业数据技术，还应积极推广数据资产、数据产品和数据解决方案，并分享数据实践和应用案例。通过这种方式，数据团队能够激发业务团队的兴趣，深入业务流程，识别其中的数据需求和潜在价值。这种主动运营策略有助于确保数据在业务流程中的有效应用，从而实现数据价值的最大化。

构建一个健全的数据体系是一个渐进的过程，并且因企业而异。通常，从数据研发阶段起，团队就需要注重需求分析并与业务部门形成互动和响应；随后，内部培养或外部引进数据产品经理，以便更好地对接业务需求，并负责规划数据资产和数据产品；最终，配置数据运营团队以主动支持业务需求。这一系列步骤反映了不同企业在组织形态、数据建设进程和业务发展阶段等方面的综合影响。

一个高效的数据消费和流通平台能够有效解决数据的收集、存储、分析、交换和使用等问题，是企业构建完整数据消费体系尤其是主动式数据运营能力的关键所在。基于这个平台，企业应致力于清点和提供高质量的数据资产，并通过数据应用案例来推动这些资产的广泛应用。同时，企业还应利用该平台帮助广大的内部用户发现、验证和使用数据，从而促进数据驱动的业务创新和增长。

2. 外部数据资产的处理策略

以企业外合规为准绳，顺畅流通为导向，布局外部数据资产的增补及外部数据资产增值的能力。从企业外部视角来看，企业间的数据流通或企业与数据供应商之间的数据流通将会越来越普及，这也是企业广泛获取数据要素、加快企业数字化转型进程的重要手段。2020 年 3 月 30 日，《中共中央 国务院关于构建更加完善的要素市场化配置体制机制的意见》发布，标志着继土地、劳动力、资本、技术后，数据作为生产要素被正式提出；2022 年 12 月 2 日发布的《中共中央 国务院关于构建数据基础制度更好发挥数据要素作用的意见》明确了构建数据基础制度体系，进一步明确了数据作为要素的制度执行和落地；2023 年 8 月 21 日，《财务部企业数据资源相关会计处理暂行规定》明确从 2024 年 1 月 1 日起将数据资产入表。这一系列政策的推出和明确都意味着国家在大数据战略上的决心和导向。

因此，企业应加快在这方面的布局，包括但不限于对自身数据资产的盘点与评估、对数据流通相关技术栈的了解、对企业间或与数据供应者之间数据流通交换平台的熟悉与选型、对业内已有的数据流通及合规共享动向与案例的关注，以及对自身需要外部数据补充的场景与价值思考等。

2023年10月，瓴羊顺应时代需求，推出了瓴羊港平台。该平台不仅汇集了丰富的数据资产，还通过多种手段如数据复制、接口调用、隐私计算等，促进了数据的流通和消费，使在线查找和使用数据变得更为简便和高效。我们的目标是为更多的企业和组织提供更简单、高效的数据要素生产力。

数据的消费与流通是一个新兴但对企业价值获取至关重要的领域，我们将在第6章中对此进行深入探讨。

3.3.5 价值化：智能决策赋能，驱动业务创新与增长

无论是企业内部的数据资产化还是通过流通平台补充外部数据资产，形成优质数据是我们的基础，将这些数据与业务结合使用则是我们的终极目标。数据价值化应成为每个企业和组织持续的追求。

优质数据作为基础，辅以智能算法，才有实现智能决策和智能业务的可能。关于搜索、推荐、广告等决策类智能算法和基于大模型的生成类智能算法，我们将在第7章中详细展开讨论。

对于每一家企业和组织而言，运营过程中充满了各种决策。这些决策既包括价值方向、产品方向、目标客户、渠道方向等商业模式的战略规划，也涵盖业务运营中的策略制定与调整。如前所述，数字化转型的核心目标是应对不确定性，因此，与依赖直觉的决策相比，基于数据的决策能够使我们对现状有更清晰的了解，显著提升决策的准确性。我们坚信，基于数据驱动的智能决策是实现企业数据价值的重要途径。受企业发展阶段及在智能决策方面投入程度的影响，智能决策体系通常会经历五个发展阶段：初始化基础阶段、在线分析阶段、多模式透出阶段、数据业务化应用阶段和自动化决策阶段。

（1）初始化基础阶段：此阶段主要依赖表格或离线数据表，仅有少量固化的报表。部分分析仍依赖于业务系统自带的数据，而业务决策大多基于业务经验进行。

（2）在线分析阶段：此阶段已构建了数据底层基础，主要依靠在线分析工具，

拥有明确的流程和人员组织。在某些垂直场景中，数据已被成功用于支持决策，决策过程开始依赖数据分析，尤其是在部分决策中深度依赖数据。

（3）多模式透出阶段：此阶段的核心业务场景具备完善的数据分析体系。决策支持通过图表、指标、大屏等多种形式呈现，数据分析人员已建立需求调研与设计规范，并已有明确的应用实践。在这一阶段，决策过程高度依赖数据分析，同时，业务反馈与调优也基于数据进行。

（4）数据业务化应用阶段：数据分析场景几乎覆盖所有的业务领域，并有较为丰富的应用。企业建立了专业的数据分析团队，数据分析的标准流程和规范深入到日常工作中，决策基本依赖于数据分析结果。

（5）自动化决策阶段：此阶段能够基于数据分析结果自动且高效地做出业务决策。在决策完善和自动化方面，决策结果的展示可实现决策效果的自闭环完善和迭代。

在这个演进过程中，随着对数据依赖的加深，数据质量的要求也不断提高。这些工作应以数据的资源化、资产化、要素化为基础。同时，应用场景、流程机制、人员能力的要求也在持续提升，这要求我们进行更加周到的体系设计和人才培养。智能决策的架构主要围绕管理决策、业务决策和系统自动决策展开，但与企业的实际业务状况及发展阶段密切相关。基于阿里巴巴内部及瓴羊和众多企业及组织合作的实践沉淀，瓴羊在这方面拥有诸多心得，相关内容将在第8章着重介绍。

除了数据驱动的智能决策，数据价值化的另一个重要形态是数据驱动的智能业务，即：基于数据及算法的能力，使业务的自运行更加高效、智能。数据驱动业务智能往往需要对业务流程及场景有更深刻的理解与洞察，以找到数据与业务结合的关键点。例如：

（1）在业务经营过程中，针对业务结果进行自动拆解和归因，从而高效定位潜在的渠道问题、产品问题或客户问题。通过与业务系统的联动做出指令，如自动产品下架或自动启动客户智能外呼关怀等。

（2）在会员营销过程中，智慧地分配营销预算、提升营销投入的回报率（ROI）是市场和业务部门的重点。基于数据及算法，我们可以对会员进行识别，通过优化营销权益和渠道选择，激活首购会员、为对大促活动敏感的会员设计特定权益，以及唤醒沉睡会员，实现精细化会员运营和优化营销 ROI。

（3）在产销协同过程中，基于对渠道、销售情况等的预测，可以实现库存的自动调补，确保优秀产品不脱销、滞销产品不过度铺货。

（4）在客户服务的过程中，面对大量的并发服务和有限的服务场景，通过智能算法构建知识库、进行服务路由和自动化服务。例如，基于客户的历史表现优化某些赔付场景，实现优先赔付，既提升了客户服务体验，也降低了服务成本。

这些数据驱动的业务智能场景，不仅展示了阿里巴巴的实践，而且包括了与外部企业的合作案例。关于数据驱动智能业务的更多介绍，将在第 9 章和第 10 章中详细展开。

第4章 CHAPTER 04

资源化：
数据架构与建设

在数字化浪潮的推动下，数据架构的作用日益显著，成为支撑现代企业发展的关键基石。然而，数据架构本身是一个内涵丰富而外延广泛的概念，其定义因视角不同而存在较大差异。例如，DAMA（数据管理知识体系）将数据架构定义为："识别企业数据需求，设计并实现满足这些数据需求的主要蓝图"。而在DCMM（数据管理能力成熟度评估模型）中，数据架构则被定义为："通过组织数据模型来定义数据需求，指导数据资产的分布控制和整合，部署数据的合规流通和应用环境，以及元数据管理的规范"。尽管定义各异，但数据架构的核心价值始终在于通过科学合理的设计与管理，确保企业数据资产得到高效利用，赋能业务创新与决策支持，为数字化转型的成功构筑稳固根基。

4.1 数据架构的时光机：阿里巴巴视角下的演变

阿里巴巴在过去十余年的数据架构发展历程中，展现了企业在数据资源化的不同发展阶段所面临的不同需求和挑战。这些难题驱使着数据架构持续地更新和优化，为企业的数字化转型和蓬勃发展提供了强大的支撑。在这个日新月异的时代，数据已经成为企业生存和发展的重要资源，企业需要不断地寻求创新，探索更加智能化、高效化、安全化的数据架构，以满足不断变化的业务需求和客户期望。

在本节中，我们将一起回顾阿里巴巴数据架构的发展历程，以其六个关键阶段为线索，逐一剖析数据架构从孵化期到挑战期各阶段的关键特征，以便大家了解数据架构的演进过程及其演进的驱动力。

4.1.1 开启旅程：孵化期的业务数据启蒙

在 2005 年以前，尚未出现真正意义上的数据仓库，对数据价值的探寻主要依赖于直接访问业务系统中操作型数据这一相对直接且有限的方式。通过获取业务的当前状态，分析其现状并预测未来走势，有时也会将此类数据导出为文件，初步构建起长周期的历史视图，这便是数据快照的雏形。对于此类业务系统导出的文件数据，我们往往利用电子表格软件 Excel 进行透视分析与可视化展现，最终形成一份文本形式的分析报告（如图 4.1-1 所示）。

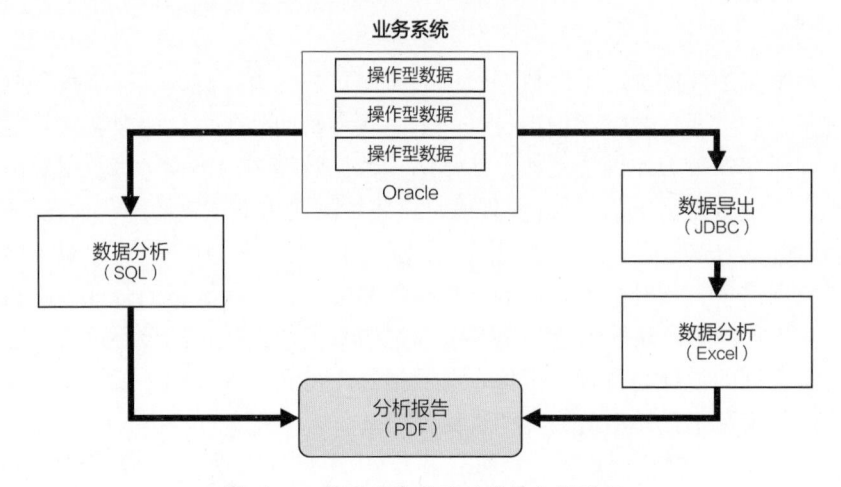

图 4.1-1 基于业务系统的简单分析流程

4.1.2 蓄势待发：萌芽期的独立引擎与离线仓库

2005 年，阿里巴巴 B2B 数据仓库团队正式成立，标志着数据业务进入高速发展轨道。随着业务规模的迅速扩大，数据架构随之不断进化：一方面，底层计算引擎历经多次迭代升级，以应对愈发庞大的数据规模（如图 4.1-2 所示）；另一方面，数据平台功能持续增强，旨在更好地支持日益复杂的数据业务操作（如图 4.1-3 所示）。

第 4 章 资源化：数据架构与建设

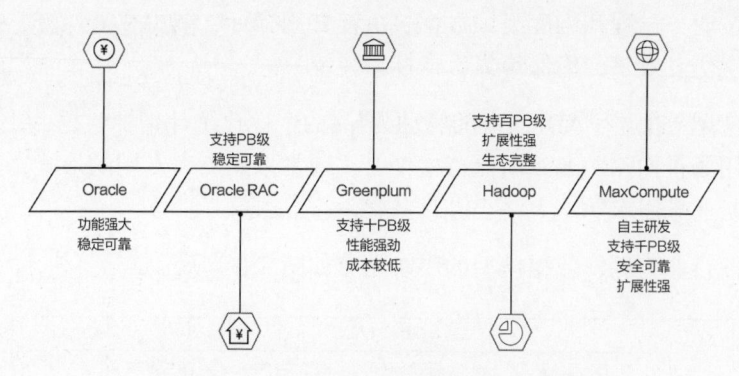

图 4.1-2　阿里巴巴离线计算引擎迭代历程

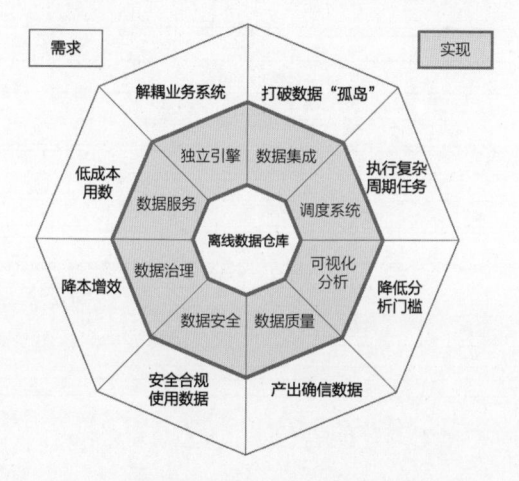

图 4.1-3　离线数据仓库基于数据需求的功能迭代

在数据平台架构持续迭代的过程中，数据模型通过不同层次的加工过程，实现了从数据原材料到数据资源的转化，并对整个过程进行了有效的元数据管理及数据质量处理。

- 操作数据层（ODS）：将操作系统数据以几乎未经处理的形式存储在数据仓库系统中，通过增量或全量同步，根据业务需求保存历史数据和清洗数据。

- 明细数据层（DWD）：采用维度建模方法，并通过维度退化技术将维度退化至事实表，以降低应用层频繁关联的成本，提升模型的易用性；通过对业务过程进行重新建模，确保数据粒度与源系统一致，提升模型的规范性，便于加工和计算上层数据。

- 汇总数据层（DWS）：对应用数据层的数据需求进行通用化抽象处理，

按业务过程和维度组织数据，沉淀共用指标，减少重复计算，提升应用层研发效率，确保跨集市指标口径统一。

- 应用数据层（ADS）：存储数据产品的个性化统计指标数据，针对具体应用场景构建，场景间保持松耦合。通常采用专表专用的形式，以快速满足业务需求。

以电商行业为例，数据模型的层次划分如图 4.1-4 所示。

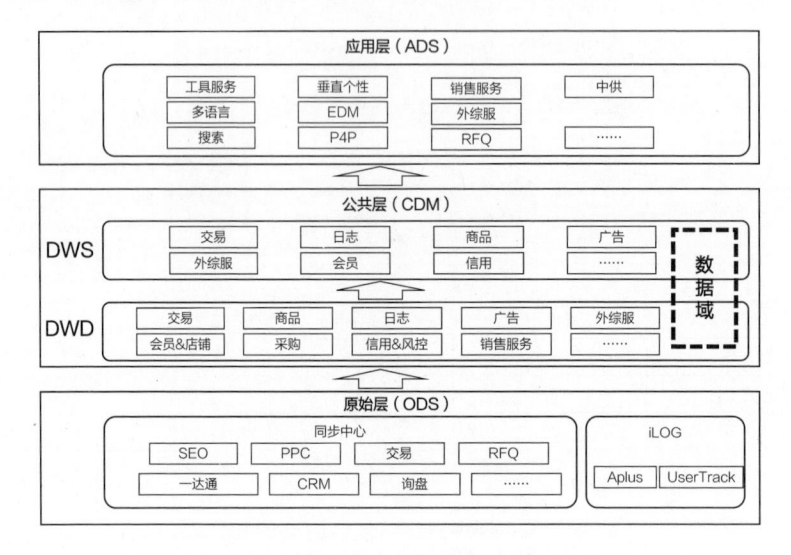

图 4.1-4　电商行业数据模型的层次划分

在萌芽期的后期，"采、建、管、用"的离线数据仓库基本上得以构建完成。

4.1.3　迈向未来：迭代期的实时计算革命

2009 年，"双 11"一经推出，即成为一场现象级的商业盛事，数据决策的及时性成为商家在"双 11"激烈大战中获胜的关键利器。在实时大屏、实时营销、实时风控等业务需求的引领下，实时计算的相关技术也得到了快速发展和应用，这也促进了数据仓库技术架构的再次进化。

与离线引擎相似，实时计算引擎也经历了一系列的迭代，从最初自研的 Galaxy 和后来的 JStrom，到现在的 Flink，流式计算引擎在处理速度、稳定性和扩展性等方面不断提升。2019 年，阿里巴巴收购了 Flink 的创始公司 Ververica，提供了企业级增强的 Flink 引擎，并将基于 Flink 的内部功能增强版本 Blink 贡献给了整个 Flink 开源社区（如图 4.1-5 所示）。

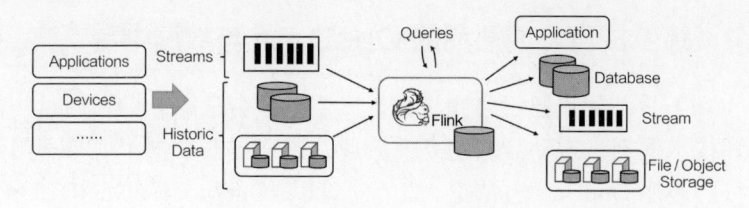

图 4.1-5　基于 Flink 的实时计算

在实时计算引擎不断迭代的过程中，大数据处理框架也经历了从传统离线架构、Lambda 架构到 Kappa 架构的演变，不同大数据处理框架的对比如表 4.1-1 所示。

表 4.1-1　不同大数据处理框架的对比

大数据处理框架	传统离线架构	Lambda 架构	Kappa 架构
核心设计	离线链路	实时链路+离线链路	实时链路+数据重放
数据时效性	低	高	高
计算资源	小	大	中
开发成本	低	高	较高
运维成本	低	高	中
数据回刷成本	低	低	高

Lambda 架构通过分离实时性要求高的部分，并增加实时计算链路来处理实时数据，同时也保留了批量处理的能力。然而，Lambda 架构存在需要维护两套逻辑的问题，这会导致更多的维护成本和资源消耗相反，Kappa 架构则可以通过重新处理历史数据来解决上述问题，但 Kappa 架构需要增加计算资源，以弥补流式处理历史数据吞吐能力较低的缺陷。在实际场景中，Lambda 架构和 Kappa 架构的结合使用可以有效地解决这些问题。不同大数据处理框架的数据处理流程如图 4.1-6 所示。

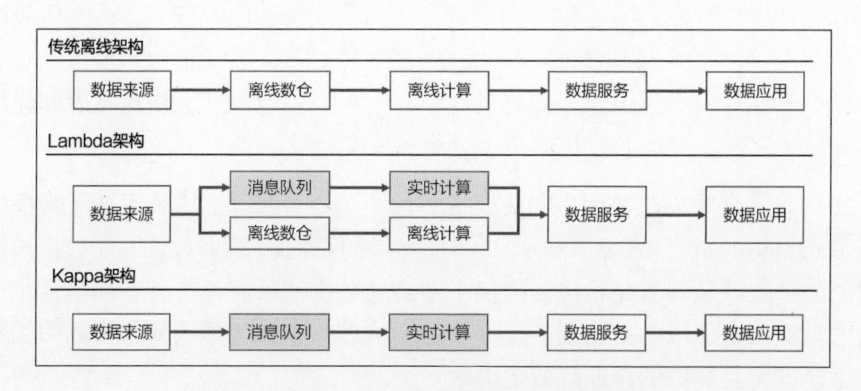

图 4.1-6　不同大数据处理框架的数据处理流程

4.1.4　筑梦成真：成熟期的 OneData 与数据中台

2015 年 12 月，阿里巴巴集团正式提出启动中台战略，旨在通过构建统一的数据架构和技术框架，推动数据的高效流通，进而提升数据价值与利用效率。数据中台的核心遵循 OneData 方法论，该方法论以"OneModel、OneID、OneService"为指导原则，意在从多维度破解因数据团队烟囱式开发而导致的业务难题与技术瓶颈（如图 4.1-7 所示）。具体问题如下。

（1）业务角度：解决数据不统一、难以打通的问题，以及数据部门变成成本中心且缺乏服务化能力的问题。

（2）技术角度：解决烟囱式开发导致的周期长、效率低，元系统或业务变更与数据不同步，以及数据不标准、不规范，上线难、下线更难的问题。

（3）组织角度：构建底层横向的数据中台与上层纵向的数据前台，横纵两者结合形成阿里巴巴数据业务大图。

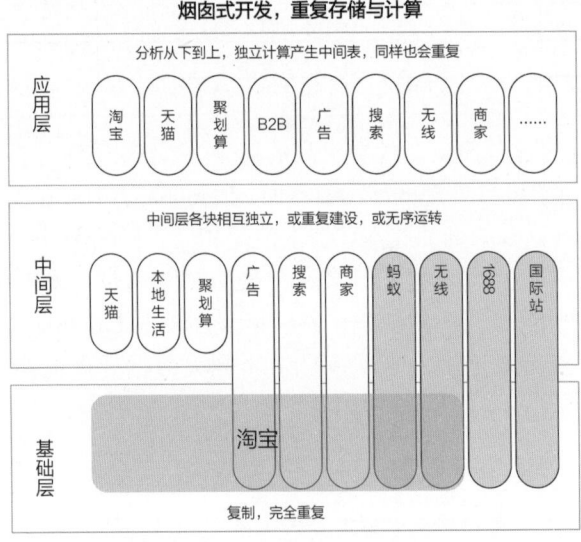

图 4.1-7　业务难题与技术瓶颈

2018 年，阿里巴巴集团以 OneData 方法论为设计理念，正式发布了数据中台产品 Dataphin（如图 4.1-8 所示）。Dataphin 是阿里巴巴集团 OneData 数据治理方法论的内部实践及其云化输出，提供一站式的数据"采、建、管、用"全生命周期的大数据能力，以助力企业显著提升数据治理水平，构建出质量可靠、消费便捷、生产安全且经济的企业级数据中台。

第 4 章　资源化：数据架构与建设

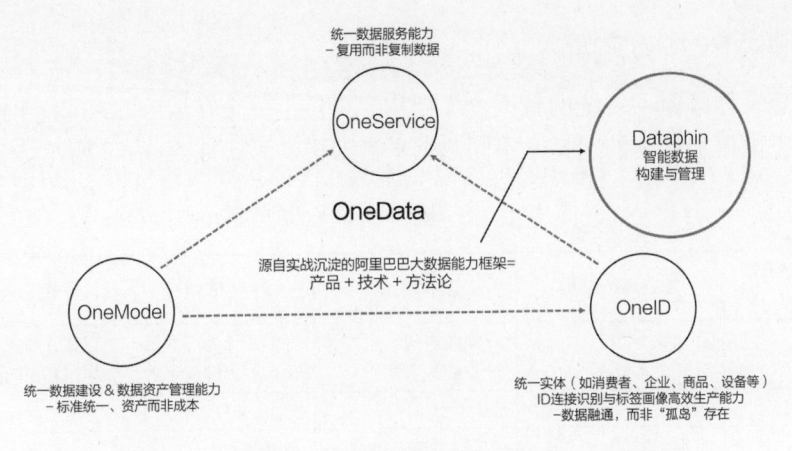

图 4.1-8　瓴羊旗下的智能数据建设与治理平台 Dataphin

4.1.5　引领变革：变革期的湖仓一体架构

2011 年，数据湖概念初现时，其定位主要为一种存储解决方案，旨在承载结构化、半结构化和非结构化数据，尤其适用于机器学习与数据科学场景。在数据仓库视角下，数据湖仅被视为外部存储系统。彼时，此类架构模式可被统称为"仓+湖"。自 2020 年起，"Lakehouse"的概念被提出，其支持 ACID 事务、存算分离、开放性、流批存储一体等特点，使得湖仓一体成为下一代数据中台架构的标准模式，数据湖仓技术的发展历程如图 4.1-9 所示。

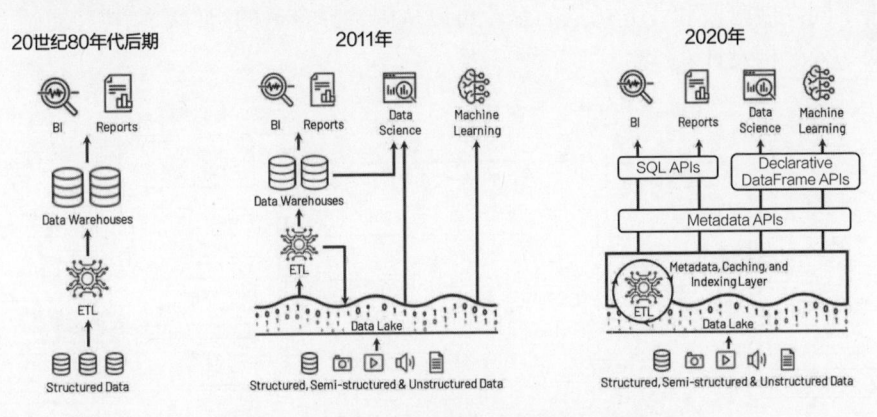

图 4.1-9　从仓、湖到湖仓一体的技术发展

Iceberg、Hudi、Paimon、Delta 等一系列 Table Format 产品的诞生使湖仓一体的架构成为可能。Table format 定义了一张表由哪些文件构成，使任何引擎都能根据 Table Format 查询和检索数据；同时，它规范了数据和文件的分布方式，要求任何引擎写入数据都需遵照这一标准。通过 Table Format 定义的标准，支持 ACID

事务、模式演进等高阶功能。

　　湖仓一体颠覆了传统的数据仓库架构，提供了一个在成本、功能、时效性、性能等方面更加均衡的选择，不同数据平台架构的对比如表 4.1-2 所示。

表 4.1-2　不同数据平台架构的对比

大数据处理框架	传统离线架构	实时数仓	数据湖	湖仓一体
成本	存储成本低 计算成本较高	存储成本高 计算成本高	存储和计算成本低 使用和运维成本高	存算分离成本低 使用和运维成本低
数据格式	开放	封闭、专属	开放、通用	开放、通用
数据内容	数据类型单一	数据类型单一	数据类型丰富	数据类型丰富
数据访问方式	SQL 为主、少量 API	SQL 为主、少量 API	开放 API、直接读取 SQL、R、Python	开放 API、直接读取 SQL、R、Python
数据可靠性	无 ACID	事务隔离、高可靠性	隔离性差 数据可靠性差	事务隔离、高可靠性
性能	性能差	性能高	性能一般	性能高
扩展性	成本低、扩展性好	成本高、扩展性一般	成本低、扩展性好	成本低、扩展性好
使用场景	BI、SQL 应用和报表等有限场景	BI、SQL 应用和报表等有限场景	数据科学、机器学习	数据科学、机器学习、BI 等丰富场景
成熟度	高	高	中	中

　　引入湖仓一体存储计算引擎后，阿里巴巴数据平台的架构如图 4.1-10 所示。处于不同发展阶段和业务场景的企业可以从中选择合适的组件，以构建更适合自己的平台架构设计。

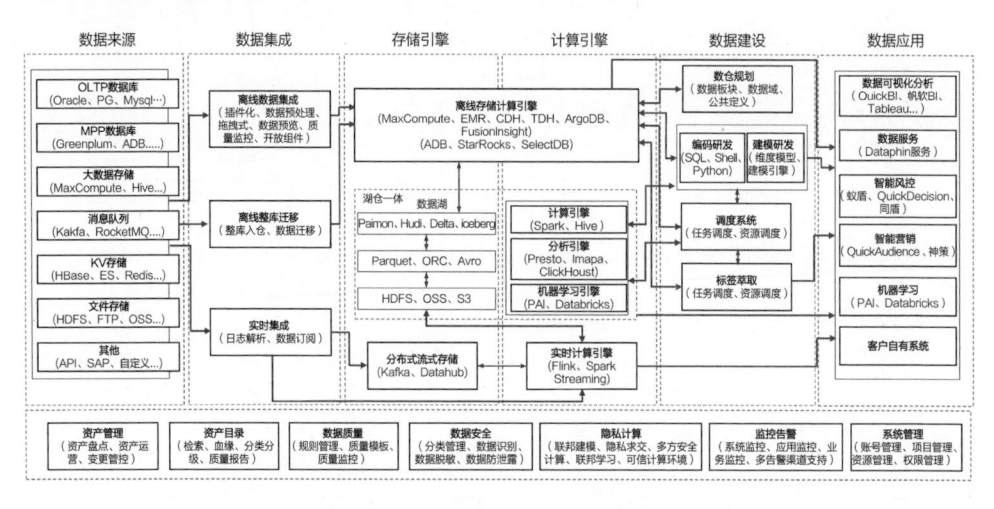

图 4.1-10　阿里巴巴数据平台的架构

4.1.6　迎接挑战：大模型驱动的数据进化

2022 年，随着 ChatGPT 火爆全网，大语言模型开启了通用人工智能的新浪潮。其中，以 ChatGPT 为代表的大型通用语言模型正引领着一场人工智能革命，并带领我们步入通用人工智能的新时代。在这场变革中，众多知名企业推出各自的商业化模型，如 OpenAI 的 GPT、微软的 PaLM-E、Meta 的 LLaMA，以及阿里巴巴的通义千问等。除此之外，还有如 LLaMA 等开源模型，为这场变革提供了强有力的支持。

人工智能的新时代对于大数据行业而言既是新的机遇，也是巨大的挑战。对于每个数据人来说，关键问题在于如何借助大模型减轻数据科学家和数据工程师的工作负担，如何为企业提供更加有效的业务决策支持，以及如何让大数据从生产到消费全链路变得更加智能。基于大模型构建的 NL2API、NL2SQL 和 AutoDoc 已逐步融入 Dataphin 产品中，全面提升了"采、建、管、用"全链路的智能化体验。

4.2　数据架构模式的前沿探索

设计模式的概念起源于建筑设计领域，并成功地移植到了计算机科学领域，其主要目的是解决各种具体问题并提供一系列经过验证的最佳实践方案。在数据架构的语境下，设计模式特指针对业务、技术、产品和组织不同层面的最佳实践集合。

下面将深入探讨几种被业界广泛认可的数据架构设计模式，包括 Data Mesh（数据网格）、Data Fabric（数据织布）、DataOps（数据运维）和数据中台。我们将剖析每种模式的核心特征、适用场景，以及它们如何帮助企业优化和创新数据管理与处理流程。

4.2.1　分布式之美：Data Mesh 的领域驱动

Data Mesh 是一种基于去中心化设计模式的技术架构，主要应用于大规模分析型数据的流通、访问和管理场景。它通过改变组织内部和跨组织的管理、架构、技术解决方案等方面，实现对数据价值的最大化增长，同时保持足够的敏捷性，以适应不断变化的业务环境。其核心目标包括：从海量数据中挖掘出有价值的信息、在组织增长的同时维持灵活性，以及应对快速变化的商业环境。为实现这些目标，Data Mesh 鼓励组织在技术架构、管理实践和业务策略等方面进行根本性的转变。Data Mesh 模式的设计原则如图 4.2-1 所示。

Data Mesh

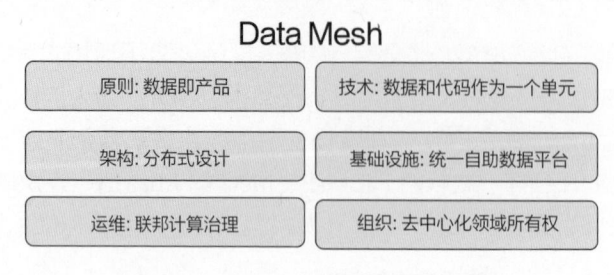

原则: 数据即产品	技术: 数据和代码作为一个单元
架构: 分布式设计	基础设施: 统一自助数据平台
运维: 联邦计算治理	组织: 去中心化领域所有权

图 4.2-1　Data Mesh 模式的设计原则

Data Mesh 的四个核心原则如下。

（1）领域所有权：赋予与数据源最接近的人数据处理的职责，以支持结构的水平扩展和变化周期的快速迭代。

（2）数据即产品：将分析型数据视为产品，防止因领域所有权分散而导致的数据"孤岛"问题，确保数据能够简单易用。

（3）自助数据平台：通过统一的数据平台，降低数据加工成本，避免数据不兼容问题，促进各团队之间的自动化数据合规流通。

（4）联邦计算治理：组建一个由领域数据产品所有者和数据平台所有者构成的联合治理小组，负责对领域的局部和全局进行治理。

Data Mesh 与数据中台的设计思想在很大程度上是相反的。虽然去中心化的愿望是美好的，但在实际场景下却很难落地。业务部门的绩效目标主要以业务结果为核心，难以将提供数据产品作为一个优先事项来持续跟进。此外，去中心化可能导致数据指标不统一和数据重复加工的问题。然而，其背后的设计思想仍具有借鉴价值，例如，领域所有权强调需要快速适应数据业务的变化，"数据即产品"原则则提倡将数据像产品一样进行标准化。

4.2.2　织就数据网：Data Fabric 的统一数据体验

在 2014 年，NetApp 提出了 Data Fabric 的理念，旨在帮助客户简化并整合企业级和云原生应用程序的数据服务流程编排。它支持客户在任意组合的混合多云环境中自由选择任何计算和开发环境，加速其数字化转型的步伐。Data Fabric 采用了主动型元数据、增强的数据目录、数据虚拟化等技术，形成了一种分布式、自动化、智能化的新型数据管理形式。

数据虚拟化技术作为 Data Fabric 的核心技术之一，提供了一种统一的数据访问接口，方便用户查询、分析和操作散布在不同数据源中的数据。通过这种方式，用户能够像访问单一数据源那样进行查询和操作，进而实现数据资源的集中管理和协同分析，如图 4.2-2 所示。这种统一的数据访问接口主要应用于以下三个场景。

（1）数据连接层：为各种异构的、存储介质不同的物理层数据源定义一个统一的逻辑层。

（2）数据加工层：实现离线批计算和实时流计算的统一，在统一视图基础上进行数据加工，屏蔽底层差异。

（3）数据消费层：实现对不同数据源的数据进行统一格式化转换，统一架构计算，并且实时提供消费数据能力。

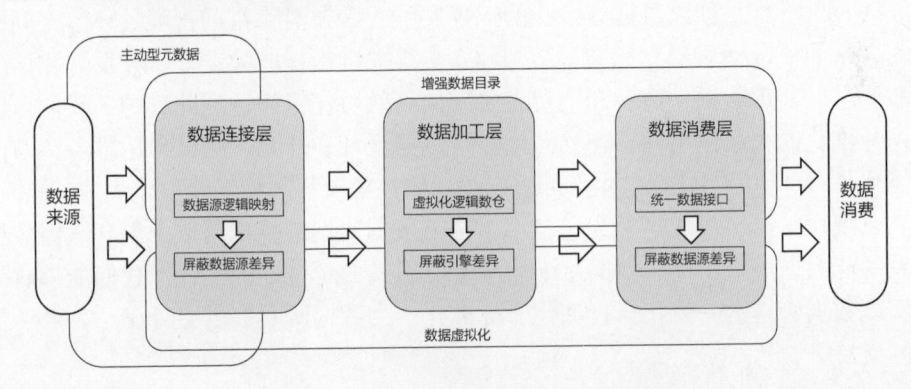

图 4.2-2 Data Fabric 功能层次划分示意图

Data Fabric 中的主动型元数据、增强数据目录、数据虚拟化等特点是值得借鉴的，尤其在 ToB 的场景中，尽可能屏蔽底层差异以提供统一的数据加工和消费体验，是产品的核心竞争力之一。在虚拟化方面，阿里巴巴数据中台与 Data Fabric 有着相似的理念，通过基于 OneModel 的智能建模研发方式来屏蔽底层不同的计算引擎类型，以提供统一的数据研发体验；通过基于 OneService 的数据服务，为不同数据源提供统一的数据 API 访问方式，并通过插件化的数据集成方式对数据的抽取、清洗、装载进行解耦，从而最大化地降低不同数据源间的差异。

4.2.3 敏捷运维之道：DataOps 的持续改进

DataOps 借鉴了 DevOps 的理念，注重以元数据为基础构建的灵活且敏捷的数据开发与运维一体化的数据架构。通过一系列数据工具，DataOps 将人员协作和流程管控相结合，提高了重复性工作的效率、生产灵活性和自助服务水平，从而实现了数据科学模型的持续部署。DataOps 数据处理流程如图 4.2-3 所示。

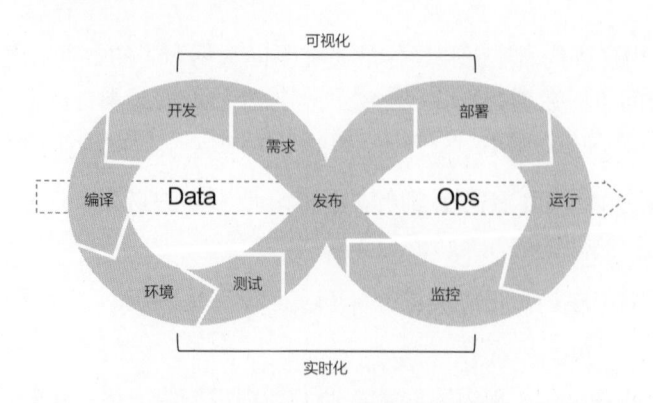

图 4.2-3 DataOps 数据处理流程图

DataOps 是一种以数据为中心的工程实践，旨在消除数据管理各环节之间的隔阂，从而使数据质量、标准、结构和安全等关键指标成为设计、开发、测试的核心要求，实现数据生产者和消费者之间的高效协作。为达到此目的，我们可以采用标准化的大数据组件，建立一个整合数据设计、开发、测试与运维各环节的一体化平台，使编写代码、生产部署、调度监控等流程都能在线上化完成。同时，引入可视化编排、CI/CD 等先进技术，降低数据研发的技术门槛，提高敏捷数据研发的能力，进一步提高数据运维的质量。通过 DataOps 的实践，我们能够有效地实现数据管理的一体化、自动化、标准化，为数据研发提供更可靠、高效、灵活的支持。

4.2.4 数据中台：企业级数据治理的典范

表 4.2-1 列出了四种数据架构设计模式各自的特点。

表 4.2-1　四种数据架构设计模式各自的特点

模式	Data Mesh	Data Fabric	DataOps	数据中台
设计哲学	去中心化 领域驱动 数据产品思维	自动化 智能化	自动化流程 持续改进	以构建消费便捷、质量可靠、安全稳定、生产经济的好数据为核心理念
技术实现	微服务架构 领域事件驱动	主动型元数据 增强数据目录 数据虚拟化	CI/CD 自动化测试	OneData（OneModel、OneID、OneService）方法论的一体化技术工具
治理模式	联邦治理	基于增强数据目录的统一治理	流程与文化	设计即研发、研发即治理、治理即运营的全链路一体化
适用场景	分布式 多团队 团队内部自治	数据生态复杂 需要高度集成	数据快速迭代 数据流程优化	传统数仓的升级变革 平衡速赢与长期主义的"L"型发展模式

当然，这些模式并非完全对立，它们着重从某个方面描述数据架构设计的方式，并且相互间也存在一定的相似性。

（1）提升数据带来的价值：所有这些概念都旨在通过提高数据的可访问性、质量和利用率，最终提升数据对业务价值的贡献。

（2）面向未来的数据管理：它们都试图通过不同的方法和技术创新，应对现代数据管理所面临的挑战，包括数据分散、处理效率、数据质量等问题。

在近几年的实践中，数据中台模式持续推动理念创新和技术升级，并逐渐形成了与其他三种模式相媲美的产品设计理念和技术实现路径，如表 4.2-2 所示。

表 4.2-2　数据中台模式与其他三种模式的相似之处

模式	理念	数据中台的实现
Data Mesh	数据产品思维	资产目录、资产治理、资产消费
Data Fabric	数据虚拟化	基于 OneModel 的智能建模 基于 OneService 的数据服务
DataOps	CI/CD 可视化编排	租户内以及跨租户的发布流程 用户可配置的变更管控 运行链路的数据质量监控

4.3　数据架构的理论基石与设计原则

数据架构在企业数字化转型和成长中起着不可或缺的作用。然而，数据架构的构建和演变是一个渐进的过程，它需要在不断实践和总结中慢慢完善，阿里巴巴的数据架构发展历程就是一个很好的例证。那么，我们怎样才能准确地界定数据架构呢？

接下来，我们将探讨数据架构的定义，以及数据模型和数据平台的架构设计，以理解数据架构在现代企业中的关键作用及其具体的实现策略。

4.3.1　数据架构的本质与价值

数据架构的定义是为企业数据需求而设计的数据模型，以及对这些数据模型的生产与消费流程的规划和实施。数据架构的核心目标是满足企业的数据需求，它主要包含两个方面。

（1）数据模型架构：这是基于企业数据需求所设计的数据模型及其关系结构。

（2）数据平台架构：它涉及为支持数据模型的生产和消费过程而必需的功能集合和技术支持体系。

企业数据需求是数据架构设计的根本起点，对企业未来五年乃至更长期的数据需求进行全面分析是设计数据架构的基石。这一分析直接决定了数据模型的架构设计和数据平台的架构设计，如图 4.3-1 所示。

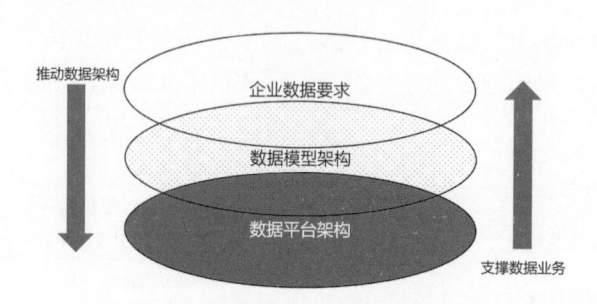

图 4.3-1 数据架构层次结构示意图

那么，如何从企业数据需求中提取有价值的信息来指导数据架构的设计呢？如图 4.3-2 所示，数据需求通常会明确指出所需的数据产出和数据消费的方式，而对数据需求进一步分析则可以推导出所需的数据原料和数据加工的方式。

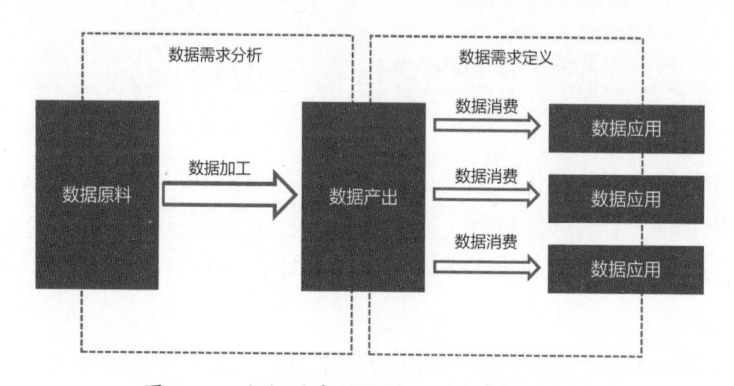

图 4.3-2 数据需求的数据加工消费链路简图

以下是我们在数据加工和消费链路中必须关注的关键点，这些关键点将直接影响我们后续的数据模型和数据平台的架构设计。

（1）数据消费方式：决定数据平台架构所需的高级数据消费功能，例如，批量导入/导出、消息队列推送，以及数据 API 服务的支持。

（2）数据产出时效：决定数据平台架构所需的相应的数据加工能力，包括离线批处理、近实时处理和全实时流处理等不同级别的时效性要求。

（3）数据存储规模：决定数据平台底层存储引擎必须支持的存储容量大小，涵盖了所有原始数据和加工后数据的总体规模。

（4）数据计算规模：决定数据平台底层计算引擎必须提供的计算资源量，以满足所有数据加工任务的复杂性和并发需求。

（5）数据原料类型：决定数据平台架构所需的初级数据采集能力，包括支持离线数据导入和实时数据流捕获等不同类型的源头数据获取。

此外，在具体实时数据需求时，我们必须遵守数据模型架构的指导原则，以避免烟囱式开发导致的资源浪费，比如不必要的数据冗余存储和重复计算。此外，通过规范的数据模型管理，可以有效地降低数据指标定义不一致的风险，从而提高数据产品的质量和生产效率。

4.3.2 数据模型架构设计的原则与方法

数据模型是对特定业务需求下现实世界数据的一种抽象表示，它通过明确数据的概念和定义来规定数据的结构、操作和约束条件。数据模型架构的设计涵盖单个数据模型的设计和数据模型之间关系的设计。

在单个数据模型的设计中，我们通常将其分为三个层次：概念层、逻辑层和物理层。

- 概念层：作为最基础的层级，它描述了数据的基本元素，如实体、属性和它们之间的关系，这一层级的设计与任何特定的存储系统无关。
- 逻辑层：建立在概念层之上，它加入了业务规则、数据完整性约束等细节，用于规范数据的使用和确保数据质量。
- 物理层：是逻辑层在实际存储系统中的具体实现，涉及数据如何存储和访问的详细机制，与底层存储技术紧密相连。

在数据模型间的关系设计方面，有多种模型形式可供选择，包括范式模型、维度模型、统一星形模型和 Data Vault 模型等，接下来我们将对这些模型进行详细介绍和分析。

1. 范式模型

范式模型是对实体数据化后所得数据结构、数据操作和数据约束条件的一种规范化抽象。在设计关系数据库的过程中，范式模型起着至关重要的作用，其核心目标是减少数据冗余，确保数据的一致性，并优化事务处理的效率。关系数据库中的数据关系必须符合特定的规范化标准，这些标准被定义为不同的范式级别。具体地说，关系数据库设计包含六个范式层次：第一范式（1NF）、第二范式（2NF）、第三范式（3NF）、BCNF、第四范式（4NF）和第五范式（5NF）。这些范式之间存在着递进的包含关系，如图 4.3-3 所示。第一范式是最基础的规范，第二范式则在第一范式的基础上增加了更多的规范，因此第二范式是第一范式的特例，后续的范式遵循同样的逻辑，每一个都是前一个范式的子集。

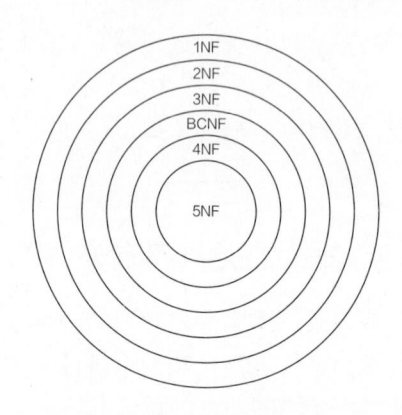

图 4.3-3 不同范式之间的关系

范式的等级越高，意味着需要将表划分得更加具有细粒度以符合更严格的规范，这常常导致原本相关联的数据被分散到多个表中。当用户需要同时查询这些数据时，必须通过多表连接操作来重新组合数据，这会对数据库的查询性能造成较大影响。因此，范式的等级并非越高越好，通常达到第三范式就足以满足需求。

范式模型主要应用于关系数据库的模型设计，在大数据场景下的模型设计基本不采用范式模型。大数据环境主要面向的是写少读多的场景，而范式模型由于其细粒度的表划分，会导致查询成本急剧增加和查询效率的显著降低。

2．维度模型

维度模型由数据仓库领域的大师 Ralph Kimball 倡导，由于它能同时满足模型易理解和高查询性能的需求，维度模型成为大数据场景下数据模型的首选技术。在维度建模中，核心实体包括事实表和维度表。

（1）事实表：记录业务过程事件的性能度量结果，包括一系列衡量业务相关属性的度量值及其对应单位。事实表中的所有度量需保持相同的粒度，它包含多个外键，用于与对应的维度表进行连接。

（2）维度表：维度指的是进行统计的对象。维度通常是客观存在的实体，例如，交易过程中的买家、卖家、商品等。维度表由维度主键和维度表属性构成，在数据仓库中，维度表属性主要用于查询约束、分组，以及作为报表的标识。

维度模型有三种常见的模式，用于表示事实表与维度表之间的连接关系，分别是星形模型、雪花模型、星系模型，如图 4.3-4 所示。

（1）星形模型：以事实表为中心，所有的维度表直接与事实表连接。每个维度表仅与事实表关联，维度表之间无直接关联；每个维度表的主键为单独一列，并在事实表中作为外键进行连接；以事实表为核心，围绕核心的维度表呈星形分布。

（2）雪花模型：是星形模型的一种扩展形式，其中维度表可以进一步细分为较小的事实表，形成局部的层次结构，并且这些被拆分的表都将连接到主维度表上。相较于星形模型，雪花模型的理解成本和维护成本更高，并且由于需要多表关联，其性能也较差。

（3）星系模型：由星形模型发展而来，星形模型依赖于单一事实表，而星系模型则基于多个事实表构建，并且维度表能够共享。随着数据仓库建设进入中后期，由于业务复杂性不断增加，模型基本上都呈现为星系模型。

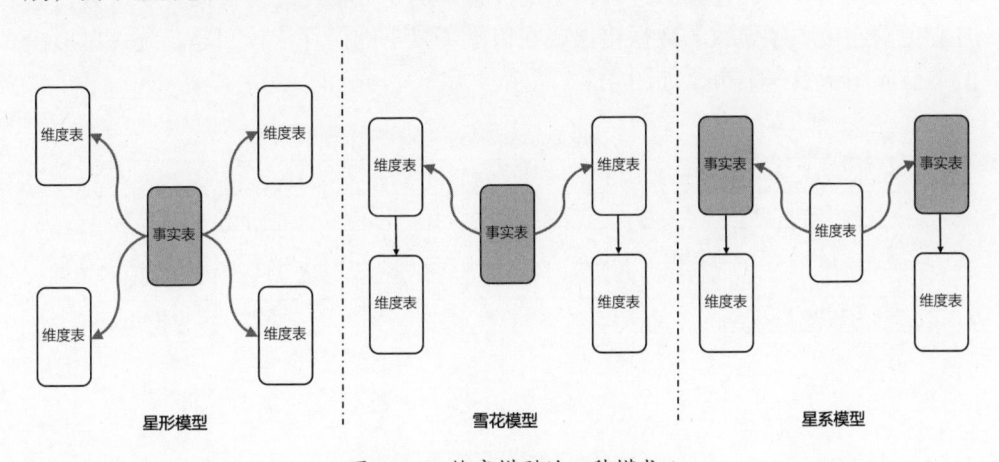

图 4.3-4 维度模型的三种模式

阿里巴巴的数据模型设计一贯采用的是维度模型，通过事实表和维度表对各种数据业务进行抽象化，在 4.4 节中，我们将以达米（Dami）公司的应用场景为例，详细介绍数据模型设计的实际应用。

3. 统一星形模型

统一星形模型是以"桥接表"为中心的星形模型，如图 4.3-5 所示。在传统的维度建模场景下，每个星形模型都以单个事实表为中心，随着事实表数量的增加，星形模型也随之增多。在某些情况下，同一事实表会在不同粒度上以不同的方式被重复使用。因此，在复杂的业务场景中会存在大量的星形模型。通过"桥接表"的方式，无论存在多少不同粒度的事实表与维度表，都只需要一个星形模型即可实现管理。

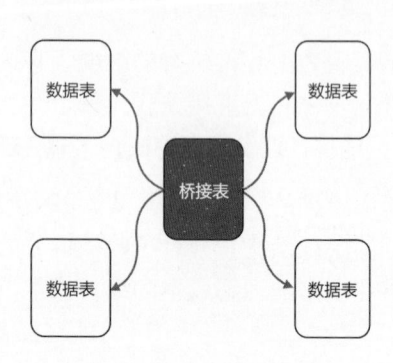

图 4.3-5　统一星形模型

使用统一星形模型进行查询时，总是以桥接表作为主表，并通过"Left Join"的方式与其他表进行连接。这种模型的终极目的是大幅度减少数据转换次数，同时避免因连接顺序导致的数据错误或在极端场景下的循环依赖问题。统一星形模型常被应用于数据集市，如图 4.3-6 所示。

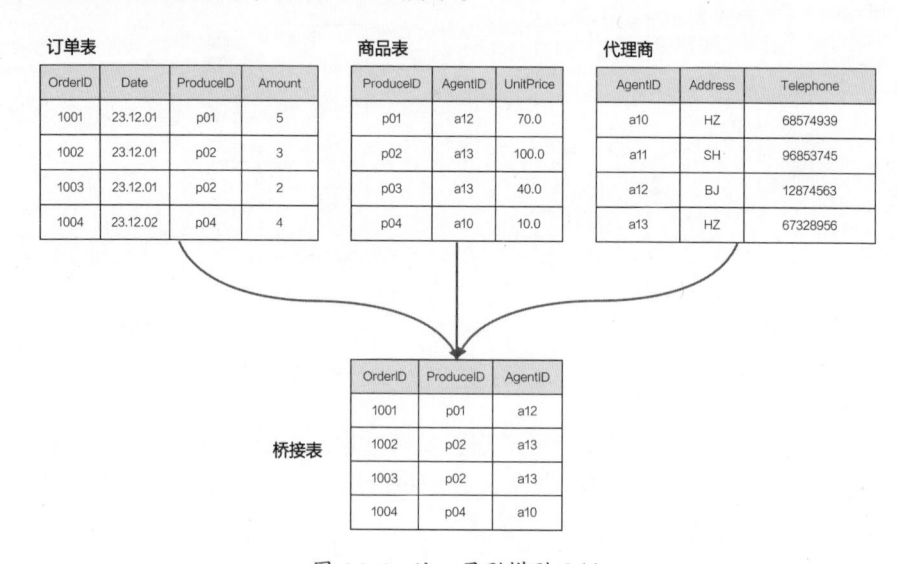

订单表

OrderID	Date	ProduceID	Amount
1001	23.12.01	p01	5
1002	23.12.01	p02	3
1003	23.12.01	p02	2
1004	23.12.02	p04	4

商品表

ProduceID	AgentID	UnitPrice
p01	a12	70.0
p02	a13	100.0
p03	a13	40.0
p04	a10	10.0

代理商

AgentID	Address	Telephone
a10	HZ	68574939
a11	SH	96853745
a12	BJ	12874563
a13	HZ	67328956

桥接表

OrderID	ProduceID	AgentID
1001	p01	a12
1002	p02	a13
1003	p02	a13
1004	p04	a10

图 4.3-6　统一星形模型示例

4．Data Vault 模型

Data Vault 模型是由 Dan Linstedt 在 20 世纪 90 年代提出的，它代表了一种细致入微的数据建模策略。该模型在面对数据量增长、数据分布分散或数据复杂性增加时，展现出了高度的灵活性和敏捷性，使得数据处理能更快地适应业务需求的变化。

Data Vault 的核心设计理念是将业务主键与属性分离，以此减少因属性变动引起的模型结构调整。它通过分离出稳定的业务主键与易变的属性部分，并建立它们之间的关联来实现这一点。不同业务组的属性被分别存放在多个卫星表中，而业务主键则集中存储在枢纽表（Hub）中。枢纽表中的主键通过连接表（Link）来表示它们之间的关系或事件（例如，客户 Hub 与产品 Hub 之间的购买事件），这些关系的详细描述则存储在对应的卫星表中。换句话说，卫星表为枢纽表和连接表提供了必要的上下文信息，如图 4.3-7 所示。这样的设计既保持了数据的稳定性，又允许灵活应对数据属性的变化。

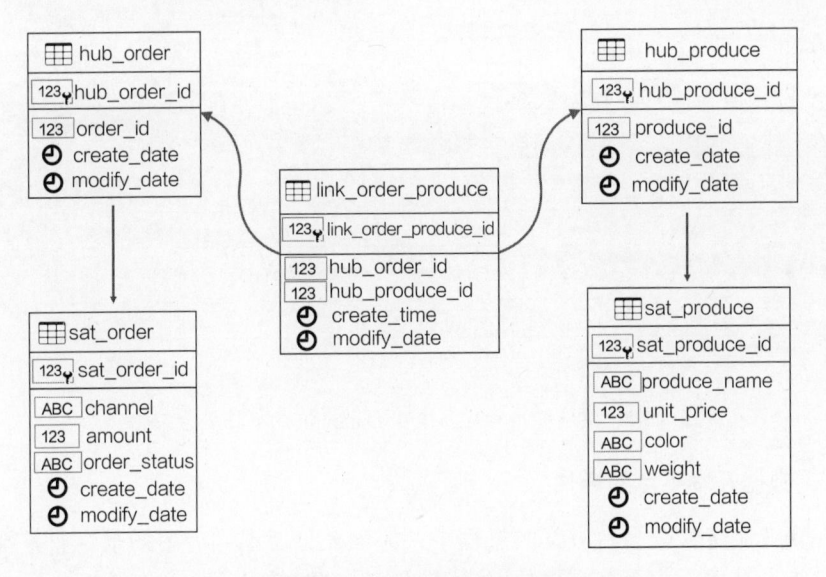

图 4.3-7　Data Vault 模型示例

Data Vault 的应用主要针对需求变更频繁、业务关系复杂的数据管理问题，以及在特定 DWD 层数据仓库中的数据集成问题。它具备灵活性、可扩展性和松耦合性等关键特征，其核心是将信息解耦并使用不同的数据对象表进行存储，以实现更好的数据查询和多级连接的性能表现。需要注意的是，Data Vault 模型所涉及的数据对象数量可能较为庞大，这是因为 Data Vault 需要引入更多的数据对象表来实现数据解耦的需求。

4.3.3 解析数据平台架构设计的关键要素与实践

为了实现基于业务需求的数据模型的生产和消费功能，需要依托于一个强大的底层数据平台。随着数据平台产品的发展和成熟，数据平台架构的设计过程更多地变成了选择合适的平台核心组件的过程。除非企业有明确的需求去自主开发计算存储引擎和数据开发平台，否则可以通过采用市场上成熟的商业或开源产品，快速构建一个可靠的数据平台。如图 4.3-8 所示，可以选择智能数据构建与治理工具 Dataphin 作为数据开发平台，而对于数据引擎的选择，则可以根据具体需求灵活挑选适合的产品，从而迅速完成数据平台架构的设计。

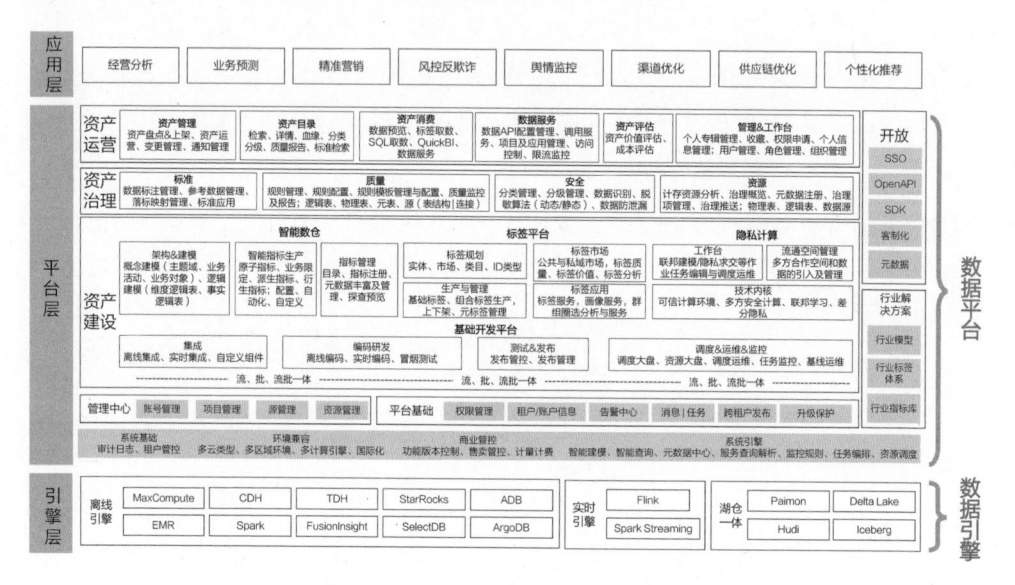

图 4.3-8 智能数据构建与治理 Dataphin 的数据平台架构

1. 数据开发平台的评估

在企业制定数据平台方案的过程中，应该充分考虑到应用场景、业务规模、资源投入和技术能力等多方面的因素，以确保方案的可行性和有效性。针对不同的情况，需要采取不同的数据平台方案，如表 4.3-1 所示。例如，对小型企业而言，可以选择成本低廉、易于操作的云计算或 SaaS 平台，这不仅可以快速建立自己的数据管理系统，还能够降低运营成本。而对大型企业而言，则需要选择更复杂的方案，例如，选用成熟的商业化数据平台或对开源产品进行二次开发，以满足企业数据业务的复杂性和规模性要求。

表 4.3-1　不同数据开发平台方案的对比

数据平台方案	商业数据平台		自研数据平台
	公有云 SaaS 版	专有云/私有化部署	基于开源或纯自研
建设周期	短	较短	长
成本投入	低	高	高
迭代速度	快	较快	慢
运维成本	低	中	高
定制化	弱	较弱	强
技术要求	低	中	高

由于设计理念上的差异，不同的数据开发平台在功能和特性上呈现出各自的特色。有的平台强调数据处理和分析的强大能力，有的则更注重数据的可视化和用户交互体验，还有平台特别重视数据的安全性和隐私保护。因此，在选择数据开发平台时，用户需要根据自己的具体需求和平台的特点进行全面评估。同时，考虑到各个平台功能和特性上的区别，用户还应该深入理解这些差异，以便找到最适合自己需求的解决方案。以智能数据构建与治理工具 Dataphin 为例，它的核心能力集中在工具化、自动化、智能化、价值化四个方面，如图 4.3-9 所示。

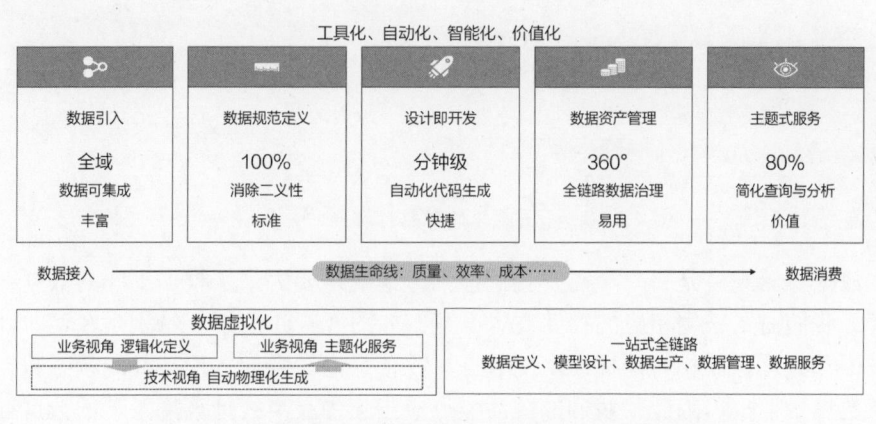

图 4.3-9　智能数据构建与治理工具 Dataphin 的核心能力

除 Dataphin 外，国内厂商如华为、腾讯、火山引擎等均推出了各具特色的数据开发平台产品。同时，在国际市场上，微软、亚马逊、谷歌等厂商也提供了完备的数据开发平台产品，以满足用户对于数据开发的多元化需求。

2. 存储计算引擎的评估

存储计算引擎在数据平台中起着重要的作用。作为存储核心，它具备强大的存储能力，能够高效且安全地存储海量数据。同时，作为计算核心，存储计算引擎也提供了丰富的计算资源，支持多种数据分析和数据挖掘算法的实现，为数据处理和应用提供了坚实的基础。在选择存储计算引擎时，我们必须对企业的数据处理需求和数据存储计算规模进行全面评估，以便确定最适合的引擎。我们需要考虑不同类型的存储计算引擎，包括离线存储计算引擎、实时存储计算引擎，以及湖仓一体存储计算引擎等，以确定最符合企业需求的引擎。

数据产出的时效性是首要考虑的因素，不同的数据时效性要求采用不同的引擎技术方案。数据时效性指的是数据源变更映射到数据产出结果的时间差，这通常以天、小时、分钟、秒或毫秒为单位衡量。在考虑不同的业务需求场景时，时效性需求应被充分考虑，以便为客户提供更加全面的数据引擎解决方案。然而，需要注意的是，随着时效性需求的增加，数据产出的成本也会相应提高。因此，在制定数据引擎解决方案时，必须同时考虑到企业的具体需求和成本因素，以实现最佳的平衡。不同数据的时效性对应的计算引擎如图 4.3-10 所示。在秒级的场景下，两种引擎存在一定的交叉领域，在数据规模可控且数据处理链路简单的情况下，MPP 数据库也能提供相当优秀的时间响应。

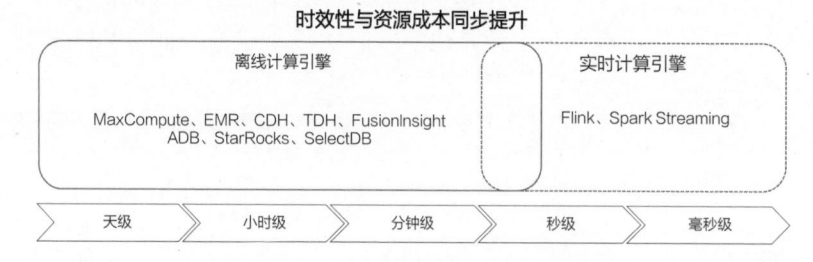

时效性与资源成本同步提升

离线计算引擎	实时计算引擎
MaxCompute、EMR、CDH、TDH、FusionInsight ADB、StarRocks、SelectDB	Flink、Spark Streaming

天级　小时级　分钟级　秒级　毫秒级

图 4.3-10　不同数据的时效性对应的计算引擎

数据存储规模是另一个需要我们仔细考虑的重要因素。根据不同的数据存储规模，我们需要采用相应的存储技术方案，如图 4.3-11 所示。特别是在实时计算场景中，数据存储相对简捷，中间数据主要依靠内存存储，而涉及的状态数据和结果数据量较小。因此，我们的关注焦点应当集中在离线计算场景下的数据存储需求上。离线计算处理的数据量往往显著大于实时计算，这就要求我们在选择存储技术方案时要格外小心。理想的存储方案应具备出色的可扩展性和高可用性，以确保既能满足不断增长的数据存储容量需求，又能保障数据读写操作的速度和效率。此外，为了有效避免数据冗余和存储资源的浪费，我们还需要考虑数据的分布式存储策略，以及负载均衡机制的实施，这些都是确保数据平台高效运作的关键因素。

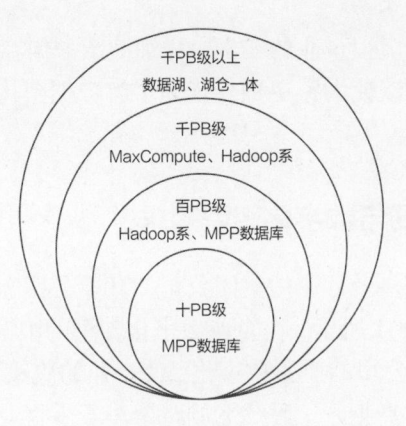

图 4.3-11　不同数据规模对应不同类型的存储引擎

在数字化时代，随着 5G 和物联网等新兴技术的迅猛发展，我们正经历着前所未有的数据量激增的情况。在这个过程中，存储空间和计算能力之间的匹配问题日益突出。为了应对这一挑战，越来越多的大数据处理引擎开始采纳存算分离的架构设计。这种设计思路通过将存储节点和计算节点分开，利用中心化的存储集群来增强存储的可靠性、可扩展性和资源利用率。同时，通过实施冷热数据分离策略，将不经常访问的冷数据迁移至成本更低的存储介质上，极大地减少了存储成本，如图 4.3-12 所示。

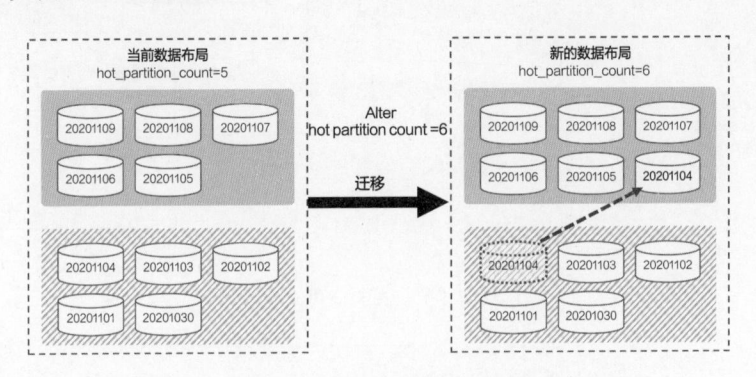

图 4.3-12　基于数据分区的冷热数据分离示意图

4.4　数据架构案例：达米公司的数据架构建设实践

在前面，我们探讨了多种数据架构的理念及其具体实现方式，特别聚焦于阿里巴巴集团采用的数据中台模式。这一模式历经十载，已在阿里巴巴内部得到充分实践与验证，并在 Dataphin 中充分体现了 OneData 的核心理念。

下面通过构建一个虚拟企业的实例，详细演示如何在 Dataphin 中搭建起一个完整的企业数据体系，以使大家更加直观地了解数据架构的建设实践及其在现实业务场景中的广泛应用。

4.4.1 业务布局与数字化转型需求

达米公司是一家跨多个行业的集团公司，其业务覆盖零售、工业、传媒、航空等多个领域，如图 4.4-1 所示。在企业数字化转型的浪潮中，达米公司也希望能够抓住这次机遇，实现公司的业务数字化，使企业的决策更加准确和及时。其中，零售行业是该公司的主要业务，后续案例将聚焦于零售业务板块，其零售业务的主要流程如图 4.4-2 所示。

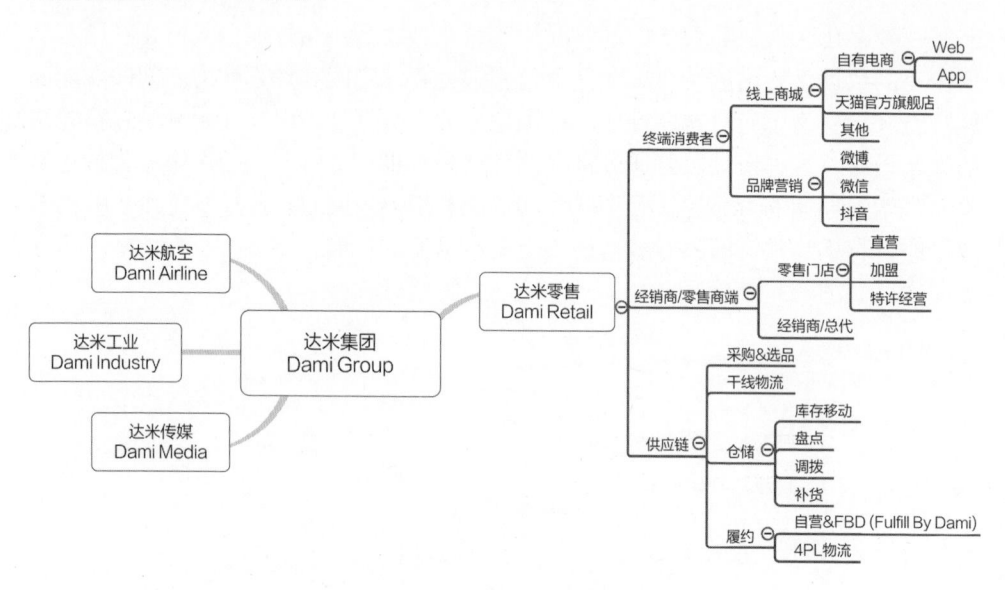

图 4.4-1　达米公司业务

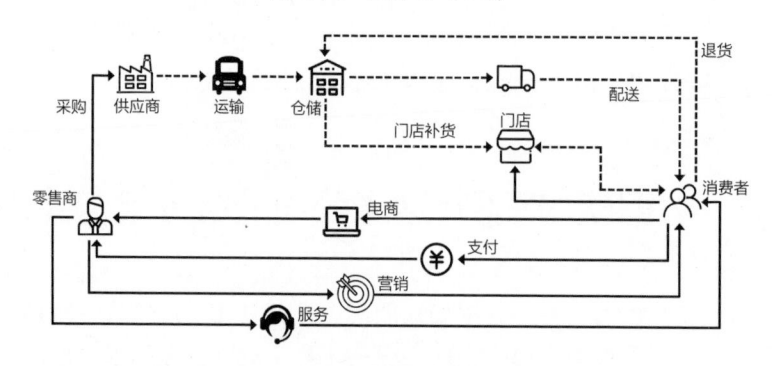

图 4.4-2　达米公司零售业务的主要流程

4.4.2 如何规划企业级数据仓库

数据仓库的规划是企业在进行数据体系建设的起点，它相当于顶层设计，为后续的所有数据研发活动提供战略指导和详细的蓝图。在这个规划阶段，业务架构师的任务是基于企业当前的实际业务情况，构建一个全面且清晰的概念模型，以确保后续的数据研发工作能够沿着明确且符合业务需求的方向进行。

以达米公司为例，其数据体系构建的第一步就是依据图 4.4-2 中展示的公司业务流程，来创建这样一个完整的概念模型。这个模型不仅捕捉了业务的本质，还为数据的组织和结构化提供了框架，是确保数据体系建设与企业战略目标相一致的关键步骤。

1. 概念模型

为构建达米公司的概念模型，首先需要深入了解业务并梳理企业的业务流程。例如，根据图 4.4-2 中展示的零售业务流程，梳理出涉及的业务对象（消费者、零售商等）和业务活动（支付、退货、营销等），并明确它们之间的关系。接着，将这些业务对象、业务活动及其关系呈现在一张完整的大图中构成概念模型，如图 4.4-3 所示。

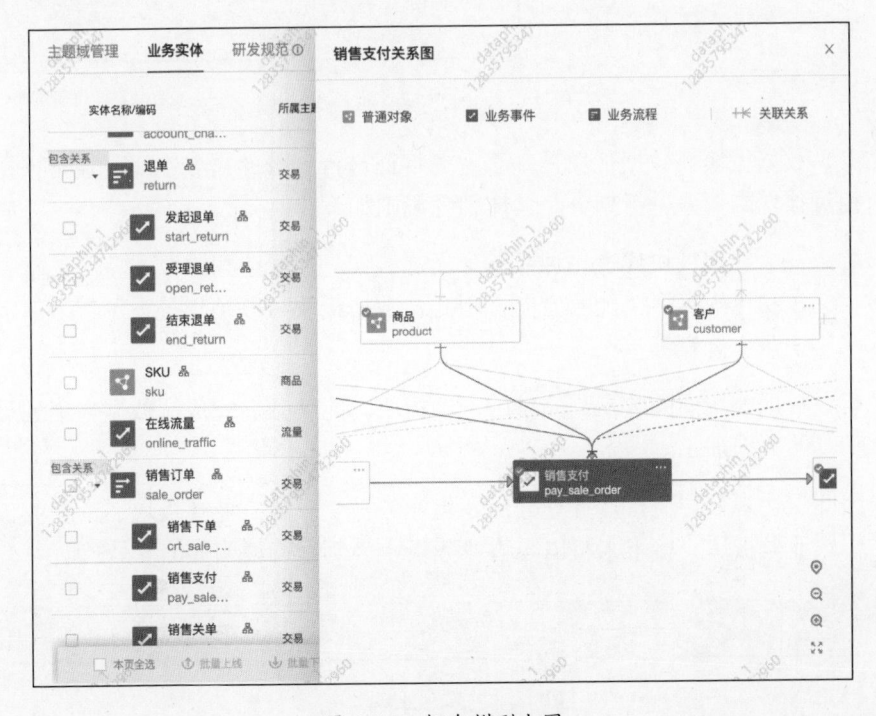

图 4.4-3　概念模型大图

接下来，我们将详细介绍如何从零开始构建图中的概念模型。

概念模型的核心组成部分包括数据板块（或业务板块），以及板块中的主题域、业务对象和业务活动，总体关系如图 4.4-4 所示。

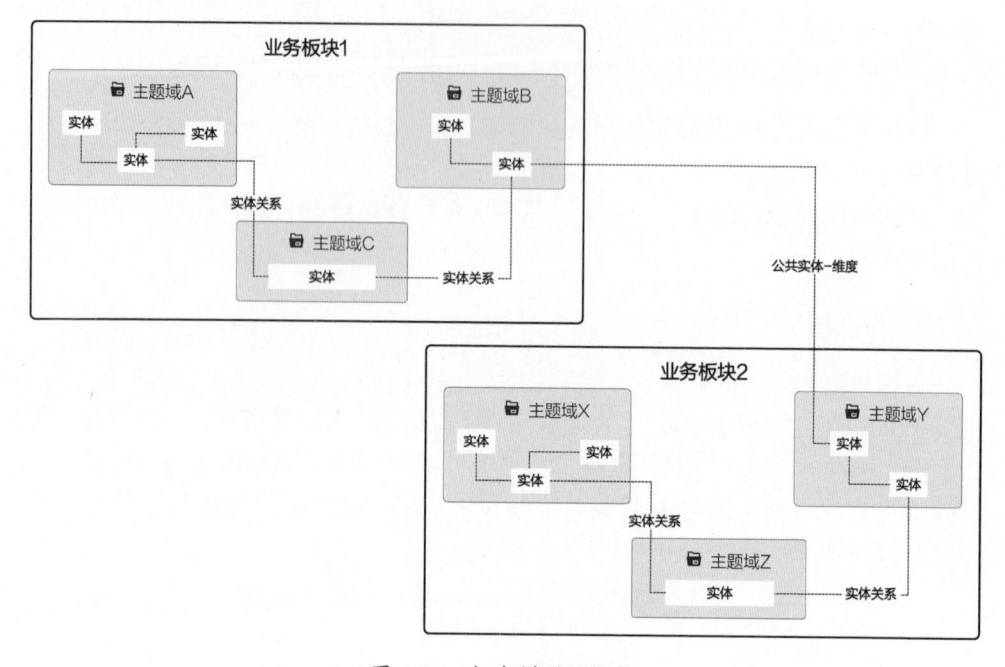

图 4.4-4　概念模型的构成

（1）数据板块。数据板块是基于业务特征进行划分的命名空间，通常根据公司内相对独立的业务进行划分。具体划分规则如下：

- 一个数据板块代表一种业务含义。例如，达米公司涉及零售、航空、工业和传媒等多个经营方向，因此，数据板块可以被划分为零售、航空、工业、传媒等。
- 数据板块内的数据是完整的，即板块内能够独立完成从数据采集到最终的数据加工。

因此，达米公司应按业务划分出零售业务板块、航空业务板块、工业业务板块和传媒业务板块，接下来将以零售业务板块为例进行说明如图 4.4-5 所示。

图 4.4-5　零售业务板块

（2）主题域。主题域（或数据域）指的是在数据板块中抽象的、具有一定规模且相对独立的数据业务范围。具体划分规则如下：

- 基于业务的相对独立性，将某个业务场景或业务职能下的数据归于同一个主题域。例如，在零售行业中，采购、仓储、配送等都属于供应链物流的范畴，应当归类到同一个主题域。
- 根据业务应用系统来划分，将某个业务应用系统的数据归于同一个主题域。例如，在零售行业内，业务系统的订单处理是一个独立系统，拥有独立的产研团队；客户管理系统是另一个独立系统，也有其专属的产研团队，因此可以分别设置订单主题域和客户主题域。

根据达米公司的架构图，在零售业务板块下，可以构建出商品、供应链、营销等主题域，并且这些主题域之间还能形成上下级关系，例如，供应链主题域下包含采购、运维和仓储等子域，具体如图 4.4-6 所示。

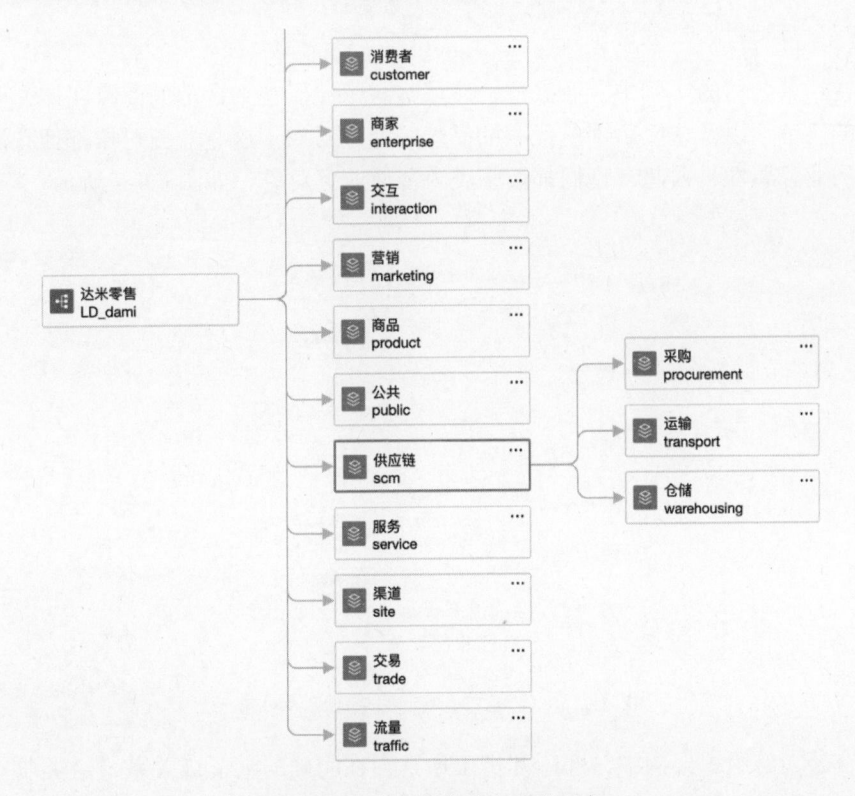

图 4.4-6　达米零售的主题域列表

（3）业务对象。业务对象是指在业务活动中扮演角色的实体，既包括实际存在的物体，也包括抽象的概念。这些对象不仅是事件的参与者，而且它们自身就对业务具有重要意义。典型的例子包括客户、员工和产品等实体对象，以及地域、组织结构和产品分类等抽象的概念。在 Dataphin 中，业务对象被分为以下几种类型。

- 普通业务对象：是指复杂且拥有多个属性的对象，也是最常见的业务对象类型，如客户、商品等。

- 枚举业务对象：简单的基础对象，其值可以是有限的几个选项，如性别（男、女、未知）。

- 虚拟业务对象：在业务定义中，这类对象没有任何属性，如访客 ID、cookie 等。

- 层级业务对象：多个业务对象间存在着上下级关系，这一组对象就是层级对象。常见例子如区域层级（省市区），以及类目层级（一级类目、二级类目、三级类目）。

在达米公司的实例中，商家这一领域包含了注册在平台上的商家实体、商家拥有的店铺，以及这些店铺所代表的品牌等业务对象。这些业务对象都拥有清晰定义的业务属性，因此，它们都被归类为普通业务对象，如图 4.4-7 所示。

图 4.4-7　商家主题域下的普通业务对象

在公司的组织架构中，部门和员工通常存在明确的上下级关系，这类业务对象非常适合被划分为层级对象，如图 4.4-8 所示。相比于普通业务对象，层级业务对象能够统一管理这些具有层级关系的实体，使得后续的逻辑建模过程更加简便。

层级关系	员工 employee		公共	业务对象 层级对象	SuperAdmin	✓ 已上线	2	嗯	零售商所雇佣的人...
	1级员工 employee_lvl1		公共	业务对象 层级对象	SuperAdmin	✓ 已上线	2	嗯	零售商所雇佣的人...
	2级员工 employee_lvl2		公共	业务对象 层级对象	SuperAdmin	✓ 已上线	2	嗯	零售商所雇佣的人...
	3级员工 employee_lvl3		公共	业务对象 层级对象	SuperAdmin	✓ 已上线	2	嗯	零售商所雇佣的人...

图 4.4-8　层级业务对象示例

对于一些简单的基础对象，创建枚举业务对象能够很好地满足需求，例如，客户的性别、客户的购买渠道等，这些都属于典型的枚举业务对象，如图 4.4-9 所示。

实体名称/编码	所属主题域	实体类型	责任人	状态	相关逻辑表	描述
事件类型 event_type	流量	业务对象 枚举对象	SuperAdmin	✓ 已上线	2 嗯	枚举型,事件的类型...
来源 source	流量	业务对象 枚举对象	SuperAdmin	✓ 已上线	2 嗯	枚举型,流量的来源...
性别 gender	消费者	业务对象 枚举对象	SuperAdmin	✓ 已上线	2 嗯	

图 4.4-9　枚举业务对象示例

（4）业务活动。业务活动指的是在特定时间点或时间段内，一个或多个业务对象为了实现特定目标而进行的行为或其产生的结果。这类活动通常涉及多个具体的业务对象作为参与者。举例来说，支付行为就是一个业务活动，它关联到卖家、买家和商品等多个业务对象。业务活动的发生时间可以具体到一个瞬间，比如支付和下单操作都有确切的发生时间；但也可能覆盖一个时间段，比如物流活动，它从启动到完成会经历一系列状态的转变，有着明确的起始和结束时间。

根据业务活动持续时间的长短，可以将业务活动细分为以下几种。

- 业务流程：持续一段时间且具有明确生命周期的业务活动，如订单处理、物流跟踪等。
- 业务事件：发生在特定时刻的业务活动，如下单、支付、退款等。
- 业务快照：是一系列活动在某个特定时刻的状态和结果，如库存情况、账户余额等。

回到达米公司的例子中，以零售业务板块最关键的交易域为例。交易中最常见的业务活动包括下单、支付、退款等。同时，我们注意到某些业务活动具有明确的业务时间，比如下单具有下单时间，支付具有支付时间。因此，这些业务活动可以被归类为业务事件，如图 4.4-10 所示。

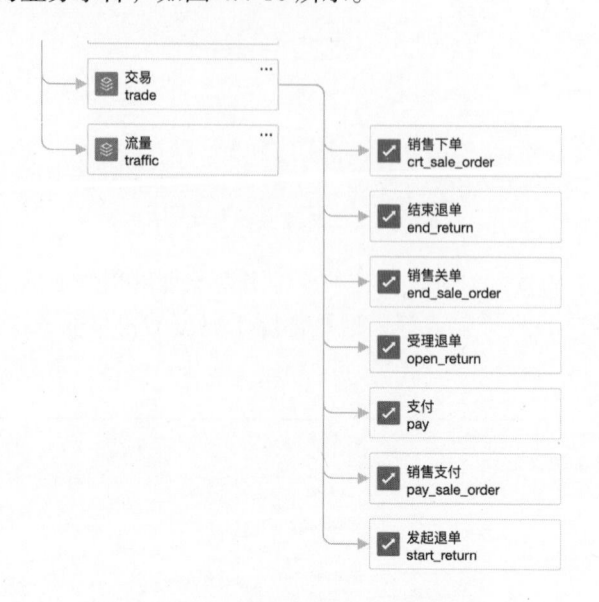

```
交易 trade
├── 销售下单 crt_sale_order
├── 结束退单 end_return
├── 销售关单 end_sale_order
├── 受理退单 open_return
├── 支付 pay
├── 销售支付 pay_sale_order
└── 发起退单 start_return

流量 traffic
```

图 4.4-10　交易主题域下的业务事件

此外，在交易主题域中，有些业务活动拥有完整的流程，并由多个业务事件组合而成。举例来说，退单这一流程会持续一段时间，从开始到结束，会经历发起退单、受理退单、结束退单等三个阶段，并且每个阶段都有对应的事件发生时间。因此，这些业务活动可以被归类为业务流程，如图 4.4-11 所示。

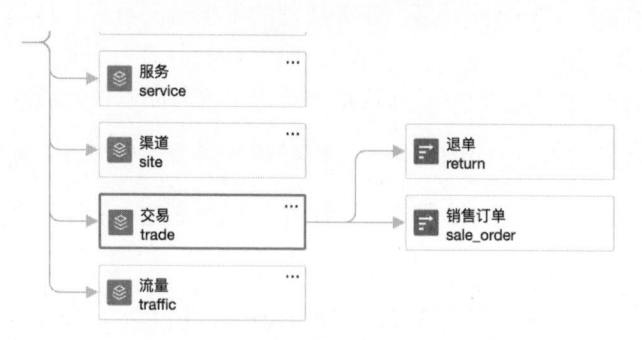

```
服务 service
渠道 site
交易 trade ──┬── 退单 return
             └── 销售订单 sale_order
流量 traffic
```

图 4.4-11　交易主题域下的业务流程

对于库存类、账户余额类的业务活动，它们没有明确的业务时间，仅仅代表一个快照数据，具体的快照时间则取决于数据同步的时间。因此，这些业务活动被归类为业务快照，如图 4.4-12 所示。

第 4 章 资源化：数据架构与建设

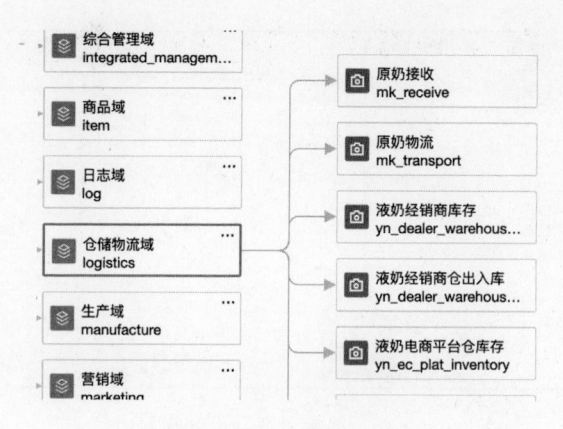

```
综合管理域 integrated_managem...
商品域 item
日志域 log
仓储物流域 logistics  ──┬── 原奶接收 mk_receive
                      ├── 原奶物流 mk_transport
                      ├── 液奶经销商库存 yn_dealer_warehous...
                      ├── 液奶经销商仓出入库 yn_dealer_warehous...
                      └── 液奶电商平台仓库存 yn_ec_plat_inventory
生产域 manufacture
营销域 marketing
```

图 4.4-12　业务快照示例

（5）**业务实体之间的关系**。在实际的业务中，这些业务对象和业务过程并非孤立存在，它们之间有着各种各样的联系。Dataphin 将这些联系定义为"实体关系"。主要的实体关系如表 4.4-1 所示。

表 4.4-1　实体关系列表

实体关系	说明
关联	如果业务对象 A 是业务对象 B 的属性，则业务对象 B 关联了业务对象 A，如：地址是客户的属性之一，客户实体关联了地址实体 如果业务对象 A 是业务活动 C 的参与者，则业务活动 C 关联了业务对象 A，如：客户是销售的参与者，销售实体关联了客户实体
继承	如果普通业务对象 B 是普通业务对象 A 的一种，但是比普通业务对象 A 多一些独有的属性，则普通业务对象 B 继承了普通业务对象 A。如：会员本身也是用户，除了用户的姓名、性别等属性，会员还独有会员等级等属性，会员继承了用户
层级	层级对象的多个对象间为层级关系
包含	业务活动 A 有三个处理节点 B、C、D，每个节点对应一个业务事件，业务事件发生后，A 的状态将发生变化。业务活动 A 包含业务事件 B、C、D。如：销售活动包含销售下单、销售付款、销售完结等业务事件
流转	业务活动 A 有三个处理节点 B、C、D，每个节点对应一个业务事件，事件按照 B→C→D 的顺序发生，则 B、C、D 之间为流转关系
前后序	如果进入业务活动 B 之前必须完成业务活动 A，则 A 是 B 的前序活动，B 是 A 的后序活动。如：销售完结后，才可以退款退货（简称销退），则销售是销退的前序活动，销退是销售的后序活动

前面，我们在达米零售业务板块下，陆续创建了业务对象和业务活动，这些业务实体之间并不是孤立存在的，它们之间存在着各种联系。以销售下单这一业务事件为例，它可以简要概括为"某客户在某时刻购买了某商品"。因此，就会涉及商品、客户等业务对象，并且下单后的下一个事件就是销售支付。这一业务事件的完整关系图如图 4.4-13 所示。

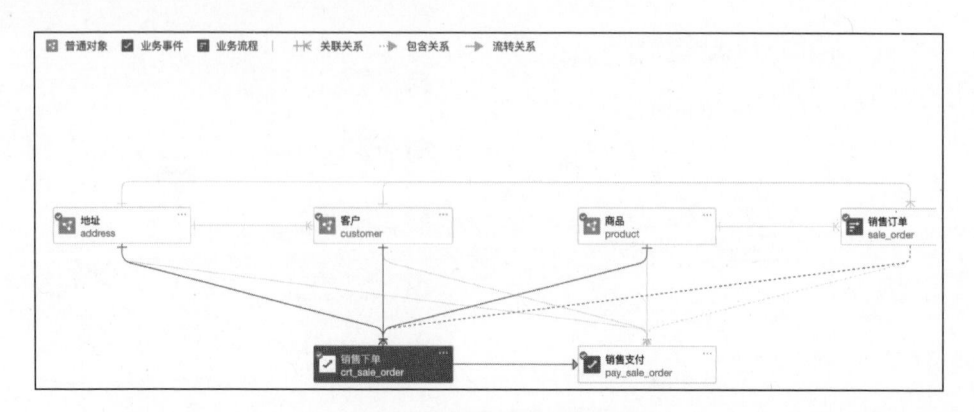

图 4.4-13 业务事件的完整关系图

2．项目管理

在达米公司数据中台的建设正式启动之前，我们还需要对开发过程中的资源和人员进行精细化管理。例如，在人员管理方面，需要确定配置哪些角色，各角色需要配置哪些权限点，以及他们能访问或修改哪些数据等；在资源管理层面，需要考虑如何划分数据，哪些数据可公共访问，哪些数据需要严格管控。这些管理措施均可以通过项目来进行管理。

项目是基于物理空间的组织形式，旨在让用户在构建数据中台时能够有效地隔离物理资源和开发团队。数据板块与项目空间之间存在一对多的关系，即一个数据板块可以包含多个项目空间，但每个项目空间只能隶属于一个特定的数据板块。

项目与成员之间是多对多的关系，即允许一个成员参与多个项目，并且在不同的项目中可以承担不同的角色。每个项目都有独立管理其成员列表和角色分配的权限。

（1）项目模式。按照开发模式划分，项目可以分为 Basic 模式和 Dev-Prod 模式。

- Basic 模式：用户的开发和运维均在同一个计算源上进行，任务提交后将直接在生产环境中生效，其执行会直接修改生产环境数据。这种模式适合于那些更注重研发效率或者计算存储预算有限的用户。

- Dev-Prod 模式：Dev（开发）环境与 Prod（生产）环境绑定各自的计算引擎，虽然这些计算引擎是相通的，但它们之间保持相互隔离。用户在开发环境中提交、修改和运行任务，并不会影响生产数据。只有在任务发布后，才会对生产环境产生实际效果。因此，可以通过为开发和生产环境配置不同的成员及权限管控，实现对数据生产过程，以及生产数据的严格管控。这种模式适合于管理诉求较高且需要严格管控生产的用户。

在达米公司数据中台的开发过程中，为了确保开发与生产环境的隔离，项目均使用 Dev-Prod 模式，如图 4.4-14 所示。

图 4.4-14 Dev-Prod 模式的项目

（2）项目分层。根据数据板块内数据加工的程度，数据被划分为三层，每一层通常对应一个独立的项目。

- ODS（Operational Data Store）：操作数据层，也被称为贴源层。此层用于存储从业务应用系统中复制过来（即不做任何过滤或者加工）的数据。

- CDM（Common Data Model）：公共数据模型层，简称为公共层。它用于构建板块级的通用或共享的模型。

- ADS（Application Data Store）：应用数据层，简称应用层。此层用于面向具体业务应用场景的数据模型。

在达米公司数据中台建设初期，首先需要规划好相关的项目。按照数据中台的架构理念，规划出三个主要项目。

- dami_ods：存储业务应用同步过来的原始数据或经过粗加工的数据。在后面的数据集成部分将具体介绍如何在该项目中创建集成任务。

- dami_cdm：存储公共层的模型和数据。在后面的建模研发部分将详述如何在该项目中创建逻辑表和派生指标。

- dami_ads：存储应用层的标签和数据等内容。在后面的标签研发部分将介绍如何在该项目中创建标签，同时，离线研发部分也将展示如何在此项目中创建代码任务。

总体项目构成如图 4.4-15 所示。

图 4.4-15　总体项目构成

项目创建结束后，将正式进入数据建设阶段。数据建设的第一步是将之前分散在各个业务系统中的数据，通过数据集成工具汇集起来，以便进行后续的流程处理。

4.4.3　如何克服数据"孤岛"，实现数据集成

由于数据来源的多样性和复杂性，数据往往分散在不同的系统、数据库和应用程序中，形成了一个个数据"孤岛"。这些数据"孤岛"不仅给数据的合规流通和使用带来了困难，也限制了数据的价值发挥。数据集成是一个将不同来源、不同格式和不同结构的数据整合到一起，并形成一个统一、一致且可用的数据集的过程。数据集成的目标是打破数据"孤岛"，实现数据的合规流通与利用，从而为政府和企业提供更全面、更准确的数据支持。

根据数据的时效性和集成方式的不同，数据集成可分为离线数据集成和实时数据集成。离线数据集成是将数据定期从一个源抽取到目标的过程，这种方法因为对数据时效性的要求较低，通常按小时、天、周、月等级别定时运行；实时数据集成则是将数据实时从源传输到目标的过程，其数据延迟较低，通常为秒级，适用于对实时性要求比较高的业务场景，如金融交易监控和在线广告投放。

传统的离线数据集成和实时数据集成虽然分别解决了大批量数据集成的性能问题，以及数据的时效性问题，但本质上还是两种存储方式。基于湖仓一体架构的离线数据集成和实时数据集成不仅很好地解决了上述问题，并且通过同一份数据真正实现了统一的 ODS 层。

1. 离线数据集成

达米零售的业务范围广泛，涵盖线上电商、线下零售和供应链等多个领域。各个业务单元，如海先会（负责跨境 B2C 业务）、达米城（专注于 B2C 业务）、芝麻街（运营 C2C 业务）、达米星选（自营电商业务）、供应链管理系统和实体门店系统，都拥有自己独立的业务系统。这些系统在数据存储方式上存在差异，主要是各自的业务需求和特点不同。具体地说：

（1）线上电商领域的业务系统主要处理结构化数据，通常采用关系数据库（RDBMS）作为主要存储方式，常见的数据库包括 MySQL、PostgreSQL、Oracle 和 SQL Server。同时，也会辅以 NoSQL 数据库（如 MongoDB）来处理一些半结构化或非结构化数据。

（2）线下零售和供应链业务系统的数据类型更为多样，既包含结构化数据，也包含非结构化数据。非结构化数据主要以 FTP 文件的形式存在。因此，为了统一管理和分析这些数据，需要通过数据集成工具将来自各个业务系统的数据汇聚到一起。

一旦业务数据通过数据集成工具流入数据湖或数据仓库（如 MaxCompute 或 Hadoop），就会进行数据清洗、加工和建模。经过加工的数据，根据不同的业务场景需求，会被同步到不同的存储介质中。例如，用于 BI 分析的数据会被同步到 ADB 或 ClickHouse；需要支持高并发 API 查询的数据（如数据大屏展示或数据服务），则会被同步到 HBase 或 Elasticsearch；而那些需要直接应用于业务系统的数据，则会被同步回关系数据库（RDBMS）。如图 4.4-16 所示，通过数据集成技术，达米零售实现了多业务单元的数据接入和面向多种业务场景的数据输出。

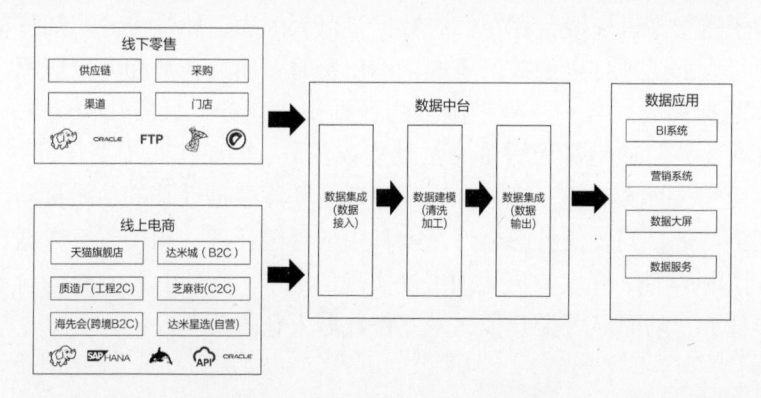

图 4.4-16 达米零售的离线数据链路

达米零售通过 Dataphin 构建了统一的 ODS 层，并利用其数据集成功能将这些异构的数据进行接入。如图 4.4-17 所示,以每个业务单元为模块构建离线管道任务,每个管道任务对应业务单元的一张数据表。以供应链系统为例,其业务数据主要存储在 Oracle 数据库中,因此,通过数据集成实现了将 Oracle 业务库中的货品、货主、采购订单、SKU、SKU 批次、库存、调拨订单等多个表作为输入,MaxCompute 作为输出的数据集成任务,并通过一键建表功能在 MaxCompute 上生成相应的表,构建了供应链 ODS 数据层。

图 4.4-17 达米在 Dataphin 中构建离线管道任务

达米零售的业务系统较为复杂,通常有许多数据表需要通过数据集成进行接入。采用"一张表对应一个集成任务"的创建方式效率较低,并且容易出错,因此需要支持整库数据迁移的能力。达米零售通过 Dataphin 的整库数据迁移功能,自动为达米供应链业务中 Oracle 数据库下的 38 张表创建了对应的数据集成任务。另外,对于达米零售来说,存在一些数据量巨大的表,如供应链明细订单数据,这些数据每天都要进行全量数据集成,不仅费时,而且会消耗大量资源。因此,需要创建两种集成任务:一种是全量的数据集成任务,只需在初始化时手动运行一次即可;另一种是每天增量的数据集成任务,需要作为周期任务每日运行。如图 4.4-18 中左侧菜单页,Dataphin 通过离线整库数据迁移的功能自动创建了单次同步任务与每日同步任务两个目录及其中的管道任务。利用整库数据迁移和全量/增量同步的功能,开发人员无须关注实现的细节,而是由 Dataphin 自动生成对应的同步任务,从而显著提升了达米零售数据入仓的效率。

图 4.4-18　达米在 Dataphin 中构建整库数据迁移任务

达米零售在通过数据集成搭建 ODS 层数据时发现，由于业务系统的设计往往不规范，导致数据格式不统一。因此，在数据集成过程中需要进行简单的数据清洗、转换和加工处理。例如，达米的电商客户端分为 App 端和 Web 端，用户可以在 Web 或者 App 上进行商品浏览和下单等行为，而用户的行为日志则分散在不同位置。这就需要利用数据集成的管道能力将这些数据进行清洗并聚合。如图 4.4-19 所示，分别为【App 用户行为日志】和【Web 端用户行为日志】创建输入组件。由于每种日志的格式和内容各不相同，因此需要为它们分别创建【过滤组件】来过滤脏数据和【字段计算组件】来实现日志解析，最后将两条数据链路聚合到【MaxCompute 输出组件】，并写入 ODS 用户行为日志表中。

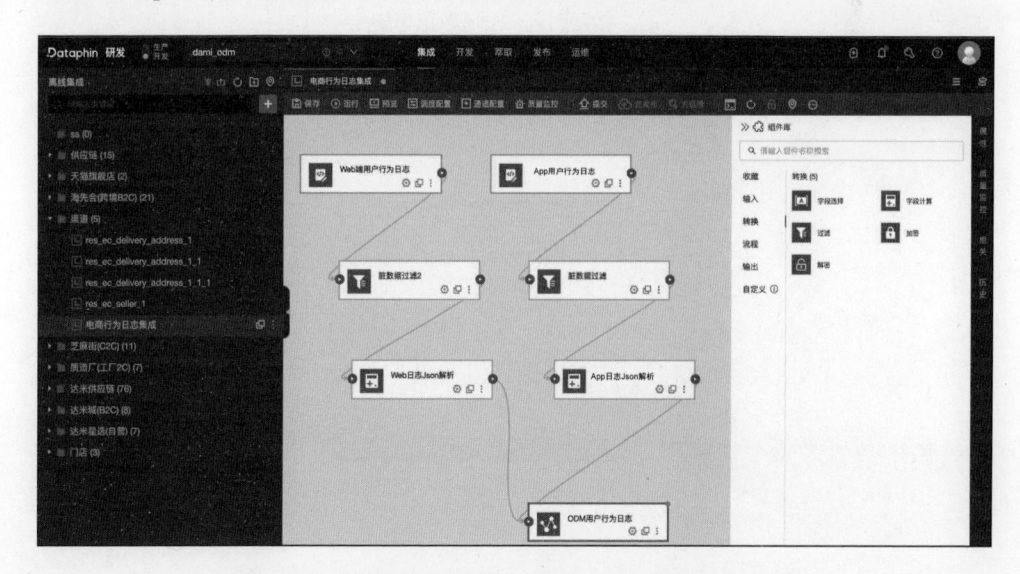

图 4.4-19　达米在 Dataphin 中构建复杂的离线管道任务

通过 Dataphin 的数据集成功能，达米零售快速构建了稳定且规范的 ODS 层数据，便于后续进行数据建模和进一步的加工，为 CDM 和 ADS 层模型提供了坚实的基础。达米零售在使用 Dataphin 的实践中发现，一个成熟的离线数据集成工具应具备如下关键功能（如图 4.4-20 所示）。

（1）可视化的操作界面：该工具应支持通过直观的拖、拉、曳方式来配置不同异构数据源之间的数据同步。鉴于 Dataphin 支持超过 400 种异构数据源的互操作，这种方法能极大地简化配置过程，降低出错率。开发人员在创建、调试数据集成任务，以及监控任务执行结果时，高度依赖这种可视化操作。

（2）整库数据迁移与全量/增量同步：为提高效率并减少错误，数据集成工具应提供整库数据迁移功能，自动处理数据库级别的同步任务，覆盖所有相关的表格。针对大数据表，如电商订单表，工具应能创建全量和增量两种同步任务，前者用于初始化同步，后者作为日常更新手段。这样，开发人员可以专注于业务逻辑，而将实现细节交给工具处理。

（3）数据预处理与定制化同步设置：在数据集成前，往往需要对源数据进行一定的预处理，包括但不限于敏感数据加密、数据过滤，以及分库分表数据的整合。同时，用户可能还需要进行诸如错误容忍、速度限制、并行处理等配置。Dataphin 为此提供了丰富的功能组件，比如字段级的计算、合并、分发、过滤和脱敏选项，并支持灵活的容错、并发及限速设置，满足多样化的同步需求。

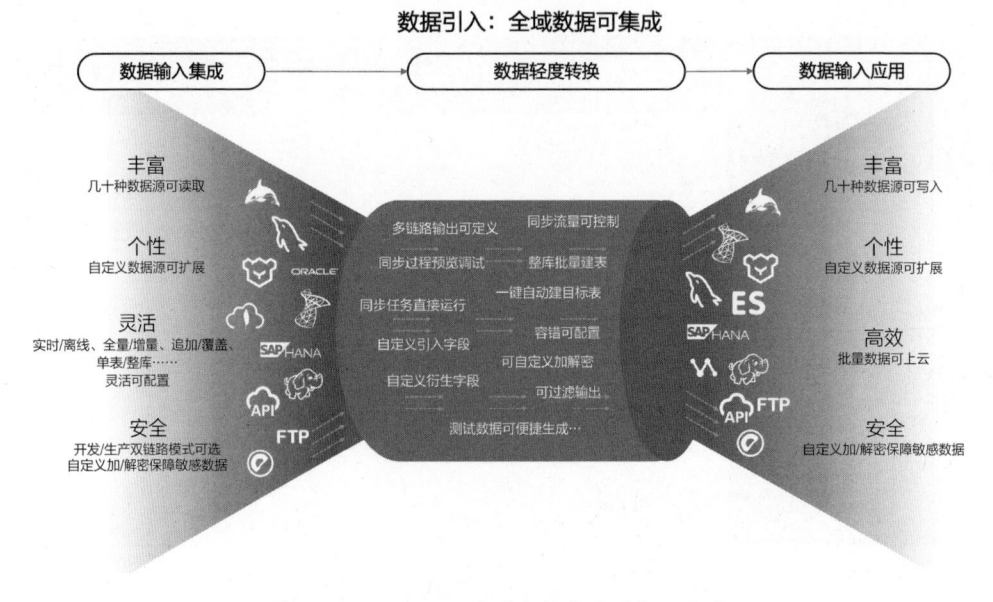

图 4.4-20　Dataphin 离线数据集成的核心能力

2．实时数据集成

达米零售在构建越来越完善的离线数据后，业务对数据时效性的要求逐渐提高。线上零售业务如海先会、芝麻街、达米城、达米星选等都需要实时的数据支持，以便快速地进行业务决策及运营工作。特别是达米星选的自营业务，需要通过实时的电商风险控制来减少因诸如薅羊毛等欺诈行为造成的损失。为了支持这些实时的业务场景，必须搭建实时的数据链路，而实时数据集成是实现这一目标的第一步。

达米零售通过实时数据集成功能成功地采集了用户行为数据（如页面访问、点击、下单、支付等）、业务系统数据（如订单、支付、退款、评论等）、设备信息和第三方数据等。这些数据通过实时数仓的清洗与加工，最后被用于数据服务应用，包括实时数据大屏、实时电商风控和实时营销等。如图 4.4-21 所示，达米通过实时数据集成为多业务单元构建了数据的实时接入。

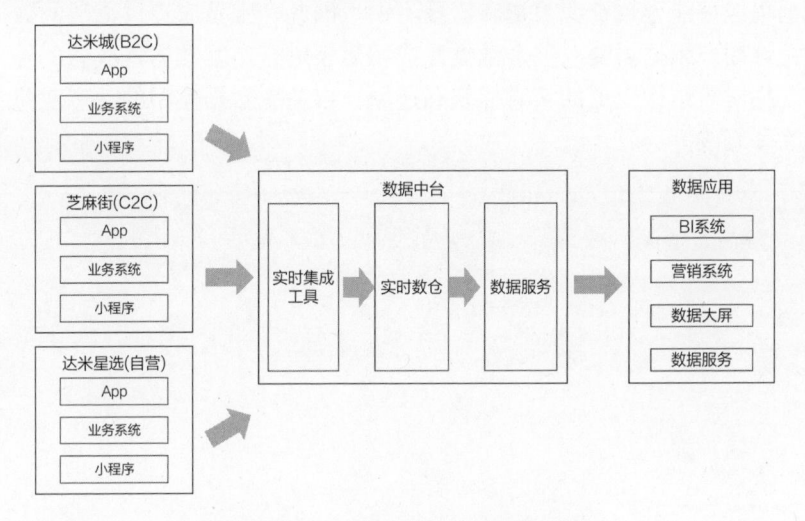

图 4.4-21　达米零售的实时数据链路

在达米零售构建实时数据能力的过程中，面对的是一个包含大量历史数据且不断有新数据流入的环境。为了高效地整合这些数据，采用了全量/增量一体化的同步策略。以达米零售的子订单表 ec_order_line 为例，该表积累了庞大的历史记录，并且新的订单数据持续通过上游系统实时产生。若采用全量同步，不仅耗时且资源消耗巨大。通过实施全量/增量同步方案，先进行一次性的全量数据集成，之后系统会自动无缝切换到增量实时数据集成模式，无须人工操作。在这种方案下，无论是初始的全量离线数据集成还是后续的增量实时数据集成，都会将数据写入同一个存储表 ods_order_line，从而简化了后续数据分析的流程，确保所有计算和分析都基于同一数据集进行。

达米零售利用 Dataphin 的实时数据集成功能构建了实时数据处理的基础架构。为了更好地支撑达米零售的实时业务需求，该实时数据集成工具应具备以下特性（如图 4.4-22 所示）。

（1）简捷直观的配置界面：该工具应采用可视化配置方法，尤其在基于 Flink CDC 技术实现时。这种方式让开发者能够专注于业务逻辑配置，无须深入理解底层技术细节，从而加快实时数据集成任务的开发和部署。

（2）丰富的数据源接入能力：考虑到达米零售的不同业务单元使用了多种数据库系统（如 MySQL、PostgreSQL、Oracle）和消息队列（如 Kafka），实时数据集成工具必须能够无缝对接这些异构数据源，实现实时数据的高效采集和传输。

（3）灵活的数据选择机制：在处理众多业务单元和数据表时，按表粒度进行实时数据集成可能导致资源浪费和管理不便。因此，工具应提供灵活的数据圈选机制，允许用户根据需要对整个数据库或特定表进行实时数据集成。此外，该工具还应支持对表结构变更的实时捕获和还原，以适应数据模型的动态变化，如增加、删除和修改等。

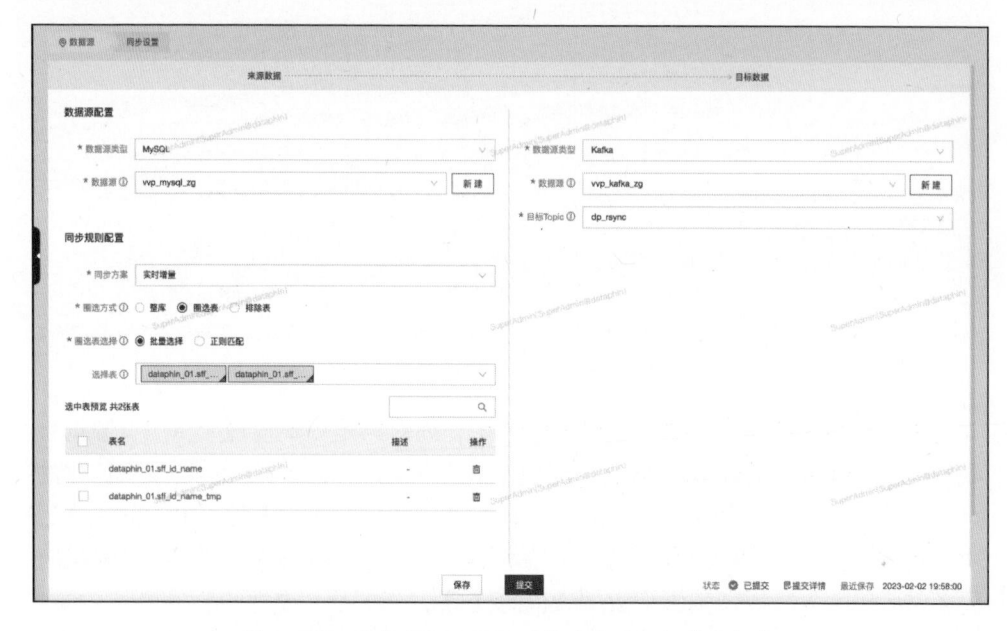

图 4.4-22　达米在 Dataphin 上构建实时数据集成任务

综上所述，数据集成模块可以通过离线数据集成或实时数据集成的方式，将企业内部各个业务系统的数据快速汇集到一个公共的项目空间内，同时在抽取数据的过程中，还支持各式各样的转换和清洗等。数据集成打破了企业内部的数据"孤岛"，让不同业务系统的数据能够相互关联，从而释放出更大的数据价值。下一节将聚焦于如何通过多模态的研发方式构建出优质的企业数据资产。

4.4.4　如何构建和管理多模态数据资产

在持续推动达米公司数据中台建设的过程中，我们已经成功地完成了数据集成环节，将各业务线的数据汇聚到了 dami_odm 项目中。然而，当前我们掌握的是原始"数据"，我们的终极目标是将其转化为有价值的"资产"。为了达成这一目标，我们将采取以下步骤。

- 公共层研发：在 dami_cdm 项目中，通过建模和研发工作，构建适用于各类业务场景的通用模型和指标。
- 应用层研发：在 dami_ads 项目中，利用离线和实时研发功能，基于公共层提供的数据，开发更多符合特定业务需求的应用层数据。
- 标签研发：除了常规的应用层数据加工，我们还将介绍如何研发和管理用于营销活动等场景的标签资产，如消费者画像标签、产品风险标签等。
- 服务研发：为了让数据资产更易于被业务部门使用，我们将详细介绍如何将数据服务封装成 API，以便下游业务可以直接调用，促进数据与业务的深度融合。

在构建达米公司数据中台的过程中，面对复杂多变的业务需求，我们需要提炼出共性的处理逻辑和数据模型，形成所谓的公共层。公共层的存在不仅可以减少下游重复计算带来的资源浪费，还能通过集中管理和维护确保数据的准确性和统计的一致性。

以客户模型为例，这是达米数据体系中至关重要的一部分，涉及客户的性别、所属行业、最近 30 天的消费总额等关键信息。由于这些信息分散在不同的业务系统中，并且计算规则复杂，统一沉淀到公共层显得尤为必要。这样做可以确保所有下游应用都能依赖同一份准确且全面的客户数据。接下来，我们将详细介绍如何通过建模研发来构建这样的公共层模型和指标。

1．建模研发

在数据中台的实施方法论中，构建数据中台需要经过如下四步。

第一步，数据资产规划，明确数据资产范围：划分数据板块；划分主题域和制定资产目录。

第二步，建立概念模型，将业务模型映射到数据模型（实体关系模型）：梳理业务对象，明确业务的参与方；梳理业务活动，摸清业务中的核心行为和动作；确定业务对象与业务活动、业务对象与业务对象，以及业务活动与业务活动之间的关系。

第三步，在概念模型的基础上构建逻辑模型：为实体（业务对象/业务活动）添加属性；映射真实数据到逻辑模型。

第四步，在逻辑模型基础上，面向数据应用场景构建业务分析模型：确定分析主体对象（统计粒度）、业务的时间范围（统计周期）、分析的考量方式（原子指标），以及分析中特殊的要求（业务限定）。

在前面的章节中，我们已经完成了第一步和第二步，初步完成了企业的数据规划和概念模型的建设。接下来我们将继续探讨如何构建逻辑模型和业务分析模型。

（1）逻辑模型。在概念模型的基础上，基于对业务的理解，可以对业务实体进行如下操作。

- 增加属性。属性的增减完全跟随业务本身的变化，而不是基于底层业务系统的表。例如，会员一般都会有性别、年龄、职业、住址等属性。
- 设置属性与来源业务表之间的关系。以会员为例，需要设置会员地址这一属性具体来源于哪个业务表的哪个字段。

逻辑模型设置完成后，系统将自动生成相应的调度任务。如果业务侧后续发生变化，那么在重新设计逻辑模型时，在 Dataphin 中可以直接编辑逻辑模型，系统将自动生成任务，以确保设计与代码一致。

在 dami_cdm 项目中，我们基于之前创建的业务实体，创建出与之对应的逻辑模型。例如，基于商品这个业务对象，我们创建了商品维度表。之前在概念建模中，商品对象与品牌、类目、SPU 等对象具有关联关系，如图 4.4-23 所示。

第 4 章 资源化：数据架构与建设

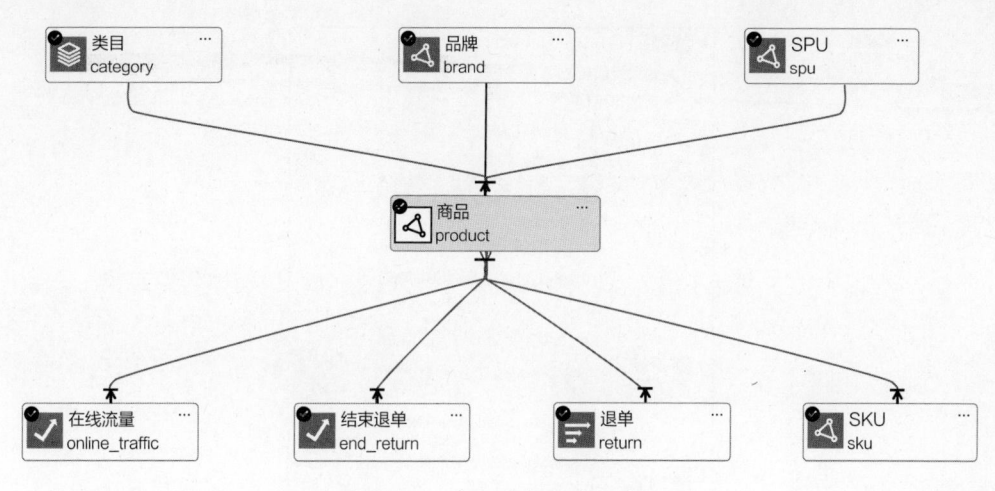

图 4.4-23　商品对象的关联关系

因此，在逻辑模型中，需要将这些关联关系也进行具象化，确定关联的字段和关联类型，效果如图 4.4-24 所示。

图 4.4-24　商品模型

所有的逻辑模型构建完成后，如图 4.4-25 所示。后续我们就可以基于这些模型去构建业务指标。下一板块将介绍如何构建业务分析模型，并通过自动化的方式快速生成业务指标，从而满足企业业务分析的需要。

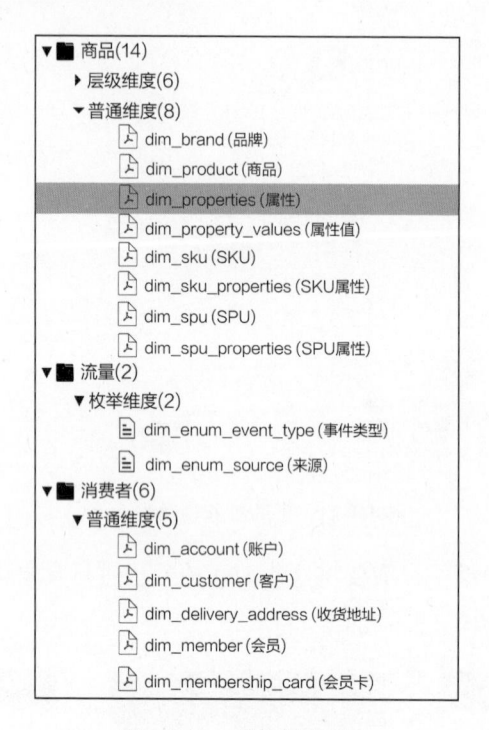

```
▼ ■ 商品(14)
    ▶ ■ 层级维度(6)
    ▼ ■ 普通维度(8)
        📄 dim_brand (品牌)
        📄 dim_product (商品)
        📄 dim_properties (属性)
        📄 dim_property_values (属性值)
        📄 dim_sku (SKU)
        📄 dim_sku_properties (SKU属性)
        📄 dim_spu (SPU)
        📄 dim_spu_properties (SPU属性)
▼ ■ 流量(2)
    ▼ ■ 枚举维度(2)
        📄 dim_enum_event_type (事件类型)
        📄 dim_enum_source (来源)
▼ ■ 消费者(6)
    ▼ ■ 普通维度(5)
        📄 dim_account (账户)
        📄 dim_customer (客户)
        📄 dim_delivery_address (收货地址)
        📄 dim_member (会员)
        📄 dim_membership_card (会员卡)
```

图 4.4-25 逻辑模型列表

（2）业务分析模型。逻辑模型构建完成后，基于这个逻辑模型可以构建业务分析模型，如图 4.4-26 所示。

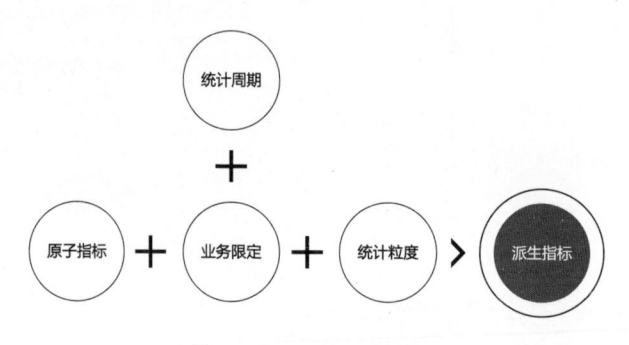

统计周期 + （原子指标 + 业务限定 + 统计粒度）> 派生指标

图 4.4-26 业务分析模型

业务分析模型的目标是快速生成业务分析中的指标，即派生指标，并确保这些指标的可靠性和可维护性。最终使用的指标可拆解为以下四个基本组成部分。

- 统计周期：指标覆盖的时间范围，即该指标反映的是哪个时间段内的业务情况。本质上也是业务限定的一种，但由于它的通用性，将其独立出来作为一个单独的组成部分。

- 原子指标：针对某个业务事件的聚合统计分析，例如，求和、取平均。
- 业务限定：指标计算时的业务约束（过滤）规则。
- 统计粒度：指标的分析维度或者分析角度，指标描述的是哪些业务对象或哪些实体属性。

我们可以从传统的 SQL 视角来进一步解释，如图 4.4-27 所示。

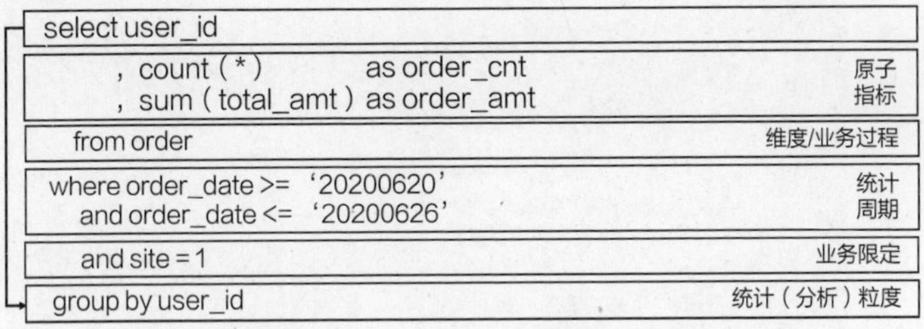

```
select user_id
     , count ( * )           as order_cnt        原子
     , sum ( total_amt ) as order_amt            指标
from order                                       维度/业务过程
where order_date >= '20200620'                   统计
  and order_date <= '20200626'                   周期
  and site = 1                                   业务限定
group by user_id                                 统计（分析）粒度
```

图 4.4-27　传统的 SQL 视角

业务分析建模的过程依次为：设定统计周期→配置原子指标与业务限定→派生指标配置。完成所有的配置后，系统能够自动生成相应的计算代码和周期性调度任务。如果日后需要调整指标定义，只需修改统计周期、原子指标或业务限定等业务层面的对象，系统便会自动更新生成的计算代码，以适应这些变更。

同样，在构建达米公司的公共层模型时，我们也需要考虑通过业务分析模型来满足企业业务分析的需求。举例来说，业务方需要"最近 30 天的大额支付下单数"这个指标。我们将这个指标按照业务分析模型的构成进行拆解后，可以得出该指标的构成如下。

- 统计周期：最近 30 天，系统默认存在此统计周期，此步骤可跳过。
- 原子指标：支付下单数，其计算逻辑为统计支付订单事实表中的订单数，如图 4.4-28 所示。
- 业务限定：大额订单，其计算逻辑定义一般由业务方指定，并且其定义可能随着业务变化而发生调整。具体定义可参考图 4.4-29。
- 统计粒度：该业务指标并未指定明确的分析维度，因此统计粒度为全站，即需要的是公司全局粒度上的汇总值。

图 4.4-28 原子指标中的计算逻辑

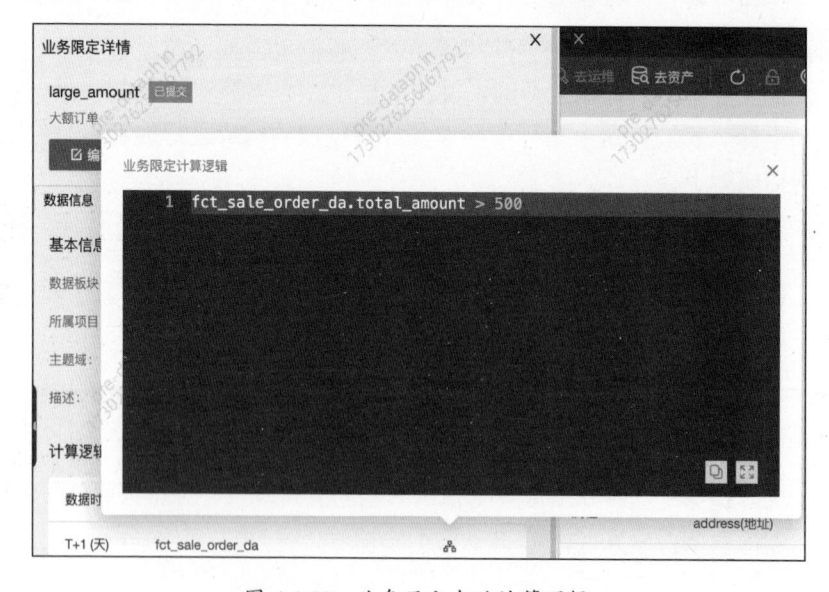

图 4.4-29 业务限定中的计算逻辑

第 4 章 资源化：数据架构与建设

确定以上构成要素后，构建派生指标就会非常简单，只需要在界面上进行排列组合即可，如图 44.4-30 所示。

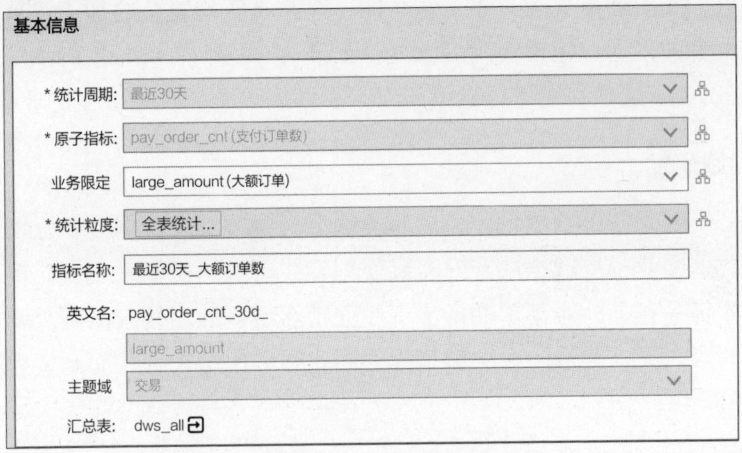

图 4.4-30 派生指标基本信息

创建好的派生指标均会按照统计粒度归属于该统计粒度对应的汇总表，从而方便后续下游任务的查询和访问。通过业务分析模型，我们可以快速构建出业务分析所需要的派生指标，如图 4.4-31 所示。

图 4.4-31 快速创建派生指标

通过以上步骤，我们已经完成了逻辑模型和业务分析模型的构建，并配置好了业务分析需要的派生指标。然而，仅仅通过 CDM 层的业务指标并不能完全满足业务需求，我们还需要通过手工编写的一些脚本实现复杂的加工逻辑。此外，实现方式也多种多样，包括使用 SQL 代码、Python 脚本、Shell 脚本等。下面将介绍如何在 ADS 层项目中进行离线研发，从而满足企业复杂多变的业务需求。

2．离线研发

达米公司的公共层数据创建完成后，基于这些公共层数据需要开发更多的业务层数据。这些业务层数据的开发需要使用离线研发的功能来实现。比如，在达米公司的零售平台上，会不定期推出一些促销活动，而运营人员则需要在促销活动结束后的第二天，查看一些关键指标的同比和环比增长，从而确定后续的营销方向。

首要步骤是通过表管理的功能，创建出 ADS 层的指标表。

（1）表管理。在数据研发中，表的管理通常是代码研发的前置操作。例如，如果我需要新增一个代码任务，或者对已有的代码任务做出修改，则通常需要提前创建或修改对应的表，从而保证在研发过程中，无论是代码提示还是运行编译，都不会出现错误。

然而，表的管理涉及数据安全。管控太严会影响研发效率，阻塞任务提交发布；管控力度不够则会导致潜在的安全风险，造成数据质量问题。以往的做法通常是让用户创建一个仅包含 DDL 代码的代码任务，并且必须手动完成，因此仅需要运行一次即可。在将此任务提交发布后，在相应的环境中手动运行一次，整个过程仍然相当烦琐和耗时。

Dataphin 的表管理将表视为和任务同样的研发对象，将"表"对象进行提交和发布。用户在表管理页面可以对表进行增、删、改操作，如图 4.4-32 所示，提交和发布时会自动生成对应的 DDL 语句，并自动在对应的计算源中执行，不需要用户额外进行手动操作。因此，通过 Dataphin 的表管理，再配合相应的权限管控（比如禁止在代码中执行 DDL），可以实现方便且安全的管控，并且不影响研发效率。

图 4.4-32 表管理列表

（2）计算任务。表创建完成后，接下来是具体代码的开发。根据上文中达米公司大促效果分析的需求，我们需要针对"下单数"这个指标，统计其月环比以及同比增长。

首先，在 dami_ads 中新增 SQL 任务 ads_trd_promotion_report，并编写具体的 SQL 代码，如图 4.4-33 所示。

图 4.4-33 代码任务编写

通过自动解析，该任务会自动添加对汇总表 dws_customer_df 的依赖，如图 4.4-34 所示。

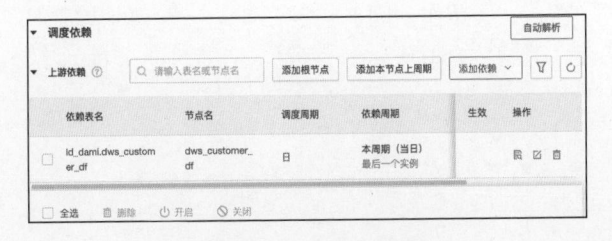

图 4.4-34 自动依赖解析

该任务仅需在大促活动后的第二天运行，其他时间无须运行。此类场景需要使用公共日历和条件调度两个功能组合，来满足此类特殊的调度需求。

首先，我们需要在公共日历中新增大促日历，指定其中某些日期为大促日期，并添加为标签，如图 4.4-35 所示。

图 4.4-35　公共日历中的标签

其次，在调度配置中增加公共日历的条件调度，从而仅在大促日进行调度，其他天不进行调度，如图 4.4-36 和图 4.4-37 所示。

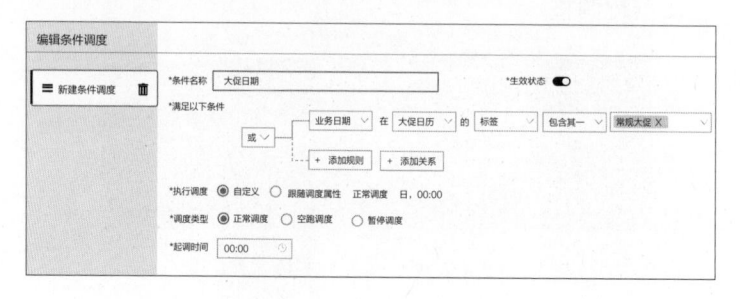

图 4.4-36　条件调度配置

图 4.4-37　调度依赖中开启条件调度

(3)计算模板。

回到上文中同比和环比的例子,我们发现除了"下单数"这一指标,还有"下单金额""支付金额"等多个指标也需进行类似的同环比计算,并且它们的统计方法是一致的。面对这种多个指标需要重复相似计算的情况,除了简单地复制和粘贴 SQL 代码到不同的任务中,我们是否有更高效的方法呢?这时候,计算模板的功能显得尤为重要。

计算模板特别适合用于代码内容高度相似的任务场景。比如,当一个项目中的多个任务依赖于上游系统数据时,通常需要设置一个检查节点来确保上游数据的可用性。常规操作是通过创建一个 Shell 任务,在其中循环调用 API 进行检查。除了调用的参数有所差异,这些任务的其余部分完全一致。显然,采用复制和粘贴的方式来创建和管理这些任务不仅效率低下,而且在日后需要更改 API 调用细节时,会变得非常烦琐,需要对每个任务进行逐一调整。

为了解决这一问题,Dataphin 引入了计算模板功能。该功能允许用户将通用的代码片段抽象并保存为模板,这样在创建新任务时,就可以基于这些模板快速生成任务代码,只需针对具体任务修改相应的参数即可。这不仅极大地提高了任务开发的效率,还便于后期的维护和更新。如图 4.4-38 所示,用户可以先创建一个 SQL 类型的代码模板,然后在需要的时候基于该模板快速构建新的 SQL 任务,只需对特定参数进行调整。

```
INSERT OVERWRITE TABLE @@{target} PARTITION (ds = '${bizdate}')
SELECT  cur.customer_id,
        (cur.@@{index} - last_year.@@{index}) / last_year.@@{index} as sply,
        (cur.@@{index} - last_month.@@{index}) / last_month.@@{index} as lp
FROM    (
            SELECT  cus.customer_id
                    ,cus.@@{index}
            FROM    ${ld_dami}.dws_customer_df cus
            WHERE   ds = '${bizdate}'
        ) cur
LEFT JOIN (
            SELECT  cus.customer_id
                    ,cus.@@{index}
            FROM    ${ld_dami}.dws_customer_df cus
            WHERE   ds = last_year('${bizdate}')
        ) last_year
ON      cur.customer_id = last_year.customer_id
LEFT JOIN (
            SELECT  cus.customer_id
                    ,cus.@@{index}
            FROM    ${ld_dami}.dws_customer_df cus
            WHERE   ds = last_month('${bizdate}')
        ) last_month
ON      cur.customer_id = last_month.customer_id;
```

图 4.4-38 创建计算模板

后续任务可以基于此模板快速创建,一旦任务创建完成,仅需要定义模板的参数,无须关注模板内的具体逻辑,如图 4.4-39 所示。

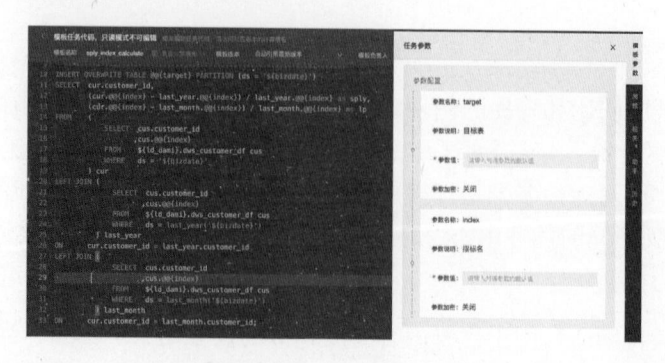

图 4.4-39 基于计算模板创建任务

综上所述，通过离线研发的功能，我们基本可以完成复杂的业务加工，并实现个性化的调度策略。然而，无论是建模研发还是离线研发，其加工链路仍然采用离线加工的批处理方式。对于企业的实时业务需求，例如，实时销售排行榜、实时销量预测等，就需要采用实时加工链路。下面将介绍如何通过实时研发功能满足企业的实时业务需求。

3．实时研发

在实现达米公司零售的业务需求过程中，我们注意到业务方对于某些指标有较强的时效性诉求，特别是在大促当天，只有根据实时的营销效果数据，才能及时对活动策略做出调整，保障大促当天有序进行。下面将介绍如何通过实时研发功能实现实时的销量排行榜展示。

首先，需要将实时的销售数据同步入仓，这里可以利用实时研发的示例代码功能快速创建出 ODS 层的实时入仓任务，如图 4.4-40 和图 4.4-41 所示。

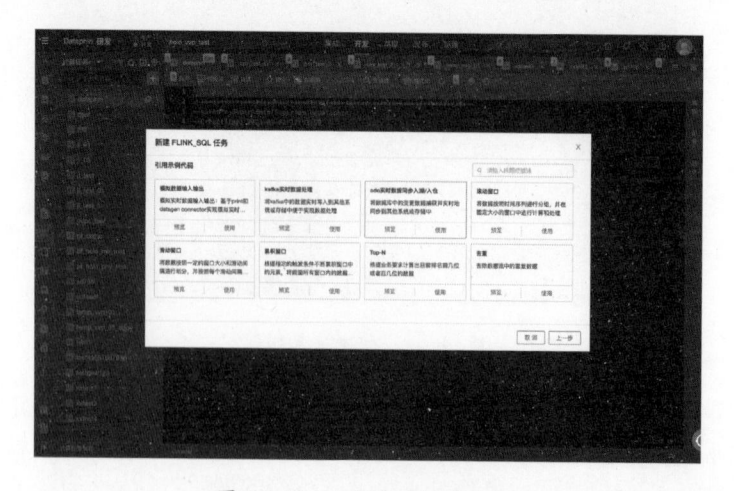

图 4.4-40 示例代码同步入仓

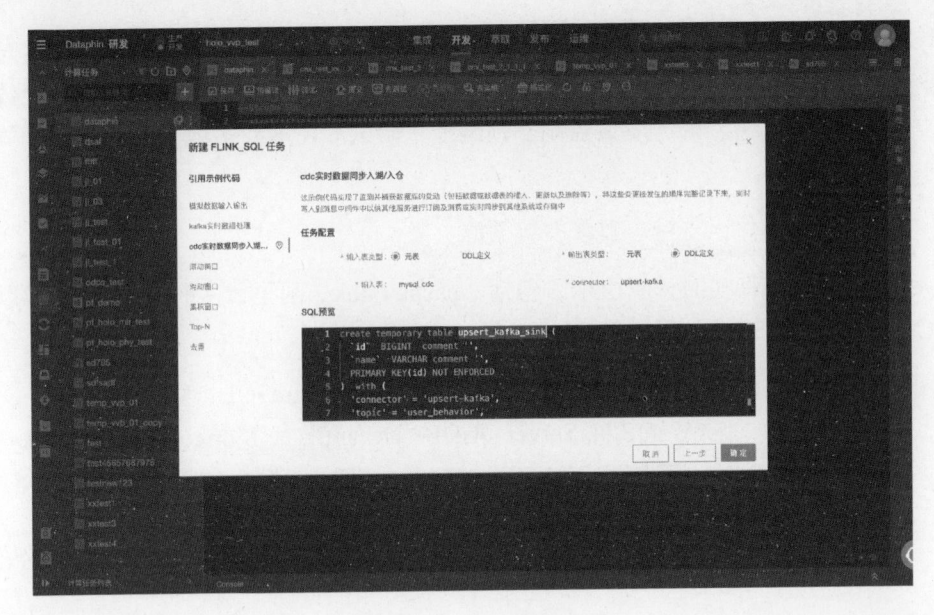

图 4.4-41 示例代码配置

基于入仓的 ODS 实时销售数据表，创建一个计算销量排行榜的任务，以便能够实时更新排行榜的数据。基于已有的代码模板，可以快速创建出用于计算排行榜的 TOP-N 任务，如图 4.4-42 所示。

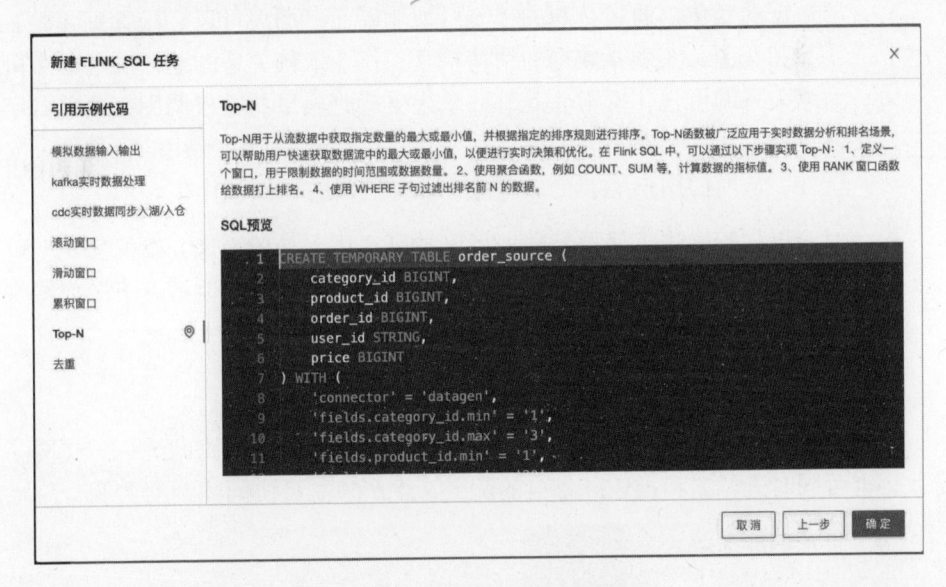

图 4.4-42 TOP-N 任务示例代码

以上就是通过实时研发功能实现销量排行榜的展示过程。除了示例中的示例代码功能，Dataphin 还提供了其他一些特色功能，可以帮助用户更好地进行实时研发。其实时研发功能和优势主要包括：Dataphin 提供了包括数据源管理、元数据管理、资产血缘、资产质量控制、预编译、调试等在内的多项平台能力，具体如下：

（1）强兼容性，支持多引擎多数据源。

- 支持多种实时计算引擎，包括 Apache Flink、阿里云实时计算 Flink，以及 MRS Flink 等。
- 支持多种丰富的实时数据源，如 Kafka、PostgreSQL、MySQL、Hive、Oracle、Microsoft SQL Server、TiDB、OceanBase、MongoDB、StarRocks、Hudi、Doris、SLS、Redis、ClickHouse、Elasticsearch、Apache HBase 等。
- 支持自定义 Flink 实时数据源，以扩展实时数据来源和输出可支持的源类型。

（2）元数据管理。

- 所有的系统组件，如数据源、元表和 UDX，都配备了完善的权限控制机制，确保数据安全。敏感配置信息经过加密处理，保障了数据的隐私性。本系统还提供数据源敏感字段的访问订阅功能，使用户能够及时追踪重要数据的变化。通过直观的单元可视化界面，用户可以轻松管理元表、函数和资源，实现元数据的快速检索、作业依赖关系的清晰展示、字段血缘关系的可视化探索。此外，系统支持跨项目的鉴权调用，覆盖到字段级别，让用户在不同的项目间协作时也能确保数据使用的合规性和安全性，从而使用户能够更加专注于业务逻辑的开发和优化。
- 对元表进行操作，使得元数据可以被可视化定义和管理，确保其安全可靠。支持一次建表、多次引用，实现了权限管控，并使得上下游血缘资产可查可探。

（3）流批一体。

实现流批存储层的统一管理，包括模型层的统一和流批代码的统一。在同一份代码上可同时进行流和批任务各自的配置，生产独立且协同的调度实例。

（4）研发运维提效。

- 支持基于代码模板等多种开发方式，编辑器的智能提示，以及任务资源和参数的灵活配置。此外，提供全面的版本管理、对象的批量管理、容器化调试和开发环境多模式测试等功能。
- 支持任务灵活启停、日志和异常信息分类分级查看，以及丰富的监控指标和灵活多样的告警配置。

（5）稳定性及质量保障。
- 支持流量阈值设置，防止计算资源过度竞争，避免下游系统过载。
- 支持实时元表质量监测，可配置统计趋势监测、实时多链路对比，以及实时离线数据核对。

4．标签研发

标签是数据建设中的核心数据资产，它们是根据特定业务场景需求定制的。通过应用特定算法对目标对象进行提炼，标签成为高度概括的特征标识。不同于指标的是，指标倾向于客观描述事物的状态，而标签则带有一定的主观性，它是人为定义与客观事实相结合的产物。因此，指标多为数值型数据，用于直接量化某个方面，如用户增长的新增用户数、累计用户数、用户活跃率，或是评估企业经营的月均收入、毛利率、净利率等。相比之下，标签则更多地表现为非数值型，用于分类或标记特定属性，例如，在客户群体中区分长尾客户与高净值客户，或者在产品特性上标注高风险与低风险。

在建设完 OneModel 指标体系之后，达米零售需要实现客户的精细化运营和人货匹配的场景，因此需要构建达米的标签体系。达米的标签开发人员首先梳理了业务场景，选定了消费者、商家、商品、店铺这四个实体及其相互关系（如图 4.4-43 所示），并在 Dataphin 中构建了实体与 ID，以此构建达米电商的标签体系。

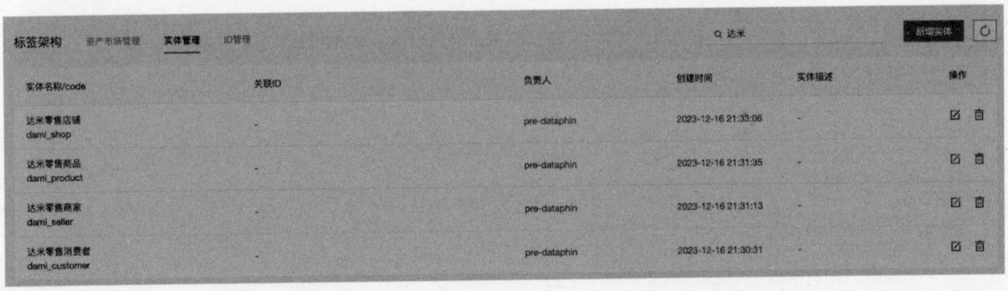

图 4.4-43 达米在 Dataphin 中构建标签实体与 ID

如图 4.4-44 所示，在达米零售的 OLT（实体—关系—标签）模型中，标签以实体为粒度进行数据的聚合，从而在逻辑视角上形成了大宽表，例如，消费者的标签逻辑大宽表和商品的逻辑大宽表。消费者与商品之间通过行为关系（如下单、购买、浏览等）进行关联，其中，行为主体是消费者，行为对象是商品。当对消费者或者商品实体进行标签生产或者客群圈选时，两个实体所关联的标签都可用于加工或者圈选。OLT 模型不仅可以从业务视角构建标签的逻辑架构，还可以通过逻辑表提升标签的加工能力，丰富消费方式。

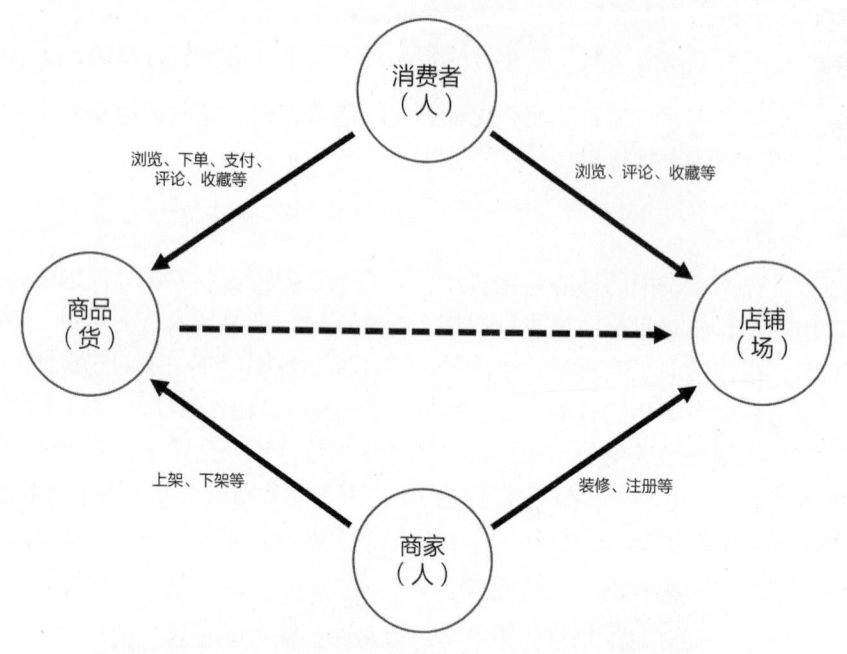

图 4.4-44　达米零售的 OLT（实体—关系—标签）模型

完成实体关系的设计之后，达米零售为这四个实体对象分别设计了标签类目体系，便于对标签进行资产化管理（如图 4.4-45 所示）。

（1）"消费者"标签类目体系下分为基础属性、兴趣偏好、行为习惯、地理位置和资产信用 5 大一级类目，共计 200 多个标签。

（2）"商家"标签类目体系下分为基础属性、平台属性、商品属性、经营属性、交易属性、舆评属性、物流属性、装修属性、营销属性和售后服务 10 大一级类目，共计 300 多个标签。

（3）"店铺"标签类目体系下分为基础属性、从属属性、商品属性、交易属性、装修属性、服务属性和物流属性等 7 大一级类目，共计 150 多个标签。

（4）"商品"标签类目体系下分为基础属性、从属属性、发布属性、营销属性、交易属性、服务属性和评论属性 7 大一级类目，共计 200 多个标签。

第 4 章　资源化：数据架构与建设

图 4.4-45　达米利用 Dataphin 构建了标签类目体系

在完成标签类目体系的设计和标签架构的规划之后，达米利用 Dataphin 的标签可视化加工能力实现高效的标签开发，并将标签上架到标签市场的标签类目中，如图 4.4-46 所示。

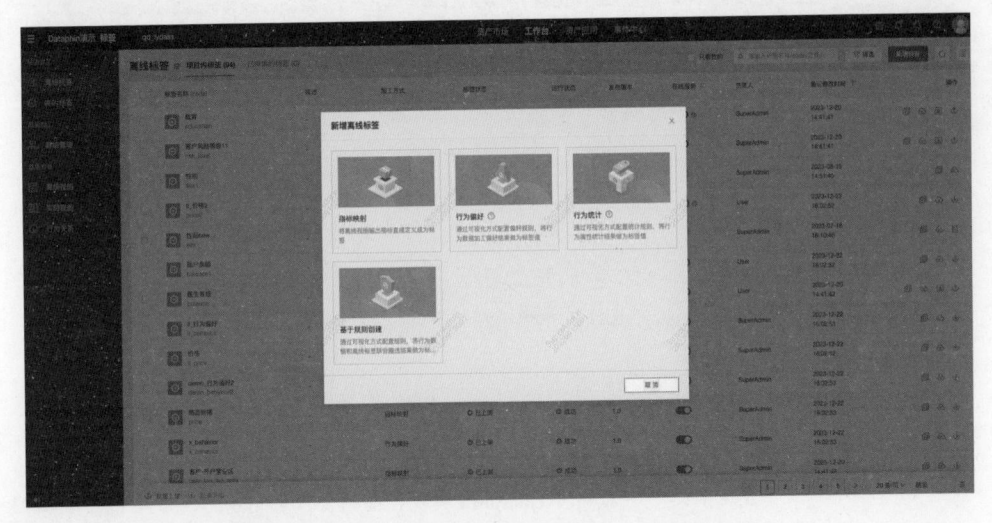

图 4.4-46　达米利用 Dataphin 进行标签的可视化加工

达米零售通过 Dataphin 标签沉淀出了企业内的高质量标签资产，并利用 Dataphin 标签的资产市场能力，为整个公司的人提供了方便快捷的标签门户入口，如图 4.4-47 所示。

图 4.4-47 达米利用 Dataphin 进行标签资产的管理与展示

使用人员可以在资产市场中快速找到所需标签，通过权限申请，即可利用标签的资产应用功能，并通过离线服务、实时查询、个体画像、人群圈选等能力，方便快捷地实现标签的业务价值，如图 4.4-48 所示。

图 4.4-48 达米利用 Dataphin 实现标签的资产应用

为了满足达米对标签建设的需求，必须依靠成熟的标签研发工具，并且这些工具应具备如下能力。

（1）可视化的标签研发与自动化标签任务生成：鉴于标签是对业务的高度抽象，并会随着业务调整而改变，工具需要能够迅速响应和支持业务需求的变化。

可视化标签加工能力不仅可以降低研发门槛，还能显著缩短研发周期，从而快速适应和支持业务需求（如图 4.4-49 所示）。

（2）丰富的标签加工方式：考虑到标签的时效性，工具必须支持离线与实时标签加工。由于不同行业和实体对业务的理解和总结存在差异，标签加工方式也应多样化。除了常用的方法如表映射、行为统计、行为偏好、规则组合等，工具还应支持插件化或自定义方式，以便根据具体行业的需求扩展加工方式。

（3）全生命周期的标签管理：一旦标签研发完成，就需要将其上架，以便业务团队能够快速找到并使用它。对于因业务快速变化而不再适用的标签，应及时下架和删除，确保标签资产能够被高效且高质量地管理和利用。

（4）标签研发即服务，支持丰富的标签消费应用方式：传统的标签研发模式主要集中在离线表的开发方面，并且应用范围有限。随着数据应用技术的进步，通过平台化产品结合数据集成和数据服务等基础能力，标签能够提供包括离线服务、实时查询、群组服务等多种服务能力。这些服务可以直接与业务系统对接，实现研发即服务的效果，极大地提升了标签应用的灵活性和广泛性。

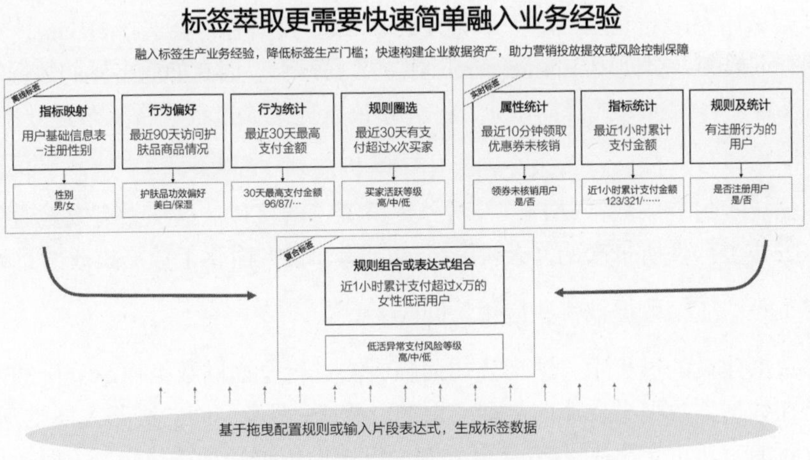

图 4.4-49 Dataphin 标签的可视化加工能力

5. 服务研发

数据服务 OneService 实现了数据即服务的概念，通过 API 接口的方式屏蔽底层的数据存储，实现了数据的复用与合规流通，完成了数据中台与业务系统之间最后一公里的连接。

在构建数据服务 OneService 之前，达米零售通常需要将数据从一个系统导出或导入，或复制到另一个系统中。随着达米数据应用规模的不断扩大，需要在数十甚至上百个系统中进行数据集成。传统的数据集成方式难度逐渐增大，并且暴露的问题也越来越多。

（1）数据"搬家"造成的数据不一致问题。

在将数据从一个系统复制到另一个系统的过程中，网络、接口、程序、任务，以及其他一些不确定因素经常会导致数据在"搬家"过程中"丢失"，从而导致数据不一致的问题。

达米公司通过数据服务 OneService 提供的数据 API 来交付数据，在大部分情况下，数据无须"落地"，更加强调使用权而非拥有权。这种方法大大减少了数据在流向下游系统过程中造成的不一致问题。

（2）数据接入多样，集成效率低。

达米公司根据各个业务单元的特点，综合考虑存储类型、数据规模和数据应用需求，制定相应的数据接入和存储策略。举例来说，对于数据量较小的场景，会选择通过 MySQL 或 Oracle 进行数据接入；对于数据量大且需要多维度分析的情况，则采用 Greenplum；处理大量的 key-value 数据时，会选择 HBase；为了提升数据查询效率，会使用 Elasticsearch 建立数据索引。面对如此多样的数据接入方式，如果直接将每种方式暴露出来，将会导致数据集成过程异常复杂且效率低下。

为了解决这一问题，达米公司采用了数据服务 OneService，该服务将各种类型的数据统一封装成数据 API，并对外提供统一的接口。这样做有效地避免了数据接入方式多样性所带来的复杂性和低效问题，大大简化了数据集成的过程。

（3）无法监控数据被哪些应用访问。

在数据建设的过程中，达米公司面临无法进行全面的数据血缘分析的挑战，特别是在数据从数据平台流向数据应用的过程中，两者之间的链路往往是割裂的。数据平台通常通过导出/导入或数据复制的方式向数据应用提供数据，但一旦数据进入下游系统，数据平台就失去了对其使用情况的监控能力。

为了解决这一难题，达米数据服务 OneService 提供了一个统一的数据服务 API，该 API 有效地连接了数据应用和数据中台，使得数据访问变得可控且透明，即只有经过授权的数据应用和应用程序才能访问数据。在授权过程中，利用"标签"机制，可以将数据访问的详细信息通知给元数据中心，从而打通了数据中台到数据应用的监控链路，并实现了数据全生命周期的血缘分析。这样，不仅增强了数据的安全性，而且数据的管理和应用也变得更加高效和精准。

（4）上游数据的变更对下游数据应用的影响。

达米公司的数据应用直接调用数据平台的数据库来访问数据，因此一旦上游数据发生变更，就可能对下游的数据应用造成较大影响。

达米数据服务 OneService 提供了统一的数据 API，供数据应用调用，实现了数据中台与数据应用的解耦。在数据服务内部，与各数据源建立了映射，因此，当上游数据发生变更时，只需要调整数据服务内的映射即可，便不会对数据应用的使用造成影响。

达米公司利用 Dataphin 的数据服务不仅完好地解决了上述问题，而且构建了包括消费者、商家、营销、供应链等 12 个主题域的主题式 API 服务，支持全集团的 API 数据查询。其日均 QPS 调用量达到每秒 10 万次，平均延迟 20ms，有效地支持了数据大屏、精细化营销、千人千面、电商风控、BI 系统、CRM 等核心业务场景或系统。达米零售的 OneService 资产建设情况如图 4.4-50 所示。

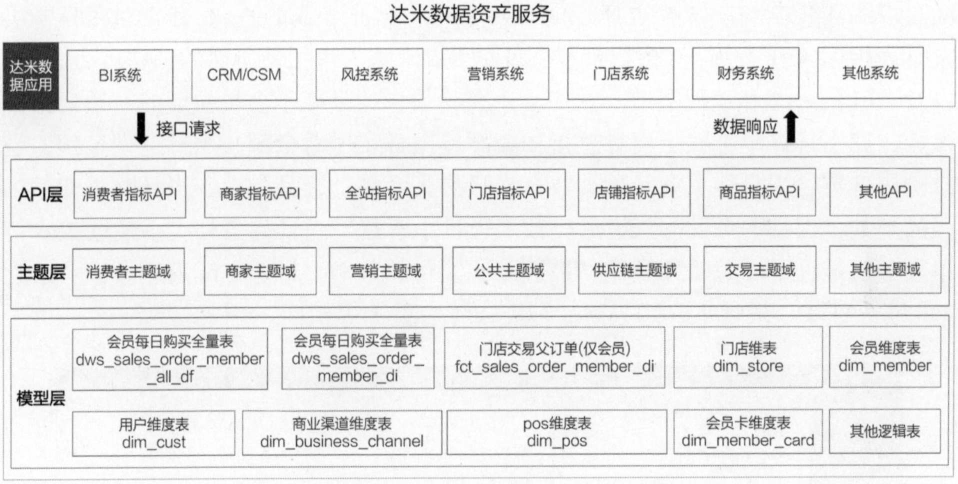

图 4.4-50　达米零售的 OneService 资产建设情况

达米零售利用 Dataphin 的 API 资产模块进行主题域的划分和 API 资产管理。如图 4.4-51 所示，以消费者主题域为例，经过 API 开发并上架到该主题域中，所有以消费者视角的 API 都在该主题域下呈现，如 dim_member 会员维度表 API、dws_sales_order_member_all_df 会员每日购买全量表指标 API。

图 4.4-51 达米利用 Dataphin 构建的 API 资产

在 API 市场中，每个 API 都可以通过查看 API 文档，了解每个 API 的具体情况。以图 4.4-52 与图 4.4-53 所示的 dws_sales_order_member_all_df 会员每日购买全量表指标 API 为例，文档记录了 API 的基础信息，包括其所属的消费者主题域，以及 API 的入参和返回参数。其中，返回参数指的是基于会员粒度的一系列指标参数，如当日订单金额、当日总折扣金额、当日实付总金额、当日返现金额、当日购买件数、当日购买商品种类数、当日购买商品一级品类数、当日购买商品二级品类数、当日购买商品三级品类数、当日小票数、当日购买频次、最近 1 m 订单金额、最近 1 m 总折扣金额、最近 1 m 实付总金额、最近 1 m 返现金额、最近 1 m 购买件数、最近 1 m 购买商品种类数（去重）等指标。

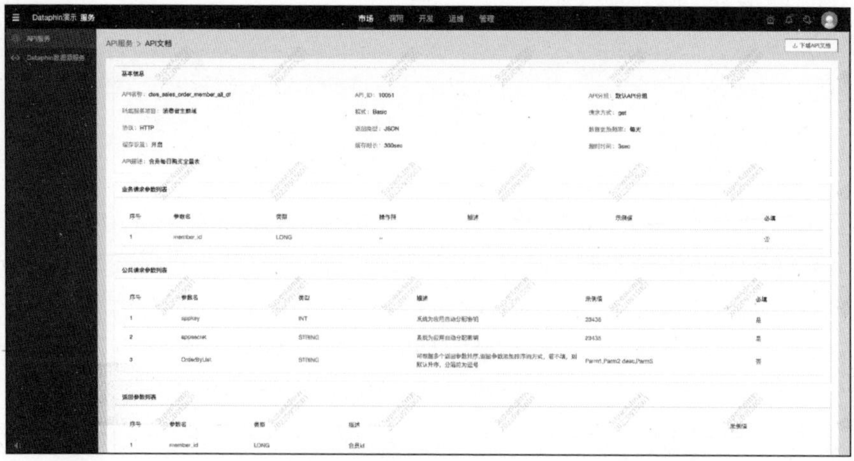

图 4.4-52 达米公司的会员每日购买全量表的 API 文档 1

图 4.4-53　达米的会员每日购买全量表的 API 文档 2

从达米的数据服务 OneService 建设经验中可以看出，数据服务通过以下三种方式将数据中台的维度、指标、标签、逻辑表、物理表等资产实现 API 服务化，用户以资产 API 的视角去使用数据，而不需要关注底层数据的存储方式或组织形式等。

- 主题式数据服务：基于元数据与规范进行定义和建模，构建主题逻辑表，屏蔽复杂的物理表，提供业务视角下的查询服务。

- 统一且多样化数据服务：一站式提供常规查询、OLAP 分析、在线接口服务等多种查询和应用服务，便于对数据进行跟踪与管理。

- 跨源数据服务：通过统一数据接入层，屏蔽多种异构数据源的读写差异，降低数据访问和应用的成本。

企业如果需要构建一个完整的数据服务 OneService（如图 4.4-54 所示），应确保具备以下核心功能。

- 全域的数据接入能力：数据服务需将数据资产服务化以支持不同的业务。由于不同的业务场景对数据的访问方式和要求不同，例如数据规模、数据的响应延迟要求和数据的组织形式等，因此数据的存储方案是多样的。一个成熟的数据服务平台需要具备丰富的数据源服务接入能力，这样才能快速且方便地实现数据资产的服务化。以 Dataphin 的数据服务为例，它已经支持 MySQL、HBase、Oracle、Elasticsearch、StarRocks、Impala 等 20 多种不同的数据源，这有助于企业快速实现数据资产服务化。

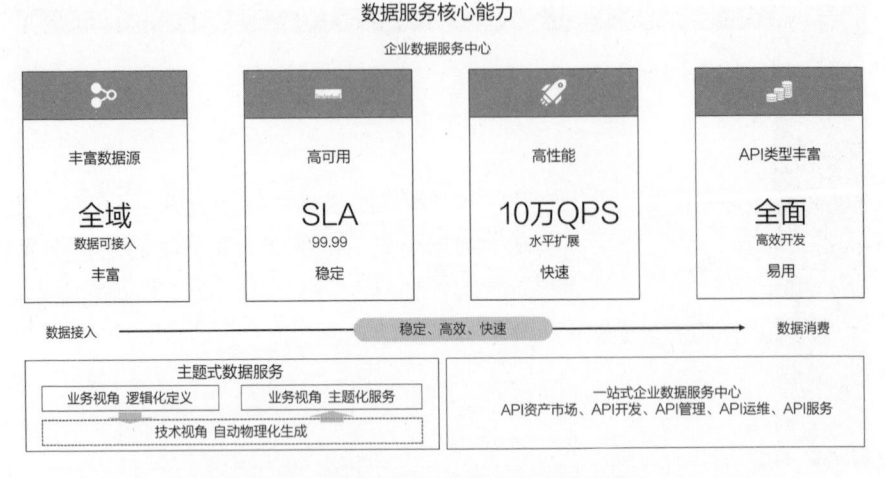

```
                    数据服务核心能力
                    企业数据服务中心

  ┌──────────────┐ ┌──────────────┐ ┌──────────────┐ ┌──────────────┐
  │  丰富数据源   │ │    高可用    │ │    高性能    │ │  API类型丰富  │
  │              │ │              │ │              │ │              │
  │    全域      │ │    SLA       │ │   10万QPS    │ │    全面      │
  │  数据可接入   │ │   99.99      │ │   水平扩展    │ │   高效开发    │
  │    丰富      │ │    稳定      │ │    快速      │ │    易用      │
  └──────────────┘ └──────────────┘ └──────────────┘ └──────────────┘

  数据接入 ───────────→  稳定、高效、快速  ───────────→ 数据消费

  ┌─────────────────────────────┐ ┌──────────────────────────────────┐
  │       主题式数据服务         │ │      一站式企业数据服务中心        │
  │ 业务视角 逻辑化定义 | 业务视角 主题化服务 │ │ API资产市场、API开发、API管理、API运维、API服务 │
  │    技术视角 自动物理化生成    │ │                                  │
  └─────────────────────────────┘ └──────────────────────────────────┘
```

图 4.4-54 Dataphin 数据服务的核心能力

- 丰富的 API 类型和低代码开发方式：数据服务旨在为数据研发人员和数据消费者提供服务开发能力，但这些人可能缺乏深厚的工程背景，他们的强项在于对数据和业务的深入理解。为了降低使用门槛，提高开发效率，数据服务平台采用了低代码开发方式。此外，通过支持多种灵活的 API 类型，数据服务能够更快速、灵活地响应业务需求。以 Dataphin 为例，它提供了向导模式的可视化 API 创建工具，极大地提高了开发效率。同时，Dataphin 还支持 SQL 自定义模式、高级模式、直连模式和 API 编排等多种方式，以满足不同复杂度业务的灵活性需求。特别是，数据服务提供的主题式数据服务功能，允许用户将 Dataphin 规范建模创建的逻辑模型一键转换为服务。这样一来，用户只需专注于逻辑模型的业务本身，无须关心其背后的物理模型，从而显著提升了从数据模型开发到数据消费的整个流程效率。

- 高性能：数据服务通过 API 的方式对数据实现了在线的服务化，API 接口往往用于核心的营销、风控等重要场景，如优惠券投放、红包抽奖、精细化营销、信贷风控等。因此，API 接口的低延迟与高并发是非常重要的。以 Dataphin 为例，其数据服务内置高性能服务引擎，采用微服务架构，并通过水平扩展实现了 50 ms 以下的查询响应，以及 10 万次以上的 QPS 并发查询能力。

- 高可用：前面提及，由于数据服务 API 往往直接应用于业务核心链路，一旦数据服务 API 不可用，就会对该业务造成重大影响，甚至直接造成资源损失。因此，数据服务平台的高可用性是非常关键的指标。以

Dataphin 为例，其数据服务支持 99.99%的 SLA 高可用保障，保障企业用数的稳定性，是发挥数据价值的基石。

6. 发布

Dataphin 支持开发与生产隔离的研发模式，其中开发环境和生产环境分别使用不同的计算源，从引擎层面实现了数据隔离，以确保开发环境的变更不会对生产环境造成影响。在 Dataphin 中研发的各种对象，如表、任务、标签、服务 API、质量规则、标准等，必须通过发布系统才能被发布到生产环境中。此外，对于一些安全性要求较高的行业，通常需要在物理机房层面进行彻底隔离。因此，在这种场景下，需要借助跨租户发布的能力实现不同租户之间的发布。

（1）Dev-Prod 发布。

Dataphin 提供了两种项目模式：Basic 简单模式以及生产与开发相隔离的 Dev-Prod 模式。在数据权限管控严格的研发流程中，通常会采用生产与开发环境相隔离的研发模式。在项目中，研发人员通常需要完成代码的编写、任务基础属性和调度属性的配置，并基于开发环境的数据执行补数据测试，待测试通过后，再将任务提交至发布中心。发布审核人员在接到发布申请后，结合任务配置详情来评估配置是否合理，以及是否存在数据生产风险等，并在确认无误后执行发布操作。

Dataphin 发布中心提供了待发布任务概览、批量发布、基于系统校验规则的自动审核，以及发布记录概览、发布详情查看、发布失败原因提示、一键重新发布、发布审批和发布管控等功能（如图 4.4-55 所示）。

图 4.4-55 Dataphin 发布中心界面

发布作为生产与开发相隔离的研发模式中的一道必经环节，为生产数据的正确性和生产环境的稳定性提供了前置保障。它不仅可以减少因人工操作失误或流程不规范而引发的问题，还可以降低对生产业务产生的影响，为数据建设撑起一道保护伞。

（2）跨租户发布。

使用开发与生产相隔离的模式，能够确保代码和数据的生产与开发环境的隔离。然而，在某些对安全性要求更高的场景中（比如金融场景），客户往往需要对生产和开发环境进行物理隔离。为确保租户间的数据安全，Dataphin 实现了租户间数据的完全隔离。在构建数据生态或进行强安全管控（例如，不同租户构建共同的开发、测试或生产环境）时，通常需要在新租户中重新开发所有的数据，这可能会降低数据应用的效率。为解决这一问题，Dataphin 升级了数据的发布能力，旨在构建简单高效、安全可靠的跨租户发布机制，用于迁移租户间的规则数据，以满足不同数据的应用场景，从而帮助企业实现数据应用价值的最大化。

跨租户发布支持全量导出、增量导出和指定对象导出，同时支持设置全局粒度的导入规则和批量发布文件中的对象。此外，系统还会根据对象之间的依赖关系，自动控制发布至目标环境的顺序。

前文提及的多种研发链路中所构建的表、任务、模型、标签、API 等，均需要通过发布系统将其发布至生产环境。以 dami_cdm 项目为例，我们新增了一些 MaxCompute SQL 任务和 Flink SQL 任务。在发布页面的待发布列表页，选中对应的任务，系统将根据内部的依赖关系，按照先后顺序将它们发布至生产环境。

前面已经完成了达米公司数据中台的规划、集成和研发链路的建设。所有的数据生产链路都已完成，并且接下来会按照设定的数据依赖和时间周期性地运行。到这个阶段，数据建设是否就已经结束了？答案是否定的。数据建设是完成数据生产的链路，这是因为数据生产过程中会出现各种各样的问题。例如，如果某个任务运行失败了，就需要运维人员定位分析失败的原因，并进行恢复；或者某些数据没有及时产出，运维人员需要分析未能及时产出的原因，并分析如何提前预防。除此以外，在数据生产过程中还需要提前发现数据的准确性等问题。

因此，为顺利完成达米公司数据中台的建设，需要提升数据支撑链路的能力，以增强数据建设过程中的便利性、可用性、稳定性和可靠性。

下面将从数据支撑链路中的智能运维、基线监控和数据质量的维度出发，围绕达米公司的数据中台建设，详细探讨如何支持数据建设的链路。

7. 智能运维

达米公司数据中台的研发任务已全部创建完毕，并已发布到生产环境，按照周期进行调度。随后，运维人员通常会在关键的脚本任务上配置监控告警，当脚本任务执行出错或未及时产出时，通常遵循如图 4.4-56 所示的流程。

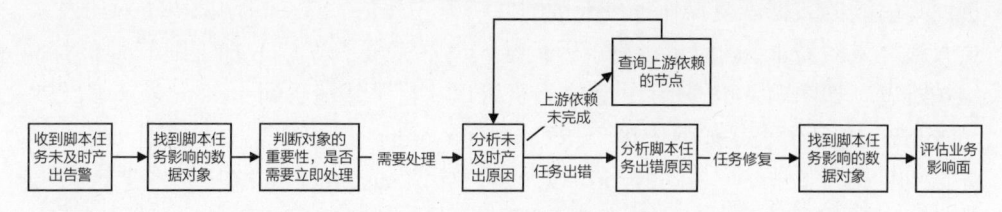

图 4.4-56　脚本任务执行流程

（1）快速找到数据对象。

在达米公司的数据中台，当运维人员接收到有关脚本任务的告警时，首要任务是确定受该脚本任务影响的具体数据对象。这一过程通常具有挑战性，因为相关信息通常只保留在数据研发工程师的知识范围内，这就迫使运维人员必须与研发工程师紧密合作。然而，随着时间的流逝，研发工程师可能难以回忆起内部具体的逻辑细节，或者必须投入大量精力重新审视代码，以确认哪些数据对象如表、标签等受到了影响。这种方法不仅耗时，而且容易出错，可能导致数据修复工作也出现偏差。

为了解决这一难题，达米公司采用了数据对象 DAG 图（如图 4.4-57 所示）来直观地展示数据加工的链条关系。这种融入数据血缘信息的图形化展示手段，不仅便于运维人员迅速定位出现问题的数据对象，而且在研发阶段还能帮助工程师们清晰理解数据间的依赖关系。例如，当运维人员发现汇总逻辑表 dws_region_LVL2_customer_df 未能正常生成时，他们可以通过查看数据对象的 DAG 图，立即了解到该表依赖于事实表 fct_crt_sale_order_di 和维度表 dim_address，以及该表包含的具体字段和相关联的脚本任务节点。这种可视化工具显著提高了问题诊断的速度和准确性，减少了在数据修复过程中可能出现的误差。

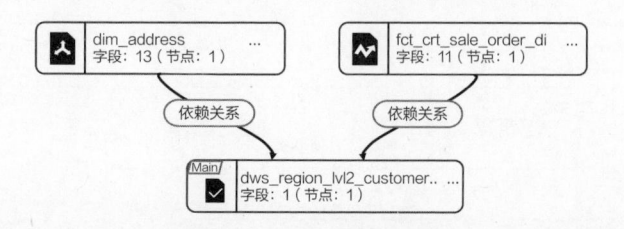

图 4.4-57　基于表的 DAG 图

在达米公司的数据中台，运维人员能够轻松地获取 dws_region_LVL2_customer_df 表详细的血缘信息，包括该表的各个字段如何关联到不同的上游数据源。当上游的 fct_crt_sale_order_di 表发生错误时，运维人员可以根据血缘关系图快速评估这一问题对下游 dws_region_LVL2_customer_df 表具体字段产出的影响，进而为后续的数据恢复操作提供准确的影响范围评估。这一机制减少了对研发人员直接介入的需求，同时也规避了因运维人员不完全了解 ETL 加工细节而产生的维护难题。如图 4.4-58 所示，运维人员可以一目了然地看到 dws_region_LVL2_customer_df 逻辑表是如何依赖于 fct_crt_sale_order_di 事实表中的主键 crt_sale_order_id、地址 delivery_address_id，以及客户标识 customer_id 这三个关键字段的。

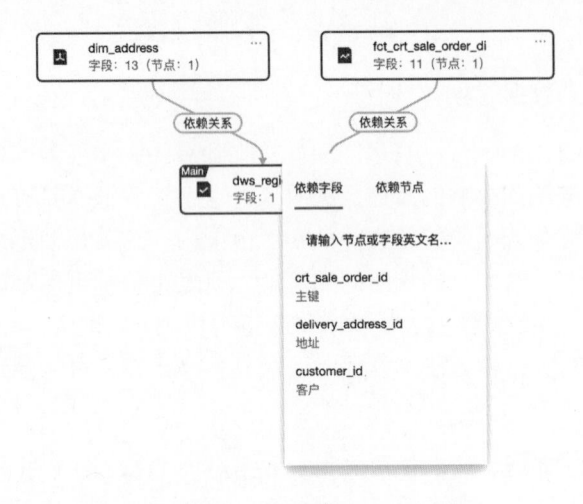

图 4.4-58　基于字段的 DAG 图

数据对象与脚本任务的关系展示对于运维人员或研发人员来说都是极为重要的工具。如图 4.4-59 所示，达米公司数据中台的三张表由五个脚本任务组成。其中，维度逻辑表 dim_address 由一个 SQL 的脚本任务组成，dim_customer 和 dws_region_lvl4_df 则分别由两个 SQL 脚本研发任务组成。

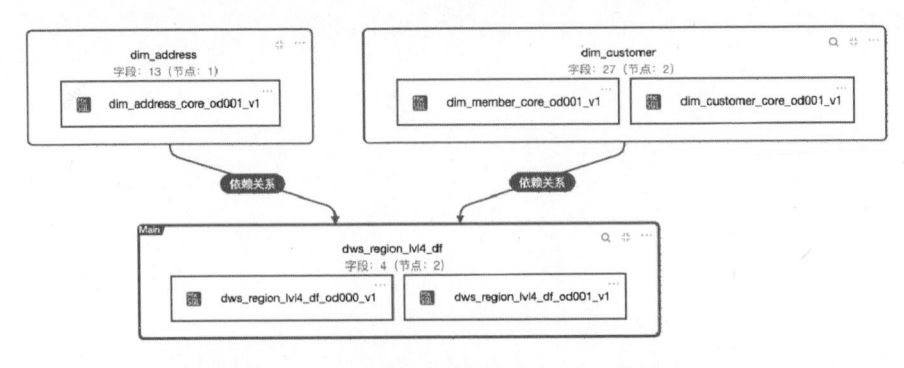

图 4.4-59　基于数据对象和脚本任务的 DAG 图

在达米公司的数据中台，当接到告警通知后，团队能够借助数据对象的 DAG

图迅速定位到相关的数据对象,这一过程通过自动化脚本实现。更高效的做法是将告警机制直接配置在数据对象层面,而非脚本任务本身。这样做不仅让运维人员直观地感受到监控结果,因为他们所关注的是数据本身的正确性和时效性,还能在配置监控时实现对表格及其字段的精细控制,全面覆盖监控数据的准确性和及时性。例如,在监控某张表时,可以细致到监控每个字段的状态,包括数据是否错误、产出是否延迟等。此外,告警设置支持灵活的时间安排和值班表配置(如图 4.4-60、图 4.4-61 所示),以适应各种应急响应需求。

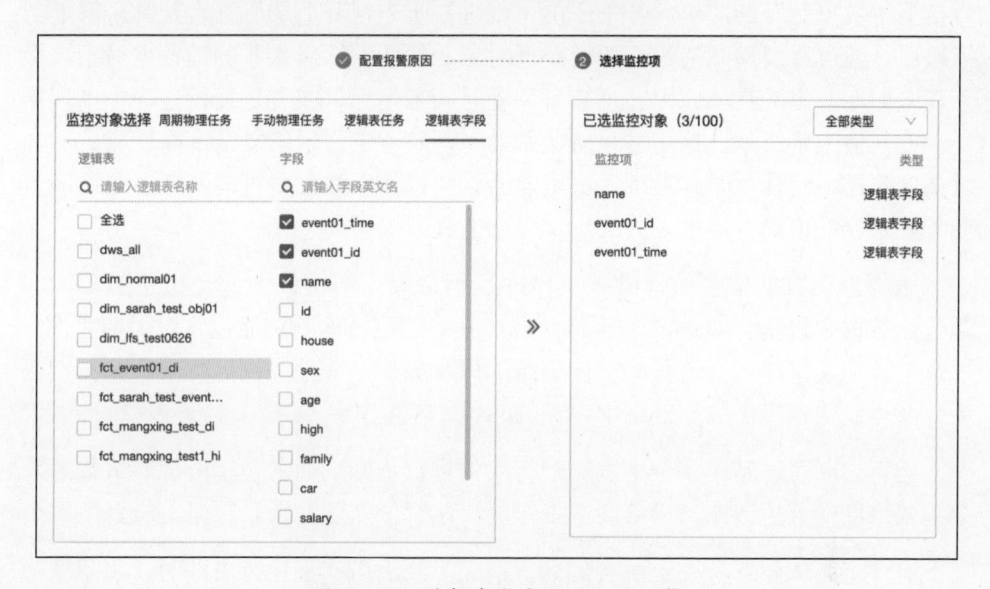

图 4.4-60 选择表或字段的配置报警

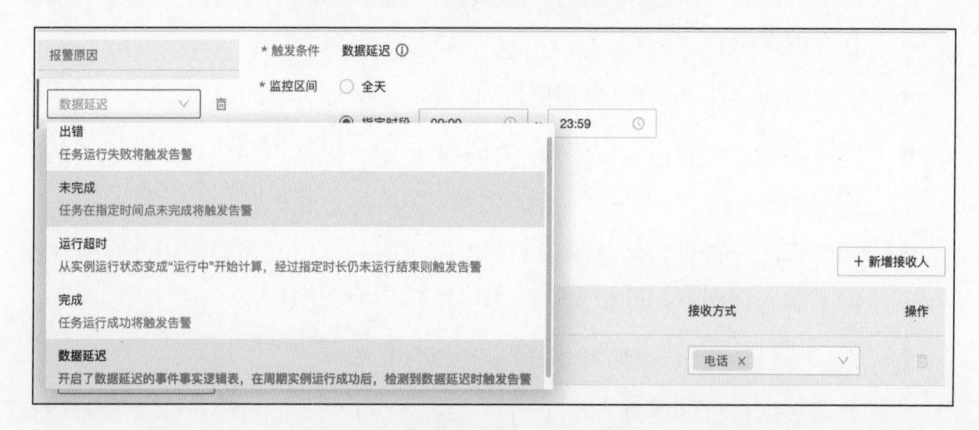

图 4.4-61 配置表或字段的报警原因

基于数据对象配置监控,以及通过基于对象的 DAG 图展示数据的血缘关系,可以帮助达米公司数据中台的运维人员快速地定位出现问题的数据对象。接下来，运维人员需要对告警的数据对象进行问题分析，找到问题的根源，并进行相应处理。

（2）快速找到问题根源。

达米公司数据中台的运维人员已核实，引发告警的数据对象为 dws_region_lvl2_customer_df。此汇总逻辑表未能及时产出，于是，运维人员首先检查该表的直接上游数据是否已产出。若未产出，将进一步审视其上层所有表及其全部上游依赖项，通过逐层递归追溯至关键数据对象。然后，针对这些关键数据对象，探究其未如期产出的具体原因，可能是调度时间未达标，或者是运行过程中出现错误，或其他因素所致。这个过程所花费的时间与业务逻辑的复杂度高度相关。当复杂度超过一定程度时，运维人员可能会无法操作，而且很可能发生遗漏。随着业务复杂度的增加，运维人员的焦躁程度也逐渐提高。

达米公司数据中台的运维人员借助运行诊断来解决以上这类层层递归的问题。该数据中台基于 Dataphin 构建而成，其中的运行诊断功能包含对周期实例，以及补数据实例的运行流程和整体链路的深入分析。一旦实例运行未达到预期效果，就可以快速定位数据链路中存在的问题。

运行诊断可以基于多个维度对运行实例进行诊断，通常包括资源、依赖等六个主要维度的分析链路，以帮助运维人员快速定位问题并恢复数据生产。

- 上游依赖：检查上游实例运行情况。当上游实例运行失败时，将阻塞当前实例的运行。运维人员可以通过查看上游依赖的诊断结果，进一步排查失败原因。

- 定时时间：检查是否已到达任务设置的定时运行时间。

- 限流规则：查看当前实例命中的限流规则，以及当前队列中已下发的实例列表。

- 调度资源：查看实例已等待的调度资源时长，以及当前占用所在资源组的全量实例列表，并根据诊断建议执行相应的操作。

- 实例执行：查看实例的运行结果和执行日志。

达米公司数据中台的运维人员对 dws_region_lvl2_customer_df 未能及时运行的问题进行了诊断，找出了关键任务未产出的原因。至此，前面提到的基于脚本的运维链路就转变为如图 4.4-62 所示的智能运维链路。

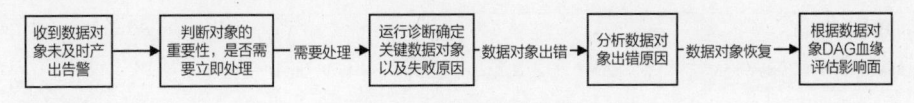

收到数据对象未及时产出告警 → 判断对象的重要性，是否需要立即处理 → 需要处理 → 运行诊断确定关键数据对象以及失败原因 → 数据对象出错 → 分析数据对象出错原因 → 数据对象恢复 → 根据数据对象DAG血缘评估影响面

图 4.4-62　智能运维链路

诊断的原因显示存在三方面的问题：其一，源头数据对象由于调度资源未得到满足，致使其脚本任务一直处于等待资源的状态；其二，由于高并发因素，上游某一集成任务出现错误，导致无法从源数据库连接池中成功获取资源，最终超时错误；其三，源头之一的数据对象脚本任务执行失败，根源在于所依赖的服务系统发生异常。

运维人员在了解到问题原因后，开始着手处理。在处理第一个问题时遇到了难题：资源不足应该怎么办？经过深思熟虑，他们决定先暂停优先级低的脚本任务，然后观察任务资源是否得到满足。若仍未被满足，就需要进行资源扩容（如图 4.4-63 所示）。

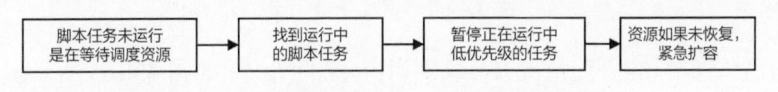

脚本任务未运行是在等待调度资源 → 找到运行中的脚本任务 → 暂停正在运行中低优先级的任务 → 资源如果未恢复，紧急扩容

图 4.4-63　脚本任务资源未满足的运维流程

达米公司的运维人员为了更精准地处理问题—或避免其出现，需要从资源的维度深入了解当前数据中台的使用情况。例如，他们需要有一个全局视角来了解当前整体资源的状况，判断是资源被浪费还是一直处于满负荷等待的状态，并据此提前对整体资源进行扩容或缩容，以充分提高整体的资源利用率。除了全局视角，还需要从更细粒度的多个维度进行分析，如从项目视角了解各个项目的资源使用情况，确保核心业务的资源能及时得到响应，同时对不同业务的资源进行隔离，防止低优先级的脚本任务抢占高优先级任务的资源。最后，从脚本任务的维度了解哪些任务占用了过多的资源，并进行资源优化、下线等操作。

达米公司的运维人员利用 Dataphin 的调度资源大盘和资源组成功解决了以上问题。

Dataphin 的调度资源大盘（如图 4.4-64 所示）展示了 Dataphin 集群中已配置的调度资源的使用及分配情况，并分析全局资源总量配置与单个任务资源分配的情况，有效地提升了资源利用率，降低了成本。同时，这也减少了由于调度资源紧张而导致的大量任务堆积的可能性，从而增强了平台的稳定性。

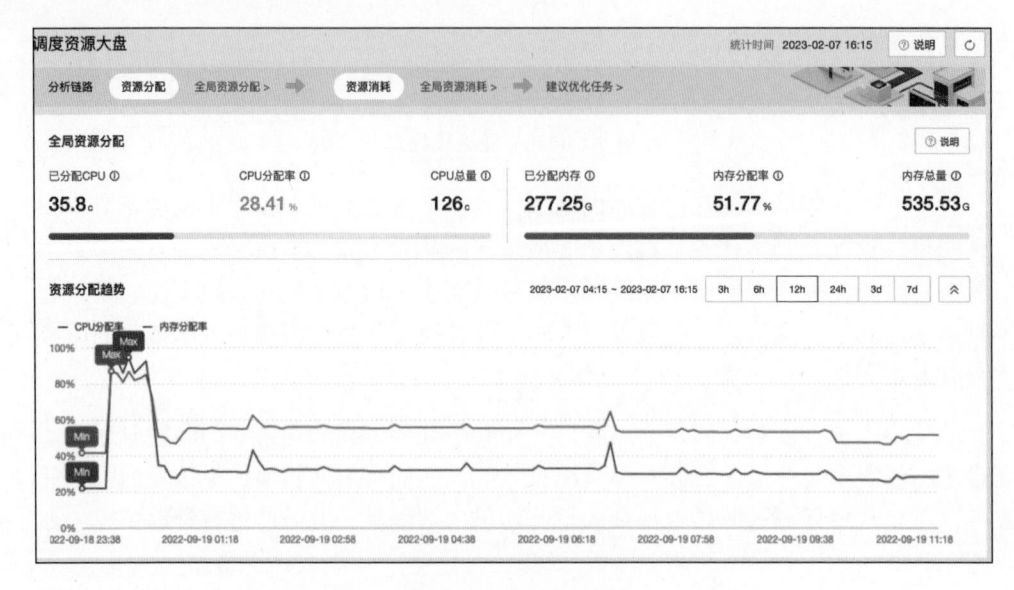

图 4.4-64　调度资源大盘

展示全局资源的分配情况及实际使用资源的情况（如图 4.4-65 所示）。通过这两个维度，可以对比实际使用的资源与逻辑上分配的资源的差异。如果实际使用的资源接近分配的资源，那么需要对分配的资源进行扩容。相反，如果分配的资源远远大于实际使用的资源，则需要减少资源分配，甚至缩小整个集群的资源规模，以降低成本。

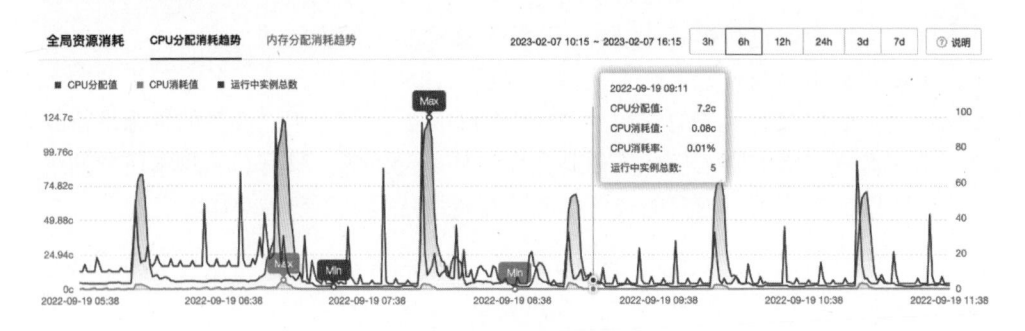

图 4.4-65　调度资源消耗

在全局视角发现资源过多或过少的情况下，需要对具体的任务和项目进行资源扩容或缩容操作，以使逻辑资源与实际资源的比例更加接近。对于资源使用不合理的任务进行优化，如图 4.4-66 所示，消耗率较低的任务可以进行单独的资源优化。由于许多任务在执行前或单次执行中无法确定一个合理的实际资源消耗量，因此，通过分析近期的使用效率来设置更加贴合实例的资源分配，以最大限度地节约资源，从而达到降低成本的目标。

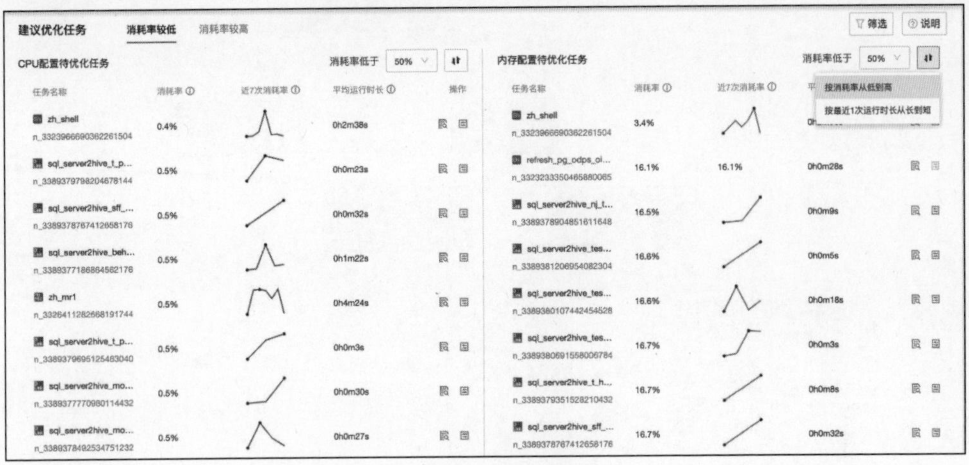

图 4.4-66　调度资源消耗排序

资源组指的是资源分组管理，能够统一管理部署实例的物理机集群资源。通过将资源划分为不同的配额组，确保不同资源组之间的资源配额互不影响。此外，为不同的租户或项目下的任务分别指定可使用的资源组，从而保障核心任务的资源不会被抢占，同时提升资源利用率。

资源组通常用于保障核心任务执行及按需分配：通过资源组管理，确保核心任务优先运行，防止低优先级任务在先运行时过度抢占大量资源，从而导致高优先级任务长时间处于等待资源的状态。资源组依据业务线划分，合理分配资源，实现不同业务部门所使用资源的解耦，并支持业务部门按需进行结算。

Dataphin 的资源组主要负责调度资源的管理。调度资源是指任务生成的实例在调度过程中所消耗的资源。系统支持将当前租户可使用的所有调度资源分配到不同的资源组，并将这些资源组关联到可使用的项目上。不同资源组之间的资源相互隔离，互不影响。

Dataphin 的租户、调度资源、项目和资源组的关系如图 4.4-67 所示，租户（可以是企业、部门或其他业务实体）内可以设置不同的资源组。资源组可被绑定到不同的项目中，与项目形成多对多的关系。一个项目可以代表一个业务部门、数据分层或小组等。项目内可以对周期任务和补数据任务进行资源分配，不同类型的任务也可以进行资源分配，实现从上到下、从大到小不同维度的资源管理。

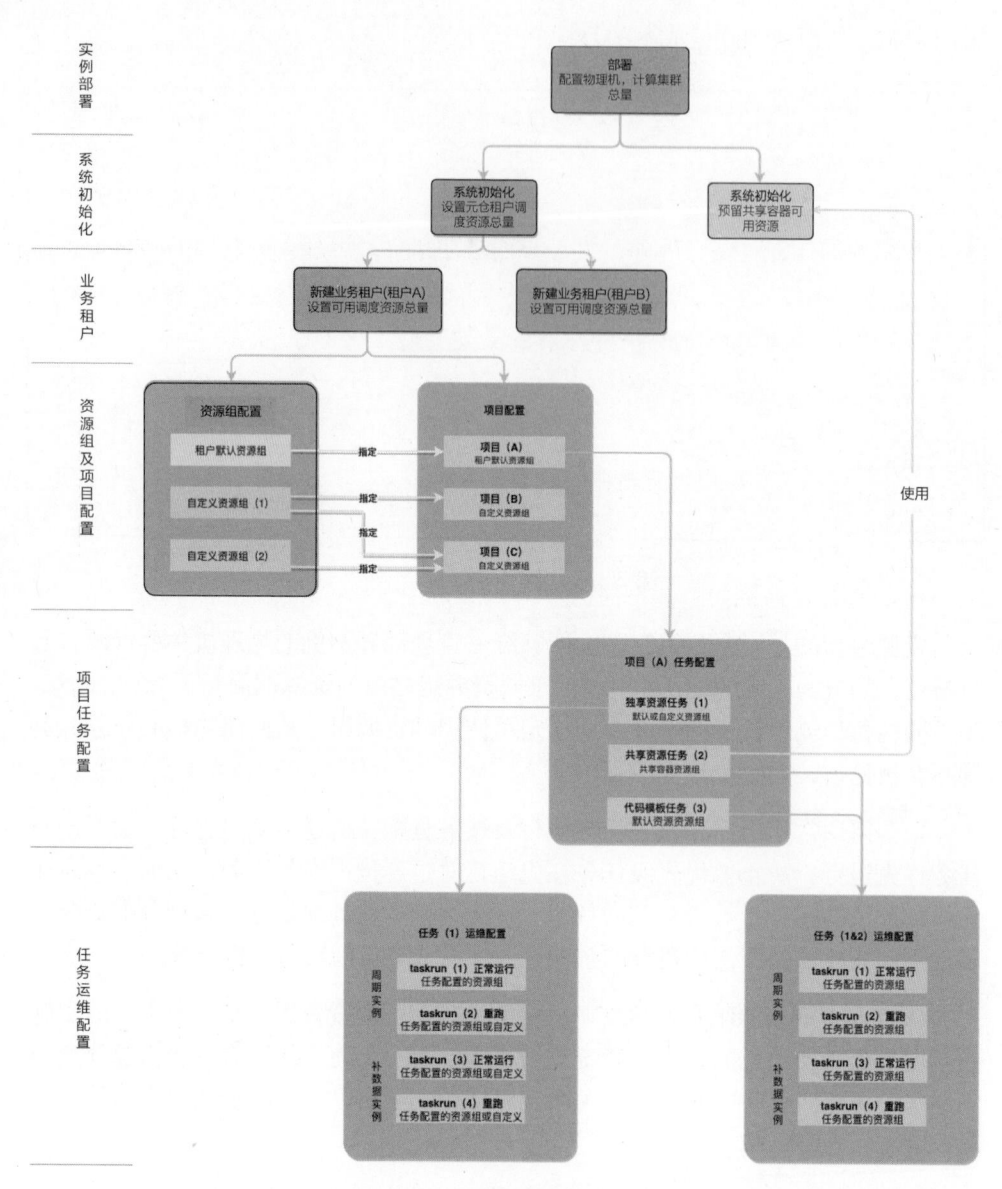

图 4.4-67 Dataphin 的租户、调度资源、项目和资源组的关系

达米公司的运维人员通过资源大盘准确地找到了占用资源过大的低优先级的任务,并进行了暂停,使得第一个问题得以完美解决,从而恢复了任务的执行。同时,他们为核心项目配置了固定的资源组,有效地避免了核心业务与非核心业务之间的资源争抢问题。

运维人员在处理完第一个问题后，转向了第二个问题：由于高并发因素，上游某一集成任务出现错误，导致运维人员无法从源数据库连接池中成功获取资源，最终超时错误。运维人员尝试了两次重试才成功。面对这类频繁出现的问题，达米公司的运维人员考虑是否每次都依靠人工重试解决。该问题的根本原因是同时连接数据源的任务过多，因此，为了实现自动错峰，运维人员利用 Dataphin 的限流功能，控制同一数据源的最大连接数，从而避免了由于多任务同时执行而导致的性能瓶颈或资源瓶颈，确保了调度链路的稳定性。这样，运维人员不再需要为这种不确定性的问题而犯难。值得一提的是，Dataphin 的限流功能不仅解决了当前问题，还适用于多种其他场景。

例如，在批量补数据的场景下，如果选定的时间周期过长，就会抢占调度资源，影响周期任务或即席查询等任务的正常运行及业务数据产出。这时，只需对补数据的任务数量进行限流，便可以优雅地错开周期任务和补数据任务的资源抢占问题。再如，低优先级任务比高优先级任务更早地满足运行条件并被下发至计算引擎，占用大量计算资源，从而影响高优先级任务的运行。此时，只需对低优先级任务的并发数进行限制，便可以阻止低优先级任务抢占高优先级任务的资源。通过限流的能力，保证数据按序、及时地产出。

在顺利解决第二个问题之后，运维人员随即开始应对第三个问题。他发现上游数据流中的一个数据对象的脚本任务执行失败，原因是依赖的服务系统出现了异常。为解决这一问题，他迅速联系了第三方服务供应商。在供应商修复服务并反馈可能影响到其他三个表的数据准确性后，运维人员借助基于对象的 DAG 图，轻松地定位了这三个受影响的数据对象，并开始相关脚本任务的重新执行。运维人员对于拥有这样一个直观的基于对象的 DAG 图感到十分庆幸，因为这免去了他寻找数据研发人员来确认脚本任务与数据间关系的烦琐步骤。然而，运维人员开始思考是否可以将运维操作也基于数据对象来进行。在 Dataphin 的运维界面，运维人员发现了基于数据对象的运维操作功能。通过这一功能，他不仅可以基于表进行运维，还能细化到基于字段级别进行操作。运维人员能够清晰地查看指定字段的生产和消费链路（如图 4.4-68 所示），并能按照数据对象的级别重新运行当前数据及其所有的下游数据（如图 4.4-69 所示）。

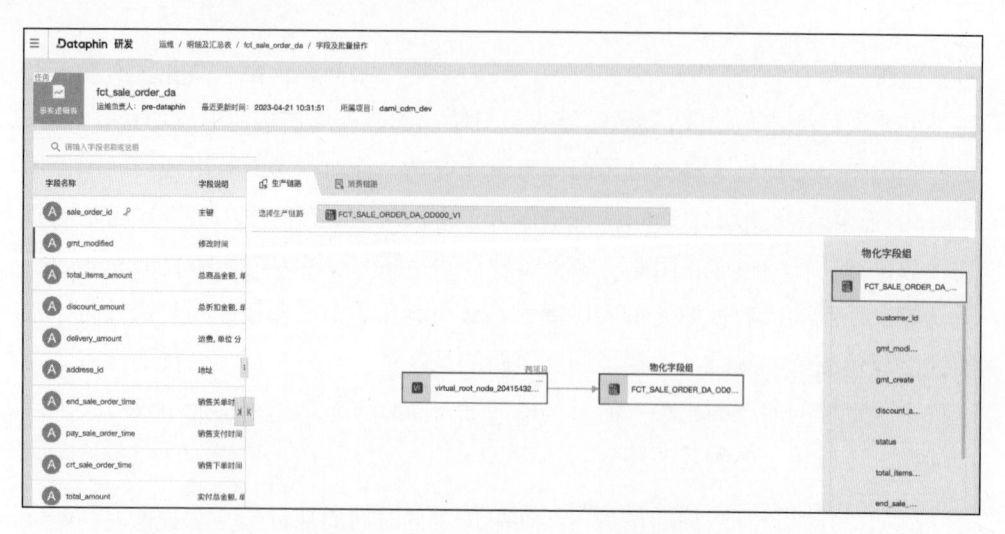

图 4.4-68　指定字段的生产和消费链路

图 4.4-69　重新运行当前数据及其所有的下游数据

达米公司的运维人员发现了三张存在问题的表，并进行了整表数据的重新运行，此举成功解决了三个问题。然而，由于数据延迟产出对业务的影响较大，业务方对达米公司的运维人员提出了明确要求：数据必须准时产出，即便出现问题，也要尽可能地保证准时交付。这让运维人员再度面临新的挑战。

8. 基线监控

运维人员在与业务方沟通后了解到,业务方重点关注的是用户洞察相关的 8 张已回流至 RDS 的 ADS 表(如图 4.4-70 所示)。

序号	RDS表	报表名称
1	ads_cust_cust_status_shop_cm	月报_用户FULL生命周期分析
2	ads_cust_cust_status_shop_cm_revert_01	月报_用户FULL生命周期分析
3	ads_cust_business_performance_cm	月报_用户销售分析
4	ads_cust_rfm_cust_df	日报_用户RFM价值分析
5	ads_cust_rfm_all_df	日报_用户RFM价值分析_从表
6	ads_cust_rfm_shop_df	日报_用户RFM价值分析
7	ads_cust_sales_shop_ytd	日报_用户RFM价值分析_从表
8	ads_cust_aipl_shop_df	日报_用户AIPL分析

图 4.4-70 达米公司的用户洞察业务的 ADS 表

达米公司的运维人员正在探索一种方法,希望通过基于数据对象或脚本任务的监控来预防和解决数据延迟问题。如果监控仅配置在数据处理的最后一环,那么,即便能迅速响应告警,往往也为时过晚,因为这无法保证数据最终产出的及时性。一种改进的策略是,对涉及的每一张表及其所有链路上的节点都配置监控,并根据历史运行时长来设定告警触发条件,确保在数据产出出现延迟时能够及时发出预警。然而,这种方法在面对复杂的数据链路和众多的对象及依赖关系时,人工计算的工作量会急剧增加,并且一旦数据流发生变化,就需要重新计算整条链路的时间并进行调整。此外,当出现数据未按时产出的告警时,通常还需要精确地同步对下游数据的超时影响和预计的延迟时间,这对于复杂的数据血缘关系而言,人工评估的难度和不准确性显而易见。

达米公司的运维人员发现,Dataphin 的基线监控功能能够有效地解决这些问题。一旦建立了基线监控,Dataphin 就可以明确划定需要保障的任务和数据资产,并为这些保障对象设定承诺时间,确保各方按照统一规范操作,优先分配资源给这些关键任务。简而言之,基线监控定义了一系列具有依赖关系的任务或资产组,这些任务或资产可以优先获得集群资源,并受到额外的预警和强化保障措施。通过这种方式,基线监控能够及时捕捉并提前预警基线上的任务或数据对象可能出现的问题,从而保证在复杂的依赖环境中,重要的数据能够在预定的时间内顺利完成产出,同时自动监控所有关键任务的执行情况。

通过基线监控,Dataphin 可以实现以下核心能力:

- 管理任务优先级:随着任务数量的增加,在资源有限的情况下,如果发生资源抢占,就可以将重要的数据对象或脚本任务添加至基线上,并为基线设置较高的优先级,以保证重要数据对象和脚本任务可以优先获得资源分配。

- 自动推算任务预计产出时间：由于数据对象或脚本任务的运行受到资源和上游任务运行情况的影响，因此将数据对象或脚本任务添加至基线上，可以计算出该数据对象或脚本任务每天或每小时的预计产出时间，便于提前预知。

- 自动圈选监控范围：在添加了需要保障的数据对象或脚本任务后，系统将基于依赖关系自动推算出需要纳入监控范围的上游节点，以降低人工运维成本。

- 基线及事件告警：将具体的数据对象或脚本任务添加至基线上，并设置基线保障产出时间。当系统预测到基线上的数据对象或脚本任务无法在保障产出时间前完成，或上游节点有出错或变慢的情况时，系统将自动发送告警信息。运维人员可以根据告警信息及时处理问题，确保任务在保障产出时间前顺利完成。

- 关键路径与关键实例识别：在关键路径的基线上，需要保障的数据对象或脚本任务可能有复杂的依赖关系。通过提供数据生产链路，运维人员能够快速定位阻塞基线上数据产出的关键路径与关键实例。在影响基线产出的多条路径中，耗时最长的路径被确定为基线的关键路径。

达米公司数据中台的数据时效性保障可以通过基线配置和生成基线实例来满足。基线配置的第一步是设定配置基线的告警策略和阈值。运维人员开始对第一张表 ads_cust_cust_status_shop_cm 进行基线设置，如图 4.4-71 所示。

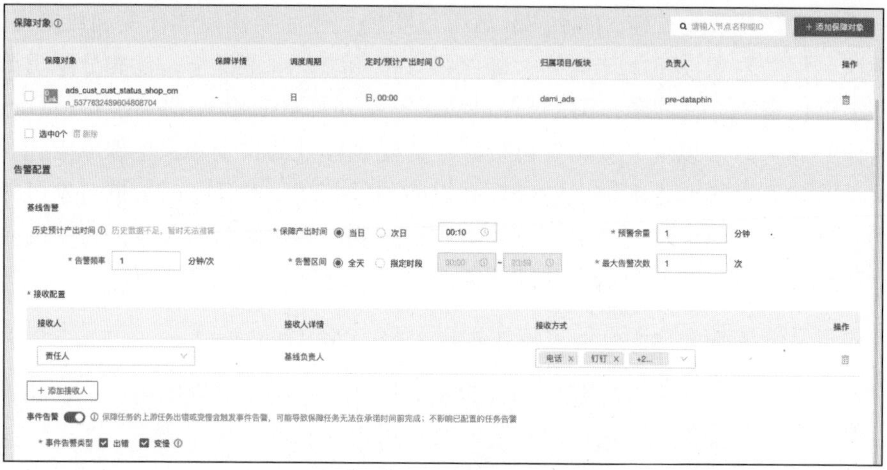

图 4.4-71 对第一张表进行基线配置

在设置基线的过程中，运维人员需要明确以下几个关键指标。

- 保障产出时间：这是业务对数据链路所要求的时间，同时也是保障的末端节点可以接受的数据最晚完成时间，通常与业务场景相关。如果到了这个时间点基线保障的节点未能全部产出，那么将会触发基线破线告警。

- 预警余量：这是用户为处理可能产生的异常问题预留的时长，即预警时间与预计产出时间之间的时间差。它反映了一个任务或资产异常的警戒程度。

- 基线事件：如果基线链路中的任何单个数据对象或任务（包括保障的末端节点）出现错误，或与历史平均运行时间相比变慢，将会触发告警。这种情况需要人为介入处理，以避免破线。

在明确了关键指标后，接下来就是添加需要保障的数据对象，例如数据表 ads_cust_cust_status_shop_cm。完成配置后，系统将自动监控所有对这个数据表有影响的数据对象，以及这些数据对象所关联的脚本任务。通过分析历史数据的产出时间，系统能够提前发出预警，从而预防数据产出延误和破线后可能引发的一系列问题。

达米公司的运维人员通过监控告警和分析基线实例来掌握基线的运行状态。基线实例是指在特定数据对象或脚本任务基础上生成的实例，在 Dataphin 中，通常是在每晚 23 点至次日 0 点之间，待相关节点实例生成完毕后，开始创建新一天的基线实例。这些基线实例是根据设定的基线规则周期性生成的，包含基线中所有需要保障的数据对象和脚本任务。通过监控这些实例，运维人员可以确保关键数据按时产出，并及时应对任何潜在的延误情况。

基线实例展示了当前基线的关键路径、保障对象，以及产出时间、告警事件等关键指标，如图 4.4-72 所示，有助于运维人员进行运维工作。

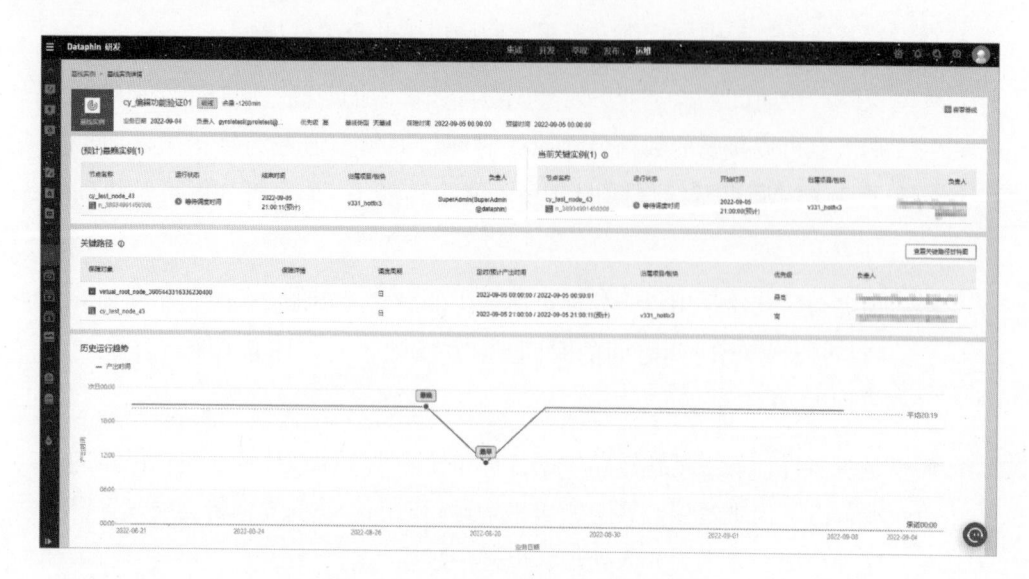

图 4.4-72 基线实例展示的关键指标

图 4.4-72 中包括的主要信息如下。

- 基线状态：包括"破线"和"预警"。如果推算到这个时间点基线保障的末端节点无法全部产出，则会被认定为破线；"预警"是指任务在预警时间之后尚未完成，但还未到达承诺时间。

- 余量：如果未破线，图中会显示距离基线可能破线还有多少余量时间。

- 保障时间：若超过此时间未完成产出，则被认定为破线。

- 预警时间：若超过此时间仍未完成任务，则被认定为预警。

- 关键路径：在影响基线任务产出的多条路径中，运行耗时最长的路径。

- 关键实例：位于关键路径上，最先一层未运行成功的实例，即为阻断实例。

其中，关键路径在 Dataphin 中是通过甘特图进行展示的，如图 4.4-73 所示，图中可以展示实例的状态、执行的信息，以及破线或预警的时间点。这种方式通过时间可视化展示了基线中保障对象按时间维度的生产链路。

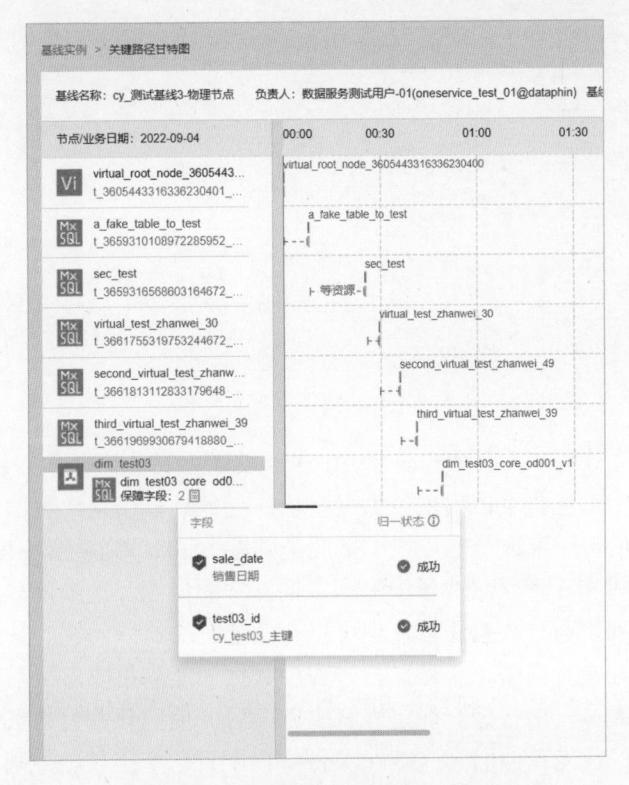

图 4.4-73　基线实例的关键路径甘特图

通过以上的基线配置，达米公司的运维人员完成了业务目标，并确保了业务关注的数据对象能够及时产出。

9．数据质量

达米公司的运维人员遇到了一个新的挑战：业务方重点关注的线下门店会员表频繁出现来源数据不准确的问题，导致他们在发现问题与定位问题上耗费大量的时间和精力。

线下门店会员表的结构如图 4.4-74 所示，数据是通过集成工具从业务系统的表中同步到达米的数据中台的。然而，由于源头业务系统自身存在数据质量问题，导致在数据同步和后续处理过程中出现了一系列错误。这些问题不仅增加了运维的复杂性，还影响了业务的正常运作和数据分析的可靠性。

线下门店会员					
表名	res_member				
数据库类型	mysql				
字段名	类型	说明	主键	外键	是否可空
id	bigint	会员id	Y		N
gmt_create	timestamp	创建时间			N
gmt_modified	timestamp	修改时间			N
name	varchar(32)	会员姓名			N
company	varchar(256)	公司			Y
dob	date	生日			N
gender	smallint	性别: 1: 女; 2: 男			N
reg_time	datetime	注册时间			N
id_card_no	varchar(32)	身份证号			Y
drive_license_no	varchar(32)	驾照号码			Y
status	smallint	状态: -1: 已注销 1: 申请中 2: 正常			N
address_id	bigint	会员地址			Y
mobile	varchar(16)	手机号			Y
email	varchar(64)	邮箱			Y

图 4.4-74 线下门店会员表

例如: 针对图 4.4-74 所示的表格, 在业务设计上要求其中 8 个字段必须填写, 但在实际操作中, 这些字段出现了大量空值, 导致计算结果出现偏差。业务方希望数据研发人员与运维人员能尽快识别此类问题, 而非等到整个流程运行完毕后, 再耗费大量时间和计算存储资源去追溯数据异常的根源。达米公司的研发人员与运维人员意识到, 通过数据质量管理可以有效地解决这一问题。具体做法是在研发链路上配置好质量规则, 一旦运行过程中数据未能满足要求, 系统将自动向运维人员或研发人员发出告警。确定好解决方案后, 他们开始为这张表的集成任务添加质量规则。首先, 他们为这 8 个关键字段配置了非空校验规则, 如图 4.4-75 所示。一旦在集成过程中发现空值, 系统将发出告警提示, 并可以将规则强度设置为 "强", 这样不仅会发出告警, 还会阻塞后续的生产链路, 直到源头数据被妥善处理后, 再恢复运行。

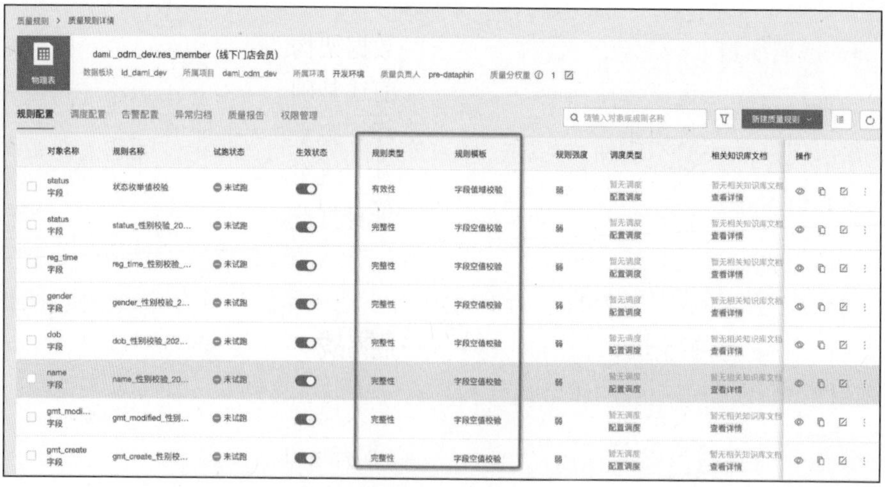

图 4.4-75 数据质量配置字段空值校验

除了在集成过程中设置质量规则，数据质量的监控还可以覆盖数据链路的整个生命周期，包括数据的时效性、准确性、完整性、一致性和有效性等关键维度。例如，达米公司数据中台的研发人员希望在设计数据表时，能像在关系数据库中设计表那样，轻松地为字段添加自动化的质量校验规则，仅需在字段约束层面进行配置即可（如图 4.4-76 所示）。

图 4.4-76　在设计表的过程配置字段约束

至此，我们完成了达米公司数据中台在数据研发和数据资产建设方面的内容。接下来，我们将围绕企业数据架构进行案例分析。

4.5　行业数据架构推荐与案例分析

在前面，我们已经详细介绍了阿里巴巴数据架构的发展历程、数据架构的主要设计模式、核心定义，以及建设实践。在前述基础上，本节将侧重于根据不同行业的特定需求，提出最适合的数据架构推荐。鉴于不同行业对数据处理与管理有着独特的需求和挑战，我们将重点探讨金融、汽车和服饰这三个典型行业的数据架构解决方案，旨在为这些行业内的企业量身打造数据架构策略，助力其业务发展与技术创新。

4.5.1　金融行业：数据治理与合规挑战

金融行业直接关系到国家经济稳定和广大人民群众的利益，是最重要的行业之一，也是监管最严格的行业之一。金融行业有着非常明显的特点，如图 4.5-1 所示，对数据权限、数据质量、数据安全、数据实时性都有非常高的要求。因此，如何针对上述特点设计出适合的数据架构，对金融行业的发展至关重要。

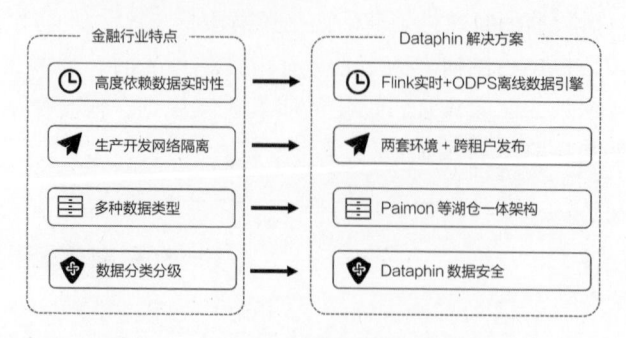

图 4.5-1　金融行业特点及产品解决方案

1. 数据模型架构设计

金融行业的业务场景繁多且复杂，受篇幅限制，本节仅针对银行贷款业务，阐述如何设计数据模型架构和数据平台架构（如图 4.5-2 所示）。

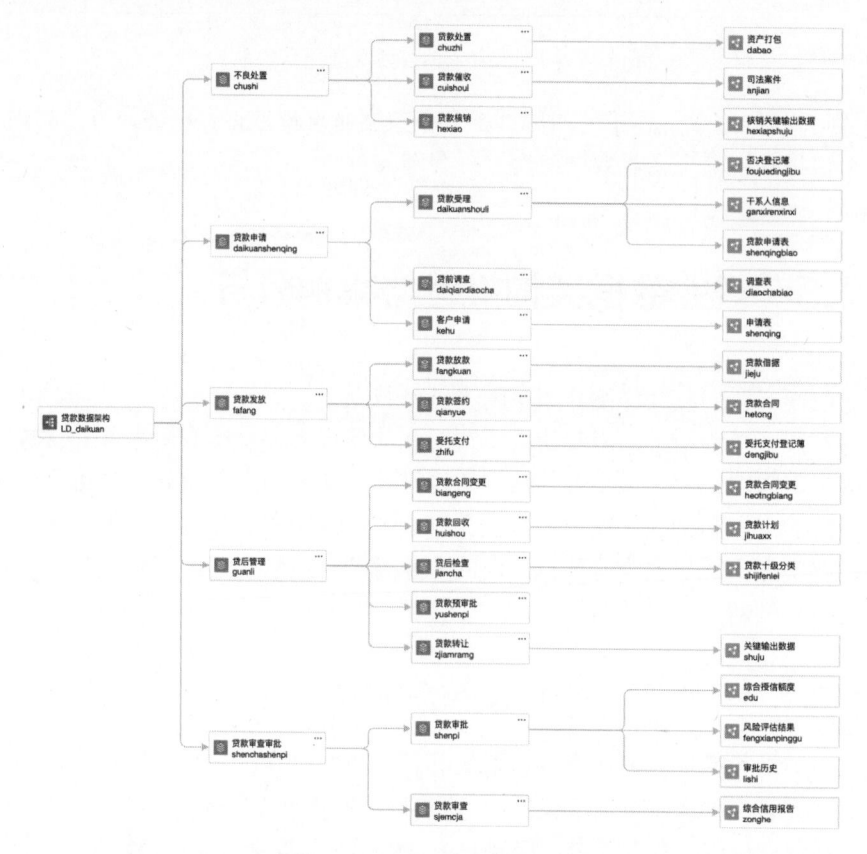

图 4.5-2　银行贷款业务过程

根据阿里巴巴 OneData 模型的设计思想，表数据模型被分为三层：操作数据层（ODS）、公共维度模型层（CDM）和应用数据层（ADS），如图 4.5-3 所示。

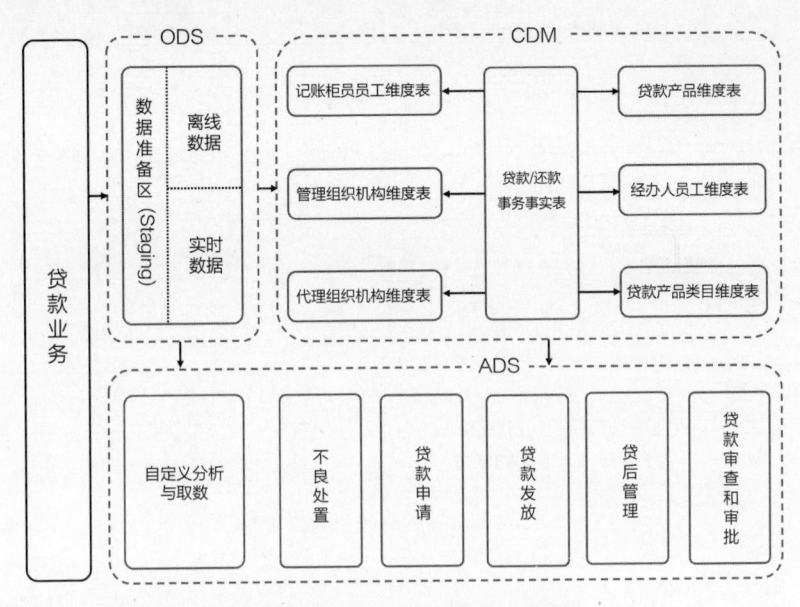

图 4.5-3　金融行业表数据模型

在 ODS 层中，操作系统数据几乎未经处理便直接存放于数据仓库中，包括 CRM 数据、征信数据、风险合规数据等。

CDM 层采用维度模型中的星形模型，以贷款和还款事务事实表为中心，将贷款产品维度表、经办人员工维度表、贷款产品类目维度表、记账柜员工维度表、管理组织机构维度表、代理组织机构维度表等所有维度表直接连接至事实表。其中，维度表只与事实表关联，各维度表之间不存在关联；每个维度表的主键为单一列，并在事实表中作为外键使用。

ADS 层存储贷款业务的统计指标数据，并根据 CDM 层与 ODS 层的数据加工生成，如申请人信息、综合信用信息、贷款合同等。这些数据主要用于支持上层贷款申请、贷款审查与审批、贷款发放、贷后管理、不良处置等具体的业务场景。

2. 数据平台架构设计

接下来，我们将继续阐述在金融行业中，如何有效地设计数据平台架构（如图 4.5-4 所示）。

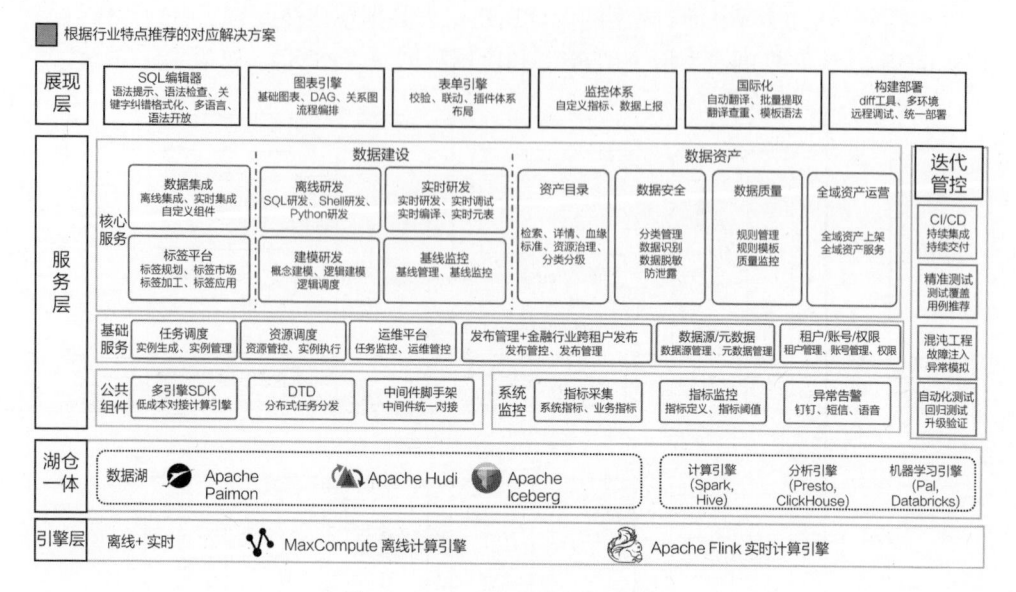

图 4.5-4　金融行业典型数据架构

1）引擎层

金融行业中存在大量实时数据应用的场景，这些场景覆盖了市场交易、风险管理、合规监控、客户服务和决策支持等多个领域，具体包括利用实时数据来指导股票和衍生品交易、进行信用评分和风险评估、监测潜在的洗钱和市场滥用行为、向客户提供即时响应与个性化推荐，以及协助管理层实时监控业务性能并做出战略决策。

金融行业需处理各种类型的数据，包括结构化的交易记录、半结构化的日志文件，以及非结构化的文本数据，如新闻报道、社交媒体内容等。此外，该行业还面临着高频交易压力、复杂的风险管理模型，以及严格的监管合规要求。

基于上述两点考虑，计算引擎需配备离线计算引擎与实时计算引擎，数据存储则应采用湖仓一体架构。

2）平台层

（1）跨租户发布。

银行业金融机构应加强网络安全管理，生产与开发测试网络、业务网络和办公网络、内部网络和外部网络应实施隔离。基于此监管要求，金融行业需要部署开发与生产两套 Dataphin 服务，利用跨租户发布功能实现从开发环境到生产环境的变更（如图 4.5-5、图 4.5-6 所示）。

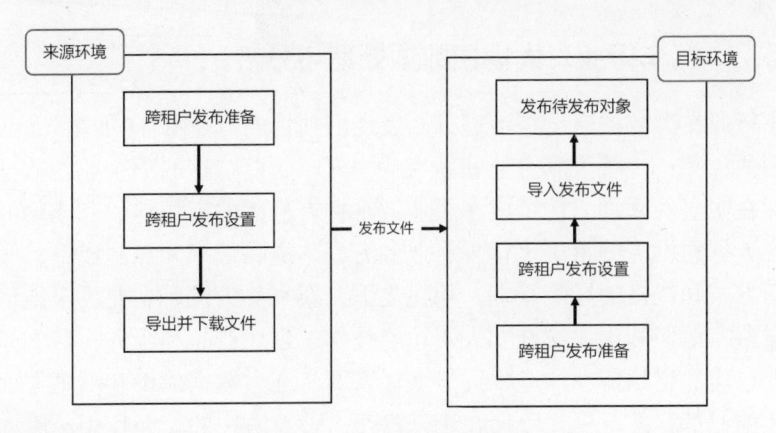

图 4.5-5　跨租户发布流程图

图 4.5-6　跨租户发布产品界面

（2）数据安全。

金融行业对数据安全的要求极为严格。中国银保监会印发的《关于银行业保险业数字化转型的指导意见》强调了加强数据安全和隐私保护的重要性，要求完善数据安全管理体系，实施数据分级分类管理制度，明确各类数据的保护策略，并采取相应的技术和管理措施。基于这些要求，金融机构需要充分利用 Dataphin 提供的数据安全分类分级功能。

在数据分级方面，Dataphin 预设了一套从 L1（公开数据）到 L4（绝密数据）的标准数据分级体系，同时允许客户根据自身的具体需求进行自定义分级。

在数据分类方面，Dataphin 内置了三大类数据分类标准：公司数据（如公司财务报告）、业务数据（如业务客户的数量）、个人数据（如消费者的隐私数据），并且同样支持客户根据实际业务需求进行自定义分类。

4.5.2 汽车行业：大规模数据处理与分析

汽车行业在大数据建设与治理方面展现出独特的行业特征（如图 4.5-7 所示），主要分为两大类：传统汽车企业和新兴势力汽车企业。这两类企业在数据使用和需求上存在明显的区别。传统汽车企业通常拥有稳固的市场地位和成熟的业务体系，其大数据建设更侧重于优化现有业务流程、提高效率和控制成本，倾向于稳健的创新方式和严格的风险管理。相比之下，新兴势力汽车企业更多地依赖于数据驱动战略，他们利用大数据和人工智能技术来创新产品和服务，目的是在市场上实现差异化甚至颠覆性的竞争优势。尽管两者在大数据建设和治理方面的重点不同，但他们都非常重视大数据在未来汽车产业竞争中的核心作用。因此，他们都在积极调整各自的战略规划和组织结构，力求更好地抓住大数据时代带来的机会。

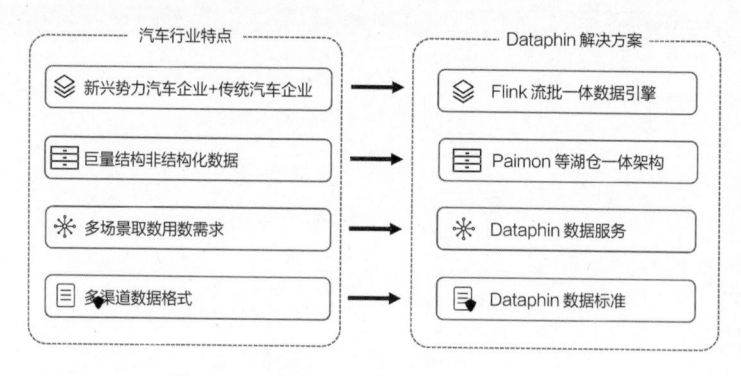

汽车行业特点	Dataphin 解决方案
新兴势力汽车企业+传统汽车企业	Flink 流批一体数据引擎
巨量结构非结构化数据	Paimon 等湖仓一体架构
多场景取数用数需求	Dataphin 数据服务
多渠道数据格式	Dataphin 数据标准

图 4.5-7　汽车行业特点及产品解决方案

1．数据模型架构设计

传统汽车企业一般为合资企业，其中，国外合资方通常主要负责数据管理、规范制定与产品研发，而国内合资方则侧重于市场开拓、销售渠道建设和客户服务。在此背景下，数据模型架构设计面临着一定的挑战。由于篇幅有限，如图 4.5-8 所示的模型仅针对国内合资方的用户运营场景设计。

ODS 层主要用于统一存储来自国外业务软件如 Teamcenter、SAP SCM、SAP ERP 等的数据，以及国内渠道和市场等数据。

CDM 层基于维度模型中的星系模型，将用户表作为共享维度表，创建车辆交付流程事实表、进店转化流程事实表，以及活动促销事实表等多张事实表。基于这些事实表，进一步扩展维度表，例如，进店转化流程事实表关联的线索量维度表、进店用户数维度表和试驾用户数维度表等。随着数据仓库建设进入中后期，由于业务的复杂性，模型大多呈现为星系模型。

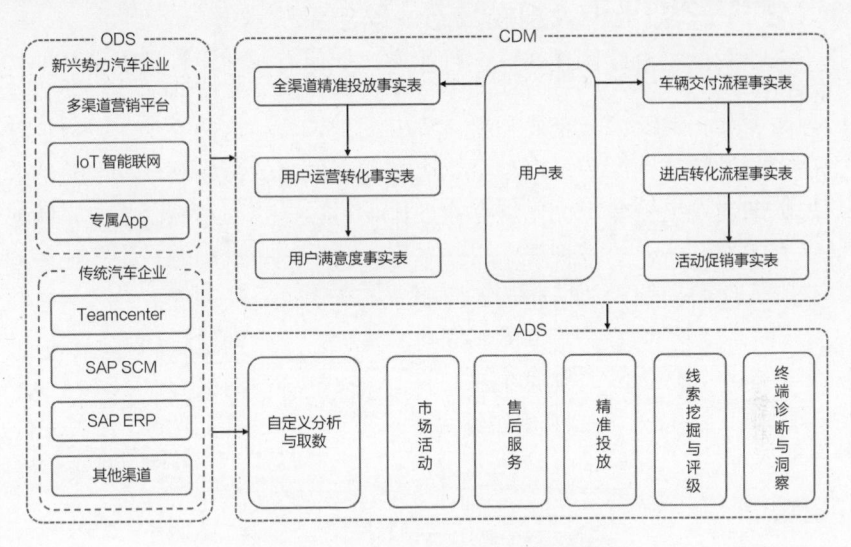

图 4.5-8 汽车行业数据模型架构设计

ADS 层存储用户运营的统计指标数据，这些数据根据 CDM 层与 ODS 层加工生成，如线索量、库存量和整车交付量等指标。这些数据支持上层的营销投放、市场活动、展厅接待、售后服务等具体业务场景。

新兴势力汽车企业通常为本土新能源企业，相较于传统汽车企业，它们面临着更广泛的数据应用场景和更大的数据体量。例如，在宣传渠道上，它们从传统的 4S 店模式扩充为线上/线下相结合的模式。此外，自动驾驶技术的发展也使得驾驶方式变得越来越多样化，随着汽车科技智能属性的增强，汽车逐渐向移动的智能设备转变，这些变化都带来了更高数量级的数据。针对新兴势力汽车企业的用户运营场景，模型设计如下：

ODS 层专注于统一存储来自全渠道营销平台、IoT 智能联网设备、专属 App 等多元线上渠道的用户数据。这些数据构成了个人线上数据中心的基础。CDM 层则基于维度模型中的星系模型，以用户表作为共享维度表的核心，创建了全渠道投放事实表、用户运营转化事实表、用户满意度事实表等一系列事实表，并基于这些表进一步扩展各种维度表，如全渠道平台列表维度表、目标人群特征维度表、终端流量维度表等。

ADS 层存储如全渠道投放转化率、高净值人群、终端留资潜客等关键贷款业务统计指标数据。这些数据基于 CDM 层与 ODS 层加工生成，为上层的精细化投放、线索挖掘与评级、终端诊断与洞察等具体业务场景提供了有力的数据支持。

2．数据平台架构设计

接下来，我们将继续阐述在汽车行业中，如何有效地设计数据平台架构（如图 4.5-9 所示）。

展现层	SQL编辑器（语法提示、语法检查、关键字纠错格式化、多语言、语法开放）｜图表引擎（基础图表、DAG、关系图流程编排）｜表单引擎（校验、联动、插件体系布局）｜监控体系（自定义指标、数据上报）｜国际化（自动翻译、批量提取翻译查重、模板语法）｜构建部署（diff工具、多环境远程调试、统一部署）	迭代管控
服务层	**数据建设**：数据集成（离线集成、实时集成、自定义组件）｜离线研发（SQL研发、Shell研发、Python研发）｜实时研发（实时研发、实时调试、实时编译、实时无代码）；**数据服务**：API开发（API配置管理、App管理）｜服务引擎（调用服务、API多版本缓存加速）；**数据资产**：资产目录（检索、详情、血缘、标准、资源治理、分类分级）｜数据质量（规则管理、规则模板、质量监控）｜数据标准（建立标准、国际行标、数据完备、数据准确）｜全域资产运营（全域资产上架、全域资产服务）；**核心服务**：标签平台（标签规划、标签市场、标签加工、标签应用）｜建模研发（概念建模、逻辑建模、逻辑调度）｜基线监控（基线管理、基线监控）；**基础服务**：任务调度（实例生成、实例管理）｜资源调度（资源管控、实例执行）｜运维平台（任务监控、运维管控）｜发布管理（发布管控、发布管理）｜数据源/元数据（数据源管理、元数据管理）｜租户/账号/权限（租户管理、账号管理、权限）｜资源管理（函数、Jar包）；**公共组件**：多引擎SDK（低成本对接计算引擎）｜DTD（分布式任务分发）｜中间件脚手架（中间件统一对接）｜系统监控｜指标采集（系统指标、业务指标）｜指标监控（指标定义、指标阈值）｜异常告警（钉钉、短信、语音）	CI/CD 持续集成 持续交付 ／ 精准测试 测试覆盖 用例推荐 ／ 混沌工程 故障注入 异常模拟 ／ 自动化测试 回归测试 升级验证
湖仓一体	数据湖：Apache Paimon｜Apache Hudi｜Apache Iceberg｜计算引擎（Spark, Hive）｜分析引擎（Presto, ClickHouse）｜机器学习引擎（Pai, Databricks）	
引擎层	流批一体：Apache Flink 离线+实时流批一体计算引擎	

图 4.5-9　汽车行业典型数据架构

1）引擎层

传统汽车企业由于涉及合资方的数据流转问题，并且主要以线下销售模式为主。因此，对数据的实时性要求相对较低，采用 Maxcompute 等离线计算引擎即可满足其日常运营所需。

相比之下，新兴势力汽车企业由于汽车的智能化程度较高，并涉及众多智能化领域，如营销渠道的多种媒体投放、车主 App 中的 IoT 设备人机交互，以及自动驾驶对各种路况的实时响应处理等。因此，对实时数据的要求极高，需要采用如 Flink 等实时计算引擎以确保数据处理的高效与准确。

从数据存储角度看，无论是传统汽车企业面临的国外合资方多元产品、各类数据管理软件所积累的不同数据格式问题，还是新兴势力汽车企业应对多种数据场景下的多样化数据类型需求，均要求数据存储系统具备对结构化、半结构化，以及非结构化数据的良好兼容性。

基于上述考量，计算引擎需兼具离线与实时处理能力，推荐采用流批一体架构（如Flink）以实现高效的数据处理。与此同时，数据存储体系则应采用湖仓一体架构，以确保数据的灵活存储与高效利用。

2）平台层

（1）数据标准。

汽车行业，尤其是新兴势力汽车企业，拥有大量的基础数据来源。例如，线下数据方面包括客流客群分析、经销商区域热度、转化分析、展厅车辆诊断、销售接待诊断等；营销领域涉及自有平台（如官方App）、垂类平台（如第三方机构）、电商平台（如淘宝）、社交平台（如微博、微信）、视频平台（如优酷、抖音）、广告平台（如百度、腾讯广告）等；IoT智能网联涵盖智能语音助手、智能座舱、车机软件等功能；自动驾驶则关注驾驶风格、实时路况分析、智能识别系统、紧急情况应对等方面。

面对种类繁多的数据，科学地分类并为同类数据制定统一的标准是实现高效用数的关键。Dataphin的数据标准恰恰能有效应对这一挑战。其主要目标是为业务运作、技术研发和企业管理提供可靠的数据服务和支持。数据标准管理的核心工作就是对数据及其属性信息进行标准化定义和应用的过程。数据标准的制定必须满足公司的业务应用和管理需求。具体地说，在定义数据标准的过程中，应参考国际标准、国家标准、监管标准、行业标准，以及公司内部的标准等各类内外部监管标准。

在业务方面，通过实体数据的标准化定义，可有效解决数据不一致、不完整、不准确等问题，消除数据的二义性，确保企业在全局范围内对数据有统一的理解与应用，从而降低各部门、各系统间的沟通成本，提升企业整体业务处理效率。标准统一的数据指标体系不仅便于业务人员轻松获取所需数据，还能支持其自助式数据分析，为基于数据的业务创新创造条件。

在技术方面，统一、标准的数据及其结构是企业实现信息合规流通的前提；标准的数据模型与标准数据为新建系统提供了坚实基础，有助于提升应用系统的开发与实施效率；数据标准化进一步明确了数据质量规则、数据来源与流向、校验规则，有助于提升数据整体质量。

在管理方面，数据的标准化定义有助于明确数据的责任主体，为保障数据安全、提升数据质量奠定基础；统一且标准的数据指标体系则为各主题的数据分析提供了有力支持，有效地提升了数据处理与分析效率。这包括提供业务指标的事前提示、事中预警和事后提醒，实现数据驱动的管理方式，从而使决策者能够快速获取关键的决策信息。

(2)数据服务。

面对上述众多的数据类型,高效地获取和使用数据也是提升效率的重要步骤。以某汽车企业一个典型的场景为例,在分析一天的汽车交易数据及店铺访问量时,传统方法依赖于跨数据库的物理表查询,查询所有相关的物理表通常需要消耗 20 至 30 分钟,而基于相关物理表编写 SQL 查询同样需要花费 20 至 30 分钟。这意味着,完成一个基础的查询任务需要耗费近一小时的时间。

为解决此类问题,我们需要采用 Dataphin 的建模加数据服务方案。通过该方案,我们可以完成主题式逻辑模型的查询,支持动态路由以及跨平台的并行查询(如图 4.5-10 所示)。在相同场景下,整体查询仅需 5 分钟即可完成。查询完成后,该数据服务还能支持多种数据使用场景。

图 4.5-10 多种数据服务及应用能力

数据服务作为 Dataphin 体系下的统一数据服务出口,实现了数据的统一市场化管理,不仅有效地降低了数据开放的技术门槛,还保障了数据开放过程中的安全性。数据服务平台集成了服务接口、调用服务、运维服务等功能,具备对数据服务全生命周期的管理能力。用户只需在平台上进行简单配置,即可实现数据服务的自动化生产和部署,从而大幅提升数据生产的效率。

4.5.3 服饰行业:个性化数据服务与营销

服饰行业作为拥有庞大客户群体的行业之一,在大数据建设方面具有鲜明的特点(如图 4.5-11 所示)。以数据整合为例,来自线上商店、社交媒体、线下门店等多元渠道的数据需要统一建设与治理,确保数据的有效整合与充分利用。

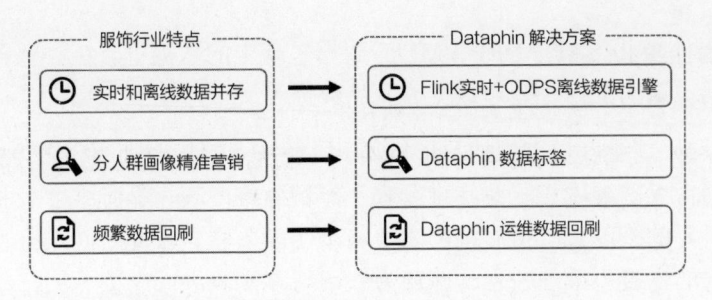

```
┌─ 服饰行业特点 ──────────┐      ┌─ Dataphin 解决方案 ──────────────┐
│  🕐 实时和离线数据并存  │  →  │  🕐 Flink实时+ODPS离线数据引擎   │
│  👤 分人群画像精准营销  │  →  │  👤 Dataphin 数据标签            │
│  🔄 频繁数据回刷        │  →  │  🔄 Dataphin 运维数据回刷        │
└────────────────────────┘      └──────────────────────────────────┘
```

图 4.5-11　服饰行业的特点及产品解决方案

在经销商管理方面，考虑到不同省份、季节和民族的服饰需求差异，我们应针对各个销售大区制定差异化的销售策略。

在用户分析与个性化服务方面，我们的数据架构需要支持复杂的用户行为分析和个性化推荐算法，从而为每位客户提供量身定制的产品推荐和更为精准的市场营销服务。

在应对营销活动方面，我们需在大促活动前做好爆品预测、仓库备货，以及退货服务等准备工作，并根据实时销售数据动态调整广告投放等营销策略，以确保活动效果最大化。

此外，我们的数据架构还应具备强大的多维度分析能力，能够覆盖库存管理、销售预测、顾客满意度追踪，以及流行趋势预测等多个业务领域，为企业的全面数据分析提供支持。

1. 数据模型架构设计

基于上述行业特点，数据模型架构设计如图 4.5-12 所示。

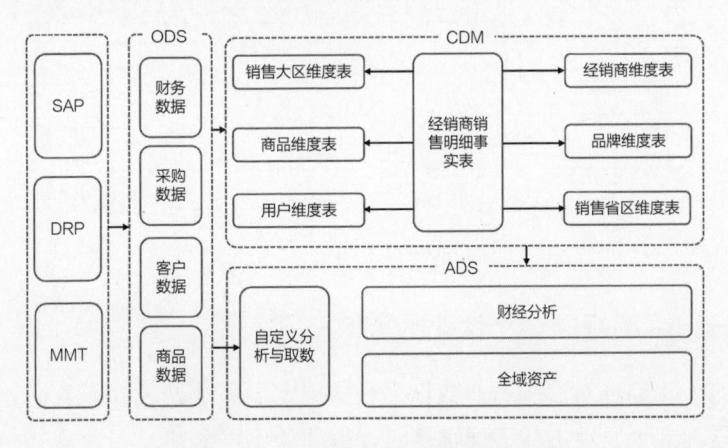

图 4.5-12　服饰行业数据模型架构设计

ODS 层主要将 SAP、DRP、MMT 数据系统中的数据进行统一整合，并分类成财务数据、采购数据、客户数据、商品数据等。

CDM 层采用维度模型中的星形模型，以经销商销售明细事实表为中心，直接连接包括销售大区维度表、商品维度表、经销商维度表、品牌维度表和销售省区维度表等所有的维度表。这些维度表仅与事实表关联，彼此之间没有直接关联；每个维度表的主键为单独一列，并作为外键与事实表进行连接。

在 ADS 层，数据是基于 CDM 层与 ODS 层的处理生成的，基于不同的分析维度、统计周期和业务限定，综合实际发生的营业收入等原子指标，生成最近一天的实际发生营业收入等派生指标及汇总表。这些数据用于支持上层的财经分析、全域资产等具体业务场景。

2. 数据平台架构设计

最后，我们将一起探讨在服饰行业中，如何有效地设计数据平台架构（如图 4.5-13 所示）。

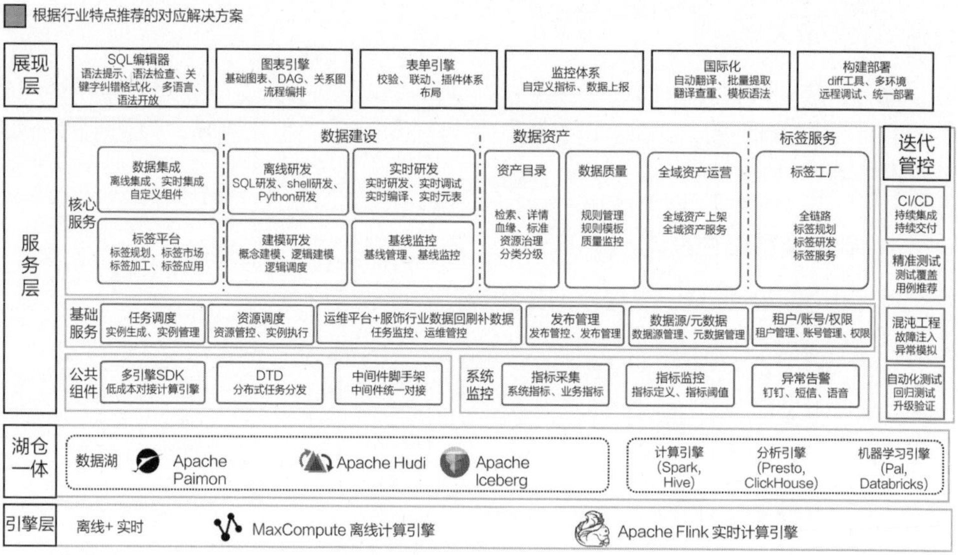

图 4.5-13 服饰行业典型数据平台架构设计

1）引擎层

在前面，我们已对汽车行业数据平台的引擎层所涉及的多元数据类别及其实时与离线处理的复杂性进行了详细探讨，故此处不再赘述。

2）平台层

（1）数据回刷补数据。

线上电商是服饰行业中非常重要的一个销售渠道，尤其在每年"618""双11"等大促活动期间，销售额常常会达到高峰。通过数据中台的应用，商家能够提前规划营销策略并预测销量，以便更加科学地准备库存。然而，促销活动后随之而来的大量退货成为商家的一大难题，尤其是当大促月份经历销售高峰，次月面临退货潮时，这会导致大促期间的财务指标显著偏离实际。同时，随着季节交替、地域差异，以及时尚趋势的变化，商家必须迅速调整店铺内的商品结构，而这种频繁的商品类别调整，在设计电商平台架构时是一个需要重点考虑的因素。为了解决这些问题，可以利用 Dataphin 的补数据功能（如图 4.5-14 所示），及时调整因促销营收波动和商品分类变动引起的数据偏差。该功能确保了数据的准确性，能够根据当前的数据状态，重新运行过去时间段的任务来更新最新的数据内容。

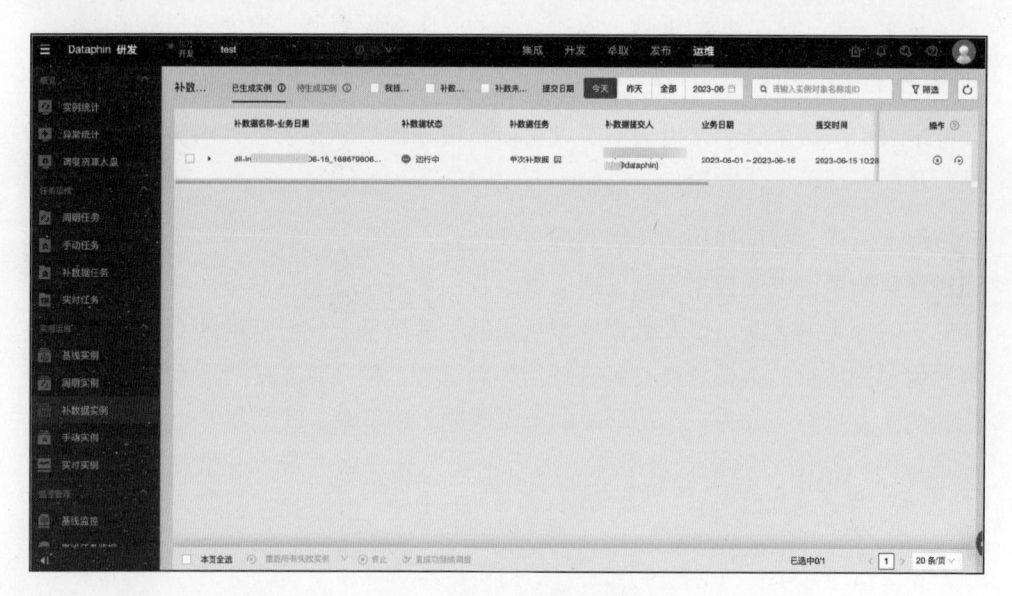

图 4.5-14 补数据产品界面

除了提升数据准确性这一核心价值，Dataphin 的补数据功能还展现出以下显著优势。

- 数据完整性：该功能确保了数据的完整性，当遇到系统故障、数据传输异常或其他原因导致的数据缺失状况时，它能迅速采取措施予以弥补，有效地防止因数据不完整导致的分析结果偏差。

- 业务连续性：在许多业务场景中，数据的连续性对业务运营和决策制定非常关键。通过补全缺失的数据，该功能可以帮助企业保持业务流程和报告的连续性，减少运营中断的影响。
- 提高效率：该功能可以自动化处理数据缺失问题，避免了人工手动填充数据的烦琐工作，从而提高了数据管理的效率。

（2）标签服务。

构建精细化的用户画像以实现有效营销，是提升销售业绩的关键策略。Dataphin 的标签服务体系通过消费者标签与商品标签，为制定商品策略提供了强大支持。具体地说，这一过程包括以下步骤：

首先，利用门店购物数据和外部的大数据资源，刻画出人群与商品关联的画像特征。

其次，通过人店匹配机制，构建详细的门店画像模型，该模型整合了 2D 与 3D 数据维度，全面梳理并连接门店消费者的购物链路。

最后，广泛采集全渠道的消费者反馈，精炼客户标签体系，构建行业标签模型，从而实现精细化营销。

综上所述，数据架构的持续演进与优化是企业数字化转型不可或缺的一环。通过观察阿里巴巴的数据架构发展历程，我们见证了数据从简单的业务分析到复杂的实时计算的飞跃，以及数据模型从粗糙处理到精细化分层的蜕变。因此，如何确保这些珍贵的数据资产得到有效治理与管理，使之真正成为驱动业务增长与创新的企业智慧，成为一个待解决的重要课题。接下来，我们将介绍科学的数据治理策略与精细的数据管理措施，助力企业充分发掘并最大化数据的价值。

第5章

CHAPTER 05

资产化：
数据治理与管理

5.1 数据治理概述

治理的概念起源于企业治理和公共治理，其核心是通过制度性的安排对各相关方的权利、责任、利益及流程进行管理，以平衡业务实施过程中的风险与收益，并实现组织目标。通过有效的数据治理，企业能够确保其数据资源得到充分利用，并且符合相关法规和合规要求。

本节将围绕数据治理与数据管理的区别、数据治理的核心问题、数据治理的目标，以及数据治理的框架等多个维度，为企业提供全面的数据治理指南。

5.1.1 区分数据治理与数据管理

关于数据治理，由于视角和侧重点不同，因此业界目前尚未形成一个统一标准。参考 ISO38500、COBIT、ITSS WG1，以及国际数据管理协会（DAMA）和国际数据治理研究所（DGI）的定义，可将数据治理理解为：通过治理结构和治理系统的制度安排来管控数据价值实现的过程，以实现数据战略目标和业务价值。

数据管理，是以数据资产为管理对象，对数据架构、数据建模和设计、数据存储和操作、数据安全、数据集成和互操作、文件和内容管理、参考数据和主数据、数据仓库和商务智能、元数据、数据质量等数据管理知识域进行实践的总和，同时涉及组织、流程、人员和工具。

数据治理和数据管理是两个不同的概念,它们在范围、目标和方法上存在显著差异。

1. 范围

- 数据治理通常涉及顶层设计和全局规划,包括战略规划、目标和策略制定、监督和评估等,关注的是数据组织的整体目标、价值观和长远发展。
- 数据管理聚焦在具体的、局部的实操层面,关注的是实现数据治理目标的具体工作任务和流程,如资源分配、任务分工、团队协作等。

2. 目标

- 数据治理的目标是通过建立有效的决策机制和保障体系,确保组织的合规性、透明度、责任和效能。数据治理注重数据组织的稳定和发展,以及满足各利益相关方的期望。
- 数据管理的目标是实现具体的业务目标,如提供产品工具和技术服务,实现降本增效等。数据管理注重任务的执行和结果的实现。

3. 方法

- 数据治理通常需要制定规范、制度和政策,建立决策机构和监督机制,以及进行沟通和协调等。数据治理注重权利、责任和合作的平衡。
- 数据管理则涉及具体的操作和实施,包括计划、组织、指导、执行和评估等。数据管理注重资源的调配、任务的分工和执行。

综上所述,数据管理聚焦于"如何恰当地处理数据",而数据治理则关注"由谁负责处理数据及如何规范地处理数据"。数据治理通过构建治理架构与治理体系,监督数据管理的关键环节,评价其成效与成果;数据管理则遵循数据治理组织设定的方向,进行计划、设计、运行与监控活动,确保数据治理理念贯穿于整个数据管理过程。两者相辅相成,数据治理为数据管理提供了指导原则与框架,数据管理则作为落实数据治理目标不可或缺的途径。

5.1.2 解析数据治理的核心问题

在数字化转型日益加速的商业环境中,企业数据治理的重要性不言而喻。然而,实践中数据治理的推进往往遭遇多重挑战,导致预期效益难以充分实现。接下来,我们将围绕以下三个核心问题展开探讨。

1. 平台同质化:顶层设计与实施路径的割裂

多数企业对数据治理的顶层设计过于理想化,在开展数据治理时,倾向于借鉴同类型企业的成功模式与经验,却忽视了企业所处发展阶段、组织架构、数据基础设施等方面的差异,这种"拿来主义"往往导致企业在数据治理体系的构建上投入大量资源却收效甚微。

同时,企业在选择数据治理工具时,通常基于同行业经验或者单一的产品功能来进行衡量和比较,而忽略了业务适用性、流程适用性、管理适用性等。这种情况导致了业内方法和产品功能的"同质化"问题突出,形成了普遍倾向于选择功能全面、价格低廉、开源的产品和工具的认知。这种做法缺乏对"是否能满足企业数据治理目标"的全面思考,从而可能导致顶层设计与实施路径的割裂。

造成上述问题的核心原因在于,企业中负责数据治理顶层设计的团队与执行数据治理平台建设的团队通常分属不同部门。以银行为例,数据治理的总体规划和顶层设计常由数据管理部门负责,而治理平台的建设则由科技部门承担。跨部门间的协调问题常导致顶层设计团队无法将数据治理要求和理念有效传递给平台建设团队,使得平台建设团队在选择工具平台时难以完全按照顶层设计团队的标准和要求行事。这种情况造成了企业数据治理中"设计归设计、执行归执行"的分离模式。

这种割裂的数据治理和协同方式,导致企业关于数据治理工作的理念不统一,降低了执行效率。同时,缺乏有效的协调和沟通机制,将导致数据治理工作的重复建设、资源浪费,以及数据治理标准的不一致。这些问题增加了企业数据治理的复杂性和难度,使得数据治理难以达到预期的效果。

为了解决这一问题,企业需要构建一个统一的数据治理框架。这涉及顶层设计、平台建设与实施路径的紧密整合,以确保数据治理工作的一致性和有效性。同时,企业还需建立必要的协调和沟通机制,保证数据治理的各个环节能有效协同工作,从而形成一个全面协同、主动参与、高效闭环的数据治理体系。

2. 数据治理运动化:治理与管理的脱节

在企业的数据治理实践中,顶层设计与实施路径之间存在严重脱节,这意味着数据治理的日常运作与高层管理决策未能实现有效对接。这种脱节导致企业在数据治理工作中忽视了执行细节,甚至不遵循既定制度,从而缺乏统一的管理制度。各组织或部门按照各自的理解各行其是,造成治理行动不一致。下面分析这种治理与管理脱节造成的主要影响，并探讨企业该如何有效解决这一问题。

（1）造成的主要影响。

当企业的数据治理工作与管理制度脱节时，可能引发一系列问题，特别是在策略统一性和执行一致性方面。

这些问题通常表现为企业所制定的数据治理标准和制度未能在日常工作中得到有效执行，或日常工作中遇到的问题未能被及时反馈到管理层，从而导致管理体系难以落地。在严重的情况下，管理制度与日常治理不同步还可能会导致对数据治理中出现的问题和机遇反应迟钝，影响业务数据的应用效率和准确性。具体问题如下：

- 治理标准不一：不同的组织或部门可能会根据自己的理解制定和执行各自的数据处理标准和数据保护标准，这可能导致数据的不一致性和质量问题。

- 数据治理孤岛：各部门或团队可能会根据自己的标准独立进行数据治理，导致数据治理碎片化，形成数据治理孤岛，阻碍数据的融合和统一。

- 治理效率低下：由于缺乏统一的处理流程，数据的处理和分析在跨组织或跨部门时可能会出现大量重复操作，这不仅降低了工作效率，还增加了成本。

（2）有效的解决方法。

有效地衔接数据治理工作与数据管理制度是确保企业数据治理高效实施的关键。通过加强日常治理工作与管理制度之间的连接，企业能够更有效地执行数据治理管理制度，从而提高数据治理的有效性和效率。具体措施如下：

- 建立沟通机制：建立强有力的内部沟通机制，以确保数据治理团队能及时与决策层沟通，建立一个共享数据治理见解的工作模式。

- 成立数据治理委员会：成立数据治理委员会或类似的跨部门团队，以确保各个层级之间的密切合作和信息共享。

- 治理技术投入：利用合适的技术工具和平台来打通数据流与管理流，例如将数据治理工具与流程管理工具深度集成，促进数据治理工作与管理制度的协同，并支持数据治理工作的流程化和自动化。

- 定期审查和反馈：设立定期审查和反馈机制，用以监控和评估企业数据治理管理制度的落实情况及实施效果，同时根据实际情况调整管理策略。

总而言之，紧密结合企业的数据治理工作与管理制度对于构建一个有序、可信、高效的数据治理环境至关重要，这不仅能支持企业实现数据治理目标，也能确保最终成功。

3．资源型数据供应：治理成果与应用效果"两张皮"

许多企业对数据治理体系的理解较为片面，认为只需要在数据仓库内有效实施基于数据标准、数据质量、数据安全的管控和稽核，便算完成了数据治理体系的建设。这种理解忽视了数据治理的根本目标和宗旨，并未将数据应用纳入治理体系。一个典型的表现是，虽然在数据仓库内实现了数据质量监控，但一旦数据流转到应用侧，质量体系就无法持续贯彻，或者数据仓库内的数据质量监控将不符合业务需求。这导致治理工作的断链，使数据治理效果与实际应用效果不一致。最终，应用侧可能独立建立一套满足业务需求的治理体系，造成资源重复和效率低下。这种现象的主要原因包括：

- 数据治理成果与应用效果未能有效对接。例如，尽管数据质量得到了提升，但如果业务流程或应用模式未得到相应改进，那么提升后的数据质量也无法被有效利用。

- 数据治理未满足业务需求。例如，数据一致性虽然有所提高，但如果业务更需要的是数据的完整性而不仅是一致性，那么在数据丢失的情况下，仅提高一致性就不能保证数据的完整性，从而导致全链路的一致性成果变得无效。

- 数据治理与业务应用沟通不畅。业务部门可能不了解数据治理的成果，或数据治理团队未能准确理解业务需求，导致数据治理成果无法在实际应用中得到充分体现。

- 数据治理未覆盖全部业务应用。数据治理工作可能只关注了部分业务应用的数据需求，而忽视了全局视角，导致其他应用的数据治理需求未能得到充分满足。

因此，企业应构建覆盖数据全链路的数据治理体系，确保数据在其整个生命周期，即从生产、收集、存储、处理，到服务及最终消费的各个环节里，都能得到有效的治理与管理，以切实避免数据治理成果与应用效果"两张皮"。

5.1.3 制定数据治理的目标

制定与企业业务发展相适应的数据战略并明确数据治理的目标至关重要。这要求企业的高层领导，如 CXO，对数据治理的设计与布局进行深思熟虑。完善数据治理的全局架构和顶层设计，调整并优化数据治理组织和制度，培养并善用优秀的大数据治理人才，构建一个标准统一、质量可靠、服务便捷、安全合规的全域数据资产体系，这些都是企业数据治理的核心战略目标。基于上述目标，具体的数据治理策略如下：

1．构建数据资产分析体系

盘点企业数据资产，编制数据资产类目，形成企业数据资产版图，解决数据资产黑盒及价值评估难的问题。

2．构建数据资产治理体系

建立一个涵盖现状分析、问题诊断、治理优化、效果反馈的数据资产治理闭环，解决数据资产治理的成本和效率问题。

3．构建数据资产监管体系

实现从数据采集、数据加工、数据服务到用户消费的全链路数据监管，解决数据资产管理的追踪和溯源问题。

4．构建数据资产运营体系

提供便捷的数据服务，助力催生业务价值并赋能业务创新，解决数据资产消费体验和应用效能问题。

数据治理的最终目标是打造一个"快、准、全、统、通"的一站式全域大数据治理平台，为用户提供多维度的数据资产分析体系，自动化、智能化的数据资产治理体系，全链路的数据资产监管体系，以及全方位的数据资产运营体系，从而助力企业实现数据资产的最大化。

5.1.4 构建数据治理的框架

数据治理框架为企业开展数据治理工作，提供了涵盖方法论、解决方案、平台工具、运营机制在内的完整框架，助力企业规划数据治理的顶层设计与全局架构，如图 5.1-1 所示。

图 5.1-1 数据治理框架

```
                    战略目标
   构建标准数据统一、质量可靠、服务便捷、安全合规的全域数据资产体系
   打造"快、准、全、统、通"的全域大数据治理平台，赋能业务创造价值

┌─────────────────────────────────┐  ┌─────────────────────────────────┐
│ 数据治理   资产分析  资产治理  资产运营 │  │ 健康度标准  数据健康度  治理对象  数据治理 │
│ 方法论     数据资产盘点 治理引擎 数据服务能力│  │ 标准定义管理 资源、质量、 组织、个人  解决方案 │
│           数据价值评估 治理闭环 数据服务模式│  │ 标准执行稽查 安全、模型  自定义数据集      │
│                                 │治理│                                 │
│ 数据治理   治理闭环引擎   治理能力开放  │框架│ 标准更新→健康度普查→设定目标   数据治理 │
│ 平台工具   现状分析→问题诊断 标准制定  │    │                             运营机制 │
│           治理优化←效果反馈 治理实施   │    │ 实施运营←配套工具←制定策略         │
│                          运营执行     │    │                                 │
└─────────────────────────────────┘  └─────────────────────────────────┘

┌──────────┐ ┌──────────┐ ┌──────────┐ ┌──────────┐
│   组织    │ │   人才    │ │   制度    │ │   文化    │
│成立专门的 设定│明确 进行  │采、建、管、用 数据治理│基础文化 奖惩机制 品牌活动│
│数据治理组织 组织角色及职责│岗位职责及能力 人才培训及认证│各流程和规范 长效机制│建设 设立 宣导│
└──────────┘ └──────────┘ └──────────┘ └──────────┘
```

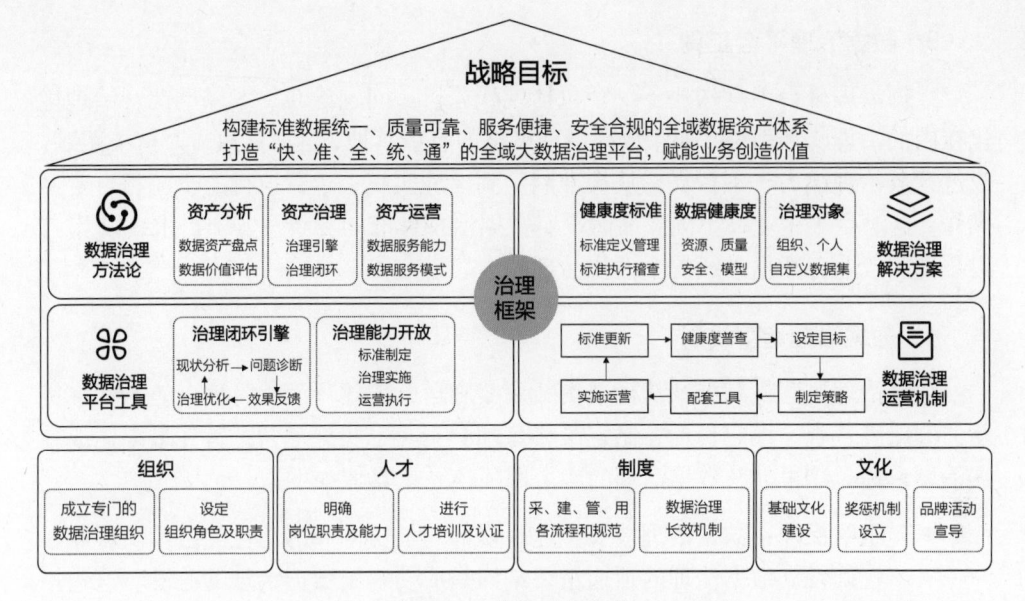

图 5.1-1　数据治理框架

- 数据治理方法论，作为数据治理工作的方向性指导。
- 数据治理解决方案，提供方法论下的落地方案及实施路径。
- 数据治理平台工具，旨在提供高效的数据治理手段，通过平台工具实现主动式、规模化的数据治理，为持续且系统的数据治理实践奠定基础。
- 数据治理运营机制，构建长效数据治理的运营体系，确保数据治理工作的常态化运行与持续优化。

接下来，我们将围绕这四大核心要素逐一解读。

1. 数据治理方法论

数据治理方法论是集资产分析、资产治理、资产运营为一体的全链路数据治理体系，为洞察企业数据资产全貌和推动数据资产的健康发展提供了重要保障。

2. 数据治理解决方案

数据治理解决方案以数据"健康度标准"为核心，实现跨多领域的闭环治理。首先，制定关于数据质量和安全的健康度标准，做到有法可依；然后，将这些标准量化，考虑影响数据健康度的各种因素，并通过模型和算法将其转化为具体领域的数据资产健康分数；最后，明确治理对象，对组织、个人和自定义数据集采取自动化管理措施。

3．数据治理平台工具

数据治理平台工具构建了一个包括现状分析、问题诊断、效果反馈、治理优化在内的治理闭环引擎，确保数据治理策略的有效落地、自动化执行及持续跟踪。通过开放治理能力，平台支持从标准制定到治理实施、运营执行的全流程自定义操作，这满足了企业在不同发展阶段对数据治理标准的更新及实施需求，以及IT数据部门或业务数据条线的个性化治理需求。

4．数据治理运营机制

数据治理运营机制涉及从标准更新到实施运营的闭环流程管理，包括标准更新、健康度普查、设定目标、制定策略、配套工具、实施运营，旨在最终达成数据治理目标。这里涉及数据治理的四个保障体系，具体如下：

- 组织保障：数据治理涉及企业内多部门的协同和多角色的协作。因此，正确设立数据治理的顶层组织结构是成功实施数据治理的关键。这包括成立专门的数据治理组织，并设定组织角色及职责，以确保数据治理工作得到有效的组织支持和协调。

- 人才保障：具备数据治理相关知识和技能的专业人才对于数据治理至关重要，比如数据质量专家、数据管理专家和数据安全专家等。应明确他们的岗位职责及能力，并对其进行人才培训及认证。

- 制度保障：建立适当的数据治理长效机制，包括数据治理流程、数据治理规范和数据治理工具。通过制定明确的覆盖数据"采、建、管、用"全链路的流程和规范，确保数据的质量、安全性和合规性，并为数据的有效治理提供必要的指导和支持。

- 文化保障：进行基础文化建设，培养一种注重数据质量和数据价值的文化氛围，强调数据治理的重要性，并提倡数据驱动的决策和行动。组织内部应设立奖惩机制并进行品牌活动宣导，鼓励所有员工积极参与数据治理工作，从而持续提升数据治理的效果。

5.2　数据标准管理

数据标准（Data Standards）用于描述企业层面需要共同遵守的数据含义和业务规则，明确了企业内部对数据的共同理解。一旦这些理解被确立，其就应作为企业层面的标准被共同遵守。明确数据标准的目的在于确保组织内外使用和交换的数据是一致且准确的。

数据标准的定义必须符合公司的业务需求和管理需求，定义过程中需要参考国际标准、国家标准、监管标准、行业标准、行内标准等内部及外部监管标准。

数据标准，是指在特定领域或行业中，为提高数据一致性而制定的规范和准则。数据标准规定了数据的格式、定义、命名规则，以及数据之间的关系和约束。通过统一的数据标准，可以确保数据的可靠性、可比性和可重复性，进而提高数据的管理效率和决策质量。数据标准通常由行业组织、标准化机构或其他利益相关方制定，并能得到广泛的应用和遵守。

在本节接下来的内容中，我们将揭示数据标准管理中的核心问题，并介绍阿里巴巴集团在数据管理过程中对数据标准的探索与实践，包括一套行之有效的数据标准解决方案，以及与之匹配的数据标准治理工具与平台，从而为大家提供可靠的数据管理和治理方法。

5.2.1 数据标准的核心问题

企业在进行数据标准管理时，常常面临一些核心问题，主要包括以下几个：

1．标准缺失

在某些行业或领域内，可能缺乏统一的数据标准，导致数据的格式、定义和命名规则存在差异，进而影响数据的可靠性和可比性。要想解决这一问题，需要行业组织和企业内部的积极参与和协调，推动数据标准的制定和推广。

2．标准更新滞后

随着业务需求和技术发展的变化，数据标准需要及时更新，以适应新的业务场景和技术要求。如果数据标准没有及时更新，则可能导致数据管理滞后，无法满足当前的需求，进而影响企业的业务发展和决策效果。解决这一问题需要建立灵活的数据标准管理机制，定期对数据标准进行评估和更新。

3．标准缺乏执行力

有时企业会制定完善的数据标准，但在实际操作中却没有严格执行，导致数据管理混乱和不规范。为了解决这一问题，需要加强对数据标准执行的监督和管理，建立相应的激励机制和培训体系，提高员工对数据标准的认知。

面对数据标准管理的问题,需要有一系列体系化的机制和流程作为组织保障。此外,特别值得强调的是,如果企业在数据标准的制定、更新和执行过程中仅依赖机制和流程,而没有相应的工具和平台作为保障,那么这种管理往往会沦为运动式的操作,无法形成可持续的工作闭环。因此,还需要通过工具和平台来落实数据标准的制定、更新和执行过程中的全链路保障。

从企业数据资产的核心角色——数据建设者、数据管理者、数据消费者的视角来看,数据标准管理面临着以下主要问题:

(1)从数据构建者的视角出发。

在建设进程中,面对多元异质数据的整合,往往缺乏统一的规范约束,导致数据开发效率低下;数仓开发人员在短时间内难以准确把握数据所蕴含的实际业务含义,使得沟通成本显著提升;针对同一数据口径,不同开发者之间的理解存在差异,易于引发认知偏差。

(2)从数据管理者的视角出发。

各系统独立运作,依赖人工保障规范,各类主题领域交由不同责任人开发与维护,由此造成规范不一,致使数据可信度大打折扣;开发活动与规范定义二者割裂,难以确保数据开发切实遵循规范定义,从而阻碍了数据质量的有效提升。

(3)从数据消费者的视角出发。

元数据信息及其应用指导匮乏,资产化程度欠佳;不仅需要直观展示数据详情,还需要开放元数据以供查询,以便数据使用者能迅速定位所需数据;若缺乏对数据定义及使用方式的必要阐释,则可能导致数据被误用,甚至被滥用。

5.2.2 "三流合一"的数据标准解决方案

本节将介绍基于数据流、工作流、业务流的"三流合一"的数据标准解决方案。

1. 解决方案定义与价值

打造全域一致、可共享与流通的数据流;在数据建设和管理过程中将数据标准治理工作融入流程,形成可管理、可迭代的工作流;建立可信度高、沟通语境统一的业务流,有效推动企业数据的运营。

数据标准解决方案在企业和行业中具有重要意义。接下来,我们将从数据流、工作流和业务流三个角度,探讨数据标准解决方案所面临的关键挑战及需要解决的问题。

（1）数据流。

- 提高数据一致性。通过统一的数据格式、定义和命名规则，不同系统和应用之间的数据可以更容易地交互及整合，减少数据不一致的问题，提高数据的可信度。这不仅降低了沟通成本，还减少了因不同开发者对同一数据理解不一致而导致的偏差。

- 促进数据共享与流通。统一的数据标准为企业内部和外部的数据交换提供了基础和保障，实现了数据的共享和流通，提升了数据的价值和使用效率。

（2）工作流。

- 提升数据资产的有效管理。通过制定和执行数据标准工作流，企业可以建立健全的数据管理体系，提升数据的安全性、完整性和合规性，提升企业数据管理和治理水平。然而，如果各系统分散管理，通过人工来保障规范，且不同主题领域由不同负责人进行开发和维护，那么这将导致规范的不一致和数据可信度的降低。此外，开发与规范定义隔离，难以确保数据开发符合既定规范，数据质量将难以提升。

- 建立与完善标准体系。在某些行业或领域内，可能缺乏统一的数据标准，这将导致数据格式、定义和命名规则存在差异，进而影响数据的可靠性和可比性。为了解决这一问题，行业组织和企业应积极参与，协调制定并推广统一的数据标准。

- 及时迭代和更新标准体系。随着业务需求的变化和技术的发展，数据标准需要及时更新，以适应新的业务场景和技术要求。如果数据标准没有及时更新，则可能导致数据管理滞后和不适应，进而影响企业的业务发展和决策效果。解决这一问题需要建立灵活的数据标准管理机制，定期评估和更新数据标准。

- 企业可能会制定完善的数据标准，但在实际操作中没有严格执行，导致数据管理混乱且不规范。为了解决这一问题，需要加强对数据标准执行的监督与管理，建立相应的激励机制和培训体系，以提高员工对数据标准的认识和遵守程度。

（3）业务流。

- 更好地支持数据分析与决策。统一的数据标准可以提供一致的数据基础，为数据分析、挖掘和应用提供方便且准确的数据来源，从而促进决策的科学性和精准性。

- 数据定义明确，避免数据被误用、滥用。缺少元数据的信息及使用说明，可能导致数据资产化程度不够。因此，不仅需要展示数据详情，还需要开放元数据信息，帮助数据使用方快速找到所需数据。若缺乏必要的数据定义及使用说明，则可能导致数据被误用或滥用。

- 通过统一业务词汇来提高沟通效率。统一业务词汇可以消除语义上的歧义，减少误解和错误传达，提高内部员工之间，以及内部员工与外部合作伙伴之间的沟通效率。

- 具有可信标准的数据能提升数据的透明度，增强用户对数据的信任，从而提高用户对数据服务的满意度。

2．解决方案思路与方法

随着数字化转型的深入与数据价值的日益凸显，数据标准治理已成为企业实现数据资产有效管理和价值释放的关键环节。下面，我们将围绕数据标准的定义、认责、评审、发布与执行、变更与复审，以及流程一体化这六个方面，给出系统化的解决方案思路与方法，为企业构建科学、严谨、高效的数据标准管理体系提供实践指导。

（1）数据标准的定义。

数据标准的制定是确保数据一致性的重要环节，因此，需要明确数据标准的定义。数据标准应涵盖数据格式、定义、命名规则，以及数据元素关系等内容。明确数据标准的定义有助于统一理解。如图 5.2-1 所示，数据标准的定义包括业务属性、技术属性和管理属性，以确保业务定义和理解的一致性、数据格式和内容的一致性，以及管理责任的清晰性与版本变更的可追溯性。

第 5 章 资产化：数据治理与管理

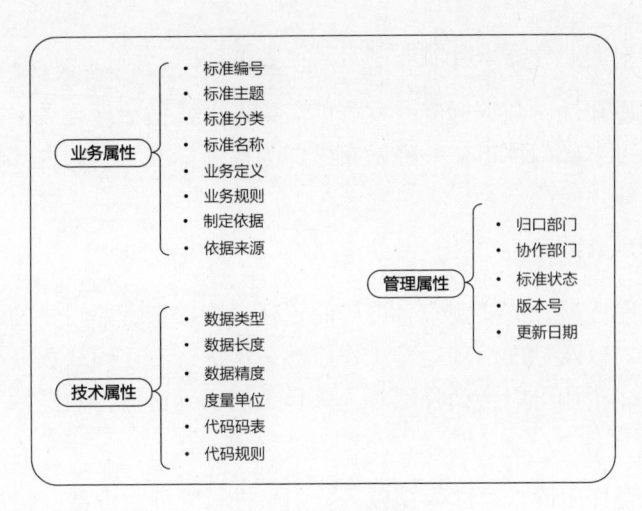

```
业务属性
  • 标准编号
  • 标准主题
  • 标准分类
  • 标准名称
  • 业务定义
  • 业务规则
  • 制定依据
  • 依据来源

管理属性
  • 归口部门
  • 协作部门
  • 标准状态
  • 版本号
  • 更新日期

技术属性
  • 数据类型
  • 数据长度
  • 数据精度
  • 度量单位
  • 代码表
  • 代码规则
```

图 5.2-1　数据标准

在定义数据标准项时，可以遵循以下基本原则：

- 共享性：数据标准的定义对象是具有共享和交换需求的数据。同时，作为整个企业共同遵循的准则，数据标准并不服务于特定部门，因此，其定义应具有跨部门的共享特性。

- 唯一性：数据标准的命名、定义等应具有唯一性和排他性，不允许同一层次下的标准内容出现二义性。

- 稳定性：要保证数据标准的权威性，不应频繁对其进行修订，应在特定范围和时间内保持其稳定性。

- 可扩展性：数据标准不是一成不变的，随着业务环境的发展和变化，数据标准的定义可能需要调整。因此，数据标准应具有可扩展性，可通过模板形式定义初始数据标准。模板由不同模块组成，其中部分模块的变化不会影响其他模块，方便对模板进行维护与更新。

- 前瞻性：数据标准的定义应积极借鉴相关国际标准、国家标准、行业标准和规范，并充分参考同行业的先进实践经验，以确保能够反映企业业务的发展方向。

- 可行性：数据标准应基于企业的现状来定义，充分考虑业务改造和技术实施的风险，并能够指导企业在业务、技术、操作、流程、应用等各个层面的数据标准落地工作。

- 逐步扩展性：根据实际情况，先制定并使用交互频繁的核心数据标准，然后根据业务需求分阶段制定其他数据标准。

- 共同遵守性：数据标准在发布前需要经由数据治理委员会征求各方意见并通过多部门评审，一经发布，即为权威标准，企业内部各部门必须共同遵守。

（2）数据标准的认责。

标准制定完成后，需要明确各部门的责任，管理主责部门要确保标准准确、能够迭代更新，以及标准治理运营工作能够正常进行。在确认数据标准的管理主责部门时，许多企业可能会面临困难，一旦无法明确责任，数据标准的执行便会受阻。

为了确保责任明确，可以遵循以下原则来进行管理主责部门的责任分配：

- 如果数据标准仅涉及单一业务管理领域，则该业务管理领域的归属部门为数据标准的归口管理部门。

- 如果数据标准涉及多个业务管理领域，即数据标准项涉及多个归属部门，且在各部门中的含义和业务逻辑一致，则可根据业务管理领域的职责、业务相关性及重要性等因素综合考虑，以确定数据标准的归口管理部门。

- 如果数据标准涉及多个业务管理领域，且数据标准项在各部门中的含义和业务逻辑不一致，则需要将其拆分为多个数据标准项，并由各归属部门分别负责。

- 如果无法通过判定原则确定数据标准的归口管理部门，则需要由各相关部门通过协商共同确定归口管理部门。

- 对于无法找到归口管理部门的数据标准项，则应将其剔除出数据标准体系。

（3）数据标准的评审。

在制定数据标准之前，需要进行评审和讨论。在评审过程中，应邀请相关业务部门、数据管理团队和利益相关方参与，以确保数据标准的全面性和适用性。在这个过程中，应该对数据标准进行充分讨论、修改和确认，并在相关人员内部达成共识。

数据标准评审可以考虑以下几个方面：

- 数据标准是否满足业务需求。包括数据分类、信息项等内容，其必须能够满足利益相关方的实际需求。

- 数据标准是否具有业务前瞻性。数据分类和信息项的设计应考虑未来企业业务发展可能产生的需求。

- 数据标准是否明确无歧义。信息项的定义必须能够反映企业的实际业务情况,并且在企业内部有一致的理解。

- 数据标准是否具有权威性。信息项的定义必须充分参考各类外部标准,并明确标注所遵循的外部标准的来源及内容。

- 数据标准是否具有可落地性。在定义信息项时,必须考虑技术层面的实现难度,确保其在各相关系统中可以落地实施。

(4)数据标准的发布与执行。

数据标准的发布是确保其实时性与实用性的关键环节。在发布的过程中,需要选择合适的发布渠道和方式,诸如内部网站公示、电子邮件通知、召开专题培训会议等。发布时要明确数据标准的具体内容、版本号及适用范围,并提供详细的说明和解释。此外,要建立反馈机制,接收用户就数据标准提出的反馈意见与改进建议,迅速做出响应。

数据标准的执行是数据管理的关键环节。在执行的过程中,需要建立相应的管理机制和操作流程。首先,根据数据标准制定时明确的责任人和执行团队,建立相应的执行计划。该计划应明确标准的执行要求、时间表和具体的操作步骤。其次,需要进行培训和沟通,通过培训提高员工对数据标准的认知和理解,并明确标准的重要性和执行的具体要求。与此同时,应强化跨部门与跨团队的信息交流,共享数据标准,及时答疑解惑。最后,要建立相应的监控和评估机制,定期检查标准的执行情况,若有偏差,应及时进行纠正和改进。

数据标准的执行包括以下内容:

- 对于自主开发类系统的数据,应查询已发布的数据标准的详细情况,并建立该系统的数据项与数据标准(包括公共代码)之间的映射关系,以此进行数据模型设计。同时,需要负责因标准落地引起的历史数据处理等其他工作。

- 对于外购的成熟系统(包括合作开发类、委托开发类系统),在采购前应将对数据标准的采纳程度纳入招标采购的评估标准,作为评标的依据。

- 针对存量系统,应结合标准要求的急切度和业务需求等,选择合适的时机执行数据标准的落地工作。

同时，需要对数据标准的执行情况进行检查，并将检查结果及问题清单发送给相关方。相关方在收到清单后，应制定相应的解决方案和整改计划，并提交复核。

（5）数据标准的变更与复审。

数据标准的变更是为了适应业务需求和技术发展的变化。在进行数据标准变更时，需要建立相应的变更管理流程。首先，明确变更的原因和目的。变更可能基于内部需求、外部要求、业务变化和技术演进等因素。其次，对数据标准变更进行评估和分析。在评估的过程中，需要考虑变更对现有业务流程、数据治理和系统集成等方面的影响。同时，要与相关部门和团队进行协调和沟通，确保变更的顺利实施。最后，进行变更的复审和监控。在复审的过程中，应回顾变更的实施效果，纠正和改进存在的问题，并及时更新和发布新的标准。

数据标准的复审是指，根据业务发展和系统建设情况对数据标准的适用性进行周期性评审，例如将复审周期设定为三年。定期组织数据标准复审工作，征求相关部门的意见，评估数据标准的适用性，确定数据标准应继续生效，还是修订或废止。

在审议数据标准的变更项时，应关注：

- 更新后的数据标准内容是否完整。
- 更新或停用数据标准的理由是否充分。
- 影响性分析，包括变更对现有数据标准、源系统和业务应用的影响。

变更评审通过后的数据标准将成为新的数据标准，并在全企业范围内发布。

（6）数据标准的流程一体化。

流程一体化是确保数据标准治理与企业业务流程紧密结合的关键。首先，需要与相关业务部门和团队紧密合作，了解其业务流程和数据需求。通过与业务部门的沟通与协调，制定适用于各业务流程的数据标准。其次，要将数据标准治理融入业务流程。在业务流程中嵌入数据标准的执行和监控环节，以确保标准的有效执行和数据质量的持续改进。同时，应确保数据标准治理与数据管理流程的协调一致。通过与数据管理流程的对接，确保数据标准的制定、更新、执行等环节能够顺利进行。

数据标准的流程一体化如图 5.2-2 所示。

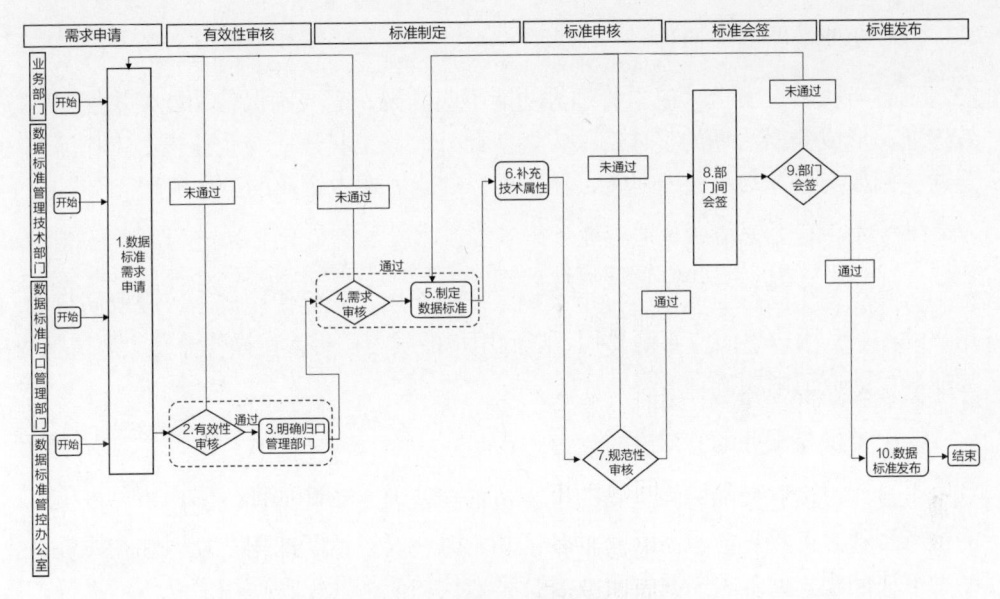

图 5.2-2　数据标准的流程一体化

5.2.3　数据标准的治理工具与平台

工欲善其事，必先利其器。面对数据标准管理之挑战，需要一系列体系化的机制与流程作为组织保障。除此之外，需要特别强调的是，如果企业在数据标准的制定、更新、执行各阶段设置机制与流程，却无相应工具与平台作为支撑，那么这些机制与流程往往会沦为"形式主义"，企业将难以构建持久且良性的工作循环。

因此，还需要借助工具与平台来确保数据标准制定、更新、执行等全链路流程的顺利进行。本节将主要围绕数据标准治理工具的评价标准及功能流程来进行详细介绍。

1. 评价标准

数据标准治理工具的评价标准应涵盖多个方面，以确保其能够满足特定组织的需求。这些方面包括功能模块的完整性、功能链路的连通性、用户体验的满意度、支持与服务的有效性、数据标准与策略的契合度，以及其他非功能性需求。

（1）功能模块的完整性。

工具需要涵盖多个方面的功能，如标准码表创建、公共属性定义、标准模板创建、标准集管理、标准定义、标准评审与发布、标准规则建立、基于规则生成对标映射关系，以及基于标准生成质量规则与监控落标结果等。

（2）功能链路的连通性。

工具与质量、安全、成本管理等功能不应割裂，需要确保各功能模块能够有效连通，形成数据治理的整体解决方案。此外，该工具还应与企业核心工作流相连通，例如与企业 OA 系统对接，使数据标准能力融入企业的工作流程。

（3）用户体验的满意度。

工具应基于同行业的数据标准案例来发挥作用，降低使用成本，吸取同行业用户的经验。用户界面应直观易用，降低用户的学习门槛。在操作流程上要流畅，导航和反馈应清晰明确。

（4）支持与服务的有效性。

工具应提供有效的客户支持服务，包括完善的文档和培训，为用户提供详尽的参考资料。工具还应具备对应的社区和资源，通过活跃的用户社区和在线资源帮助解决问题。此外，工具需要具备持续迭代的能力，以便使用最新技术进行产品升级，例如支持当前的大模型技术。

（5）数据标准与策略的契合度。

工具应支持组织的数据标准策略和业务目标，并具备适应未来需求和技术发展的能力。重点关注数据价值导向，确保工具在数据消费、数据运营和服务的过程中与企业的数据标准治理实践相契合。

（6）其他非功能性需求。

工具的性能应满足需求，具备高效处理大批量数据的能力，并能随着数据量的增长而扩展。此外，工具应具备安全保障，确保敏感数据安全，避免信息泄露，遵循行业标准和法律法规。在审计跟踪方面，工具应记录数据访问和操作的详细日志。

2．功能流程

数据标准治理工具是支持数据标准管理和操作的关键。首先，需要选择合适的工具。这些工具可以帮助数据管理团队制定、评审和发布数据标准，并跟踪记录数据标准的执行情况，同时支持数据标准的变更和复审。

例如，阿里云智能集团旗下的瓴羊 Dataphin（智能数据建设与治理）产品在数据标准治理方面，提供了从制标、落标到核标的全链路工具。该工具还能与质量、安全等其他治理项相连接，实现数据标准的落地与执行。同时，Dataphin 通过开放 API 的方式实现与客户自有 OA 流程的对接，确保流程链路的通畅，保障

第 5 章 资产化：数据治理与管理

组织和流程机制的有效执行。此外，Dataphin 沉淀了一批金融、零售等行业的标准模板，方便企业开箱即用，可实现数据标准治理的快速部署。

数据标准治理工具功能流程图展示了工具如何围绕流程完成整体的数据标准治理工作，如图 5.2-3 所示。

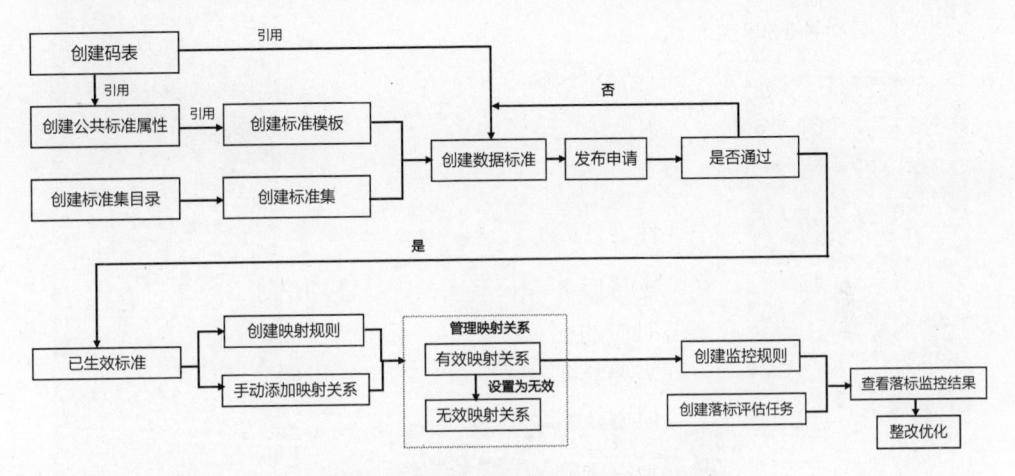

图 5.2-3 数据标准治理工具功能流程图

下面将围绕各项核心流程依次展开论述。

（1）创建码表：码表又称 lookup 表或数据字典表，一般由中英文名称和编码组成，用于存储枚举数据名称与编码的映射关系，限制数据标准属性值的取值范围，如图 5.2-4 所示。

图 5.2-4 码表

（2）创建公共标准属性：公共标准属性可以在创建标准模板时直接引用，实现一次创建、多次复用。在多个标准模板中重复使用并且创建相同的属性，可以将其设置为公共标准属性，编辑界面如图 5.2-5 所示。

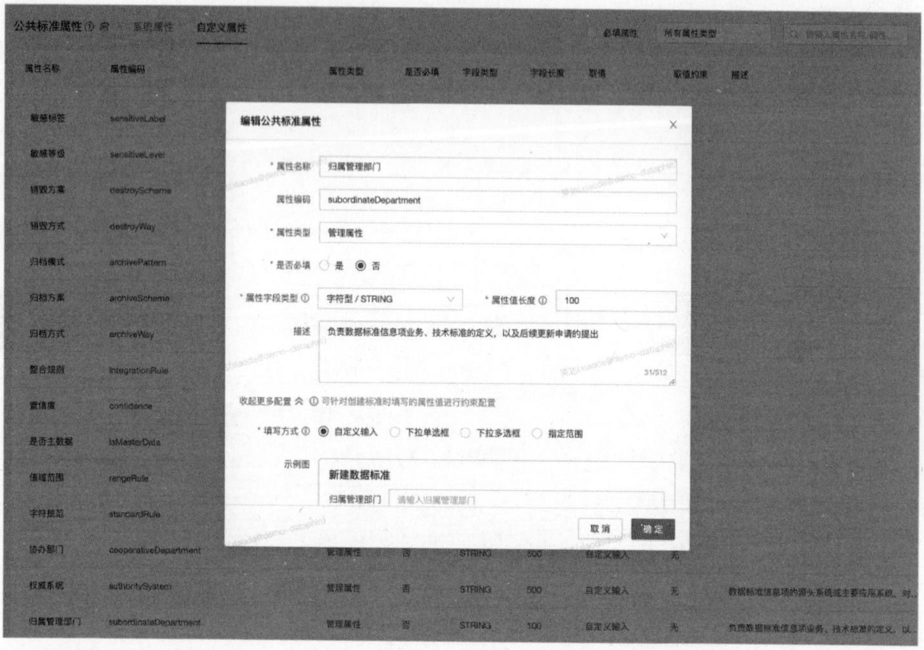

图 5.2-5　创建公共标准属性

（3）创建标准模板：标准模板用于定义创建数据标准时需要填写的属性信息，以规范化定义数据标准，如图 5.2-6 所示。

图 5.2-6　创建标准模板

（4）创建标准集目录：从业务或组织架构的视角出发，标准集目录用于对标准集和标准进行分类和分层管理，如图 5.2-7 所示。

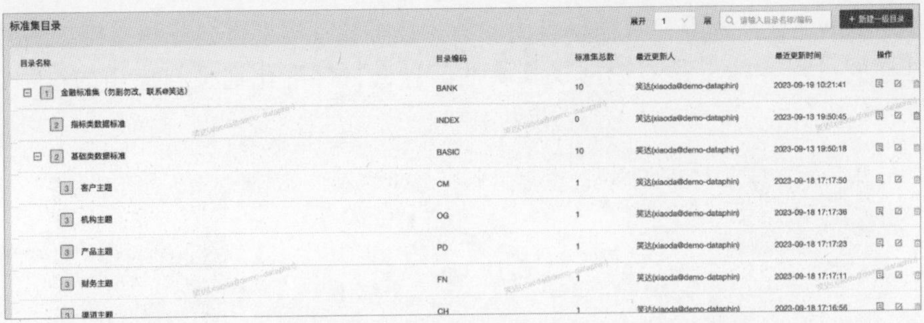

第 5 章　资产化：数据治理与管理

图 5.2-7　创建标准集目录

（5）创建标准集：标准集是对业务含义相似或一致的一组标准进行规范的集合，类似于一种特殊的标准集目录。它不仅用于分类，还用于管理标准的查看权限和审批流程的定义，重点关注管理信息的定义。在实际应用中，建议每张表对应一个标准集，或每个业务实体（如客户）对应一个标准集，并且每个标准类型对应一个标准模板（如基础标准模板、指标标准模板），从而简化标准规范定义工作，同时满足灵活且多样化的管理需求，标准集的编辑界面如图 5.2-8 所示。

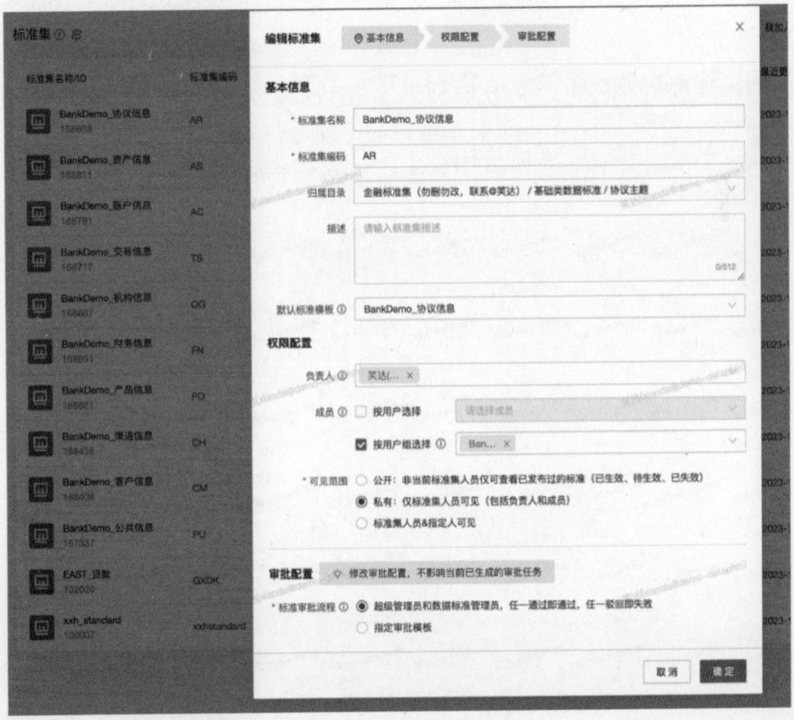

图 5.2-8　创建标准集

（6）创建数据标准：数据标准为业务、技术和管理提供服务和支持。数据标准管理的过程实际上是对数据及其属性信息进行标准化定义与应用的过程，如图 5.2-9 所示。

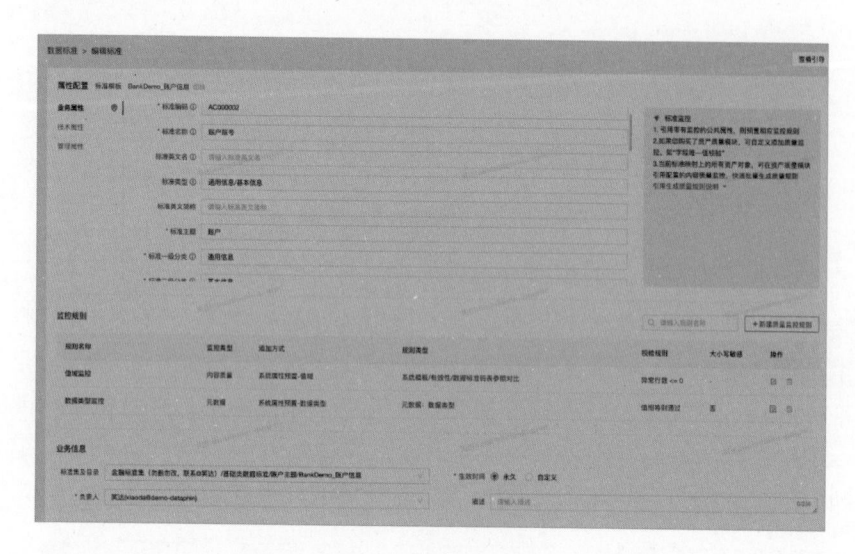

图 5.2-9　创建数据标准

（7）创建映射规则：应定义数据标准属性与资产对象元数据字段的匹配关系，以实现数据标准与资产对象的映射关联。落标映射是对资产对象进行标准化评估的前提条件，如图 5.2-10 所示。

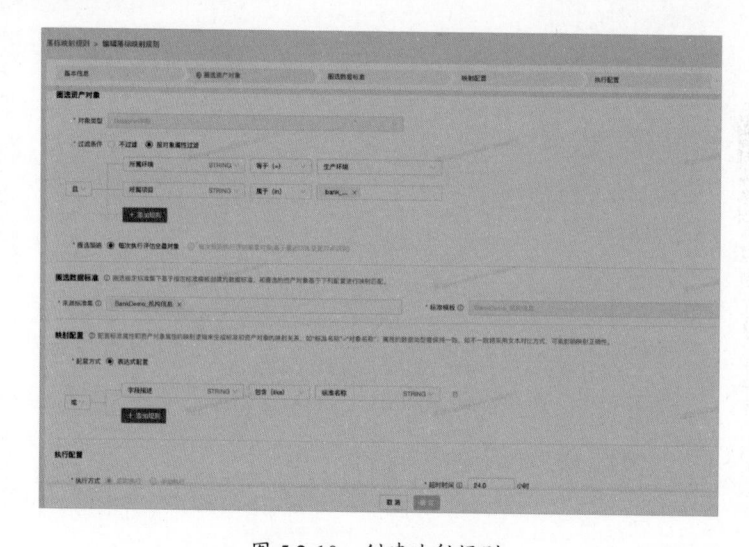

图 5.2-10　创建映射规则

第 5 章　资产化：数据治理与管理

（8）手动添加映射关系：可通过批量导入的方式来添加映射关系，如图 5.2-11 所示。

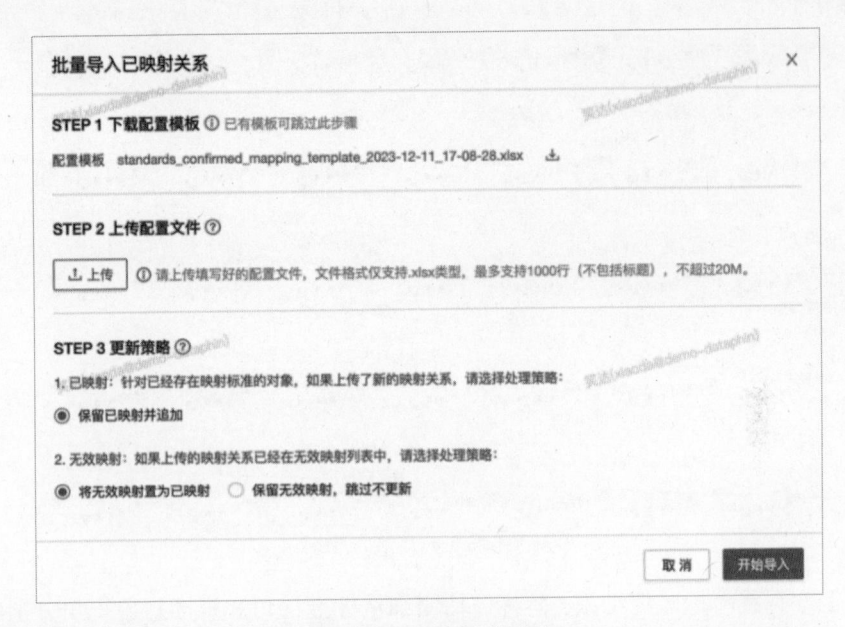

图 5.2-11　添加映射关系

（9）管理映射关系：已映射关系是基于配置的落标映射规则自动生成或手动添加的数据标准与资产对象之间的映射关系。它用于说明资产对象应该遵循某个数据标准，或数据标准被某个资产对象关联遵循，这是进行落标监控的前提条件。无效的映射关系在执行时将被过滤，不会基于该映射关系进行落标监控和评估，也不会生成落标评估明细，如图 5.2-12 所示。

图 5.2-12　管理映射关系

（10）创建监控规则：可以根据数据标准的定义和码值约束自动与数据质量模

块打通,创建监控规则,如图 5.2-13 所示。

图 5.2-13　创建监控规则

(11)查看落标监控结果:落标评估明细从标准视角和资产对象视角分别展示已映射关系对应的落标监控结果,用于查看标准落标是否通过,如图 5.2-14 所示。

图 5.2-14　查看落标监控结果

因此,在功能需求方面,数据标准治理工具应满足企业从建立标准、执行标准到监控标准落实结果的全流程需求。同时,它还应与企业的工作流程相连通,并与企业的数据消费业务紧密结合,确保数据流、工作流和业务流三流合一,从而帮助企业打造完善的数据标准体系,促进企业数据为业务创造更大的价值。

5.3 数据质量管理

数据质量对于企业具有全面影响。数据质量问题不仅可能导致企业经营分析和统计出现偏差，从而影响经营决策，还可能影响客户画像的构建，从而影响业务效果。更严重的是，数据质量问题还可能在不同组织之间造成信息分歧，影响协同工作的效率。

为了减少数据质量带来的负面影响，企业应高度重视数据质量，将获取高质量数据作为数据治理体系中的重点目标之一，并建立一个全面、可持续的数据管理框架和制度，确保数据质量的持续改进和管理。在数据的生产、传输、供应、消费等环节实施全链路数据质量保证，并持续对数据质量进行深度检测，做到及时发现数据质量问题、及时修复问题数据、及时归档问题成因。

接下来，我们将揭示数据质量管理的核心挑战、数据质量管理模式，以及数据质量的评估与优化机制。

5.3.1 数据质量管理的核心挑战

数据质量是企业数据治理体系的重要组成部分，也是全面贯彻数据标准的重要手段之一。通过数据质量监控，可以确保数据按照定义好的标准被稽核。例如，在管理客户信息时，企业为客户定义了唯一可识别的关键要素，可以通过对信息唯一性和完整性的全面检查，确保客户信息符合数据标准并按照标准录入。

在建立数据质量管理体系的过程中，不能仅从质量管理的单一视角制定管理标准，还要与企业数据治理体系相融合。数据质量需要融入数据治理体系的管理制度和技术工具，以实现管理制度统一化、技术工具协同化的"新"数据治理模式。

首先，一起来看看企业数据质量管理的现状。目前，企业在数据质量领域普遍存在的现象可归纳为以下三类：

第一类：对数据质量的重视程度不够，认为数据质量不会影响企业经营决策或业务协同，因此没有构建数据质量管理体系。

第二类：虽然意识到数据质量的重要性，但由于部分企业所属行业没有相关的指导规范来辅助构建数据质量管理体系，导致企业虽有意愿，但不知道从何下手，或者各数据研发端和应用端分别建立了数据质量管理体系，却没有形成统一的规范。

第三类：对数据质量带来的影响有清晰的认知，尝试建立数据质量管理制度和数据质量管理技术工具，但在制度和工具的融合上未能建立有效的协同关系，导致数据质量管理体系难以系统化落地。

以上三类现象在各行各业的企业数据中普遍存在，造成这些数据质量问题的主要原因包括：

（1）企业没有将数据视为重要的生产要素，难以察觉数据质量对业务生产造成的负面影响。

（2）通常企业中有数十到上百种业务系统，由于缺乏权威的数据质量指导，各个业务系统以"我"为标准建立自身的烟囱式数据质量管理体系，导致不同组织对数据质量的定义各异。数据在企业内流转时经历了不同的质量检查体系，最终因数据质量问题导致组织间的协同和信任大幅下降。

（3）企业尝试通过数据质量管理制度推动多组织之间的质量要求统一化，但在数据质量管理体系建设过程中，管理制度未能落实到具体的质量检核工作中。数据质量的管理流和数据流没有形成有效的协同，导致管理体系流于形式，质量检核工作流于应付，数据质量管理体系成为"假大空"的管理模式。

在了解了目前企业数据质量管理的基本情况后，我们不禁要问：数据质量管理的核心挑战究竟在哪些方面？接下来，我们将从以下几个维度来讨论这个问题。

1. 质量标准缺失

数据质量标准是企业持续改进数据质量问题的基础，缺失明确的数据质量标准会导致企业难以确定数据质量管理体系建设的方向和目标，从而无法推动数据质量管理的持续建设。

为什么企业会缺失数据质量标准呢？可以从以下几方面找到答案。

（1）缺乏意识和重视：企业可能没有意识到数据质量的重要性，或者对数据质量管理不够重视，从而忽视了制定和实施数据质量标准的必要性。

（2）组织分散和缺乏统一标准：在大型组织或跨部门合作的情况下，可能存在数据管理分散的问题，缺乏统一的数据质量标准。不同部门或团队可能各自为政，采用不同的数据处理和管理方式。

（3）缺乏专业知识和经验：制定有效的数据质量标准需要具备一定的专业知识和经验。如果企业缺乏相关领域的专业人员或团队，就可能导致数据质量标准的缺失。

（4）技术限制和变化：随着技术的发展和变化，特别是在数字化转型的过程中，企业可能面临新的数据管理和质量控制挑战。缺乏与新技术和新业务模式相适应的数据质量标准是常见的问题。

（5）法规和合规要求的缺失：特定行业或地区可能有相关的法规和合规要求，对数据质量有特定的标准。如果企业缺乏对这些要求的了解和遵守，就可能导致数据质量标准的缺失。

因此，企业在制定数据质量标准的过程中，可以参考行业标准、国家标准或国际标准组织的相关标准，以及其他企业的最佳实践，制定适用于自身业务的数据质量标准。但这必须与企业自身的数据治理目标相结合，避免"拿来主义"式的质量标准制定方式。

2. 质量闭环管理断层

质量闭环管理断层是指在企业数据质量管理的过程中，规则协同传递、问题解决或质量改进措施落实等环节出现脱节现象。这种断层不仅导致数据质量问题无法被及时发现和解决，还可能阻碍企业数据质量管理体系的建立健全，进而对企业的数据应用产生诸多负面影响。下面，我们一起来看看企业在数据质量闭环管理断层方面的主要表现。

（1）"分庭抗礼"式的数据质量管理体系。

企业内部的每个业务部门均可能根据自身的应用需求建立质量检查规则体系，这导致多个部门之间在质量规则的协同传递上存在信息差。最典型的表现是，在统计企业销售汇总金额时，科技部门更注重数据的真实性，而业务部门则关注销售明细和汇总金额的轧差是否为零。由于管理断层，业务部门需要投入大量精力对数据进行业务化校验。

虽然业务部门可以将质量规则传递给科技部门，以便由科技部门统一完成技术和业务的双重质量校验，但企业业务的变化会影响质量规则的检核内容。如何确保业务部门持续向科技部门输入业务规则，以及如何更准确地在多种业务校验规则下选择适用的规则，这些都需要借助管理手段来协调。否则，多个组织或团队之间必然会因数据质量标准的不同而产生分歧。

（2）应付式的数据质量整改。

当数据质量问题暴露后，首先要明确谁负责解决问题，并确保整改责任落实到具体人员。然而，许多企业难以确定数据质量整改后是否有验收机制来保证整改的有效性。

对于数据质量整改责任人的定位，许多企业采用简单的溯源方式，但往往发现数据来源没有明显问题，而中间过程又相对复杂，导致无法找到合适的整改人员，最终将责任归咎于整个大部门。这种不明确的责任归属机制难以有效且及时地完成数据质量整改，进而影响业务部门的数据应用效率。久而久之，部门间的数据信任度下降，企业内部可能逐渐形成烟囱式的数据应用体系。

3. 全链路 SLA 割裂

数据质量全链路 SLA 割裂是指在数据质量管理过程中，数据质量服务级别协议（SLA）在不同环节或不同部门之间出现不一致的情况。这种割裂可能导致数据质量管理的流程和责任不明确，进而影响数据质量的监控、改进和保障。具体来说，数据质量全链路 SLA 割裂可能导致以下问题：

（1）流程缺失或重复：不同环节或部门之间缺乏协同和衔接，可能导致数据质量管理流程的缺失或重复。例如，数据收集环节和数据清洗环节之间缺乏明确的数据质量交付要求，可能导致数据采集和清洗工作重复。

（2）责任不明确：不同部门之间对于数据质量管理的责任和义务缺乏明确的划分，可能导致责任被推卸或责任重叠，无法确保数据质量问题得到及时的解决和改进。

（3）监控和反馈缺失：由于数据质量全链路 SLA 割裂，可能缺乏有效的数据质量监控和反馈机制。这使得企业无法及时发现和解决数据质量问题，无法采取相应的措施进行持续改进。

（4）数据可信度下降：数据质量问题的存在可能导致业务应用中的数据可信度下降。缺乏有效的数据质量全链路 SLA，企业无法提供高质量的数据支持业务运营和决策，影响业务对数据的信任度。

由此可见，对于企业而言，数据质量管理体系的管理流和数据流的不统一、协同性差异是阻碍体系建设的重要问题之一。由于管理流和数据流的协同性差异，数据质量管理可能在生产、采集、加工、消费等环节中出现随意定义的质量稽核规则与流程，导致质量管理目标难以落地。此外，因为双方对质量结果的目标定义不一致，数据流上制定的质量稽核成果难以满足管理要求，导致数据流与管理流各自为政。

因此，企业需要建立以数据中台为核心的数据质量管理体系。数据中台作为企业的数据集散中心，可以有效串联企业的业务和数据。通过将数据中台作为数据质量的统一管理中心，企业能够"以面覆点"全面贯彻质量管理体系，确保质量管理的有效实施。

4. 质量管理制度脱节

企业在制定数据质量管理的目标和策略时，通常只关注目标和策略是否能满足领导的要求或达到行业标准，而没有充分考虑这些目标和策略在企业内部是否具备可执行及可落地的条件。这些条件包括人员的能力、组织的成熟度、技术的支持及流程的适应性。如果没有充分考虑这些因素，最终可能导致制度与执行脱节，形成质量管理上的平行体系。造成这种现象的主要原因有以下三点：

（1）管理与业务未充分对齐。

在制定数据质量管理目标和策略时，企业通常只让少数高层或负责人参与，而没有让各级员工，尤其是那些直接负责数据质量管理的一线员工和中层管理者参与。这样的结果是所制定的目标和策略难以与实际操作相匹配。

（2）可实现性未充分评估。

在制定数据质量管理目标和策略时，企业可能没有充分评估其是否可实现，没有根据现有的人力资源、技术基础、文化环境和流程成熟度等因素来评估这些目标和策略的可执行性。

（3）管理理念未深度传达。

即使企业制定了数据质量管理的目标和策略，也可能没有向员工传达数据质量管理的核心理念，或提供持续的数据质量管理培训。这导致员工对目标和策略缺乏理解，并且没有掌握相关的技能，最终导致实际执行与预期目标严重偏离。

因此，当企业数据质量管理制度的目标和策略与实际执行过程完全脱节时，策略就成了空谈，目标也只是口号。

5. 技术平台不合适导致执行偏离

通常，企业的科技部门负责构建数据质量管理相关工具，而负责制定数据质量管理制度的团队是平行组织。比如，在银行内部，科技部门负责搭建工具平台，而数据管理部门负责制定数据质量管理制度。结果是，科技部门在选择技术平台时，往往注重功能性和技术兼容性，考虑产品功能是否满足科技应用要求，技术架构是否能融入科技基础设施中，却较少考虑平台是否与企业的数据质量管理理念和制度相匹配。

此外，科技部门在选择技术平台供应商时，可能没有充分考察其在数据质量管理方面的专业知识和支持能力，而只关注产品功能的多样性，错误地认为只需依赖产品功能就能实现数据质量管理，达到预期的质量管理目标。

然而，数据质量管理的技术方案不应仅由科技部门决定。在技术方案选择过程中，应该让业务部门、数据管理部门和合规部门的代表共同参与决策，以确保技术选择符合企业整体的数据质量管理理念。

由于技术平台的选择与企业数据质量管理理念存在较大偏差，因此会导致实际执行结果与质量管理的预期目标严重脱节。这是大多数企业在数据质量管理工作中的常见问题。

6．责任不明确导致主观忽视

当数据质量管理工作的责任不明确时，员工可能对工作产生主观忽视的态度。如果他们认为这项工作不是自己的直接责任，或者没有明确的激励和问责机制，那么他们可能会将注意力放在其他被认为更加重要的任务上。这会导致数据质量管理工作被边缘化，影响整个企业的数据质量管理的执行和落地。

缺乏清晰的责任机制是导致数据质量问题得不到有效解决的重要原因。责任归属不明确则会导致责任推诿，使数据质量问题无法及时得到处理。在这种情况下，员工可能本着"少做少错、多做多错"的心态，不愿主动采取必要的纠正措施。

归根结底，企业的数据质量管理制度不够完善，只制定了宏观目标和策略，缺乏合理的责任机制和奖励机制，无法激发员工对数据质量管理工作的主动性和积极性。

7．数据质量从管理到落实的分析困难

在实际的数据质量管理工作中，许多企业的数据质量管理制度往往只停留在纸面上，无法落实到具体的数据治理工作中，形成一套与管理制度脱节的执行体系，导致数据质量管理难以达到预期效果。

这种现象的根本原因在于企业数据质量管理制度与技术、操作之间存在巨大分歧。大多数企业的数据质量管理制度、技术平台建设和数据质量管理操作可能由三个甚至多个组织完成，各自为政，未能在数据质量管理目标上达成高度一致，导致管理与实际操作脱节。具体因素包括：

（1）组织结构分散。

当不同的组织单位负责数据质量管理的不同方面时，可能会缺乏统一的协调

和目标一致性。例如，科技部门可能更关注技术平台和工具的实施，而业务部门更关心数据的实际应用和结果。

（2）沟通协同不畅。

各组织之间沟通不充分或不频繁，导致数据质量管理的要求和期望没有被充分理解和共享。

（3）缺少共同的数据质量管理目标。

如果组织没有共同的数据质量管理目标和策略，各个部门可能会根据自己的理解制定和执行策略，这会导致整体方向不一致。

（4）技术与流程不匹配。

技术平台和工具可能无法支持新的数据质量管理制度，或者与现有流程不兼容，导致执行上有困难。

（5）技术解决方案不适配。

如果技术平台无法满足数据质量管理的实际需求，或过于复杂，那么用户可能不愿意使用。

（6）缺少明确的责任分配。

当数据质量管理的责任分配不明确时，员工可能不清楚自己的角色和职责，导致数据质量管理难以落实。

要想解决上述分歧，企业需要制定一个完整的数据质量管理制度，并确保所有组织单位都朝着同一方向努力。可以建立跨部门的数据治理委员会，确保沟通顺畅，制定统一的数据质量标准和管理目标。同时，技术解决方案要与业务需求相匹配，并确保用户能够接受。

总结来说，要实现数据质量管理目标与执行高度一致，企业需要具备共同的质量管理目标、高效的质量协同机制、明确的质量责任归属，以及适合的质量管理工具。这些因素相互配合、互相补充，才能让数据质量管理与日常工作流程和组织文化紧密结合，从而确保数据质量的持续提升。我们将其归纳为企业数据质量管理的"三个流"：

- 管理流

制定合理、有效、贴合实际的企业数据质量管理目标和策略，包括质量管理的政策、程序和标准，明确数据质量的指标和基准，并制定统一的政策和操作标准,为企业各执行组织提供预防、发现和纠正数据质量问题的方法。数据质量管理目标和策略需要与业务目标对齐,确保与企业的战略方向和业务需求保持一致,切勿夸夸其谈。

- 工作流

明确数据质量管理的职责分工。每个数据相关的角色,如数据所有者、数据管理员和数据质量分析师等,都应清楚自己的职责和目标。制定完善的数据质量管理工作流程,包括数据质量的审查和批准流程,以确保数据质量管理活动得到适当的监督和控制,所有工作步骤都应有记录且流程透明,便于追踪质量问题的处理过程。

- 数据流

企业在构建数据质量管理体系时,往往会考虑到管理流和工作流,但容易忽略数据流。例如,在数据治理体系中虽然制定了质量标准,却因为缺乏统一的数据流,导致质量和标准、质量和安全无法实现多方协同,使质量体系"虽建但无效"。因此,数据流是使数据质量管理体系真正落地的核心环节。

在数据质量管理中,"三个流"并不是相互独立的,而是相互融合、紧密联系的。管理流为工作流提供指导,工作流负责数据流的落地,数据流则驱动管理流的持续优化。因此,将数据质量管理制度、工作流程和执行落地的"三个流"结合在一起,是确保数据质量管理有效性的关键。只有这样,才能确保数据质量管理制度不只停留在纸面上,还能在实际工作中得到有效执行和应用,形成一套完整且自洽的数据质量管理体系,从而支持企业更好地、更放心地应用数据,为业务决策和运营提供强有力的支撑。

5.3.2 "三流合一"的数据质量管理模式

数据质量管理制度需要先行,建议设立数据治理(质量)委员会或相关组织,以确立数据质量管理的总体框架,并在组织内部清晰定义每个角色在数据质量管理中的职责。例如,事前,数据管理者应负责制定其所管理的领域的数据质量管理落地工作;事中,数据开发者应明确如何应用质量规则来提高数据生产质量;事后,数据用户则负责报告所发现的数据问题并进行处理。

接下来,本节将从数据质量管理的事前防控、事中监控和事后管控三个方面一一展开讲解。

1. 事前防控

数据质量管理的事前防控是一项重要任务，其主要目的是通过预先定义合理的质量管理制度、工作流程、技术手段和修正措施，来防止数据问题的产生。这有助于减少数据错误的发生率，降低数据纠正成本。

事前防控需要根据不同业务应用对数据质量的独特需求，要求数据质量管理员与数据应用和数据开发等相关角色协同合作，在企业数据质量管理制度之上构建更为专注的数据质量管理模式。事前防控的措施包括以下几个方面：

（1）构建数据质量事前防控"管理流"。

在管理流中，应该针对具体业务的实际质量防控要求制定可落地的管理制度。首先，要根据每个业务应用的特点制定数据质量管理模式。比如，对于关键业务应用，可能需要更高级别的数据准确性和完整性。其次，需要理解业务应用的质量诉求，这要求管理流与业务部门紧密合作，深入了解不同业务应用对数据质量的具体需求和预期目标。

在此基础上，联合数据应用、开发团队和业务分析师共同制定数据质量标准。这些质量标准不仅要满足各业务应用的需求，还要与企业的数据质量管理理念保持一致。同时，应明确不同角色在数据质量管理中的职责。数据质量管理员应负责维护数据质量标准，并确保这些标准得到执行。

上述就是数据质量管理流的制定过程。这不仅体现了传统的管理制度，还将业务质量目标、质量规则体系和质量管理职责进行了融合。管理流为企业的各个业务场景提供具体的质量标准和规则体系，以支撑全域数据质量管理工作落地，其中涉及的具体属性如表 5.3-1 所示。

表 5.3-1 数据质量管理的具体属性

属性名称	属性说明	必/选填项说明	备注
目录名称	描述数据质量检核规则所属目录的具体名称	自动生成	目录名称生成规则
规则层级	描述检核规则层级，如全行级规则、系统级规则	必填	辅助自动生成目录名称
项目名称	描述数据质量检核规则所属项目的具体名称	必填	辅助自动生成目录名称
业务领域	描述校验数据所属的业务领域	必填	辅助自动生成目录名称

续表

属性名称	属性说明	必/选填项说明	备注
规则 ID	描述数据质量检核规则唯一标识	自动生成	目录名称生成规则，待定
规则名称	描述数据质量检核规则的名称	必填	
规则属性	描述数据质量检核规则属性，如业务规则、技术规则	必填	
系统名称	描述校验数据所在的系统	必填	辅助自动生成目录名称
数据主题	描述校验数据所属的数据主题	必填	
校验对象	描述校验对象是表级的还是字段级的	必填	
质量规则描述	描述质量规则业务定义、要求，例如，数据格式要求、长度要求、非空、唯一性要求等	必填	
质量规则口径说明	描述质量规则业务与技术口径	必填	
质量规则 SQL	描述可根据实际情况选填的质量规则 SQL 语句	必填	
质量检核规则大类	完整性、唯一性、有效性、一致性、准确性、及时性	必填	
质量检核规则小类	非空约束、唯一性约束、代码值域约束、长度约束、内容规范约束、取值范围约束、标志取值约束、存在一致性约束、等值一致性约束、逻辑一致性约束、取值准确	必填	
规则强度	描述质量规则的强弱度（弱规则、强规则）	必填	
影响描述	描述如果出现数据质量问题，会有什么负面影响，会影响哪些数据或功能	必填	
影响系统	描述如果出现数据质量问题，对哪些系统会有影响	必填	多选下拉
监控周期要求	描述对数据的监控周期（日、月、周、年等）	必填	
需求提出部门	描述数据监控的需求提出部门	必填	
需求提出人	描述数据监控的需求提出人	必填	
技术实现条线	描述检核规则开发的技术实现条线	必填	
技术实现人	描述检核规则开发的技术实现人	必填	
数据质量管控岗	描述数据治理办公室数据质量管控岗	必填	
质量归口管理部门	描述质量检核规则的具体负责部门	必填	
数据治理专员岗	描述质量检核规则的具体负责人	必填	
是否启用	描述质量检核规则是否启用，0 是启用，1 是不启用	必填	

（2）构建数据质量事前防控"工作流"。

工作流的核心目的是设计并搭建能够支撑数据质量管理业务实施落地的详细工作流程，确保数据在采集、存储、处理和交付的每个阶段都遵循相应的质量管理规则。一个完善的工作流应包括设计、审批、发布和验证等多个管理流程，以确保质量管理在每个环节都能得到有效执行。

- 数据质量设计

数据质量管理的首要条件是定义企业的数据质量规则体系。其中的规则应基于业务需求、数据治理政策和相关的数据标准制定。设计时，需要确定数据质量的维度（如准确性、完整性、一致性、时效性等），并为每个维度设定清晰的检测标准和方法。

- 数据质量规则审批

在数据质量规则体系设计完成后，规则的发布需要经过审批流程。随意发布质量规则可能导致质量管理不规范（管理制度、业务需求不规范）以及质量规则重复。在审批的过程中，可设置企业相关的数据治理委员会、数据质量小组或高级管理团队来负责执行审批，同时确保审批流程与企业数据质量管理制度保持一致。

- 数据质量规则发布

为了确保数据质量管理体系的集中化和规范化管理，审批通过后的数据质量规则应在企业统一质量管理平台上发布，避免各业务部门独立管理质量规则。发布的规则应易于理解，明确适用范围和责任人。

- 数据质量规则验证

数据质量规则发布后，验证是关键环节，用于确保规则符合业务需求和执行结果。在"工作流"中，为了更好地完成数据质量规则的验证，需要设置测试数据准备、规则执行等流程，以确保企业内部所有数据质量规则均通过业务验证，并满足管理制度的要求。

（3）构建数据质量事前防控"数据流"。

数据质量在企业数据治理体系中并非独立存在，而是与数据标准深度融合。例如，对于交易流水编号，可以在数据标准上制定唯一性约束，并通过数据质量联动唯一性校验。这能确保数据不仅符合标准定义规范，还符合质量规范。然而，很多企业在制定数据质量管理体系时，忽略了质量与标准的联动性，导致质量执行结果与数据标准规范脱钩。

因此，构建数据质量事前防控的数据流对于实现数据治理的"数据要素"流通至关重要。这样可以确保在构建质量规则时能够关联数据标准，在数据建模时能够引用质量规则，在数据事前贯标时能够引入质量规则。通过数据流来打造全要素贯通的数据质量管理体系，可确保数据质量和数据标准的高度一致，如图 5.3-1、图 5.3-2 所示。

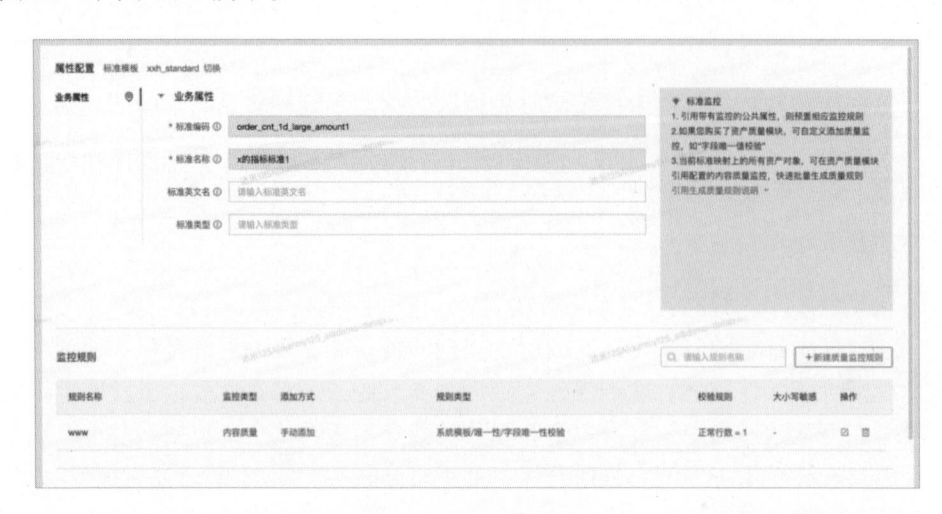

图 5.3-1　属性配置面板

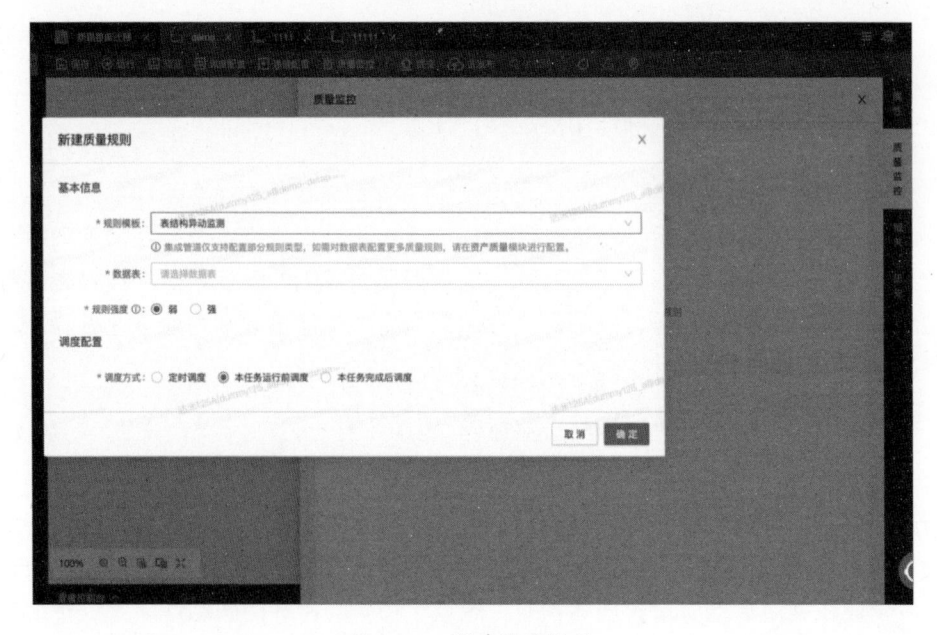

图 5.3-2　新建质量规则

2．事中监控

数据质量事中监控是确保数据质量管理在实际操作中得到有效执行的重要环节。这个环节主要关注质量规则的执行情况，包括实时（或接近实时）监控质量规则的执行结果、执行效率及失败原因。这有助于在数据生产的过程中及时发现和处理数据问题，提高数据生产质量。以下是数据质量事中监控的"三流合一"体系构建方法：

（1）构建数据质量事中监控"管理流"。

数据质量事中监控管理流需要确保对各类质量故障进行有效管理和快速处理。因此，这个管理流应包括完善的故障响应机制、规范的故障等级管理制度，以及明确的执行效率管理目标。

- 故障响应机制：企业需要为数据质量检验过程中发现的所有问题或错误情况提供故障报告机制，确保关键人员能够及时收到故障通知。建立一个简单易用的数据问题报告机制，方便用户和数据管理人员及时上报数据问题。问题一旦被报告，相关的数据治理团队就应评估问题的严重性和影响范围，确定故障等级，并根据问题的严重性和优先级制定详细的修复计划并执行。

- 故障等级管理制度：数据质量故障管理采用分级分类模式，按照业务重要程度和质量问题的严重性划分故障等级，例如将故障分为严重、高、中、低、可忽略五个等级。每个故障等级应有明确的预期响应时间和解决时间，并为每个等级指定责任人和团队，以确保快速响应和及时处理。

- 执行效率管理目标：在数据质量事中监控的管理流中，应该制定关键性能指标（KPI），如故障响应时间、问题解决时间、问题再发生频率等。为这些指标设定明确的目标，并定期评估实际表现与目标之间的差距，以实施持续改进措施，提升数据质量管理的效率和效果。通过量化指标来管理质量目标，有助于提高数据质量管理的效率。

（2）构建数据质量事中监控"工作流"。

事中监控工作流需要制定清晰的质量管理执行流程，包括质量调度执行流程、质量问题报告流程和质量问题整改流程。

- 质量调度执行流程：明确质量调度执行的各个流程，重点设定调度执行的发布和审批制度。在这个制度中，应判定质量执行范围的适用性、质量执行周期的业务符合性，以及质量执行强弱规则设定的准确性，确保数据质量规则的调度和执行符合管理制度的要求。

- 质量问题报告流程：企业需要为质量管理过程中出现的异常问题建立有效的报告流程，并根据问题的分类、等级、影响等，为不同的业务场景设置专项流程。这样的流程有助于快速识别、评估、管理和解决数据质量问题，减少对业务的负面影响。

- 质量问题整改流程：数据质量问题整改流程的主要目的是确保在数据处理和管理过程中发生质量问题时，能够快速有效地识别、分析、修复和验证问题。建立一个质量整改工作台是管理和跟踪数据质量问题整改流程的有效方法。质量整改工作台通常是一个集中的平台或工具，支持质量问题的报告、分配、处理、跟踪和反馈，大致如图 5.3-3 所示。

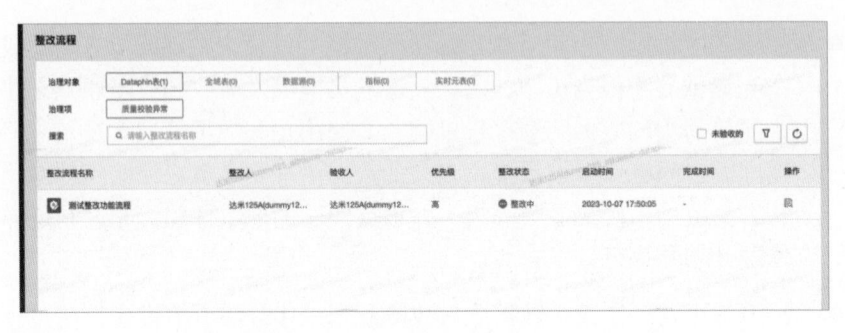

图 5.3-3　整改流程

工作台不仅可以用于数据质量问题的整改，还可以帮助企业全面管理质量问题整改的效率，有助于企业持续优化事件监控管理流中的执行效率管理目标，治理工作台如图 5.3-4 所示。

图 5.3-4　治理工作台

第 5 章 资产化：数据治理与管理

（3）构建数据质量事中监控"数据流"。

数据质量事中监控的数据流能够对质量执行过程中的信息数据进行业务化管理，企业可以通过构建质量管理大盘，对数据流中产生的数据进行全面展示，以提高事中监控的可管理性。质量大盘可以提供基于质量规则的全局概览，如图 5.3-5 所示。

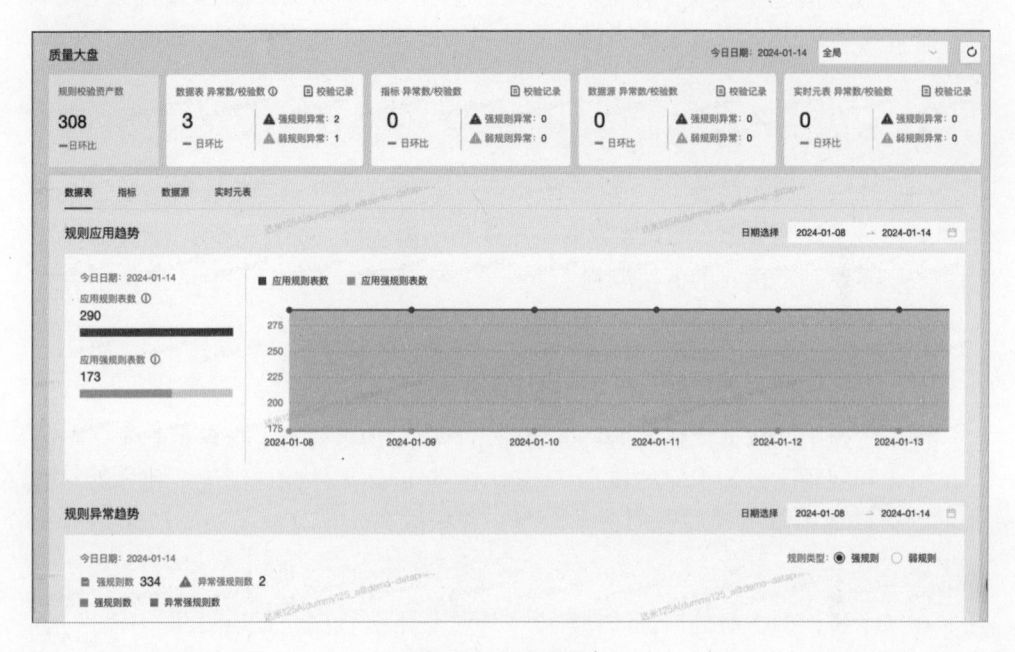

图 5.3-5　质量大盘

3．事后管控

数据质量事后管控是数据质量管理的另一个关键环节，通常发生在数据处理活动完成后，用于评估和改进数据质量的长期健康状况。事后管控涉及分析质量问题的趋势、持续优化质量规则等，还要建立质量问题知识库，以促进企业数据质量管理的持续迭代和优化。事后管控的措施包括以下几个方面：

（1）构建数据质量事后管控"管理流"。

数据质量事后管控的目标是确保数据在其生命周期内始终保持一定的质量水平，因此管理流应持续跟踪质量结果，并建立企业级质量问题知识库。通过分析数据质量问题的历史记录，识别问题的趋势，从而更好地预测和防止未来的质量问题。定期评估数据质量改进的效果，以确保所采取的行动是有效的。随着业务需求的变化，数据质量管理策略和标准也应持续更新和调整。

企业还应建立一个企业级质量问题知识库，记录所有关键的数据质量问题及其解决方案。通过知识库分享数据质量管理方面的经验和最佳实践，提高组织的数据质量管理能力。当相似的数据质量问题出现时，知识库可以为快速解决问题提供参考和指导。

（2）构建数据质量事后管控"工作流"。

在此工作流中，应设定持续优化质量规则的流程，包括质量规则的优化和下架等。

- 质量规则优化：根据监控结果和业务需求的变化，对数据质量规则进行优化。可能需要修订现有规则或新增规则，以适应新的业务场景。
- 质量规则下架：当某些数据质量规则不再适用，或因业务变化而过时时，需要制定正式的下架流程。下架之前，应进行影响评估，并确保相关人员知晓变更。

（3）构建数据质量事后管控"数据流"。

事后管控中的数据流在数据质量管理体系中尤为重要，是支撑企业建立问题质量报告和问题质量知识库的核心。通过对质量问题事件的详细记录和分析，企业可以更好地了解出现问题的根本原因，并采取预防措施来避免类似问题再次发生。

在这个过程中，对数据流的管理至关重要，因为数据是发现问题、分析问题和解决问题的基础。问题质量报告是对问题分析结果的汇总，详细记录了问题的性质、影响、原因和改进措施，供内部审查或外部监管机构参考。将这些问题质量报告和相关的数据分析结果存储于知识库中，有助于企业构建一套管理数据质量问题的知识体系。

5.3.3 数据质量评价与优化机制

企业在建立数据质量管理系统时，需要对管理结果进行合理评价和反馈，避免"我认为""我以为"的主观判断。评价应对多方面的量化指标和客观反馈进行综合考虑，包括管理工作、应用效果、质量达标率、整改措施等。通过建立数据质量评价体系，企业不仅能了解当前数据质量管理的成果，还能促进数据质量管理工作的改进和优化。

数据质量评价体系是一套用于评估和衡量企业数据治理成熟度和效果的方法和指标体系。它能帮助企业了解数据治理的现状，发现问题和可改进方向，并制定相应的数据治理策略和措施。评价体系应根据企业的需求和特点定制，不同企业在数据质量管理的目标和期望上可能有不同的侧重点，评价体系应适应具体的情况，调整和扩展评价指标和评价机制。

数据质量评价可以通过手动检查、数据抽样、统计分析及自动化数据质量工具和算法等方式实现。对于大规模和复杂的数据集，自动化检测是评价数据质量的有效手段。接下来，我们将从管理和技术两个层面介绍数据质量评价的具体内容。

1. 管理层面的数据质量评价

（1）质量体系建设的统筹性评价。

质量体系建设的统筹性评价是对企业质量体系整体规划和协调程度的评价，旨在确保各组成部分相互支持，提供一致的质量管理指导。通过对数据质量体系的统筹性评价，企业可以及时检查是否存在组织间的质量分歧，确保多组织、多环节之间的友好协作。

- 统筹规划：评价质量体系建设的整体规划是否全面，策略是否具有整体性和一致性。
- 目标一致性：确认质量体系的目标与企业的战略目标是否一致，是否制定了明确的质量目标和指标。
- 流程协调：评价质量体系中各个流程和环节的协调性，检查流程衔接、信息传递和资源协调是否顺畅。
- 规范和标准的一致性：确保质量规范和标准的一致性和适应性，确保质量管理和实施方法统一。
- 组织和角色协调：评价质量体系中各个组织和角色的协调性，确认各个部门和角色的职责分工是否明确，以及相互之间的配合和协作是否顺畅。

（2）质量稽核覆盖的全面性评价。

质量稽核覆盖的全面性评价旨在评价企业质量稽核活动的广度和深度，以确保其覆盖了组织的各个方面和关键过程，发现潜在的问题并提供改进机会，促进质量管理效果的持续提升。

- 覆盖范围：评价质量稽核的范围，即稽核活动是否覆盖了组织的各个部门、业务流程和关键环节。这可以通过查看质量稽核计划、稽核报告和稽核程序来确定。

- 稽核频率：评价质量稽核的频率，即稽核活动是否定期进行，以确保进行持续监督和控制。这可以通过查看稽核计划和稽核记录来确认。
- 稽核方法：评价质量稽核所采用的方法和技术，包括内部稽核、外部稽核、一对一访谈、文档审查等。确定是否使用了多种方法和技术，以确保全面覆盖和视角多样化。
- 稽核报告和建议：评价质量稽核报告的内容和质量，以及稽核建议的有效性和实施情况。确认是否提供了全面且有针对性的稽核报告，并跟踪稽核建议的执行和改进。
- 持续改进：评估稽核活动的持续改进机制，确保能够收集并分析稽核绩效数据，以推动稽核活动的优化。

（3）质量规则迭代的持续性评价。

质量规则迭代的持续性评价是指对企业质量规则的更新和改进过程进行评价和监控，以确保质量规则的持续有效性和适应性。这种评价可以帮助企业确保质量规则与业务需求的变化保持一致，促进质量管理的持续改进。

- 更新频率：评价质量规则的更新频率，即质量规则是否定期进行审查和更新。确定质量规则更新的时间间隔和过程，以确保质量规则与业务需求的一致性。
- 反馈机制：评价收集和整合质量规则改进建议的机制和流程。确定是否有有效的反馈渠道，包括对组织及员工、业务及技术的意见和建议。
- 变更管理：评价质量规则的变更管理过程，包括规则的审批、沟通和发布。确定是否有明确的变更管理流程，以确保质量规则的变更经过适当的审批和沟通。
- 有效性评价：评价质量规则的有效性和实施情况。通过数据分析、质量指标的监控和内部审核等方式，评价质量规则的实际效果和适用性。
- 持续改进：检查质量规则持续改进的机制和效果。确定是否有持续改进的计划和措施，并跟踪绩效。

（4）质量整改措施的及时性评价。

质量整改措施的及时性评价用于评价企业在发现质量问题后采取的整改行动的时效性。采用及时的整改措施可以迅速解决质量问题，防止进一步的损失。

- 整改方案制定时间：评价企业在发现质量问题后制定整改方案的时间。

确定是否在问题发生后能够迅速制定整改方案，确保整改行动能够尽早启动。

- 整改行动启动时间：评价企业在制定整改方案后启动整改行动的时间。确定是否能够在制定整改方案后立即行动，及时解决质量问题。

- 整改行动完成时间：评价企业在启动整改行动后完成整改的时间。确定是否能够按照计划和时间要求，及时完成质量问题的整改。

- 整改效果评价时间：评价企业在整改行动完成后进行整改效果评价的时间。确定是否能够及时评价整改效果，确保质量问题得到彻底解决。

- 整改情况报告和沟通时间：评价企业在整改完成后进行整改情况报告和沟通的时间。确定是否能够及时向相关方面报告整改情况，确保信息的及时传递和共享。

（5）质量问题归档的完整性评价。

质量问题归档的完整性评价是对企业质量问题归档过程的完整性和准确性的评价。通过此类评价，可以确保关键信息和数据得到充分记录和保存，为质量管理和持续改进提供可靠依据。

- 归档内容：评价质量问题归档的内容，包括问题描述、记录和分类、相关数据和证据、解决方案和改进措施等。确定是否包含了足够多的信息和数据，以支持后续的分析和决策。

- 归档途径：评价质量问题归档的途径和方式，包括电子文件、数据库、纸质档案等。确定是否采用了合适的归档途径，并确保归档的可访问性和可检索性。

- 归档时间：评价质量问题归档的时间点和及时性。确定是否在质量问题解决后及时进行归档，并避免信息的遗漏或延迟。

- 归档责任人：评价质量问题归档的责任人和角色。确定是否有明确的责任人负责问题归档，并确保其理解和履行相关职责。

- 归档流程和规范：评价质量问题归档的流程和规范，包括问题记录、归档的标准和要求。确定是否有清晰的归档流程和规范，以确保一致性和准确性。

- 归档验证和审查：评价质量问题归档的验证和审查机制，包括内部审查和验证的过程。确保归档的信息和数据的准确性和可信性。

- 归档保管和保护：评价质量问题归档的保管和保护措施，包括数据备份、权限管理和灾备措施等，以确保信息的机密性和安全性。

2．技术层面的数据质量评价

技术层面的数据质量评价主要用于评价和监控数据在技术处理过程中的准确性、完整性和一致性。这种评价通过检查数据的来源、处理流程、存储和传输方式等技术参数来评价数据质量的可信性和有效性。

（1）准确性评价：评价数据与实际情况的一致性和准确性。可以通过比对数据与外部可信数据源的一致性来评价准确性，或通过专家评价和抽样检查等方法进行验证。

（2）完整性评价：评价数据是否包含所需的全部信息，是否有遗漏或缺失。可以通过检查数据是否具有所需的字段和记录，或者比对数据是否符合完整性标准来进行评价。

（3）一致性评价：评价数据在不同位置、系统或时间点上的一致性。可以通过比对数据在不同系统或环境中的定义、格式和值，或者进行数据关联分析来评价一致性。

（4）时效性评价：评价数据更新的及时性。可以通过检查数据的更新频率和时间戳，或者根据业务需求评价数据的时效性。

（5）可靠性评价：评价数据的可信性和可依赖性。可以通过数据来源的可靠性、数据验证和审核的过程，或根据数据的历史记录和审计信息来评价数据的可靠性。

5.4 数据安全与流通管理

在数字经济时代，数据作为核心生产要素的重要性日益凸显。根据中共中央、国务院发布的《关于构建更加完善的要素市场化配置体制机制的意见》（2020年3月30日），数据上升为与土地、劳动力、资本、技术并列的生产要素，强调加快数据要素市场化流通，这也使得数据安全的重要性达到了前所未有的高度。如果数据在使用过程中出现问题，如姓名、证件号、电话、地址、位置、浏览记录、购买记录、搜索记录等数据遭到泄露、篡改或滥用，则不仅会损害企业的竞争力并造成经济损失，还可能侵犯广大用户的隐私权。因此，建立健全数据安全保障体系,强化数据全生命周期的管理和风险防控,是各行业面临的紧迫任务。

数据安全管理的核心诉求包括防滥用、防误用和防窃取。防滥用通过严格的权限管理和操作监控,防止数据被未经授权或不符合约定的行为使用;防误用确保大数据加工过程中不会侵犯用户权益,例如防止"精细化营销"中的"杀熟"行为;防窃取则依赖加密技术、访问控制策略和实时风险监测,以抵御潜在的安全威胁,如内部人员通过爬虫泄露敏感信息或将敏感信息进行商业化售卖等。

接下来,本节将从数据安全合规面临的核心挑战、数据安全治理的方法和框架,以及数据安全实践三个方面展开讨论。

5.4.1 数据安全合规面临的核心挑战

对于许多企业而言,精准界定并识别敏感数据是一项颇具挑战性的任务。这主要源于现有数据标准体系的不成熟,导致数据安全管理难以落实,进而增加敏感数据泄露的风险。一旦企业的敏感数据泄露或处理不得当,就可能对数据主体造成多重伤害,如隐私侵犯、身份信息被盗用乃至经济损失。因此,若企业无法精确辨识海量数据中蕴含的敏感信息,那么其数据安全体系的构建与执行将面临很大困境。

接下来,我们将从引发数据安全问题的主要因素,以及数据安全问题造成的主要影响这两个层面进行详细阐述。

1. 引发数据安全问题的主要因素

(1)数据标准体系不完善。

数据标准体系的缺失无疑会导致敏感数据难以被精准定义和识别,进而影响数据的安全性和合规性。

企业若缺乏完善的数据标准体系,则可能会严重影响其对海量数据的分类和分级,难以准确区分哪些数据是敏感数据,哪些不是,导致无法采取有效的保护措施。此时,企业需要靠人工识别海量数据中的敏感数据,但由于人为识别可能存在偏差,因此会增加识别错误和遗漏敏感数据的风险。尤其对于拥有大量数据的企业而言,这种依靠大量人力来识别敏感数据的方式会导致高昂的成本。

(2)数据安全技术不成熟。

数据安全技术不成熟可能导致企业在准确定义和识别敏感数据方面遇到挑战,原因包括以下几点:

- 数据安全技术不够先进，可能无法准确自动识别和分类敏感数据。
- 随着新类型数据的不断涌现，不成熟的数据安全技术可能无法快速适应新的数据类型和威胁。
- 不成熟的数据安全技术可能无法有效处理大量的或复杂的数据集，导致敏感数据漏识。
- 数据安全技术若不支持全面监控和审计，则可能无法及时检测到敏感数据的未经授权访问问题和异常使用模式。

（3）数据安全监管不到位及持续性不足。

数据安全是一个需要不断评估、改进，并适应不断变化的威胁的持续过程。如果企业在数据安全体系的建设上缺乏持续性，则可能导致一系列问题，这是因为数据安全环境不断变化，新威胁和新技术层出不穷。具体问题如下：

- 缺乏明确的数据安全政策和流程：企业没有明确的数据安全政策，或者虽有政策，但未广泛传达给所有相关人员；数据处理流程不规范，缺乏对数据访问、存储和传输的标准操作程序。
- 缺乏持续的监控和审计：缺少有效的监控系统来监测和记录数据访问和异常活动；审计不充分，无法保证数据安全措施得到持续实施。
- 弱化的访问控制：对敏感数据缺乏严格的访问控制，未实行最小权限原则；访问权限管理混乱，员工离职后未能及时回收其权限。
- 数据安全策略过时：数据安全策略和程序未根据最新的威胁情报、技术进展和业务需求进行更新，导致安全策略失效。
- 安全合规性失效：数据保护法规和行业标准不断发展，缺乏持续性的数据安全体系建设可能导致企业无法遵守最新的法规，进而面临合规风险。

2. 数据安全问题造成的主要影响

企业无法精确定义和识别敏感数据，可能导致其在实现"专数专用、高敏高保"（即对数据进行分级分类，专项数据专人应用，对高敏感度数据进行高级别保护）的数据安全策略上遇到障碍。在这种情况下，企业在保护数据资产方面可能面临以下风险和挑战：

（1）数据分类不清晰。

如果企业没有明确的数据分类体系，就无法区分哪些数据是敏感的，哪些不是。这可能导致企业对所有数据采取同等的安全措施，无法有针对性地保护真正敏感的数据。

（2）访问控制不足。

未实行"专数专用"的原则可能意味着缺乏对数据访问的严格控制。这可能导致未经授权的人员能够访问敏感数据，增加数据泄露和数据被滥用的风险。

（3）安全资源分配不当。

未能按照"高敏高保"的原则分配安全资源，可能导致敏感数据没有得到足够的保护，而不太敏感的数据却被过度投入资源进行保护。

（4）面临合规风险。

数据保护法规要求对个人数据和敏感信息进行特别保护。如果企业未能正确分类和保护这些数据，则可能面临违反法规的罚款和其他法律后果。

（5）数据泄露的风险增加。

无法精准识别敏感数据的安全体系可能导致对敏感数据的保护不足，从而大大增加数据泄露的风险。

（6）缺乏业务灵活性。

数据安全管理不善可能导致业务流程僵化，尤其是在数据安全体系不完善的情况下，敏感数据仅靠人工来识别，可能会由于为了避免潜在的安全问题而过分限制数据的使用，阻碍数据驱动能力和数据创新能力的提升。

（7）内部管理混乱。

没有明确的数据安全体系，内部管理可能也很混乱，不同团队可能对相同的数据采取不同的处理方法，导致效率低下和潜在的内部冲突。

（8）应对数据泄露问题的准备不足。

若没有针对性的保护措施和应急计划，企业在遇到数据泄露问题时可能缺乏有效的应对策略，难以迅速采取行动以减轻损害。

因此，数据安全体系的不完善会使"专数专用、高敏高保"策略难以实现，增加数据泄露和安全事件发生的风险，给企业带来严重的法律和合规隐患。

5.4.2 数据安全治理的方法和框架

为了实现数据"可用不可见、可用不可存、可控可计量"的安全流通，数据安全治理体系应运而生，由数据产生、数据存储、数据使用、数据传输、数据传播、数据销毁这六个环节组成。同时以数据为中心，整合业务流、数据流、工作流，按照人、法、物、料、环的角度进行数据安全治理。

以数据为中心，构建"三流合一"的数据安全治理体系，如图 5.4-1 所示。

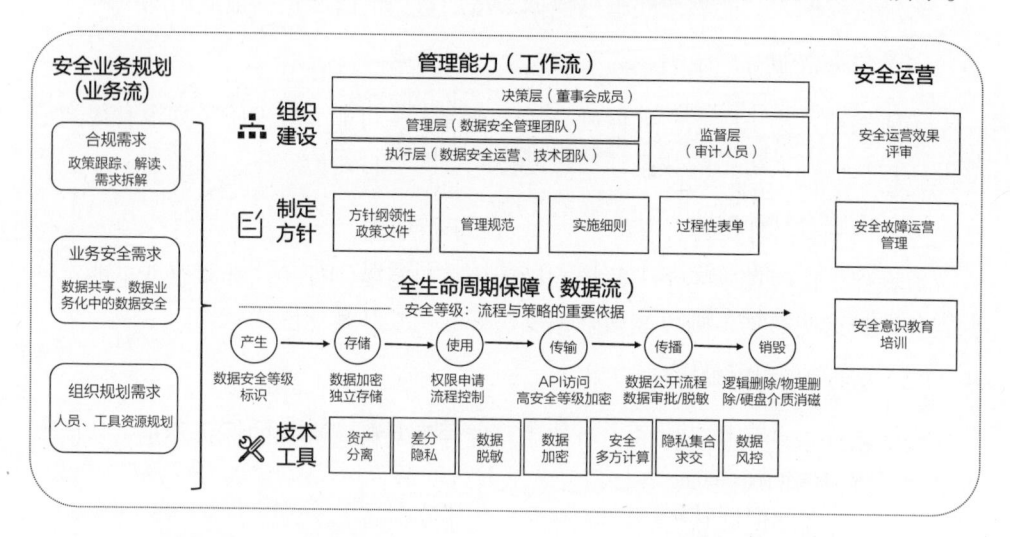

图 5.4-1 以数据为中心，构建"三流合一"的数据安全治理体系

1. 安全业务规划（业务流）

聚焦数据安全领域的合规需求，旨在有效预防合规监管的风险。任务包括关键数据资产识别、特定场景下的数据风险评估，以及推动构建科学的数据治理框架与数据安全体系。

（1）合规需求。

在全球范围内，多数国家都对数据安全和用户隐私保护设定了一系列的严格要求，如欧盟《通用数据保护条例》（General Data Protection Regulation，GDPR）和我国的《数据安全法》《个人信息保护法》等法律法规。各类企业需要密切跟踪并准确解读相关政策，有的借助法律顾问研读《个人信息保护法》等法规，防止违法违规；有的则通过聘请咨询公司审视现有的业务流程，识别涉及数据隐私之处及其合规性。国家市场监督管理总局、国家标准化管理委员会正式发布了

《GB/T 35273-2020 信息安全技术　个人信息安全规范》,该规范将作为国内个人信息保护与合规工作的重要参考,其修订和发布过程受到各方的高度关注。数据安全团队将重点针对此规范进行分析解读,探讨各业务线如何实施个人信息保护、满足安全合规需求。

（2）业务安全需求。

业务安全需求方面的关键点包括以下两个:

- 数据共享

在数字经济时代,数据流通、共享与协同已成为企业不可或缺的需求。企业自身的数据是单一且有限的,而越来越多的业务场景需要实现多方数据共享。因此,企业需要与同行业或产业链上下游的企业合作,进行多方数据共享,以释放数据的应用价值,由此产生了"数据可用不可见""数据不出域"的新型隐私安全需求。同时,数据时代的安全共享不仅局限于行业内,更延伸至其他行业、其他领域。在数据共享的实践过程中,核心目标在于实现数据价值共享而非数据本身共享,即数据可用不可见,数据不动模型动。

- 数据业务化中的数据安全

在商业数据产品中,通过产品服务向商家展示统计数据是一项基础且至关重要的功能。部分数据产品需向商家呈现其自身的购买量、销售金额、销量等数据。为使商家更准确地把握其在行业内的定位,部分产品可能还需要提供某一时间段内商家所处行业的整体购买量、销售金额、销量等数据。为进一步支持商家开展营销活动,部分数据产品还可能需要提供特定消费群体的相关购买量、销售金额、销量等数据。商家据此可洞察业务运营状况,为后续运营决策提供数据支持。然而,除了商家自身的经营数据,涉及行业等其他维度的购买量、销售金额、销量等数据属敏感业务数据或公域数据,直接公开可能存在较大的安全风险。一旦直接公开,黑灰产团队可能通过购买账号、搜集其他商家数据等方式大量获取业务数据,进而通过子行业汇总、数据分析等手法洞悉各行业乃至全网的经营状况。因此,必须结合业务场景设计安全策略,选取适合的数据脱敏方案,确保既能有效管控数据安全风险,又能使公开数据保持一定的实用性。

（3）组织规划需求。

数据安全管理的各项措施及成效与企业内部人员在动态环境中所展现的行为举止紧密关联。企业员工既是数据安全的第一道防线,又是整个数据安全管理过程中不可或缺的关键因素。为此,我们必须依托管理制度,规范全员在数据全生命周期中需要重点关注的行为，积极倡导正确的操作方式，并结合工具资源的优势，确保各类安全事件，尤其是对业务造成损害的事件，得以有效防范。

2．全生命周期保障（数据流）

以数据为中心，是数据安全工作的核心技术思想，是指将数据的防窃取、防滥用、防误用作为主线，将数据全生命周期内各阶段涉及的信息系统、运行环境、业务场景及操作人员等要素视为保障数据安全的支撑体系。此时，即便某个系统遭遇入侵，也不代表数据安全目标会被破坏；同样，单个环节的安全性再高，也无法确保整体数据保护效能。在数据全生命周期的不同阶段，数据面临的安全威胁、可以采用的安全手段可能存在显著差异。例如，在数据采集阶段，可能存在采集数据被攻击者直接窃取，或者个人生物特征数据面临泄露等风险；在数据存储阶段，可能存在存储系统被入侵进而导致数据被窃取，无应用场景的授权用户访问敏感数据，或存储设备丢失引发数据泄露等风险；在数据处理阶段，可能存在算法不当导致用户个人信息泄露等风险。对各阶段、多维度风险进行考量，强调整体而非局部的安全防护，正是以数据为中心的安全理念之精髓。

以下将主要围绕数据分类分级、数据存储安全、数据脱敏三方面展开论述。

（1）数据分类分级。

在数据采集的过程中，应实施安全保护措施以确保从源头保护数据的完整性和隐私性，其中数据分类分级是数据资产和数据安全管理的第一步。基于数据的分类分级原则，技术团队能够依照标准对数据资产进行有序梳理与长期运营管控，实现标准化作业，使运营过程有据可循。如果企业未对数据进行分类分级，那么不仅无法清晰掌握自身拥有哪些数据，也很难识别出哪些属于敏感数据。

在接下来的内容中，我们将详细讲解数据分类与分级的区别、原则、基本框架，以及在实际操作中的有效使用，希望通过这几个维度的介绍，帮助企业构建更加稳健的数据安全体系。

- 数据分类

从字面上理解，数据分类就是把组织内的相同属性或特征，按照一定的原则和方法进行区分和归类，并建立起一定的分类体系和排列顺序，以便人们通过类别来对数据进行查询、识别、管理、保护和使用。数据分类通常基于业务视角或数据管理视角，涵盖行业维度、业务领域维度、数据来源维度、共享维度、数据开放维度等。据此，可将具有相同属性或特征的数据按照一定的原则和方法进行归类。首先，数据分类是数据资产管理工作中相当关键的部分，是建立统一、准确、完善的数据架构的前提，是实现集中化、专业化、标准化数据管理的基础。其次，数据分类也是数据资产管理工作的第一步，不论是对数据资产进行编目、标准化，还是对数据进行确权、管理，乃至提供数据资产服务，有效的数据分类都是首要任务，如图 5.4-2 所示。

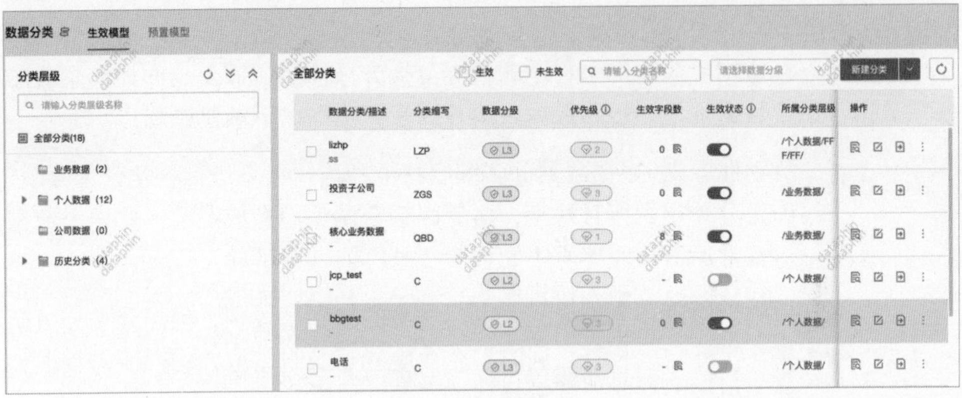

图 5.4-2　数据分类

- 数据分级

如图 5.4-3 所示，数据分级是指根据数据的敏感程度，以及数据遭到破坏（包括攻击、泄露、篡改、非法使用等）后对受害个体合法权益（国家安全、社会秩序、公共利益，以及公民、法人和其他组织的利益）的危害程度，按照一定的原则和方法进行定义。数据分级更倾向于从安全合规性要求、数据保护要求的角度出发对数据进行管理，称之为"数据敏感度分级"或许更为贴切。

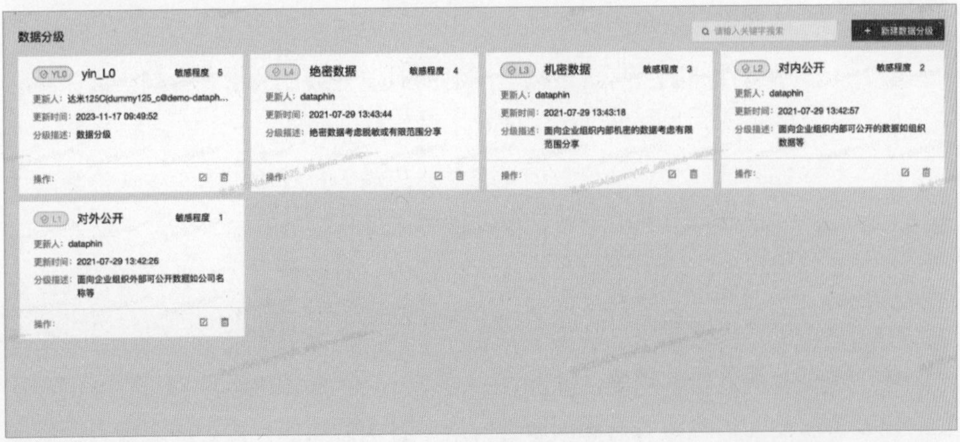

图 5.4-3　数据分级

数据分级本质上就是从数据敏感维度进行数据分类。数据分级旨在为数据全生命周期管理提供安全策略指导，且与数据分类密不可分。因此，在数据安全治理或数据资产管理领域，我们通常将数据分类与数据分级同步进行，将其统称为"数据分类分级"。

- 数据分类分级的原则

要构建一套适用于企业的、科学的数据分类分级体系，需要全面评估企业的各项数据，涵盖数据价值、敏感数据风险等因素，明确以下重要原则：

◆ 科学性原则：根据数据的多维度特征和逻辑关系进行科学分类分级，确保分类规则相对稳定，避免因频繁调整而造成混乱。此外，数据对日常运营与业务应用的重要性也应纳入考量。

◆ 适用性原则：避免设立无实际意义的类别或级别，确保分类分级结果与实际需求相符，同时，企业应能够及时获取并访问所需数据，并确保访问的数据是可靠的。

◆ 灵活性原则：在数据归集与共享前，各部门应依据业务需求灵活完成数据分类分级任务。

◆ MECE 原则：采用 MECE (Mutually Exclusive Collectively Exhaustive) 原则指导数据分类分级工作，其核心为"相互独立，完全穷尽"。必须全面覆盖所有数据，无遗漏，各类别、各级别间互斥且无重叠，同类别、同级别应保持一致，颗粒度相同。

◆ 关键性原则：强调数据对日常运营与业务应用的重要性。重点在于确保关键数据的稳定性。

◆ 敏感性原则：考虑数据泄露可能对业务造成的潜在影响。确保敏感数据受到足够的保护，防止未经授权的访问。

◆ 完整性原则：确保数据在存储或传输的过程中没有丢失或被篡改，并根据其对业务的影响程度进行完整性评估。

◆ 合规性原则：遵循法规、公司规定、监管要求或行业标准，确保数据保留的期限符合相关规定，并且在规定的期限内可随时访问。

- 数据分类分级的框架

建立有效的数据分类分级框架至关重要，对企业而言，这有助于规范数据管理，提高数据的使用效率，如图 5.4-4 所示。

第 5 章 资产化：数据治理与管理

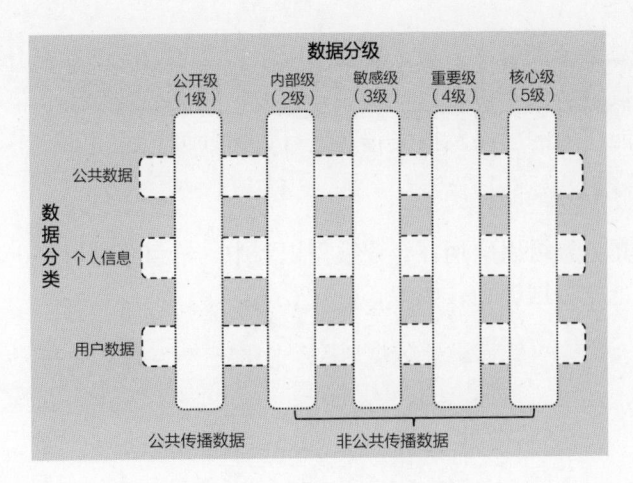

```
                    数据分级
          公开级   内部级   敏感级   重要级   核心级
          （1级）  （2级）  （3级）  （4级）  （5级）

   公共数据

数据
分类  个人信息

   用户数据

        公共传播数据      非公共传播数据
```

图 5.4-4　数据分类分级框架

数据分类存在多种视角与维度，其主要目的在于提升数据管理与使用的便利性。以业务为出发点，常用的数据分类方法包括：按关联关系分类、基于业务来源分类、基于内容分类、基于监管要求分类等。而数据分级的常用方法有：按特性分级、基于价值分级（如公开级、内部级、敏感级、重要级、核心级等）、基于敏感程度分级（如公开、秘密、机密、绝密等）、基于司法影响范围分级（如大陆境内、跨区、跨境等）。

在进行数据分类时，数据处理者应首先遵照国家与行业设定的数据分类规范，但如果所处行业缺乏专门的数据分类规范，则可根据组织运营的需求进行数据分类。常见的数据分类维度有但不限于以下几种：

- 公共管理维度：将数据分为公共数据、社会数据。
- 信息传播维度：将数据分为公共传播信息、非公共传播信息。
- 公民个人维度：将数据分为个人信息、非个人信息。
- 行业领域维度：将数据分为工业数据、电信数据、金融数据、交通数据、自然资源数据、卫生健康数据、教育数据、科技数据等。
- 组织经营维度：将数据分为用户数据、业务数据、经营管理数据、系统运行和安全数据。

数据分级遵循国家数据安全视角，通常将数据划分为一般数据、重要数据、核心数据三级。数据处理者在遵循此基本框架的同时，可根据行业数据分类分级规则或组织的具体经营需求，兼顾影响对象、影响程度两个因素细化数据分级。

企业可参照上述数据分类分级策略，结合自身业务特性和合规要求，制定符合企业特点的数据分类分级方案，确立适应组织实际情况的数据分类分级原则与方法，将数据按重要性予以分类。随后，在数据分类的基础上，依据数据安全受损后对组织可能造成的后果及损失程度进行数据分级。

- 数据分类分级的使用

数据的分类分级可以应用在企业数据识别中，给每个字段打上数据分类分级的标签，用于企业数据识别，如图 5.4-5 所示。

图 5.4-5　企业数据识别

通过数据分类分级，结合数据安全的流程规范，可制定企业级个性化审批链路，如图 5.4-6 所示。

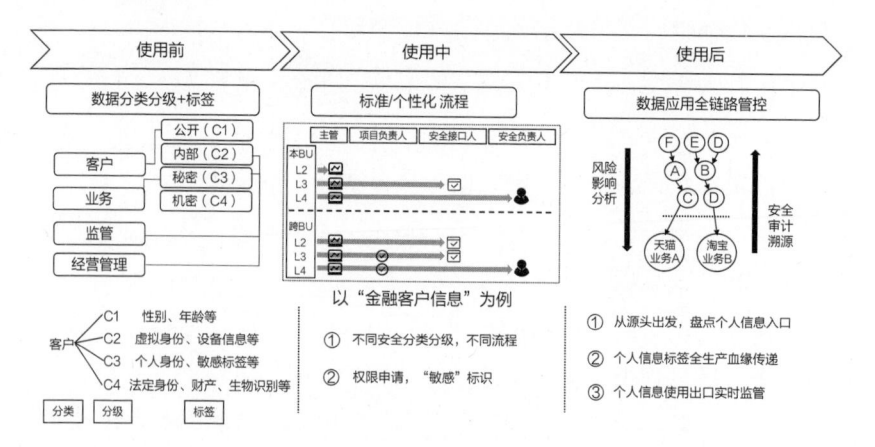

图 5.4-6　企业级个性化审批链路

（2）数据存储安全。

随着企业的数字化转型，数据会被存储在各类云服务商提供的存储系统中。从较传统的块存储和文件存储，到数据库、数据仓库等结构化存储，再到缓存、对象存储等新型存储，企业的数据会分布在各种应用系统和数据存储系统中。为了确保数据的机密性、一致性和可用性，在数据存储的过程中会进行加密处理。

（3）数据脱敏。

在使用敏感数据的过程中，可能面临数据被非法泄露、未经授权篡改、假冒或非法使用等安全风险。数据脱敏的目的是在保留数据原始特征的同时，改变其部分数值，从而避免未经授权者非法获取组织的敏感数据，实现对敏感数据的保护。此外，数据脱敏还能保证系统测试、业务监管等相关处理不受影响，即在保留数据含义和有效性的同时，确保数据安全并遵守数据隐私规范。通过数据脱敏，数据信息可以被继续使用并与业务保持关联，而不会违反相关法规，也能防止数据泄露。数据脱敏主要分为静态脱敏与动态脱敏两种形式，下面将分别介绍。

- 静态脱敏：静态脱敏是指将数据抽取并进行脱敏处理后下发至测试库，以供开发、测试、培训、数据分析人员及外部第三方人员使用。脱敏后的数据与生产环境隔离，可确保生产数据库的安全，同时满足业务需求，如图 5.4-7 所示。

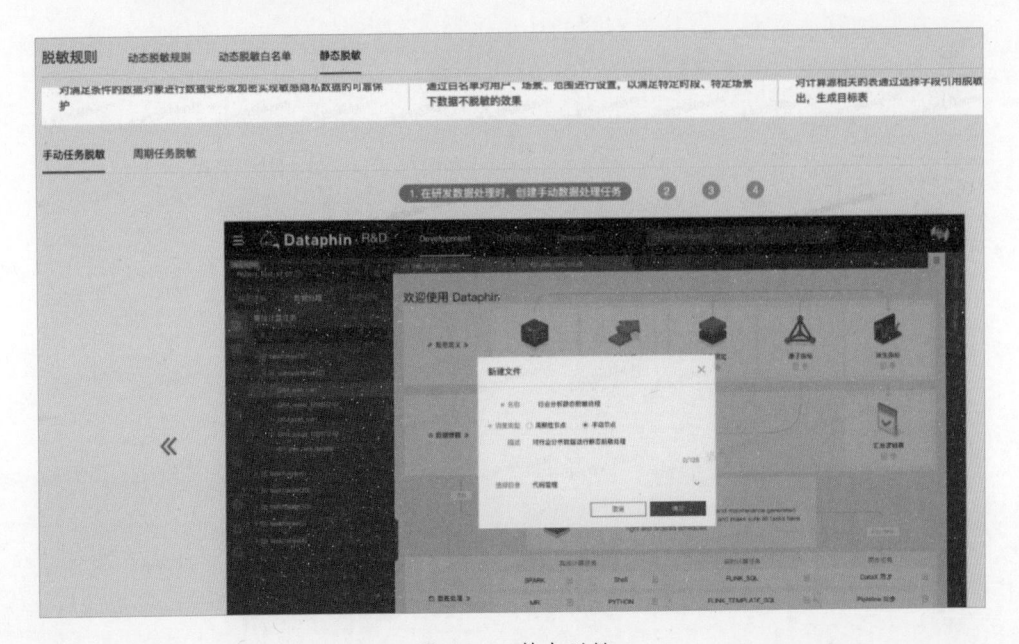

图 5.4-7　静态脱敏

- 动态脱敏：动态脱敏适用于不脱离生产环境的情况，对敏感数据的查询和调用结果进行"实时"脱敏。动态脱敏基于"权限最小化访问、使用"原则对业务系统的生产库或生产数据进行实时脱敏处理，确保脱敏后不包含敏感数据，以供需求人员安全使用，如图 5.4-8 所示。

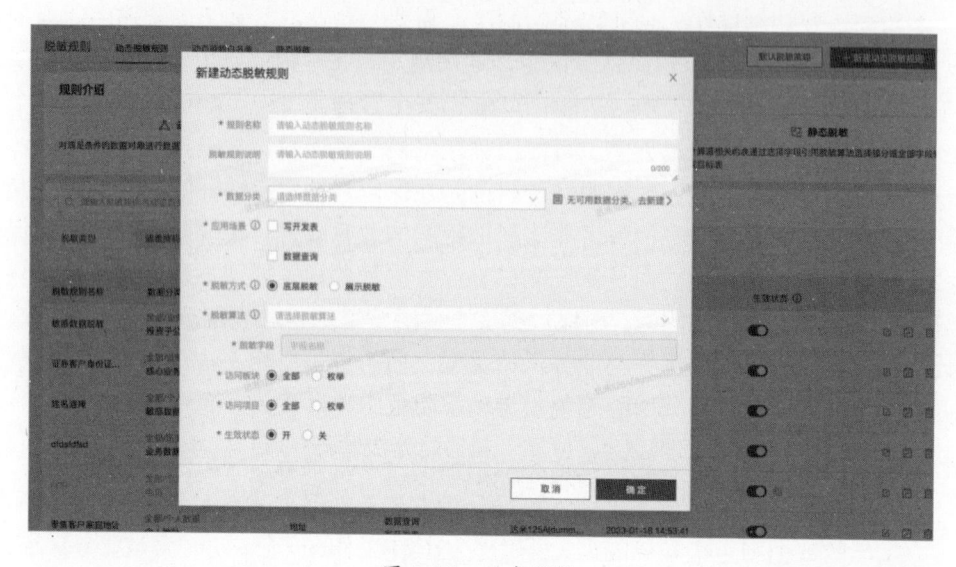

图 5.4-8　动态脱敏

在脱敏算法方面，应基于不同的场景选择不同类型的算法，例如哈希脱敏、遮盖掩码、加密、解密等算法，如图 5.4-9 所示。

图 5.4-9　脱敏算法

3. 管理能力（工作流）

制度建设是构建企业数据安全合规体系的核心，旨在建立数据安全合规管理机制，以满足不同国家、地区和行业的数据安全政策法规，为日常数据安全管理提供制度依据。这也是决定后续制度能否顺利执行的基础。每个企业的具体情况各不相同，数据制度作为企业内部的制度，需要与企业的实际情况紧密结合。根据《数据安全法》《个人信息保护法》等通用规定，无论企业属于何种行业，只要在日常运营中涉及数据处理行为，则其数据安全管理制度中至少应包含以下两个层面的规定。

（1）制定方针。

- 方针纲领性政策文件：方针政策属于企业数据安全制度的纲领性文件，原则上包含数据合规的总体目标、基本原则、法规遵循等纲领性内容，在具体制度上通常体现为《数据安全管理办法》。

- 管理规范：在一般的数据安全风险防范中，最重要且每个企业原则上都必须具备的管理规范包括《数据分类分级管理规范》《全流程数据安全管理规范》《企业员工管理规范》等。

- 实施细则：将管理制度无法涵盖的具体工作安排以操作流程或执行指南的形式呈现，旨在解决"落地难"的问题。通常，企业中可能会有《财务数据管理实施细则》《第三方人员管理实施细则》《办公机房安全管理实施细则》等。以《财务数据管理实施细则》为例，财务数据属于企业涉密数据，一旦泄露可能引发重大经济损失，细则可以对财务部门不同职级员工查看财务数据的范围、权限，其他员工查询财务数据的审批流程，以及财务部门员工的离职审批流程等进行详细规定，以明确财务数据安全维护的具体责任归属。

- 过程性表单：企业常用的表单包括《访问控制记录表》《数据合规承诺书》《数据安全培训考核表》等。例如，《访问控制记录表》可设置身份认证、权限管控、流程审批、记录查询等模块，以确保对重要数据的访问进行有效记录。

（2）组织建设。

数据安全管理制度属于企业内部制度，只有设置完善的组织部门、将数据合规的义务责任落实到具体部门和人员，才能真正保证企业数据合规体系的高效运行。因此，确定组织架构是搭建企业数据安全治理体系的第一步。

组织架构中通常应包括一个最高决策层，通常由董事会成员组成，最高决策层下设管理层、执行层和监督层。

在实践中，大多数企业已有成熟的组织架构，如法务部、人事部、业务部、运维IT部等。搭建数据安全治理体系的组织架构时，可能会好奇如何将数据安全治理所需的架构与公司现有的组织架构结合。企业可以在董事会层面设置一位或几位董事担任"数据安全最高责任人"，根据自身原有组织架构，融入决策层、管理层、监督层和执行层。例如，企业已有的法务部可作为监督层，人事部和业务部作为执行层，同时根据企业涉及数据业务的规模、所处行业、体量等因素，决定是否单独设立数据合规部。

4．安全运营

随着企业组织人员的流动和变化，每个人对数据安全的意识和理解程度也不同，这会直接影响日常数据安全政策和策略落地后的效果。因此，建议建立企业内部数据安全意识教育培训制度。为数据安全管理员提供专业合规政策解读、前沿研究报告、数据安全相关技术及产品使用等方面的培训。而针对实习生、外包人员、新入职员工，应在入职、在职、转岗、待离职和离职等关键环节组织数据安全方面的科普性常识和技术培训。

5.4.3 数据安全实践

为确保企业数据的安全性，全面推行数据安全措施实属必要。接下来，我们一起来看看数据业务中有哪些常见的安全场景，以及如何通过实际流程来实现敏感数据的安全保护。

1．安全场景

（1）场景1：数据业务中的敏感数据保护。

在日常的数据业务运转中，数仓工程师、数据研发师、数据分析师或业务分析师等需要经常接触数据，包括查询、统计和修改数据等。在这个过程中，存在数据泄露的风险，例如直接查询到用户的姓名、手机号等。虽然可以通过授权机制来严格控制人员的数据访问权限，但由于接触的可能是明文敏感信息，因此仍然存在数据泄露的风险。通过敏感数据识别和保护功能，可以在数据日常流转和查询的过程中，确保展示给外部的是经过脱敏处理后的数据。例如，姓名"张三"显示为"*三"，手机号"18612345678"显示为"186****5678"。这样能确保数据在流转过程中不会出现意外泄露。

（2）场景 2：脱敏白名单的灵活运用。

在某些场景中，可能需要查看原始的数据，这时可以使用脱敏白名单功能，允许特定用户或角色在特定时间内访问原始数据。例如，对于企业中的一些敏感数据（如上市公司的财务数据），特定人员（如高级员工、公司宏观决策支持分析师）可以在某段时间内（如公司财报发布前一个月）查看明文数据，而其他人员，或特定人员在其他时间内则无法访问。这可以通过设置脱敏白名单和限制有效时间来实现。

2．实现流程

实现敏感数据保护主要分为以下三个步骤：

（1）识别敏感数据：即设定数据分类、数据分级、识别规则等。

（2）设置敏感数据保护方式：为识别出的敏感数据选择合适的脱敏算法，设置脱敏规则。

（3）数据消费：在进行数据消费时，对应用进行脱敏处理。

5.5 数据成本管理

在数据驱动的商业环境中，数据成本管理已成为企业关注的焦点。随着数据量的增长和数据处理需求的提升，如何合理利用数据资源、优化数据治理体系、准确衡量数据成本，成为现代企业面临的核心挑战。有效的数据成本管理不仅有助于提升企业的运营效率，还可以降低不必要的资源消耗，提高核心竞争力。

本节将围绕数据资源利用的核心挑战、资源治理闭环体系的构建，以及数据成本计量与模型设计这三个维度展开讲解数据成本管理。

5.5.1 数据资源利用的核心挑战

数据资源的有效利用对企业的成本控制和运营效率提升而言至关重要。然而，在数据管理实践中，许多企业仍面临着核心挑战。

1．资源治理与降本意识薄弱

从企业的角度看，目前许多企业的数据量级和规模尚不足以产生显著的成本压力,企业的核心关注点在于如何让数据赋能业务并创造价值,而往往忽略了数据成本管理和控制。从个人的角度看,开发人员只注重满足当前需求,而忽略了后续优化;他们只关注数据上线后的质量和稳定性,却忽略了数据生产的经济性和合理性。

2. 成本量化与治理抓手不足

资源消耗难以量化为成本,导致数据成本不明确;资源浪费问题难以有效识别,导致资源评估没有统一标准;没有统一的标准,数据治理流程就缺乏强有力的抓手,难以推进。

3. 执行效率与工具支持缺失

许多企业中的开发者在识别和处理资源使用问题时,主要依靠人工方式,这种方式不仅执行难度大、效率低,效果也不佳。此外,由于企业开发者的技术能力参差不齐,难以保证问题判断的准确性和治理优化的效果,因此,需要配套的自动化工具来提供支撑。

5.5.2 资源治理闭环体系的构建

本节将从方法论和工具两个维度介绍资源治理闭环体系的构建。

1. 资源治理方法论

(1)资源治理业务设计。

通过有效识别资源浪费问题,并准确计量成本消耗,生成个人和组织的资源健康评分和成本账单。借助这些工具,提升个人和组织的成本意识与资源治理的主观能动性,从而实现对大数据资源的合理利用,以及对成本的有效管控。

(2)资源治理数据流。

针对全域数据生产实施资源使用健康度评估及成本核算,以形成个人及组织的资源健康评分及成本账单,具体操作如下:

- 对于全域范围内的数据,遵循统一的数据加工成本计算规则进行精算,为每一份数据资产出具成本账单。
- 审视全域数据资源的使用状况,揭示并记录资源浪费问题,据此为每一份数据赋予资源健康评分,并精确预估潜在的降本空间。

（3）资源治理工作流。

以治理开发者个人的资源浪费问题为基础，推动部门、集团层面的资源及成本治理，落实降本行动。

- 针对开发者及部门的数据集生成成本账单，根据账单中体现的资源浪费情况，快速定位需优化的重点个人及部门数据资产。
- 对开发者个人资源使用情况进行健康度评估，依据健康评分揭示的治理要点，引导个人及部门实施资源治理与任务优化，旨在微观执行层面上实现降本目标。

2．资源治理工具

在方法论的基础上，需要一个成熟的工具，帮助我们快速建立资源治理体系，真正减少大数据建设中的资源及成本浪费。

首先来看看资源治理的实际应用场景，以便对资源治理的必要性和价值有更直观的认识。

- 场景1：存储优化——长期无人使用的表

企业通常会有相当数量的表，但由于业务变更或人员流动，这些表可能已长期无人使用，但仍在消耗大量的计算和存储资源。

- 场景2：计算优化——异常计算任务

在持续的数据生产、应用、交接等过程中积累了大量异常计算任务，它们浪费大量计算资源。其中包括暴力扫描（全表扫描或扫描大量分区）、数据膨胀（数据产出远远大于输入）、数据倾斜（部分节点处理时间过长）等情况。此时，需要对任务进行代码优化，以提高计算性能，合理使用资源。

Dataphin资源治理功能（如图5.5-1所示）具备强大的资源分析能力，能智能识别当前系统内资源使用不合理或存在浪费现象的数据表。通过治理工作台，一站式地进行资源优化处理，全局把控计算与存储成本，提升计算资源使用效率，避免计算和存储成本的无效浪费。

图 5.5-1 Dataphin 资源治理功能

（1）治理模块。

治理模块主要包括资源管理、治理概览、治理工作台和治理项管理等。

- 资源管理用于分析资源使用情况，从整体视角展示资源消耗、消耗增速、消耗分布及资源治理概况。

- 治理概览由治理分析和治理效果两部分组成。治理分析进行全局问题诊断，并对待治理问题进行分析。治理效果用于评估治理后的结果，推动治理优化。

- 治理工作台由"我的治理"和"项目治理"两部分组成。"我的治理"面向当前登录用户，根据其参与和负责的项目，提供高效快捷的治理入口。"项目治理"对当前用户参与和负责的项目信息进行管理。

- 治理项管理包含元数据注册、治理项管理、推送管理和任务管理等模块。用户可以自定义创建治理项、发起推送、查看任务执行情况，也可以使用系统内置的通用治理项。

（2）特点优势。

资源治理的优势显著，主要体现在以下几个方面：

- 内置治理项，开箱即用：Dataphin 在系统内部对数据生产和存储进行了元数据采集，并预装了常见的存储和计算治理项（见图 5.5-2），确保开箱即用。这样可以快速查看全局资源情况，并进行相应的优化分析。

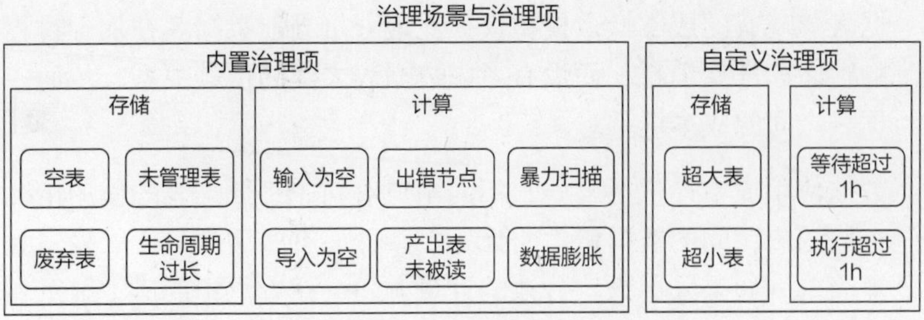

治理场景与治理项

内置治理项			自定义治理项	
存储	计算		存储	计算
空表 / 未管理表	输入为空 / 出错节点 / 暴力扫描		超大表	等待超过1h
废弃表 / 生命周期过长	导入为空 / 产出表未被读 / 数据膨胀		超小表	执行超过1h

图 5.5-2　治理场景与治理项

- 治理项支持灵活自定义：Dataphin 支持用户自定义治理项，提供更灵活的治理场景。比如，想检测小表格，可以新建治理项"小于 1 MB 的表"，从而自动找到这部分数据表并进行针对性治理。
- 密切结合数据生产场景：Dataphin 的治理模块与数据研发模块、数据资产模块紧密结合。对于发现的治理项，可以直接在治理工作台对其进行处理，并让治理结果立即在研发任务和资产存储中生效，从而实现一站式资源治理。

5.5.3　数据成本计量与模型设计

随着大数据时代的到来，海量数据的存储、计算和加工需求愈发凸显，数据间的关联与交互变得尤为重要。这些海量数据通常以结构化或半结构化的形式被存储在云计算集群中，如 MaxCompute（云原生大数据计算服务）、Hadoop（分布式系统基础架构）等。数据之间的关系通过存储在集群中的数据表来组织和展现。不同公司之间，以及同一家公司的不同业务部门之间会通过互访、流转和交换数据，充分挖掘大数据时代的数据价值。然而，在大数据背景下，数据的存储、计算、管理和维护都需要消耗相当高的软硬件成本和人力成本，因此，如何计量数据相应的成本，以及数据使用该如何计费，成为数据在互访、流转和交换过程中面临的重要问题。目前已有的技术方案对数据表成本的计量方法如下：

- 数据加工成本计量：仅根据数据加工过程中消耗的计算型硬件资源（如 CPU、内存）和存储资源（如硬盘）来计量数据表的成本。
- 数据使用成本计量：将数据加工成本平均分摊给数据表的每个使用者，不根据每个使用者的具体使用情况调整分摊方式。

而这些计量方式仍存在一些关键问题，主要有以下两点：

- 数据加工成本计量不准确：一张数据表的产生，可能依赖于上游多张数据表。现有的成本计量模型仅孤立地分析当前数据表在加工过程中产生的存储和计算消耗，而没有考虑数据表之间的依赖关系，从而忽略了数据表之间的成本继承。

- 数据使用成本计量不准确：不同用户对同一张数据表的使用情况各异。有些用户访问的数据量大，计算复杂；而有些用户只读取少量数据，计算简单。如果采用平均分摊的计量方式，两者承担的成本继承相同，显然不公平且不合理。

因此，接下来将分别介绍数据加工成本及数据使用成本的计量模型与方法。

1. 数据加工成本的计量模型

如图 5.5-3 所示，数据加工成本计量模型包括存储成本、计算成本和扫描成本三部分。存储成本和计算成本主要从数据表自身的角度反映了在数据加工过程中实际的软硬件消耗。而扫描成本则考虑到数据加工过程中数据表的依赖关系，计算方式是根据子表对父表的扫描量在父表总扫描量中的占比来分摊父表成本。

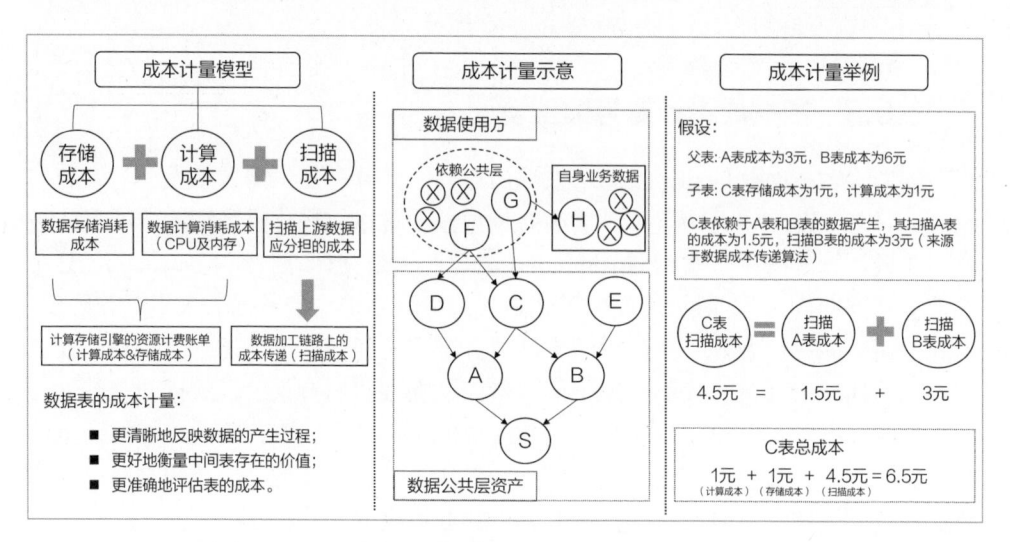

图 5.5-3 数据加工成本计量模型

数据加工成本计量模型的特点如下：

（1）创新性地引入了扫描成本的概念，避免仅使用硬件资源消耗作为数据表的成本。通过扫描成本概念，可以体现数据加工过程中下游数据表对上游数据表的依赖。

（2）通过引入扫描成本，避免在分析数据表的成本时仅孤立地看待单个表。

本模型在进行数据表成本分析时，会综合考虑某表的上游数据表。

（3）扫描成本根据各数据表对上游数据表的扫描量按比例分摊，能够做到公平、合理、科学计量。

2．数据使用成本的计量模型

根据数据加工成本的计量方式，我们可以得到数据表的三部分成本，即计算成本、存储成本、扫描成本。数据使用成本的计量是指，将这三部分成本按一定比例分摊后，进行加权求和，各部分成本的分摊比例算法有所不同，如图 5.5-4 所示。

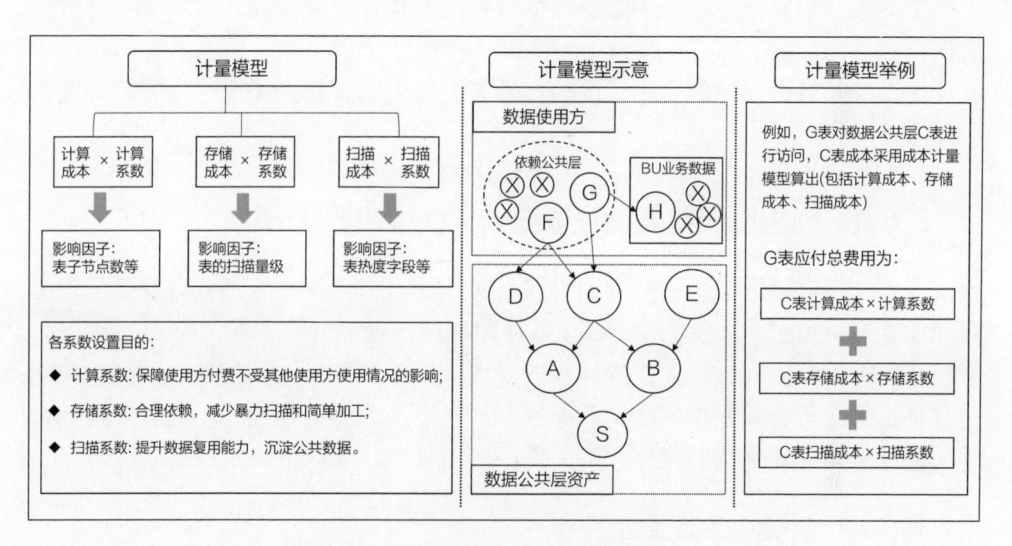

图 5.5-4　数据使用成本计量模型

数据使用成本计量模型的特点如下：

（1）充分考虑了其他部门对数据表的访问情况，实现按照数据使用量计费，并为数据模型优化提供决策支持。

（2）在存储计费中，考虑了数据表的扫描量级；在计算计费中，考虑了下游访问的广度；在扫描计费中，考虑了数据表的层级深度及访问表中热度字段的比例。

5.6 数据治理运营体系建设

为了保障数据治理策略有效落地，加强对数据资产的管理，降低各类数据的理解成本，加快落实数字化战略，推动业务数据化与数据业务化，需要完善数据治理组织架构，完善数据治理制度，构建数据 owner 认责机制，建立数据治理人才体系及培训机制，加强数据治理文化建设，全面构建数据治理保障体系。

接下来，本节将详细介绍结合数据治理实践和行业经验设计的阿里巴巴数据治理模式："0-1-N"模式、数据治理的人才体系及培训机制、数据治理的管理机制优化，以及数据治理的文化建设与宣导等关键内容，帮助企业建立完善的数据治理体系。

5.6.1 阿里巴巴数据治理模式："0-1-N"模式

完善的数据治理组织是数据治理成功实施的有力保障，包括成立数据治理组织和设置组织角色及职责两个方面。数据治理是一项综合性工作，需要业务部门、科技部门等多方协同合作。组织架构的设置应按照"明确治理层次、明确工作职责、确定工作角色和岗位要求"的原则，清晰定义数据治理组织中的各个角色，并明确每个角色应承担的具体职责，确保各司其职，从而推动组织高效运转。

1. 0：大脑-数据治理委员会

数据治理委员会由数据管理领导、技术线与业务线高管，以及数据治理专家组成。核心角色包括委员会主任、常委（业务条线高管）、执行委员（数据管理负责人）和秘书团（运营人员）。

主要职责包括：承接数据战略，确立数据治理方向和目标；建立企业级数据治理制度和标准；对数据治理工作重大事项进行决策。

2. 1：推进实体-归口管理部门

归口管理部门由数据治理委员会负责人和各领域专家组成。核心角色包括数据治理架构师、数据模型专家、数据治理领域（如元数据、数据标准、数据质量、数据安全和数据成本）专家，以及数据治理运营负责人。

主要职责包括：根据数据治理委员会的指引，制定数据治理机制、流程和规范；细化数据治理工作并在各领域落实，引导、推动和监督各领域的相关工作，形成长效治理机制。

3．N：执行实体和虚拟组织

主要包括业务数据管理部及数据责任人两类执行实体。

- 业务数据管理部由业务条线数据管理负责人组成。其主要职责包括业务领域的数据治理、落实数据治理长效机制、监管数据治理相关工作等。
- 数据责任人主要由数据拥有者及数据使用者组成，包括数据研发人员、数据分析师、数据科学家等。其主要职责为，与归口管理部门对接，执行相关的数据治理操作，协助业务方完成数据治理需求的落地，保障资产健康，提供优质数据。

5.6.2 数据治理的人才体系及培训机制

1．储备适配企业的专业人才

满足数据治理组织和角色需求的人才是实施数据治理的关键。要设置关键角色，明确各自的职责要求，并建立配套的培训机制与人才体系，确保人才能够持续推动数据治理工作。以下两种类型的人才值得企业重点关注。

（1）数据治理架构师。

此类人才既要具备专业的数据治理知识，又要具备良好的业务理解能力、沟通能力和领导能力，以确保数据治理策略符合组织的业务需求并能得到有效实施。他们负责承接决策层的指引，将数据治理工作细化到各领域，并推动和监督相关工作的进展，确保数据资产得到合理管理，以达成组织的业务目标。

（2）数据治理领域专家。

此领域专家应掌握一项或多项数据治理领域的技术，并具备一定的数据治理成功经验。涉及的关键领域包括：

- 元数据领域：理解元数据管理的原理和实践，熟悉相关的元数据管理工具和平台，具备数据建模和数据架构的知识。能够维护元数据目录和库，并具备良好的沟通能力，以确保元数据的准确性并有效将其传递给所有相关方。
- 数据标准领域：熟悉行业和国际数据标准，了解如何定义企业级数据标准和规范,并能有效推动数据标准化工作。在不同业务单元和技术团队间推广与实施数据标准。

- 数据质量领域:掌握数据质量工具和方法,能够设计和实施"三流合一"的数据质量指标、管理体系和评价体系。在产品工具上落实相关方法和管理机制,实现数据质量的事前防控、事中监控、事后管控,持续监督数据质量问题并采取改进措施。

- 数据安全领域:具备丰富的数据安全知识,熟悉数据安全和隐私保护的法律法规,了解各种数据安全框架和标准。熟悉数据加密、脱敏、解密等数据保护技术,能够进行风险评估和安全漏洞评估,设计数据访问控制策略,并在组织内部落实数据安全的最佳实践。

2. 配套的培训机制与资格认证体系

数据治理配套的培训机制与资格认证体系是专为提升数据治理相关人员的专业技能与知识水平而设计的教育培训体系,旨在确保数据治理团队具备完成其职责所需的能力,以支持数据治理的策略和目标。以下是一些关键要素。

(1)基础培训课程。

- 数据治理概念和原则:介绍数据治理的基本理论、框架、最佳实践和业务价值。

- 数据管理基础:提供数据库管理、数据建模、数据存储和数据处理的基础知识。

- 数据架构与模型:深入讲解数据架构设计、数据仓库和数据湖的建设和维护。

- 元数据仓库及全链路数据血缘管理:教授学员如何管理元数据,建立元数据仓库及元数据标准。

- 数据治理各领域基础:涵盖数据标准的概念、度量、制定和改进策略的数据标准管理;涵盖数据质量的概念、度量、监控和改进策略的数据质量管理;涵盖数据保护法律法规、数据加密和脱敏、数据访问控制等内容的数据安全与隐私保护管理。

(2)内部研讨会和学习课程。

- 提供在线课程和自学资源,鼓励团队成员持续学习和自我提升;同时,促进跨部门的知识共享,以增强团队成员对不同业务单元数据治理需求的理解。

- 组织定期的研讨会、工作坊，邀请行业专家分享经验和最新趋势。
- 制订内部培训计划，针对组织特定的数据治理工具和流程提供指导，并开展部门间的交叉培训和实战演练。
- 建立导师制度，让资深员工指导新员工；通过实际项目和案例研究，提供实战学习机会。

5.6.3 数据治理的管理机制优化

1. 管理机制

数据治理管理机制作为数据治理工作的重要制度保障，基于数据治理组织架构的层次，将数据治理框架划分为数据治理总纲、数据治理制度、数据治理流程规范（实施细则）三个层次。该框架明确了数据治理的目标、原则、工作方式、实施路径和执行计划。其中，总纲是企业数据治理的纲领性文件，是落实数据资产管理各项活动必须遵循的最基本原则。制度回答了"应该做什么"和"为什么要这么做"。流程规范则详细说明了"如何做"和"谁来做"。制度提供了执行流程的理由和基础，流程规范确保制度能够被正确执行，并达成预定目标。两者相辅相成，共同构成组织的数据治理体系。

本节将主要围绕数据治理总纲、数据治理制度和数据治理流程规范展开讨论。

（1）数据治理总纲。

数据治理总纲是最高层次的数据治理制度决策，旨在指导数据治理和管理活动，并防范数据风险。它是建立和完善数据治理体系的基本方针和纲领，用于指导各项数据管理制度的建立，确保IT系统安全、持续、稳健运行，同时不断推动业务创新，提升数据使用和管理水平。数据治理总纲的制定原则包括：

- 原则性：内容简单明确，体现数据管理的范围。
- 系统性：描述贯穿整个组织范围的各管理领域的基本活动内容。
- 稳定性：总纲一经制定和发布，在其有效时间内将保持相对不变。
- 权威性：总纲由数据管理委员会授权制定，旨在实现数据治理与管理。

（2）数据治理制度。

数据治理制度作为数据治理体系的基石，确立了组织在数据治理方面的核心价值观和行为准则，是指导和约束数据治理活动的一系列政策、标准、原则和规则。该制度侧重于确定数据治理的目标、原则和总体框架，为数据治理提供高层次的指导和战略方向，具体包括以下几个方面：

- 元数据管理制度：规定如何管理描述数据特征和数据管理信息的元数据，支持数据的查找、使用和维护。

- 数据标准管理制度：明确数据的编码、格式、命名和结构等方面的标准，以确保数据一致性和可互操作性。

- 数据质量管理制度：定义数据质量的标准和指标，规定如何维护数据质量，包括数据质量的测量、监控、改进和报告流程。

- 数据安全和数据合规制度：规定数据保护的政策和程序，确保数据在全生命周期内的安全性和隐私性，包括访问控制、数据分类、数据加密、隐私数据处理等，以确保数据符合相关法律、法规和行业标准。

- 数据存储和备份制度：规定数据如何存储、备份和恢复，以及数据的保留期限和归档策略。

- 数据访问和使用制度：规定谁可以访问数据，可以访问哪些数据，以及在什么条件下可以访问和使用数据。

- 数据生命周期管理制度：描述数据从创建到销毁的整个流程，包括数据的收集、存储、使用、维护、归档和销毁。

- 数据监控和审计制度：规定定期监控和审计数据管理活动的方法，以确保数据治理的有效实施和持续改进。

这些制度是组织内外部数据管理活动的基础，要求所有相关人员必须了解并遵守。此外，数据治理制度不是一成不变的，随着组织环境的变化和数据治理实践的深入，需要定期对其进行审查和更新。

（3）数据治理流程规范。

数据治理流程规范是一系列确保数据在全生命周期中得到适当管理的实施细则、规程、标准、指南和步骤。这些规范通常涵盖从数据的创建、采集、存储、使用、共享到最终的归档和销毁的所有环节。数据治理流程规范通常由数据治理委员会制定，并由数据治理办公室（归口管理部门）和执行单位的相关角色负责执行，旨在加强特定部门或特定数据管理领域的管理，促进具体工作的可操作化、制度化、规范化，不断提高特定数据的管理水平和实施效果。为确保其有效性，这些流程规范应得到充分的沟通、监督和执行，以及定期的审查和更新，以适应组织和市场的变化。以下是数据治理的关键流程规范：

- 数据采集和存储规范：数据埋点采集规范、外部数据采买规范、集团及各子公司数据融合和存储规范、数据归档和销毁流程。
- 数据研发规范：数据模型设计规范、数据研发流程及规范、数据运维流程及规范、数据变更管理规范。
- 元数据管理规范：元数据采集规范、元数据建模规范、元数据管理及维护流程、元数据变更管理规范、元数据服务及应用规范。
- 数据资产管理规范：数据标准规范、数据质量规范、数据安全规范、数据成本规范。
- 数据服务规范：数据服务需求管理规范、数据交换与共享规范、数据流通管理规范、数据服务计量与计费规范。
- 审计和检查：监控和审计流程、合规性检查流程、评估和改进流程。

2. 数据治理长效机制

根据当前的数据状态和业务性质，设定可量化的数据治理目标，包括健康度目标、数据质量目标、数据稳定性目标、数据安全目标等。基于这些目标，制定符合企业特性的数据治理策略，配备相应的数据治理工具，并制定实施运营方案，定期进行标准更新和健康度普查，持续改进，形成长效的数据治理机制。以下是这一过程中的关键步骤和考虑要素：

（1）设定目标：确保与业务战略目标对齐，明确数据治理的长期和短期目标；定义可量化的关键绩效指标，以衡量数据治理成功与否。

（2）制定策略：根据组织的业务需求和数据现状，制定全面的数据治理策略和框架；确定数据治理的组织结构和责任分配，包括关键角色和团队配置。

（3）配备工具：选择支持数据治理策略的技术工具和解决方案；确保这些工具能与现有的IT架构集成，并支持未来的扩展。

（4）实施运营：执行数据治理计划，包括数据分类、数据质量改进、数据安全性和合规性管理等；建立跨部门协作机制，以确保数据治理策略在整个组织范围内得到有效实施。

（5）更新标准：定期评估和更新数据治理相关政策、流程和标准，以适应业务变化和技术发展。

（6）健康度普查：定期检查数据治理的健康度，评估数据治理计划的效果；通过数据治理成熟度模型，评估组织数据治理的成熟度和进步情况。

（7）持续改进：基于健康度普查的结果，识别需要改进的领域并制订行动计划；鼓励数据治理团队持续学习并分享最佳实践，持续提升数据治理的效率和效果。

5.6.4 数据治理的文化建设与宣导

文化建设的核心是提升数据团队对数据治理的重视程度，建设数据治理文化，培养数据治理意识。文化建设主要包括基础文化建设、奖惩机制设立、品牌活动宣导等方式。

1. 基础文化建设

数据治理的基础文化建设的目的是，在组织内部建立一种重视数据、尊重数据和依赖数据的文化氛围与价值观。这种文化将数据视为组织决策和业务运营的核心资源，并将数据管理和数据治理作为每个员工的责任和义务。以下是几个关键的基础文化建设要点：

（1）数据意识和教育：通过培训和教育活动，提高员工对数据的认识和理解，使他们意识到数据在组织决策和业务运营中的重要性与价值。

（2）领导者的示范作用：组织领导者需要以身作则，积极关注和运用数据，在决策和行动中展示出对数据的重视。

（3）数据驱动的决策文化：倡导数据驱动的决策文化，鼓励员工在决策过程中基于数据进行分析和判断，促使数据成为决策的依据。

（4）开放的数据共享文化：鼓励员工主动分享数据，促进跨部门的数据交互，搭建数据共享平台和机制。

（5）数据治理的责任意识：将数据治理看作每个员工的责任和义务，鼓励员工积极参与数据治理活动，推动数据治理规范流程的落地。

（6）持续改进和学习文化：倡导持续改进与学习，鼓励员工不断提升数据治理能力，推动数据治理实践的不断优化和提升。

通过以上基础文化建设，组织内部可以形成一个积极支持数据治理的文化，将数据治理融入日常行为和决策中,为组织的发展与创新提供稳固的基础。

2. 奖惩机制设立

奖惩机制是确保数据治理策略得到有效执行的重要手段,有助于组织建立并保持良好的数据质量、数据安全和数据治理流程规范。适当的奖惩机制可以激励员工遵循数据治理的最佳实践。

(1) 奖励机制。

- 表彰和奖金:对遵循数据治理流程规范的个人或团队进行表彰,可能包括奖金奖励。
- 晋升和职业发展:将数据治理绩效纳入员工的职业发展路径,优秀的数据治理实践可以成为晋升和职业发展的依据。
- 公开表彰:在内部会议上公开表彰做出突出贡献的员工或部门,提高他们的知名度。
- 专业发展机会:为表现突出的员工提供进一步的培训和教育机会,如参加相关专业会议或课程。

(2) 惩罚机制。

- 警告:对违反数据治理流程规范的行为发出警告。
- 培训和认证:要求违规员工参加额外的数据治理培训,并在必要时通过认证证明其了解并接受相关规定。
- 限制权限:对于重复违规的员工,考虑限制其访问敏感数据的权限。
- 财务处罚:在某些情况下,应对违规行为施以适当的财务处罚,如扣除奖金。

奖惩机制应与组织的文化和价值观相符,并通过适当的沟通和教育,确保每个人都清楚数据治理的要求和期望。为了确保奖惩机制的公正性,应建立一套明确的指导方针,包括评估标准、决策流程、申诉机制等,并通过持续监督和审查来改进奖惩机制。

3. 品牌活动宣导

数据治理的品牌活动宣导是指通过各种活动和宣传手段,提升数据治理的知名度、重要性和影响力。这些活动帮助组织建立数据治理的正面形象,并向内外

部利益相关方传达组织对数据治理的重视和承诺。以下是几种常见的品牌活动宣导方式:

(1)数据治理主题培训和研讨会:组织内部可以组织数据治理主题培训和研讨会,邀请专家和学者分享最佳实践和案例,提高员工对于数据治理的认识和理解。

(2)数据治理知识库和文档库:建立集中管理和分享数据治理知识与文档的平台,便于组织成员随时获取和学习相关资料和资源。

(3)数据治理成功案例宣传:通过宣传和分享数据治理的成功案例,展示数据治理的价值与成果。可以利用内部渠道(如内部网站、员工通信平台)和外部渠道(如社交媒体、行业论坛)进行宣传。

(4)数据治理奖项和荣誉:设立数据治理奖项和荣誉,如"年度数据治理优秀团队""数据治理领军人物"等,表彰和激励在数据治理领域取得显著成绩的个人和团队。

(5)数据治理日(或周)活动:组织内部可以设立数据治理日或数据治理周,通过举办主题活动和竞赛,提高员工对数据治理的关注度和参与度。

(6)外部合作和宣传活动:与行业组织、学术机构和媒体合作,举办与数据治理相关的活动和研讨会,提高外部利益相关方对组织数据治理工作的认知和评价。

通过这些品牌活动宣导方式,组织可以提升数据治理在组织内外部的认可度和影响力,推动数据治理的实施和落地,为组织的发展和创新提供积极的支持。

建设全面的数据治理运营体系是推动组织数据管理的关键一步。然而,数据治理并不是一蹴而就的,它需要持续的努力和全体员工的共同参与,只有这样,数据治理才能成为企业文化的一部分,真正为企业的业务运营和创新发展助力。

第6章

CHAPTER 06

要素化：
数据的交易与流通

本章将围绕企业内部数据消费体系的构建，和企业外部数据交换及流通能力的提升，就数据流通中的安全合规问题，以及数据资产入表等方面进行重点探讨。

数据经过资源化构建、资产化盘点与治理，变成了具有良好质量并能够发挥价值的优质数据。这些数据的价值只有通过消费和流通才能被充分激发。我们将促进数据应用、流通并产生价值的过程，定义为数据资源化——即促进并释放数据生产力的过程。

一方面，企业需要建立完善的内部数据消费体系，主要包括两种能力：第一种，具备承接业务场景的数据需求及数据价值发挥的能力；第二种，能将数据资产运营好，服务于企业内部更广泛的业务场景的能力。这些能力的背后，依赖于丰富的数据资产供给、完善的数据消费及流通平台、专业的数据人才，以及不断优化的数据运营机制。

另一方面，企业也需要布局外部数据交换和流通能力。2020年4月，中共中央、国务院发布《关于构建更加完善的要素市场化配置体制机制的意见》，标志着继土地、劳动力、资本、技术后，数据作为生产要素被正式提出。随着技术进步和政策推进落实，数据的流通与消费将更加广泛和深入，数据的开放与交易将成为趋势。无论是增补外部数据资产为企业内部业务增益贡献价值，还是连接外部的数据流通中心进行数据资产的变现，这都是值得企业重视、关注和布局的方向。

最后，2023年财政部发布了关于数据资产入表的政策和指导意见，其将会驱动企业更加重视数据资产的治理与价值发现，推动企业数据向资源化、资产化、要素化进程迈进，为企业间数据社会化流通奠定基础。同时，数据的交易与流通将为数据资产入表提供"预期经济利益"的会计原则支撑。关注数据资产入表的准则要求并将其运用到数据治理体系中，将会有助于企业利用数据能力获得改善财务报表、提升融资机会、提升股权估值、创造新收入来源等多方面好处。

6.1 构建企业内部数据消费生态体系

6.1.1 数据资源化：激活数据价值的引擎

数据资源化，即促进数据应用、流通并产生价值的过程，是释放数据生产力的关键。在企业内部实现数据要素化，关键在于以丰富的数据资产供给、完善的数据流通与消费平台、专业的数据人才团队，以及不断迭代演进的数据运营机制为有力支撑。基于此，我们提出了一个数据消费体系框架，如图 6.1-1 所示。

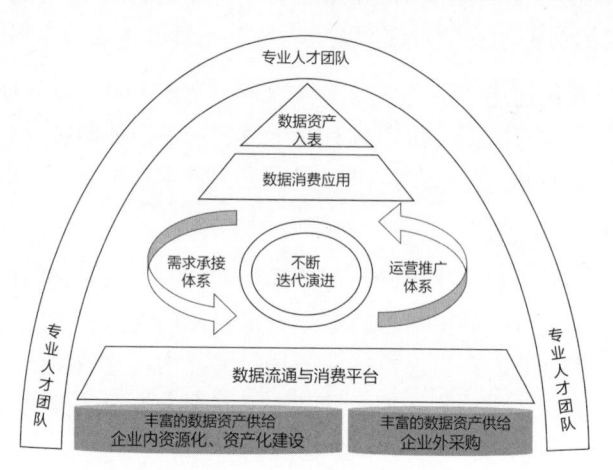

图 6.1-1 数据消费体系框架

1. 丰富的数据资产供给

企业需要通过持续的数据建设，实现数据的资源化、资产化，将数据转化为可交易的"商品"，为数据资产上架流通做好准备。同时，企业应根据自身的业务需求，从市场采购相应的数据资产，并与内部资产进行融合，以支撑自身的数据消费应用。这一过程可以由项目驱动，也可以由战略规划驱动。

2. 完善的数据流通与消费平台

丰富的数据资产供给为企业的数据消费应用奠定了坚实的基础。构建数据流通与消费平台的核心在于：让建设好的数据资产像商品一样陈列于平台，构建面向资产消费者与管理者的"数据资产目录"体系；同时，辅以完善的数据安全流通与消费应用管控体系，确保数据能安全、高效地流通与使用，实现数据资产的全方位管理与价值释放。

3. 专业的数据人才团队

没有专业的数据人才，任何数字化努力都是空中楼阁。企业在不同的发展阶段与业务场景下，对数据人才的能力要求、角色配置、组织形态都有显著差异。在企业从0到1再到N的发展过程中，如何通过人才的建设和配置，推动企业的数字化进程，尤其是提升企业的数据消费应用能力，成为企业战略中决定胜负的关键。我们将在后续章节中详细讨论这部分内容。

4. 不断迭代演进的数据运营体系

（1）数据需求承接体系。

构建以解决数据消费应用问题为目标的数据需求承接体系至关重要。企业的数据需求和数据组织从简单到复杂，从建立到成熟，我们将其分为四个阶段：需求驱动、业务驱动、应用产品驱动、数据解决方案驱动。在每个阶段均需要结合数据架构、产品架构、组织方式、角色配置等多个维度进行综合阐述分析，以揭示数据消费体系的逐步演进过程。

（2）数据运营推广体系。

数据运营推广是提升企业数据消费能力的重要手段。仅依赖业务驱动难以全面提升企业数据消费应用能力，这不仅是因为角色差异，还因为数据专业知识差异、单项业务和企业全局业务视角差异。因此，数据组织必须主动出击，将优质数据和服务整合到业务流程中，使之成为业务必不可少的一部分。此外，还需要在服务业务的过程中不断提升业务人员的数据应用能力。

除了上述几点持续进行数据价值评估也至关重要，这一过程不仅能进一步完善和丰富数据资产，还能适时考虑数据资产入表，并用货币化的方式明确数据价值，推动数据资产向数据资本转化，积极布局参与数据要素产业化的大时代。

显然，应用数据在数据产生业务价值这个过程中发挥着核心作用。不论是提效还是增益，抑或是控制风险及降低成本，数据消费应用都是数据要素化的最终目的。

在接下来两节中,我们将重点探讨扩大数据消费应用的两个重要方面:一方面,承接并发挥数据价值,强调"无消费不价值";另一方面,运营并扩大数据消费,遵循"无运营不价值"的原则。

6.1.2 场景价值导向:驱动数据消费的深化与拓展

数据本身并不自动产生价值,其价值是通过适当的消费——即数据的实际使用和应用——才得以显现的。要有效地激发数据的潜力,关键在于其在各种业务和场景中的应用。

1. 需求驱动的数据消费应用

需求驱动的数据消费应用着眼于敏捷响应数据需求方的诉求。在其发展和演进的过程中,第一阶段将在数据架构上快速将业务数据入仓,形成 ODS 层,再通过 SQL 取数,或用 BI 工具搭建报表,快速满足业务诉求;到第二阶段,从需求和技术两方面抽象共性和常用性,在技术层面上,将成熟且相对稳定的业务逻辑和数据建设成宽表或者 SQL 取数模板,从需求角度出发,建立场景分析体系,使需求方能更立体地审视自己的业务场景。整个发展过程标志着数据消费从明细数据向轻度汇总数据过渡,同时从聚焦单一需求点向覆盖业务全链路扩展。如图 6.1-2 所示。

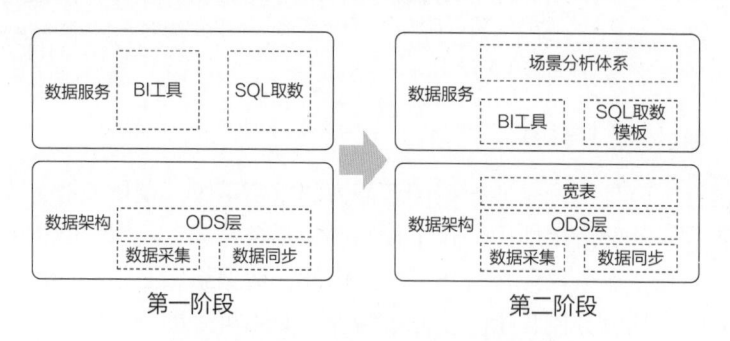

图 6.1-2 需求驱动的数据消费应用演进

这种消费模式源于数据需求的驱动,代表了数据消费最原始发展阶段的组织方式。这个阶段的数据消费特点是数据需求目标明确且简单(如销售量的查询),数据来源单一,数据规模有限,计算逻辑简明,使用场景明确且聚焦。

在需求驱动的数据消费应用的组织方式上,数据需求方与数据工程师直接对接成为首选路径,如图 6.1-3 所示。这种方式能从数据系统中获取数据,并以最高效、经济的方式快速满足业务人员的需求。数据组织的组建方式有两种：第一种是从现有的后端技术工程师团队中抽离部分技术人员专门负责数据相关工作；第二种是更进阶的方式，可以招聘专业的数据工程师，专门负责归集数据、对接业务及提供基础的数据服务。这个时候，数据服务能力（吞吐量）与数据工程师的数量线性相关。

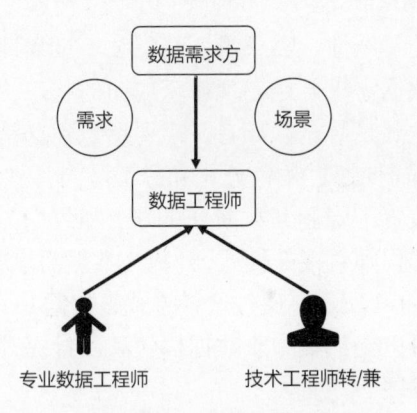

图 6.1-3　数据需求方与数据工程师直接对接

使用这种组织方式的优势在于数据需求方和供给方之间的路径较短，沟通更为高效，组织更加敏捷，能够快速响应业务需求，并且在系统刚上线时就能够立即提供相应的数据服务，无须耗时等待复杂的数据架构建立和数据加工处理。

进入从 0 到 1 这个阶段，多方组织，特别是业务人员和数据工程师，都会有较强的满意度。对于业务人员来说，对比之前无专门数据服务的状态，业务人员会感受到前所未有的满足感和畅快感，业务满意度显著提升，对技术人员的评价也非常正向。技术人员，尤其是转数据工程师，感受到的成就感和认可度强烈，积极性也随之提高。

这种组织方式是目前使用最广泛、最普遍的方式，即使在高阶数据组织阶段，它仍然是解决日常问题时最高效的手段，特别是当业务系统经历了大量改造而数据系统尚未跟上时，其将作为满足业务的紧急数据需求的阶段性衔接方式出现。

此外，当数据领导者判断一个业务的模式还处于探索阶段，或者系统建设稳定性不足不适合采用重模式的数据系统级别提供服务时，也倾向于选择这种方式。这通常涉及从业务系统快速同步数据至 ODS 层，并在上面快速搭建 ADS 层宽表，直接向业务方提供数据服务或者报表。

阿里巴巴在数据发展的各个时期都经历并采用了这些方式，以最大限度地满足业务的数据诉求。

2. 业务驱动的数据消费支撑体系：效率与角色专业化

随着业务的持续发展，不管是业务的复杂度、稳定性，还是数据的累积量都在持续提升。同时，业务人员对数据的理解深度和对数据分析需求的精细度也呈现快速增长的态势。例如，业务分析视角可能会从单一的销售额指标开始向销售过程、业务结构等更多维度拆解，并逐渐形成更为复杂的分析和数据查看模式。

此时，数据需求的复杂性、需求量、精细度、重复性都快速增长，导致数据技术人员对于业务的数据需求开始出现疲于应命的状态，抱怨和消极情绪增长。对于数据团队来说，尤其是数据领导者，需要意识到这是数据组织进入新阶段的关键时刻。这个时候，需要通过角色分化和分工协同，引入数据 PD（数据产品经理）这一角色，专门负责围绕业务数据分析方法和数据产品抽象进行工作，将数据需求方直接与数据工程师对接的模式，升级为数据需求方→数据 PD→数据工程师的三层模式，如图 6.1-4 所示。通过这种方式，数据 PD 可以更加专注于业务分析，而数据工程师则可以更加集中于数据构建和质量提升，共同推动数据消费体系的效率和质量向前发展。

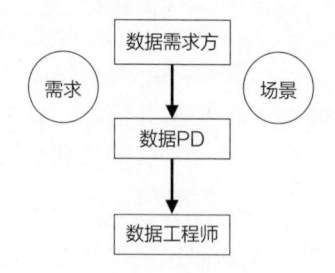

图 6.1-4 数据需求方-数据 PD-数据工程师的三层模式

进入此阶段的组织，必须重点关注数据服务效率。虽然从组织结构上分成了三层，但不能影响数据服务效率，相反地，应通过抽象业务数据分析模式，开发出一系列数据分析产品，让这些产品能够满足业务人员（数据需求方）70%～80%的使用需求，剩下的需求仍需保持敏捷响应的模式，保障平台灵活性和个性化需求之间的平衡。从另外一个角度来看，数据分析产品化也是为了更好地提升数据服务效率和质量。

在以效率为中心的数据组织阶段，从市场端引入的 BI 工具可以显著提升响应效率，结合数据宽表的建设，数据 PD 可以设计自助分析集市，通过培训和运营，进一步释放个性化的数据分析需求，让业务人员的操作更加灵活，同时有助于释放组织生产力，让更多的资源能够被用到数据产品和数据建设上。

作为数据领导者，在此阶段的组织建设上，可以从现有的数据研发团队中挑选出具有较强"业务 sense"的候选人，结合其个人意愿展开培养，或者从市场上招聘专业的数据产品经理来弥补这一能力缺失。站在组织建设的立场，建议采用招聘专业数据 PD 与内部培养相结合的模式，这样可以更加快速地补足团队能力，缩短成员培养周期，并减少因缺乏专业知识而走弯路带来的损失，从而实现组织发展中各种要素之间的平衡。

3. 应用产品驱动的数据消费支撑体系：资产化、体系化、平台化

随着业务进一步发展，整个业务体量也将扩大到一定规模：业务发展从探索期、成长期向成熟期转变时，对应的业务经营模式也随之从粗放式运营向精细化管理进阶；在这一阶段，业务的增长不再依赖于客户或用户规模的单一增长，而是转而参考全链路优化和多维度发力促增长的情况。有效运作的业务组织结构变得更加复杂，每个环节都有专业团队进行专业化分工，如市场推广、用户增长、销售、产品运营、服务等，各司其职。此时，企业经营链路上不同环节的各个团队和部门，都无法依赖独立的组织占领市场，相互协同又相互制约，数据安全被提上议事日程，数据孤岛也逐渐成为阻碍高效运作的一大挑战。

在此关键时刻，构建的数据消费体系需要进行快速迭代升级，以防数据拖累业务的发展。在策略上，数据组织的建设和发展也必须从依赖个人的管理转向依赖产品和平台的治理模式。这包括自顶向下地制定全面的数据战略，基于这一数据战略来拆解并构建数据产品体系和数据平台架构，以及明确战略执行的路径设计和相匹配的组织架构设计。

对于数据领导者而言，该阶段的重点是制定数据战略及规划相应的数据产品体系和数据平台体系。关键在于能在这些战略规划上与业务、管理决策层达成高度共识，聚焦于"做正确的事"。

在这一时期，数据产品体系可以分为应用产品和平台产品两大类。需要引入市场上的平台产品来支持应用产品的开发和运营，确保数据体系的有效支撑和业务的顺利发展，如图 6.1-5 所示。

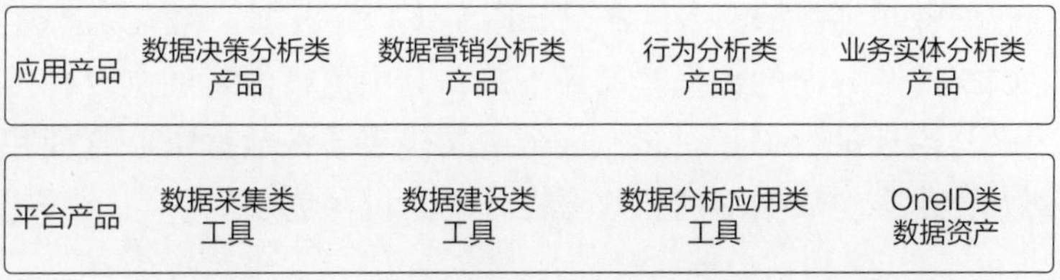

应用产品	数据决策分析类产品	数据营销分析类产品	行为分析类产品	业务实体分析类产品

平台产品	数据采集类工具	数据建设类工具	数据分析应用类工具	OneID类数据资产

图 6.1-5 应用产品驱动的数据消费支撑体系架构

经营分析类应用产品主要基于 BI 工具，围绕自上而下的构建方式，专注于数据分析，这类数据产品通常概述为"1+N+N"模型，其中"1"代表企业或业务的最高视角，即企业纵览业务全局，帮助企业领导快速洞察企业经营状况，识别业务过程中的关键堵点、卡点，以及提升机会点，从而指导决策和优化。

业务实体分析类应用产品则聚焦于用户、商品、供应商等业务链路过程的关键行为起点，结合企业的重要战略重点确定数据产品的建设切入点。例如，如果企业的年度战略是拉新，那么数据产品的构建将从用户视角切入，以引入更多买家为核心目标。在这条核心链路上，可从流量、用户视角出发构建数据产品，很多企业通常以客户 360、产品 360 方式命名。

从平台产品的视角出发，除了数据采集、建设、分析类工具，我们还需要构建相应的 OneID 类数据资产体系，同步围绕拉新、增长战略展开数据产品建设，具体建设可以围绕中小用户的精准流量运营、市场品牌建设，或是 ToB 大客户销售等进行，不同的数据产品解决方案会根据其侧重点和目标群体的不同而有所不同。在数据产品的建设和定位上，构建一个融汇企业内各用户层级、连接各部门数据的统一数据资产体系是基础工作。在此基础上，面向业务人员进行人群圈选、投放渠道对接和业务系统对接，以及标准化效果回流统计等，都是通用能力。再进阶一步，通过标签平台，可以实现对数据和活动的深入分析，每次进行营销活动都能加深对用户的认知，并将这些认识沉淀到标签平台上，从而使企业的数据资产形成持续增厚增值的闭环。

随着产品成熟度的提高，数据产品的内容也会越来越丰富。在这一过程中，如果企业未能有效管控数据和产品输出，便可能引发数据和指标的混乱迹象。具体表现为相同或类似的指标众多，使业务人员在使用时难以判断哪个指标是正确的、有用的且可用的。数据表的情况也是类似的，存在选择困难的问题。

为了解决这一问题，建立一个专业的数据资产管理平台变得尤为重要。这样的平台应该能够站在企业战略视角，审视并规划企业的核心数据资产，将散落在企业内部的核心数据资产有效地管理起来。同时，它还需要向企业的不同群体提供高效的从数据资产到数据消费的产品，以实现"好数据"和"易消费"的目标。目前市场上围绕这个方向的数据产品还不多，其中值得注意的主要有甄羊推出的智能数据建设与治理平台 Dataphin，这个产品代表了在数据资产管理和数据消费领域内，助力企业实现数据治理和效率提升的尝试与创新。

4．客户场景驱动的数据解决方案支撑体系

在数据体系成熟度较高的阶段，企业将面临一个复杂的数据环境：众多的数

据、业务、需求场景、数据产品，以及漫长的数据链路，这种复杂性会导致数据团队难以全面了解和掌握数据或产品详情，如果未及时进行数据升级和整合，则可能会形成数据灾难。例如，一次数据指标的异常可能需要排查和定位多达 7~8 个部门的问题，耗费漫长的时间。尽管多个产品表面上能解决同一业务需求，但往往无法实现一站式的解决方案，需经多方协作，耗费时间和精力。此外，不同部门和历史版本间存在复杂的数据指标管理问题，例如名称相似但指标不同等，这增加了快速识别和处理数据的难度，造成资源混乱和浪费。这种情况不仅影响工作效率，还会给数据分析、决策和业务创新带来严重挑战。

要解决这个阶段的挑战，企业需要重构数据消费体系，并调整前端、中端、后端数据矩阵。首先，企业必须明确定义客户的核心需求场景。然后，同步通过数据专家对接机制替代传统的数据 PD 对接机制，使得企业在面对复杂的客户场景时，能够提供立体化的数据解决方案，这些数据解决方案可能包含数据咨询、数据产品和数据定制化开发的组合，或是场景化定制开发，进而沉淀产品能力。

核心目标是围绕客户价值的增值展开一系列数据工作，由数据专家担任这一工作的负责人。数据专家既可以是经验丰富的数据 PD，也可以是资深的数据工程师，关键在于他对数据产品、数据资产是否有深入的理解，以及是否备为客户提供数据咨询、分析和解决方案的能力。如图 6.1-6 所示。

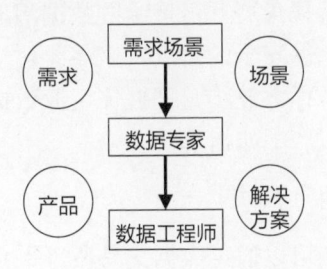

图 6.1-6　客户场景驱动的数据解决方案支撑体系

在这一阶段，数据组织的目标是为客户提供数据增量价值。企业不应仅是需求的被动承接者或是数据平台与数据产品的建设者，而应回归业务本身，紧盯数据创造业务增量价值这个主旋律，主动出击寻找机会点、增值点。此时，数据平台的稳定性、数据质量的可靠性，及数据产品的体系性都比较成熟，尽管也会存在阶段性的问题爆发，但组织应具备快速解决这类问题的能力。

此时的数据消费体系架构如图 6.1-7 所示。

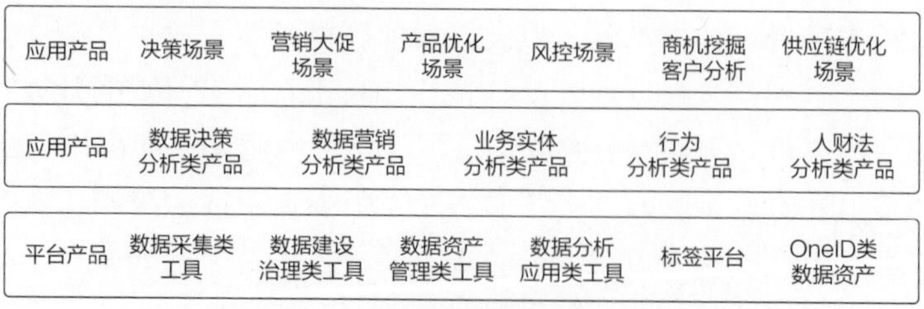

应用产品	决策场景	营销大促场景	产品优化场景	风控场景	商机挖掘客户分析	供应链优化场景
应用产品	数据决策分析类产品	数据营销分析类产品	业务实体分析类产品		行为分析类产品	人财法分析类产品
平台产品	数据采集类工具	数据建设治理类工具	数据资产管理类工具	数据分析应用类工具	标签平台	OneID类数据资产

图 6.1-7 客户场景驱动的数据消费体系架构

在这个阶段，企业数据资产要素化处理，围绕消费和流通构建数据资产目录，实现资产增值，成为必选项。这一过程可以从以下三个重要视角来审视。

（1）企业战略视角。

数据资产已成为企业核心资产及国家战略的重要组成部分。得益于国家层面的政策支撑，数据资产"入表"正是对其作为资产发挥价值的合法确认。企业经营者通过数据治理将数据资产化、要素化，不仅可以快速对接国家政策、享受政策红利，还可以为解决企业内部问题奠定基础。

（2）资产治理视角。

在企业成长的过程中，数据资产多、消费人群和场景多、数据产品多等问题不可避免。如何围绕消费视角展开可持续的数据治理，解决企业经营过程中的看数据、用数据、控质量、保安全的需求？这需要建立一个站在企业视角进行盘点和管理核心资产的平台，抓大放小，把握住企业数据资产的核心。让企业的管理层、决策者对企业数据资产了如指掌。

（3）资产价值变现视角。

企业内形成的数据资产可以通过数据交易所等平台在市场上流通和交易，从而实现数据资产的变现。在确保数据安全的前提下，既能以裸数据方式实现，也能通过隐私计算等可用不可见的方式实现。更多的还可以通过数据产品、数据 API 的形式实现数据流通交易，为资产变现提供多样化的途径。2024 年 1 月 1 日起施行的《企业数据资源相关会计处理暂行规定》（以下简称《暂行规定》），即"数据入表"，进一步促进了境内上市企业实现资产变现。

6.1.3 数据运营：企业数字化转型的基石与引擎

在企业数字化转型的浪潮中，提升数据化运营能力是塑造竞争优势、驱动业务创新的关键举措。这一过程不仅需要高层领导的远见卓识与坚定决心，还离不开体系化的运营支持与落地执行。为有效提升数据化运营能力，企业通常采取双重策略并行推进的方式。

一方面，构建面向内部的统一数据消费平台，通过数据资产化、资产要素化手段，绘制企业级数据资产全景图。这一平台既有利于决策层全局把控数据资产状况，为战略决策提供精准依据，又能赋能员工便捷、准确、高效地利用数据资源，提升日常工作效率。

另一方面，践行多场景、多形态的数据化运营模式，包括但不限于数据消费平台运营、场景式数据决策、活动式用户触达及体系化数据与业务融合。通过在多元化业务场景中深度应用数据，全方位提升数据在各环节的实用性和使用效率，可使数据真正成为驱动企业智能化、精细化运营的核心引擎，实现数据价值的最大化。

企业提升数据化运营能力是一项兼具顶层规划与底层执行的系统工程，需要构建统一的数据消费平台并推行多场景、多形态数据化运营策略，双管齐下，从而在数字化程度不同的企业中稳步提升整体数据化运营能力和水平，为企业的数字化转型与持续发展注入强大动能。

1. 数据消费平台

在践行数据化运营的过程中，企业管理者与员工均面临各自亟待解决的问题。企业管理者需明确掌握企业或部门内的数据资产构成、已实现数字化的业务范围及其流程，以及如何确保数据资产的安全高效利用以实现价值增长。而企业员工则关注当前可用数据资源（特别是与自身工作密切相关的部分）、数据使用的合规性，以及在不具备专业技能（如 SQL 知识、编程能力）的情况下如何便捷地获取所需数据。

面对此种情形，企业 CEO 作为数据化运营战略的一号位，需要将核心职责落实给 CTO 或 CDO，并专项推进相关工作的开展。经验表明，缺乏高层领导的有力支持，数据化运营项目往往会逐渐萎缩乃至消亡，或仅沦为被动响应业务需求的工作，无法在根本上驱动企业的数字化进程或依托数据实现组织升级。

深入剖析此类现象，暴露出以下几个问题：

- 方向与路径的困惑：虽然企业认识到数据化运营的重要性，却苦于不知如何着手实施，导致盲目尝试，缺乏明确的实施路径。
- 目标与执行的乏力：项目缺乏明确的目标和有效的行动指南，项目的成败往往过度依赖个别执行者的个人能力，而非建立在整体、系统的规划之上。

- **组织保障的缺失**:将数据化运营变成项目推进,缺少长期的和战略层面的整体规划,这种运动式的推进方法不利于企业的持续性发展。
- **关键平台支撑的不足**:缺乏一个关键的平台级数据消费产品以支撑企业数据化运营,无法使数据化运营成果变得可见、可评、可消费,无法通过消费拉动所有的数据建设、治理、资产沉淀,从而实现可持续发展。

为有效解决上述难题,企业亟须构建一套全面涵盖数据化运营各个环节的机制与体系,明确定义内部各角色的职责分工,并形成一个能够自我驱动、持续演进的有机闭环。如图 6.1-8 所示。

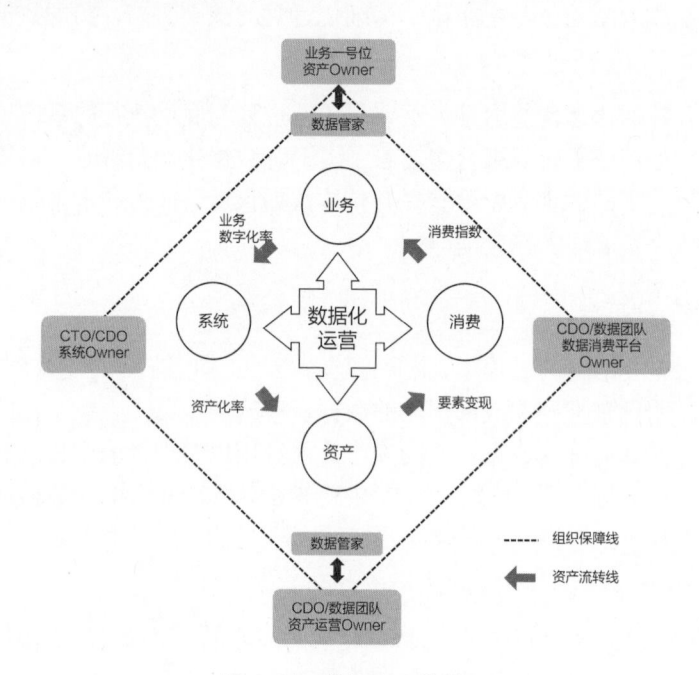

图 6.1-8 数据化运营闭环

在这个闭环中,CDO 及其数据团队作为企业数据化运营的推动者、执行者,对企业数据化运营水平、能力提升具有不可推卸的责任。他们必须全面立体地分析和研判企业的业务战略与特点、数据资产现状、业务人员的数据能力和水平,同时结合行业发展趋势和数据领域的最新发展情况,以及数据团队本身的能力,制定出可行的数据发展战略。这里包括明确从当前阶段向目标阶段过渡的具体路径和方法,并通过有效的项目实施,推动企业数据化运营能力的持续升级。

数据消费平台,作为落地数据化运营的核心载体之一,通过盘点企业现有的数据资产，创建体系化的资产目录，并以数据地图的形式将其呈现给企业员工，帮助员工高效地找数、看数、用数，让数据在消费中持续产生价值。

在构建和发展数据消费平台的过程中，管理者需要清晰地掌握企业的数字化进程，数据资产的厚度和价值；CTO 或 CDO 负责向 CEO 提供清晰的见解，包括数字化建设和企业数据资产的优势、关键点，当前的不足及需要提升的方向。数据消费者不仅应享受到数据消费平台提供的高效找数、用数的便利，还应作为数据消费平台的积极参与者、建设者，与数据运营团队合作，共同建设本业务数据资产，确保平台能提供高质量的数据。

数据消费平台是 CDO 和数据团队破解数据建设与业务需求脱离、陷入资源型非赋能型组织泥潭局面的利器。它不仅实现了从数据建设到数据消费的紧密连接，围绕数据消费平台制订专项计划，还通过持续的数据建设和消费使用反馈来改进闭环，使数据消费者能够方便、安心、有效地使用数据，如图 6.1-9 所示。

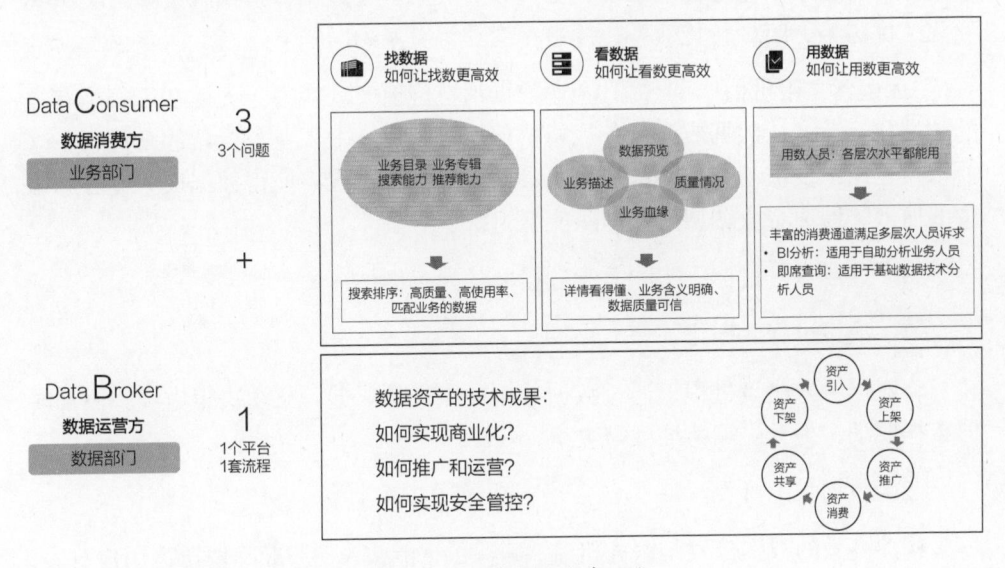

图 6.1-9 构建数据消费平台

数据消费方，核心需求聚焦于"找数据、看数据、用数据"。通过产品化的手段和数据消费平台的支持，他们能够便捷地访问所需数据。

数据运营方，负责在数据资产建设之后更好地推动资产消费和应用，解决数据资产的商业化、推广和运营及安全管控等问题。

构建数据消费平台是数据组织从被动数据满足型向主动数据运营型转变的里程碑。数据运营方从商业角度审视数据资产，认识到数据资产不仅有生命周期，还需要通过定义、管理和推广运营来最大化其价值。这一转变促使高质量的数据内容能被送到数据消费方身边。

通过结合 BI 工具、打通消费应用系统，数据消费平台形成了数据快速消费链路，从而实现了数据消费闭环。

2．多场景数据化运营，多管齐下

尽管企业成功构建数据消费平台，标志着数据化运营之旅已开启，但距离全面实现数据化运营目标仍存在显著差距。数据消费平台为消费方提供了一个找数、看数、用数的场所，也为运营方提供了一个可持续运营的阵地，但这并未直接解决企业数据化运营能力和水平不够的问题，也未充分显现其对业务人员的价值和益处。在特定场景下，数据化运营甚至可能被视为负担，加重一线人员的工作量，增加业绩质疑风险，令主管经理承受更大的压力。例如，销售组织以往仅关注签单结果，而在数据化运营场景中，销售人员需要基于数据分析回答诸如历史签单变化、优劣势、LTC 转化效率、续签率变动等一系列问题。

"无运营，不价值"，要提升企业数据消费价值实现能力，关键在于实施有效的数据化运营，让数据成为业务战略伙伴，将其深度融入业务经营的全过程。这要求数据组织变被动为主动，全链路参与业务经营过程，使得数据成为业务脉络中的血液，助力企业转型为数据赋能型组织。

为了达成这一目标，实际运营过程可分为三步：

（1）决策过程数据化。

将数据融入决策过程，通过数据分析提供科学依据，驱动决策由经验驱动转向数据驱动，提升决策精准度与效率。

（2）数据触手可及。

构建高效的数据分发与服务机制，确保数据能被及时、准确地送达用户身边，消除数据获取障碍，提升数据使用的便利性与即时性。

（3）数据融入业务血脉。

推动数据与业务流程深度融合，使其成为业务运转的必备元素，确保数据在业务决策、执行、监控等各环节发挥核心作用，全面赋能业务。

3．场景式运营，实现数据决策

在企业中，决策场景是最核心的数据场景，更是检验企业高层（如 CEO）是否真正愿意进行数据化运营的窗口。通过场景式运营，将数据无缝融入企业决策会议或业务经营会议中，检验决策者能否准确理解与解读经营数据、决策过程是否基于数据支持、参与者是否具备数据意识等，这些均构成企业数据化运营的根基。

决策场景的数据化程度，体现在结果数据化、过程数据化等多个层面，是衡量企业数据化运营深度和广度的重要指标。但这个过程也应循序渐进，避免过度激进导致适得其反。例如，某品牌服饰企业在全国各地有上千家门店，总公司虽能每天看到各门店的销售额情况，但对于销售过程，特别是对于门店销售员与客户间的互动服务细节知之甚少。如果此时，企业急于通过上报等方式强行实现销售过程的数据化，则可能会适得其反，一方面会大大增加一线门店的工作负担，挤占销售员服务客户的时间，导致服务质量下降；另一方面，由于上报数据的真实性难以保证，致使管理层基于失真数据做出错误决策。

理想的数据化运营推进方式，是通过引入统一的工具，连接销售员与客户、销售员之间，首先着眼于提升销售服务体验与效率。在此基础上，自然而然地收集销售行为数据，确保数据源于真实的业务场景，具备较高的准确性和时效性。基于这些高质量数据进行洞察分析，才是数据化运营的正确路径。

一旦决策场景下的数据化运营取得实质性进展，其正面效应便会辐射至企业的其他领域，激发企业各层面的动力。

4．活动式运营，触达用户

在提升企业数据化运营能力的过程中，双管齐下至关重要：一方面，需要着力提升数据团队的专业能力；另一方面，站在企业全局视角，提升业务人员的数据能力是决胜关键。

当企业的数据资产建设取得了进展，但数据化运营氛围尚薄弱时，可借助数据消费平台，通过活动式数据运营快速将数据资源送到业务人员身边。这里的关键在于如何有效"冷启动"业务团队的数据利用能力，让他们意识到有价值的数据存在，学习如何使用并在各自的业务场景中有效利用这些数据。作为冷启动的创变者，首席数据官（CDO）或数据团队作为主体，不仅需要将数据资产系统化，构建详尽的数据资产地图和数据资产目录，还需要向业务团队积极公开这些资源。

数据化运营的初步成功只是起点，为了深化和扩展数据的价值，企业必须配套启动数据资产运营，其目的有以下几个：

（1）识别与共创。

识别数据资产的关键使用者与目标部门，通过资产成果宣讲与共创，筛选出有意愿、有能力且最有可能形成数据资产应用示范案例的部门、项目或用户。这涵盖了面向广泛受众的资产运营巡讲，以及针对关键部门与用户的深度挖掘与共创，是将数据主动送到业务前线的首要步骤。

（2）运营动作与专项战役。

经过初步的识别与共创后，接下来的重点是围绕如何帮助业务人员在具体场景中应用数据，创造数据增值展开运营行动。此时，CDO或数据团队既要及时解决各业务人员用数过程中的普适性问题；又要识别关键场景，抓重点，从众多业务场景中找到最有可能成功的2～3个关键场景，形成专项战役，为打造成功案例做保障；还要开始筹备能够激发业务人员创造性、提升数据化运营氛围和能力的案例大赛。

（3）案例大赛与文化转变。

作为推动企业数据化运营水平提升的关键活动，案例大赛不仅需要CDO或数据团队的参与，更需要企业CEO或业务一号位的助攻和支持。它不仅是一场活动，还是贯穿业务运营思维转变过程，让数据化运营日常化的指南针。组织案例大赛应从业务运营初期就开始，将数据资产的应用作为其基础要素，确保案例大赛不仅是展示数据良好地应用于业务场景并取得阶段性成果的分享和呈现平台，还是促进整个企业文化和运营模式转变的催化剂。

数据化运营是一个持续演进的过程，每次运营动作所取得的成果，都必须回到数据资产运营和消费平台，特别是那些优秀的应用成果和应用方法，它们不仅是成功的案例，还是能够启发和教育其他团队的宝贵资源。正所谓"他山之石，可以攻玉"，优秀的实践案例可以为其他尝试提供宝贵的借鉴和启示，让更多人知晓并掌握数据应用。

5. 体系化运营，融合数据与业务

在场景式运营、活动式运营的基础上，企业的数据化运营能力获得了长足进步。然而，我们并不能止步于此，因为数据的潜在价值远非如此。我们既要解决更普惠的问题，又要解决更有价值的问题。

从更普惠和更有价值的角度出发，我们以解决方案型组织来构建能力矩阵，一方面从产品力建设的角度形成数据消费平台、数据建设平台、数据治理平台、核心数据资产（企业、消费者等）的矩阵，以解决数据能力普惠问题；另一方面从解决方案能力建设的角度形成以业务数据解决方案专家驱动的组织，其职责在于从高价值问题出发，敏锐洞察业务中的数据价值点，围绕这些价值点策划针对性的数据解决方案，推动业务部门、数据团队与管理层达成共识，形成专项战役，

协同数据力量与业务力量共同实现目标。

在这个过程中,数据解决方案专家不再拘泥于某种手段或某个数据,而是以业务问题为中心,形成解决业务问题的流程、产品、数据方法。此时,数据可以被业务系统集成,成了系统中流动的血液,而资产成了干细胞。

下面以某销售大促战役的数据解决方案为例进行说明。在战役目标制定环节,需要提供目标预测和目标制定所需的系列数据,包括近3年的长周期数据。在市场营销环节,要协助业务人员通过标签筛选锁定潜在客户群体,如"专精特新"潜客、特定产品行为潜客等,通过新增潜客标签进行客群特征放大,业务人员通过渠道人群碰撞定位渠道价值,最终形成投放策略和投放潜客池。在销售战前客户盘点环节,提供客户360数据,包括产品潜在需求预测清单、交叉销售产品推荐清单、客户行为商机清单、客户钱包充值和消耗预测清单、钱包深度预测清单等。在战役中,围绕客户作战地图,实时监测销售进展和承诺兑现情况,定时生成销售主管督战清单和销售辅导指令;基于销售区域进行组织间大屏PK,通过榜单、进度PK等手段激发组织潜力。在战役后,形成战役复盘体系化数据,帮助快速定位成功关键因素,辅助快速定位问题和不足。

回顾这一案例,数据解决方案专家完全参与整个销售大促战役过程,并将数据融入业务全过程,运用多种手段和方法最终帮助达成业务目标,成为销售大促战役过程中必不可少的力量。

6. 实现数据化运营闭环

在数据由资源化、资产化逐步迈向要素化的过程中,其价值实现主要依赖于数据消费。然而,要确保这一过程的可持续性,构建单向系统显然不足,建立闭环系统才是最重要的。实践中,诸如数据中台中存在大量未被访问的表、一次性表格占用资源、遗留任务无人处理、废弃报表堆积、数据时效性与准确性差等问题频频出现,揭示了非闭环系统在运行数年后所面临的困境。因此,建立以数据消费为驱动的数据建设和治理闭环就显得尤为重要,它是可持续的数据消费体系构建中必不可少的一环。

回顾消费需求产生和得到满足的过程时,一个突出的问题是:业务部门看数的需求很多,技术部门承接业务部门取数的需求应接不暇,但是这些数据最终是否会被业务充分利用呢?现实中,许多数据项目上线后并未得到充分利用,部分数据仅在特定活动期间发挥作用,活动结束即遭弃置,而数据的生成却仍在继续,无人关注。业务部门即使意识到某些数据已无用处,也鲜少主动通知技术部门进行下线处理,即使通知,开发者也往往缺乏动力去清理这些无效数据。此类数据不仅挤占宝贵的存储与计算资源，造成浪费，还可能干扰高频使用及关键业务数据的稳定性与及时性，甚至引发业务故障。当前，"重生产轻维护""缺乏对成本与可持续发展的责任感"已成为数据运营常态。面对业务部门追求短期成效、不断试错创新的特性，作为"助攻"角色的数据组织应担起责任，运用数据化手段构建数据建设、治理、消费的闭环。

要实现数据运营闭环，应该以消费行为反哺数据建设与治理，从根本上解决痛点。

（1）立项阶段纳入业务价值。

数据项目立项应以业务需求为出发点，而非单纯地以技术热情驱动。应在需求分析阶段深入理解业务问题及数据如何助其实现目标，明确具体价值点作为数据建设与治理的方向。

（2）全局设计与敏捷迭代。

全局性地思考和设计，以终为始，通过持续进行敏捷式迭代构建端到端的小闭环，先将业务用起来，再根据业务优先级逐步扩展数据建设和治理的范围，获得持续性的业务成功，让价值闭环、持续优化。

（3）持续监控与运营。

- 元数据管理：跟踪数据的使用情况，区分哪些数据被频繁访问，哪些数据几乎闲置。

- 高频数据专题化与用户教育：对于高频使用数据，应根据数据主题构建数据专题，并对特定的目标用户进行针对性的推送与运营。通过对业务用户进行数据素养培训，让他们理解数据的含义，学习如何使用数据，帮助用户做出更好的决策。

- 个性化用数工具与嵌入式服务：针对用户角色不同的场景，构建不同的用数工具，并将数据服务嵌入应用，从被动用数转变为主动用数，让业务基于数据决策更加自动化、主动化、场景化，大大降低数据使用成本。

- 数据资源优化：通过对元数据进行分析，可将高频使用数据沉淀至公共层，减少重复计算及复制工作。对闲置数据进行下线与资源回收处理，避免浪费。

（4）促进业务对数据的主动反馈机制。

通过在线的数据需求及反馈机制，了解数据的实际效益、潜在机会及改进空间，与数据消费人员建立连接，与业务部门建立良好的协作关系，持续发现、持续改善、持续应用。

实现数据的建设、治理、消费闭环，用数据的方式解决数据化运营过程中的问题，形成一个用数据治理数据体系的能力，这是数据消费体系可持续发展的根本保障。

6.1.4 阿里巴巴大促：数据驱动下的精细化运营实践

阿里巴巴围绕典型的大促场景形成了一套完善的数据解决方案，针对不同的活动类型采取差异化支撑策略，围绕类似"双 11"的 S 级大促形成"标准数据+数据产品+专项培训+专门项目"的体系化解决方案，针对 A/B 级的日常大促、日销，采用"标准数据+数据产品"的解决方案，满足绝大部分业务诉求，如图 6.1-10 所示。

活动类型	解决方案		活动前	活动中	活动后
S级	标准数据 + 数据产品 + 专项培训 + 专门项目	项目	目标制定支持	效果监控保障	复盘总结支持
			策略制定支持	策略调整支持	
			人群包、选品支持		
		培训	数据产品使用培训	—	—
		产品	产品适应性改造	产品大促保障	产品优化升级
			数据产品体系		
		数据	数据平台		
A/B级	标准数据 + 数据产品	产品	数据产品体系		
		数据	数据平台		

图 6.1-10 阿里巴巴大促活动类型与解决方案

在不同的活动和战役中，数据对业务的重要程度及其能够起到的业务增量作用是有差异的。需要数据领导者有重要的信息来源通道和强大的业务价值判断力。从数据运营的视角看，数据的运营动作从活动准备阶段就已经展开了，该阶段的目标是快速将数据送达客户身边，为之后的数据运营活动打下坚实基础。当开始讨论业务目标时，数据领导者就应该参与其中，一方面是为了及时有效地掌握业务方向和策略，另一方面是为了基于业务方向和策略从数据视角提供全方位的支持。

比如，方向确定之后，对目标的量化支撑成了数据团队的关键任务。数据团队需要与 BI 团队紧密合作，对数据进行分析、预测和评估。如业务目标对比历史情况有较大差异，但现有数据平台都没有底层数据，此时就需要进行敏捷改造，以时效为第一优先级，组织团队快速实现。在某些场景下，针对业务目标的制定和预测，可能需要通过算法进行多方位、多视角的分析，为业务 BI 团队提供支持。如果业务的目标方向变化不大，则现有的数据产品体系通常能很好地满足需求。

在实操中，目标制定所需的数据支撑往往分为两个部分：一是目标的制定与拆解；二是策略的制定与拆解。在策略制定阶段，数据团队将围绕业务目标，从目标人群、招商选品等维度支撑业务团队寻找人、货、场的机会点、切入点、增长点。此时的数据团队在不同的发展阶段有不同的支撑方式和形态，新团队可以通过支撑好一两场活动形成相应的场景化解决方案，并通过长期建设形成相应的数据产品。例如，围绕目标人群、货品进行打标圈选时，应关注企业商机 Leads 打标圈选的数据产品，因为这些产品具有高度的通用性和相似性，在各种活动和差异化场景中都会被用到。

随着每年业务人员和产品的调整，促前业务目标和策略制定阶段是数据使用的高峰期，务必要在这个阶段的前期就将相应的数据产品与业务目标和方向结合进行面向全员的培训和答疑，以便业务人员能够正确、高效地使用产品。此时是数据运营活动的高峰，活动一般会根据场景需要采用"全员公开培训+视频录播"的方式针对不同人群展开，如负责流量运营的以流量产品为主、负责行业运营的以"行业产品+流量产品+活动产品"为主等。

每年大促，数据产品的适应性改造也是重中之重，主要原因在于业务目标和策略的变化，而变化的幅度也会影响产品的改造量。越是在业务的变革期，业务目标、玩法变化也就越大，相应的数据产品改造也会匹配业务的变化。这时，数据领导者需要有相应的判断力，预测这种变化的是长期趋势性的，还是短期策略性的，抑或是业务探索性的。如果是长期趋势性的变化，则需要坚决投入资源进行相应的改造；如果是短期策略性的或业务探索性的变化，则可以采用临时方案，只要能满足业务需求即可。

在活动正式开始之后，数据团队的主要职责变为数据产品和服务的稳定性保障。在此期间，业务团队和管理层都会围绕活动的目标进展进行及时调整，涉及投放策略、货品策略、红包策略等，所有的调整都会实时反映在数据端，任何细小的数据问题和系统异动都会被放大并呈现在关键决策者的屏幕前。此时是对数据团队在前期围绕数据质量、准确性、稳定性，甚至产品体验设计等所做工作的大检阅。

活动结束后，将迅速进入业务总结复盘期，这个时候以业务、BI 团队为核心的数据复盘是重中之重。数据团队一方面要支撑好业务和 BI 团队的数据复盘诉求，另一方面要围绕数据团队在大促过程中出现的问题进行及时总结。更重要的是对大促活动沉淀和新增的数据资产、标签进行评估，对未来业务可能会发生的变化趋势进行判断，以及对数据产品、数据平台进行相应的改造。

总结而言，阿里巴巴大促数据化运营的核心指导思想就是将数据送到关键的场景和人群身边，嵌入业务的每个关键环节，让数据如同血液一般流淌在业务的每根毛细血管中，将数据的养分被充分地吸收和使用。在策略层面，阿里巴巴采取了一个多维的方法，综合采用"数据+产品+项目+培训"的方式，形成了一个立体化的业务嵌入模式，为业务提供全方位的数据解决方案。

6.2 布局企业外部数据流通生态体系

数据在不同设备及系统间的流动，以及在不同组织、物理存储间的转移，构成了数据流通的基本框架。在这里，我们将重点关注不同组织及主体之间的数据流动，通过构建企业内部的消费体系，实现数据价值在不同组织和平台间的价值转移。通过数据流通，数据价值能够跨主体实现转移，从而实现直接和间接的商业利益。然而，流通不是目的，价值的转移、释放、放大才是最终的目标。

6.2.1 如何高效整合外部数据资源

随着数字化进程的推进，企业处理的数据量呈现出持续且多元化的增长态势。数据的"多"不仅体现在数据量上，还体现在其种类与来源的多样性上，这种多样性为企业创造了新的价值空间。数据犹如一种流通的能源，其互联互通能产生强大的网络效应，通过广泛连接与深度融合，进一步催生更大的商业价值。

但与此同时，企业内部的数据孤岛现象依然存在，许多企业在数据使用与数据流通方面的状况并不理想，企业获取外部数据困难重重，构建数据应用的过程也充满挑战，同时对获取的数据合规性充满顾虑。

企业在利用外部数据时，通常面临以下难题。

1. 如何高效使用自有数据

多数企业虽能认识到数据的重要性，但在实际操作中，由于数据往往仅用于报表生成，未能深入融入营销、服务等具体业务环节，因此企业未能实现数据价值的深度挖掘与应用。

2. 如何有效利用外部数据

企业普遍渴求行业数据以定位自身、把握市场动态，但获取外部数据时会遭遇数据难寻、合规不明等问题。尽管国家推动数据开放，但大量数据资源仍未能得到有效利用，原因在于企业对数据资源的知晓度低、应用场景不明晰。

3．如何安全共享自有数据

数据资产化已成共识，但企业在对外分享数据时，对安全性、收益性存有疑虑，不确定哪些数据可以安全分享、分享后能为企业带来何种益处。

面对数据孤岛的困扰，企业往往会采取自建的方案，这一过程包括但不限于搜集数据资源、法务审查数据的合规性、购买并部署资源和工具，以及组建团队。这种做法不但资金成本高昂，而且会耗费大量时间和人力资源。虽然瓴羊曾协助多家企业建立内部数据治理机制，将现有数据转化为可用资源，但仅凭这种方式还不足以充分释放数据的潜在价值。理想的解决方案是推动数据流通，使之成为业务创新与增长的新能源。

但数据流通开放不是简单的数据共享，而是场景化的业务价值赋能，通过产品化、服务化等手段，将数据价值深度赋能于业务。企业决策者需要对自己的业务场景进行梳理，也需要对市场上提供的数据有所了解，从业务场景价值的角度出发，设计数据流通的框架、厘清数据的价值，最终回归业务价值本身。

以某银行为例，该银行网点早晨常因老年客户集中导致拥堵。银行巧妙利用早班地铁及公交老年乘客数据，预测网点人流量，以此优化窗口人员配置与客流引导，有效缓解拥堵，显著提升了客户体验。这个案例揭示了如何通过创造性地应用看似无关的外部数据来解决特定的业务问题，同时切实服务于消费者。

在实际操作中，企业应遵循以下步骤确保外部数据的有效获取与价值实现。

1．确定业务场景所需的数据

首先，厘清已有的数据资产，对已掌握的数据资产进行盘点，并对自己的业务场景进行详细梳理。其次，在业务部门的指导下，以及数据部门的专业支持下，对业务创新、增长或改进的目标进行详细设计。最后，根据业务目标的详细设计，确定和整理企业内部现有的数据资源，以及明确需要从外部获取用以补充和丰富数据资源的数据。

2．选择合适的数据来源

在确定需要补充的数据后，选择合适的数据来源尤为重要。金融证券数据、国家统计数据、征信数据等是相对稳定或标准的数据源。在国家政策的推动下，各个地方政府及企业也积极参与到数据交易市场中，例如上海大数据交易所、北京国际大数据交易所。瓴羊港自2023年也参与到这一领域。选择数据交易市场时，需要特别关注以下几个方面：

- 是否提供安全合规保障，确保交易的顺利进行，并无后顾之忧。
- 是否支持不同场景的数据流通技术，既可以保障合规和安全，又可以满足特定需求。
- 是否有专业的业务分析和交付团队的支持，在满足基础数据流通的同时，也可以参与业务设计并提供支持。

3．对数据质量进行评估

在获取数据后，需要对数据的质量进行评估和检测。例如在获取到人群标签数据后，应确定人群的覆盖面，并测试标签的准确度。若数据未达到预期的质量要求，则需要与数据提供商进行沟通，提出改进要求，或者重新选择数据来源，必要时甚至要重新设计业务方案。

4．对数据应用效果进行衡量

在获取到数据后，应设计小场景POC（概念验证）流程，以验证数据和业务方案的实际效果。在此过程中，需要尽量减少人力、物力资源的投入，追求快速验证与快速优化。完成POC后，再完善数据链路，以及扩大业务覆盖范围。

6.2.2 数据资产商业化的策略与挑战

对于企业生产经营过程中产生的数据，通过合规的方式将其有偿提供给其他企业或组织，便可实现数据的商业利益变现。这一过程不仅能实现现金流，同时能为数据资产的价值评估提供可靠的计量背书。

将数据作为宝贵资源进行商业化变现是一个复杂的过程，涉及多个阶段的策略实施。

1．确立流通策略与目标

企业首先应进行全面的数据资源盘点，识别各业务部门内具有流通潜力的数据资源，明确可交易的数据类型、范围及其潜在价值。在此基础上，结合企业的整体战略，明确数据流通的目标定位，可能是提升核心竞争力、开拓新业务领域、增加收入来源，也可能是通过优化产业链协作来实现协同效应。

2．选择适宜的流通方式

针对不同类型和价值层次的数据，企业可以灵活采用直接交易、平台交易或数据联盟等多种流通方式。对于高价值且敏感度较低的数据，可与特定买家进行一对一协商，制定专属的数据交付与使用协议。对于广泛适用的标准化数据产品，通过专业数据流通平台进行发布与交易，便于对接多元化的市场需求。而对于需要长期合作、共同挖掘数据价值的场景，企业可选择与其他企业共建数据共享生态，通过互惠互利的方式进行数据交换。

3．构建完备的流通体系

为确保数据流通的顺利进行，企业需要建立一套涵盖数据治理、产品化封装和定价的流通体系。首先，对数据进行深度清理、标准化处理和必要的脱敏操作，确保数据的质量符合交易标准，且符合相关法规对数据合规性的要求。其次，将原始数据转化为易于理解、易于应用的产品或服务形态，如 API 接口、数据报告、模型算法等，提升数据产品的易用性和市场吸引力。最后，根据市场行情、数据的独特性、应用场景的复杂度等因素，设计合理的定价策略，如按量计费、订阅制、收益分成等，以适应不同买家的需求和预算。

4．积极参与到流通市场中

企业应综合评估各类数据流通平台的合规能力、市场规模、用户活跃度及技术支持水平，选择最适宜的平台进行数据上架。在平台上，企业需要清晰阐述数据产品的特性和应用场景，突出其价值优势，借助平台提供的资源进行精准推广，吸引潜在的买家关注。同时，企业应密切监控交易动态，及时回应买家咨询，妥善处理合同签署、支付结算等交易环节，确保整个交易流程的顺畅进行，从而有效实现数据资产的商业化变现。

尽管数据流通蕴含巨大的商机，但在实际操作中，企业往往会遇到很多难题。

1．合规性与成本问题

数据交易的参与主体需具备相应的资质，并在数据交易市场上展现出一定的法务能力，以评估数据交易的合法性、合规性。这些合规审查都要求具备一定的法务专业性，因此门槛相对较高。选择的数据流通交易平台能否提供相关的资质支持和评估能力，以及成本如何，这些都是需要考虑的关键因素。

2．价值衡量问题

相较于一般的产品，数据产品被理解和使用的成本更高，其在不同业务和场景下所发挥的价值差异巨大，这导致市场定价难以明确衡量。例如，人群标签在营销场景下可能极具价值，而在工业制造领域的价值微乎其微；老年人群画像在保健品营销中的价值远超于美妆营销。另外，价值的实现也会受到多方因素的影响，如营销活动的合理性、投放产品的匹配度等，这就要求数据交易市场有相关的场景案例沉淀，或者可以匹配相应的交易方，以提升数据的价值和议价权。

3．人才短缺

成功实现数据流通不仅需要数据技术人才，还需业务架构师及熟悉国家数据相关法律法规的法务人才。这些既具备专业领域知识又具备跨界视野的人才十分稀缺，而且大部分企业难以负担设置专职岗位的成本。交易市场中若能配备这类人才，将在很大程度上降低交易成本并提高交易效率。

4．效率低下

虽然目前有很多专注于数据流通领域的数据市场。但在数据上架、流通采买等环节中仍存在效率低下等问题。作为采买方，关键在于必须明确知道所需数据类型、数据来源、数据质量、数据整合及使用。而作为数据提供方，则必须对数据进行前置治理，保障数据质量，并寻找合适的市场进行数据上架。在供需双方匹配后，还需要有一个高效的流通平台来提供合规支持、平台支持和技术支持，以确保数据流通的顺畅和高效。

企业在实现数据流通时，应首先确立流通策略与目标，选择适宜的流通方式，构建完备的流通体系，并积极参与到流通市场中。尽管过程中会遇到合规性、成本、价值衡量、人才及效率等难题，但通过精心规划与选择合适的流通平台，企业有望克服这些挑战，实现数据的有效变现。接下来，我们将探讨一个专业的数据流通平台如何助力企业解决这些问题，实现数据流通的无缝对接与价值最大化。

6.2.3 瓴羊港：企业数据流通的服务枢纽

前面提到，企业在获取外部数据及实现数据流通的过程中面临诸多挑战，瓴羊港作为一站式的数据服务枢纽，通过其服务模式与技术优势，应对了企业在面临外部数据获取及数据流通过程中的挑战，从而支持了数据的高效流通与价值变现。

1．企业数据流通与价值实现策略

（1）合规性保障与成本控制。

合规性保障：瓴羊港通过严格的合规审查标准与机制，确保数据流通符合相关法律法规的要求。

具体到操作层面，数据供给方可以通过数据表 API，根据数据内容的敏感度

和安全级别（从最低 L1 到最高 L4），选择合适的数据上港；此外，还可以采用算法模型等加工型产品或解决方案实现这一过程。而数据需求方通过多样化的购买选项与双边市场机制，能够安全且便捷地购买及应用数据。

从技术层面上，构建一个成熟稳定、安全合规、普惠高效的数据流通体系是基础。如图 6.2-1 所示，瓴羊港为不同数据源类型设计了不同的安全审查策略，同时利用去标识化、多方安全计算，以及隐私计算等技术，让数据在可用不可见的框架下完成流通和价值变现，从而保障数据"可用不可见"和"不出域"。

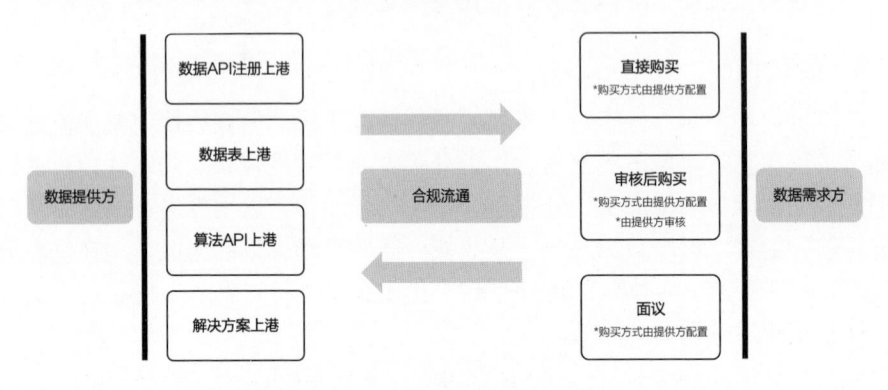

图 6.2-1 瓴羊港数据流通体系

成本控制：通过在线签约、交易、消费支持体系，实现数据的高频、低成本流通，减少企业获取外部数据时的经济、时间成本，降低企业自建数据流通体系所需的资源投入。

（2）价值衡量。

场景导向：以业务场景为导向聚合数据资源，允许企业根据自身业务需求快速定位数据集或 API 服务。这种场景化的数据产品设计，使数据在特定业务环境下的应用价值更为直观，降低了数据价值衡量的复杂性。

市场定价：为平台上的数据资源提供市场价格参考，同时提供数据测试和使用机制，允许企业在实际投入成本前评估数据的价值与投资回报。

（3）专业人才支持。

平台整合了数据服务商与专家团队资源，为企业提供从数据的规划、集成、加工到治理的全方位支持，帮助弥补了企业在数据处理、数据分析等方面的人才短板。

此外，平台提供的全链路解决方案降低了企业对跨领域专业人才的依赖，使非技术背景的业务人员也能便捷地参与到数据流通与应用中。

（4）提高流通效率。

数据资源汇集：平台汇集了企业、数商、生态伙伴、公共部门等多方数据源，提供了一个丰富的数据集市，企业可以通过该平台一站式浏览、对比、筛选所需数据，提高获取数据的效率。

便捷交易流程：平台支持在线购买、担保交易、预付和后付等多种交易方式，利用先进技术实现自动化、智能化的数据交易流程，同时提供贯穿数据交易全生命周期的技术支持与服务，以支持数据需求方快速获取数据，缩短数据流通周期。

瓴羊港凭借其全面的服务模式与技术优势，为企业的数据流通难题提供了切实可行的解决方案，有力推动了数据的高效流通与价值变现，助力企业在数据驱动的业务创新中取得进展。

2."寻-买-管-用"全链路解决方案

在企业面对数据流通难题时，一套全链路解决方案能够帮助企业更好地专注于数据驱动的业务创新与价值创造，这一解决方案应无缝衔接数据流通环节，覆盖数据获取、处理、管理、应用的全流程，确保数据价值在企业内部得到充分释放与最大化利用，从而使企业从烦琐的数据处理流程中解放出来。在此背景下，瓴羊港推出了"寻-买-管-用"全链路解决方案。

（1）寻。

瓴羊港聚合了大量以业务场景为导向的数据，包括数据表、API 和智能服务等，并按照行业要求和解决方案进行分类，使企业能够迅速获取所需的数据资源。若在平台上未找到所需的数据，企业也可以反向提出需求，平台将组织专家团队提供帮助。

（2）买。

企业可以在平台上直接购买所需数据，平台支持多种购买方式，包括线上直接购买和线下解决方案面议，同时提供对 API 类数据的免费测试和试用，以确保数据服务符合企业需求。采用先进的安全机制（如数据隔离、安全多方计算等）实行担保交易模式，保障交易的安全合规。

（3）管。

支持企业可以将购买的数据资产及其他数据资源授权给瓴羊港进行统一治理，包括数据个性开发加工、多方数据融合增补、异业数据融合合作等。企业也可利用 Dataphin 进行数据规划、集成、加工、清洗及治理等，优化数据资产的价值。

（4）用。

处理后的数据可以应用于多种业务场景，如利用瓴羊港的经营分析工具 Quick BI 进行数据洞察和决策支持；通过平台提供的二次开发和快速搭建工具，构建个性化的新业务系统；将数据集成到企业现有的业务系统中，实现数据的实际应用。

瓴羊港的"寻-买-管-用"全链路解决方案不仅集成了计算机领域的技术（如隐私计算），还涉及法律、政策等非计算机领域的"技术"，通过跨学科技术的应用，可将复杂的法律政策问题转化为可执行的技术解决方案，从而保障数据流通的安全性和合规性。

3. 从洞察到转化的业务场景解析

数据流通的核心在于以业务场景为依托，针对具体问题进行数据驱动解决方案的设计。企业在实现数据流通时，首要任务是明确希望通过数据解决何种业务痛点，然后据此逆向规划所需数据类型及流通策略。

瓴羊港作为数据流通平台，其价值不仅体现在促成数据交易上，更体现在将数据流通的潜力切实转化为企业的业务增长动力上。下面通过几个典型的业务场景，阐述瓴羊港如何携手企业，借助数据赋能实现从洞察到转化的过程。

（1）货品履约提效。

货品履约提效的核心影响因素在于市场需求的变化以及对这些变化的响应速度，如天气、路况、原材料供应及市场需求等的波动，都极大增加了货品履约过程中的预测难度，这将直接影响企业在降低成本和提高效率方面的努力。在这一过程中，公共数据与企业自有数据的有效整合显得尤为关键，事实上，将公共数据整合到企业运营中，能极大地辅助企业进行更准确的销量预测和物流时效计算。

瓴羊港可以进行多方数据联合建模，通过整合企业自有数据与电商平台数据、商户产销数据等外部数据，构建新的数据模型，为货品运输和分配路径的优化提供策略，如图 6.2-2 所示。

强关联度数据 赋能履约提效

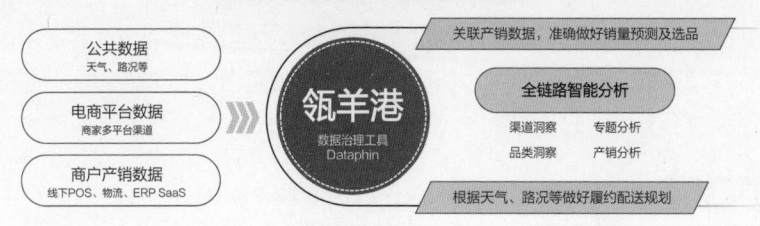

图 6.2-2　瓴羊港货品履约提效应用场景模型

在与美登科技合作的鲜花物流履约优化项目中，将瓴羊港提供的实时气象数据与物流轨迹数据结合，充分考虑鲜花特性与特殊储运需求，计算出最优配送路线，有效降低了鲜花在途损耗，显著提升了消费者满意度。

（2）经营分析决策。

企业的管理决策需要丰富的数据支撑，同时需要有独特的视角。但企业往往面临数据的分散性和集中处理的高成本及长周期，这些因素导致在企业进行决策时，数据分析环节缺失，分析手段过于单一，最终的分析结论与实际业务发展存在偏差等。

通过集成丰富的数据资源，瓴羊港不仅满足了企业在决策过程中对数据的需求，还通过高效的数据加工和呈现能力，帮助企业在分析和决策时节省时间和成本。此外，瓴羊港还提供了个性化的数据治理和经营分析工具，如 Dataphin 和 Quick BI，这些工具不仅供应了企业决策时所需的数据，还使企业能够从独特和个性化的视角对数据进行深入分析，从而做出更加精准和有见地的决策。

通过瓴羊港集成的丰富数据资源，以及利用个性化的数据治理和经营分析工具，如 Dataphin、Quick BI 等，企业可以有效解决决策过程中的数据支撑问题，节约时间与成本，同时能从独特和个性化的视角对数据进行深入分析，以支持更精准的决策过程，如图 6.2-3 所示。

定制化数据开发服务　在全景中做经营决策

图 6.2-3　瓴羊港经营分析决策应用场景模型

在与某大型乳业品牌的深度合作中，面对全国范围内的庞大终端网络，瓴羊港运用阿里巴巴生态与线下数据，通过销售力值评估模型精准识别高价值终端门店，指导品牌精准投放营销资源。基于此，企业在高潜力区域实施的营销活动成效显著，各项业务指标均显著增长，如图 6.2-4 所示。

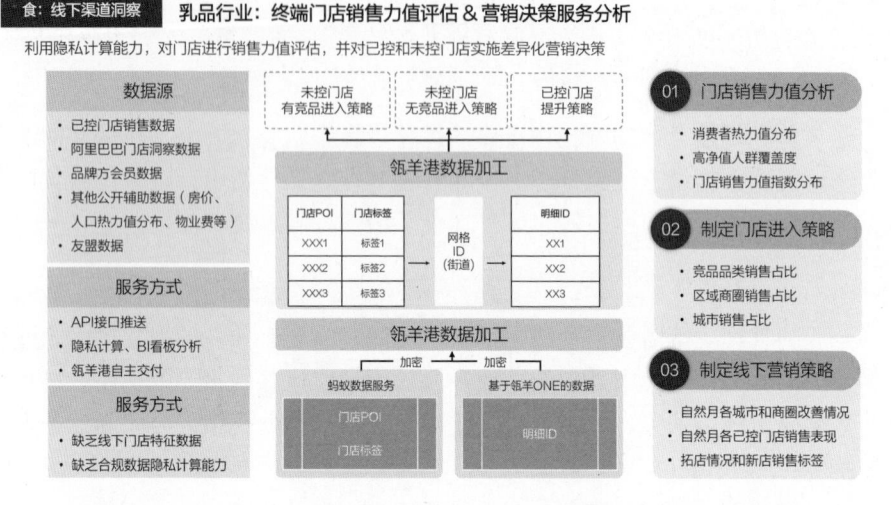

图 6.2-4　瓴羊港经营分析决策应用场景：与某大型乳业品牌合作案例

（3）异业合作。

传统数据壁垒限制了企业在跨品牌市场分析、联名、会员共享等方面的深度合作。瓴羊港平台利用其先进的隐私计算技术，为企业提供了一种解决方案，建立了一个促进数据异业合作的枢纽。这项技术使得不同行业和品牌之间的数据能在确保合规的前提下被共享，从而实现多方共赢的局面，为有具体需求的用户带来更多的权益和服务。

具体来看，不同行业之间的合作潜力是巨大的，如潮牌销售企业与咖啡机销售企业虽属不同行业，但客户群体特征存在交集，通过瓴羊港平台的数据流通能力，双方可互补数据，拓宽目标市场。同样地，产业链上下游企业，如销售终端与上游工厂间实现数据互联，有助于优化原材料采购成本，发掘新的业务增长点。

随着数字化转型的加速，瓴羊港正在成为企业寻找增长和转型答案的重要平台，越来越多的企业利用瓴羊港的数据流通能力实现其向数字经济的顺利过渡。瓴羊港通过为企业提供丰富的数据资源、高效的数据处理能力和安全的数据共享机制，助力企业解锁数据潜能并促进跨行业合作和对新业务模式的探索，将成为推动社会发展和产业创新的关键驱动力。

4．无价值不流通，不流通无价值

在先前对瓴羊港赋能业务场景的探讨中，我们揭示了数据流通在驱动企业增长、解决实际问题方面的关键作用。为了更直观地理解数据流通对企业运营的深远影响，接下来将通过两个具体的数据应用场景——智能铺货与智能选址，聚焦瓴羊港在其中所扮演的关键角色。这些案例将通过具体的业务情境与实际效果展示数据流通如何助力企业从数据洞察到业务转化，实现业务升级与竞争优势构建。

（1）智能铺货：基于数据的千店千面。

- 应用场景

智能铺货是指利用大数据分析、人工智能等技术手段，根据不同地区、不同街道及门店的消费者特征和购买行为，以及其他相关数据（如季节、天气、地域文化、市场趋势等）进行分析，将商品精准地投放到各个渠道和门店，从而实现"人-货-场"的最优匹配。对于快消行业，尤其是乳品行业来说，铺货的精准度非常重要。首先，铺货的渠道成本比较高，包括卖场的入场费、导购员薪酬、物料成本、营销费用等。另外，由于乳品的保质期相对较短，若不能及时出售，企业只能采取打折处理或回收等措施，造成资源浪费，因此，选择合适的销售渠道并实施精准铺货，对于提升快消品企业的运营效率和盈利能力至关重要。

快消品行业的经营管理人员，如大区经理、城市经理等，在经营过程中要回答以下几个问题：

- ◆ 高潜区域识别与市场覆盖率评估：通过线下市场调研，结合人口统计情况、消费者行为、竞争对手分布、购买力指数、生活方式等多维度数据，确定各城市潜在价值区域及其覆盖情况，评判品牌在不同市场中的渗透深度。比较各区域销售业绩，以评估市场覆盖率。

- ◆ 精准门店铺货策略制定：针对各个门店，分析应铺货的品类、数量，确保商品与门店周边消费者、品牌定位、渠道特性等精准匹配，提升整体运营水平与供应链效率。

- ◆ 营销活动效果评估：线下营销活动效果评估颇具挑战，涉及数据追踪困难、归因复杂、人流计量不易、长期效果监测难等问题，需寻求有效方法对活动效果进行科学评估。

- ◆ 大区资源合理配置：设定各区域销售目标，根据业务需求合理配置人力资源、财务资源、产品库存及物流能力等，确保各区域运营需求得到满足，顺利达成业务目标。

- 解决方案

线下支付厂商，通过 POS 机等支付终端的服务，沉淀了很多支付数据。虽然在支付结算单据中没有具体商品的 SKU 信息，但保留了类目信息。通过对这些数据进行深度加工，可以形成一系列围绕地址、门店的特定指标：

- 人群指数：包括总体人群基数、区县/街道人群基数、高净值人群基数、已婚已育人群基数、特定消费类别（如即饮饮料）人群基数等。
- 消费指数：包括消费偏好、消费频次、品类偏好、渠道偏好等。
- 门店指数：包括周边高净值人群基数、进店客流量、周边客流量、居住地热力值、工作地热力值、全店销售力值、品类销售力值等。

企业在经营过程中也沉淀了大量的会员数据。通过隐私计算技术，企业可以将自己的会员数据与支付厂商的数据以"可用不可见"的方式进行融合，计算得到企业会员在不同城市、区县、街道的品类覆盖率及消费偏好。

那么，从数据角度如何回答以上问题呢？

从宏观层面分析：首先，我们需要对不同的大区和城市进行潜力分析，了解城市的人口规模、目标消费人群占比、品牌会员渗透及覆盖情况、竞品的渗透情况等因素。这可以帮助我们从宏观角度评估一个品牌的潜力值，通过交叉对比不同城市间的目标客群及品牌覆盖率，可以了解不同大区和城市间的运营差异，从而调整不同区域的资源配置。

从城市运营的角度，可基于网格分片区进行片区颗粒度分析：例如，针对高端细分品类，基于高净值人群的基数及品牌在目标网格中的覆盖率，来评估该地区是否拥有高潜人群。

从单店运营的角度分析：需要分析门店的客流量、居住地的热力值、全店的销售力值，以及该门店消费半径内消费者的活跃度、消费力水平、消费情况等，这些分析有助于评估该店的销售力值，从而评估目标铺货品类及铺货量。通过网格化的门店画像及销售力值分析，企业可以精确识别目标销售渠道，针对不同的目标门店进行定向人群放大，通过营销活动进行会员招募等。

对营销活动效果进行评估：由于数据追踪困难、归因分析复杂、人流计量不确定，以及长期效果不易追踪等，营销活动的效果往往难以评估。然而，通过对目标地区营销活动前后的覆盖率、销售情况、消费者画像的变化情况进行对比分析，可以有效评估营销活动的效果。

基于以上数据分析，企业可以根据不同城市、区县、街道的会员数据与支付厂商的数据，更加精准地了解消费者的需求和偏好，针对不同的渠道和门店进行精准铺货，提升消费者的忠诚度和满意度，从而提高企业的市场竞争力和盈利能力。

（2）智能选址：基于数据洞察提高新店成功率。

- 应用场景

在连锁品牌运营中，线下门店的选址显得尤为关键。开设一家新店涉及选址、装修、人才招募、物料投入、营销等多方面初期投入。若新店开业后未能成功经营，则这些成本大部分将无法回收，从而造成巨大的损失。选址很大程度上直接决定了新店的成功率。除了依靠店长的经验判断，是否还能通过数据分析提升开设新店的成功率呢？

- 解决方案

门店选址最重要的是需要考虑人、货、场的匹配。成功的选址，本质上是通过对已有的店铺和会员进行分析，得到"店铺成功模式"，而后将成功模式复制到其他店铺经营中。

在剥离品牌及服务差异影响的情况下，一个店铺的经营情况可从以下几个方面进行分析和评估：

◆ 潜在客户量

常住人口：评估周边区域内的常住人口数量，以及目标消费人群在常住人口中的占比。例如，某个登记人口数量为20万以上的社区，可能大部分房屋是空置的，而登记人口数量为10万的社区却可能是年轻人的聚集地。这类信息可以从外卖平台数据、物流配送数据中获取。此外，水电燃气及其他业务费用数据可以给到更多的信息，比如电费高但燃气费低的小区很大概率聚集的是年轻单身人士，而电费低燃气费也低的小区则可能住着较多老年人。

消费者特征：分析目标地址周边人群的消费者偏好、职业属性、年龄、家庭结构、家庭收入水平等。同样地，通过外卖数据、物流配送数据、水电燃气数据可了解小区居住人群的消费属性和收入水平。

人口变化趋势：人口流入与流出、分布结构的趋势变化是评估未来市场潜力的关键因素。例如，在教培行业盛行的时候，位于教培机构1千米范围内的星巴克总是人满为患，家长常常在星巴克边处理工作边等待孩子下课。

◆ 消费场景

周边环境：目标地址周边的商业环境、居民区、教育机构、学校、办公楼、公园、医院等，都是识别消费场景及客流的重要因素。例如，咖啡厅开在办公楼旁边通常比开在老旧小区旁边成功率更高；奶茶店开在大学周边往往生意兴隆，而开在小学或幼儿园旁边，往往会由于家长更注重孩子的饮食健康而生意惨淡。

周边商家：分析周边商家的品牌调性、商品类别及其消费群体的特性，能够为选址提供有力的参考。例如，喜茶的选址策略之一就是考察星巴克的所在位置，如果星巴克在某个地方已经成功经营了一段时间，那么这个地方很大概率上也是"成功店铺"的目标地址。

交通：公共交通、停车设施、行人流量等因素都将直接影响消费者到店的便利性。良好的交通条件可以显著增加门店的客流量。

租金：对于以线上订单为主的品牌来说，选址时可以选择办公楼附近的小区等租金较低的地点，以降低运营成本。

◆ 竞争与市场容量

竞争格局：新店选址时，对周边竞争对手进行详细分析至关重要，包括对手的市场占有率、客户评价、定价策略等。例如，在预定的商圈内，应详细调查开设的咖啡店和奶茶店数量，了解它们的经营状况、客户基础及价格区间。

市场饱和度：竞争对手的渗透率是判断市场饱和度的关键指标，要解析主要竞争对手的市场占有率，了解其在目标市场中的影响力。渗透率高可能表明市场竞争激烈，新进入者面临的挑战更大；而渗透率较低则可能意味着市场还有较大的发展空间。

对以上维度进行分析，除了要结合企业内部的经营数据和会员数据，还要结合外部的第三方数据，例如：

◆ 地图数据

商业设施分布：通过地图上的商业设施分布，可以了解商圈的特点、消费属性及潜在的竞争对手或合作伙伴。

人流数据：通过分析不同时间段的人流量数据，可以预测门店的客流潜力。

房价和物业费信息：通过周边房价和物业费信息，可以补充该区域居民的购买力和收入水平信息。

- 终端支付数据

预测促销反应：通过终端的支付情况可以评估消费者对促销及优惠券的反应，分析哪些类型的促销更能激发消费者的购买欲望。

- 水电燃气数据

评估常住人口：公共数据（水、电、燃气等的使用量）能够用于评估一个区域内的常住人口规模。

预测人群结构：通过分析水、电、燃气等公共数据，可预测居住地人群的年龄分布、家庭结构分布、家庭收入水平等。

综合应用以上数据，结合门店经营数据和会员数据，可对各个店铺进行详细分析，得出店铺标签，选出其中经营状况良好的店铺从而得到成功店铺的画像。成功店铺的画像标签可用于圈选候选店铺地址，进而选出高潜地址。

门店的经营是一项持续性的工作，它要求对门店进行持续性的监测和 ROI 评估。当门店经营状况不理想或低于预期目标时，同样可以结合三方数据及竞争对手情况进行分析，以决定是否关店。

展望未来，瓴羊港旨在建立一个自生长、自运营的数据生态系统，不单纯追求成为一个数据交易平台，而是致力于成为一个促进产学研合作、技术创新和数据价值最大化的生态圈。瓴羊港将汇集各方需求和技术，推动数据流通，确保每一项技术和服务都能满足市场和客户的需求，并在此过程中实现自我成长和壮大。

6.3 数据流通的深化合规与技术融合

6.3.1 多维合规视角下的数据流通治理

数据流通的目的和原因不同，其需要遵循的原则和流通方式也有所不同。由于不同国家关于数据安全和合规性的法律法规存在差异，因此在数据采集、共享、交换及跨境管理等方面也展现出不同的特点。按照数据流通涉及的实体间的关系及类型，可以将数据流通分为四类：企业内部的数据流通、企业间的数据流通、政府与企业间的数据流通，以及跨境数据流通。

1. 企业内部的数据流通

在同一企业内部，数据流通涉及各个部门、团队或个人之间的数据交换。企业内部的数据流通常受公司的内部政策和流程规范的约束,目的是确保数据安全、隐私得到保护、质量可靠,并能及时满足业务需求。

然而,企业内部的数据流通通常面临着以下几个挑战:

(1)数据分散与信息孤岛。

数据分散与烟囱式的架构,造成数据难以被定位,即使能够找到相关数据,获取和利用数据的链路也非常冗长和复杂。

(2)缺乏数据标准。

由于缺乏统一的数据标准,因此可能导致数据无法被数据使用方理解。

(3)数据质量问题。

数据质量的不确定性可能会导致数据在使用过程中出现不可预知的问题。

(4)部门间障碍。

部门之间的壁垒阻碍了数据的流通,导致用数部门难以获取所需的数据。

要解决这些问题,企业必须基于内部政策和流通规范,自上而下地构建标准统一的、准确可信的、便捷可消费的数据体系。基于构建的数据体系促进数据的有效消费,进而促进数据价值的变现。

企业内部的数据流通在实现企业业务目标、提升运营效率及增强企业竞争力方面均扮演着重要的角色。因此,企业内部数据流通的核心原则是:在确保数据安全合规的前提下,促进数据的流通。数据流通的最终目的是激活数据在业务中的作用,从而赋能企业的业务运作及其他的合规与审计需求。

在这一目标的驱动下,设计数据流通的机制和工具时,需要考虑以下几个原则:

(1)明确数据管理策略,确保数据的质量、一致性与安全性。

高质量的数据是数据有效流通的前提,数据管理策略需覆盖数据的整个生命周期,确保数据的准确性、完整性和及时性,这对于基于数据的决策非常关键。同时,维护数据标准与数据口径的一致性,可以确保数据在不同部门及不同系统间流通时,不会产生信息歧义。随着数据流通的加速,数据泄露和未经授权使用等风险增加,因此,采用数据访问控制、数据脱敏加密等安全技术,以及实施数据使用的审计存证,对于保障数据流通的安全性是必不可少的。

（2）数据流通的安全合规性。

从安全合规的视角审视，近年来，《数据安全法》《个人信息保护法》等法律法规相继出台，在国家层面明确提出了建立数据分类分级保护制度的必要性，并要求各部门和企业对数据实行分类分级保护。同时，在落实现行法律的安全合规要求的过程中，数据分类分级是数据安全精细化管控的必要前提，需要在数据安全治理工作中率先落地。从业务发展的视角来看，"数据驱动业务"的业务数字化进程中会产生海量数据，如果不区分数据的类型和敏感级别，而对所有数据采取无差别保护，则将造成巨大的安全合规成本和资源浪费，进而导致数据流通效率下降，影响业务的正常运行。

（3）数据流通的便捷性。

通常，数据使用遵循"找数-看数-用数"这一基本流程。通过统一的元数据管理，找数及确信的过程变得更为便捷，准确率也有所提高。然而，安全合规的要求促使我们使用规则化及工具化的方式，减少审批的流程节点，缩短审批的时间，从而提体审批的效率。面对严格的审批流程，用户常常在还没有看到数据的情况下，就需要先面对冗长的审批流程，而审批通过后发现数据与自己的需求已相差甚远，于是又要重启新的审批流程。对于安全管理人员而言，若缺乏明确的安全分类分级保护及分级管理原则，则为了降低管理责任及安全风险，他们往往会对审批流程进行层层加码，要求多级主管审批及数据提供方审批，无形中增加了复杂性。此外，审批人员对于用数的场景和使用人员不熟悉，以及对于数据敏感程度的认识不足，因此要么导致为避免管理风险而拒绝数据使用请求，减少了数据赋能业务的机会，要么一股脑儿不加判断地批准请求，增加了数据越权使用的风险。

因此需要构建系统化规则，如根据数据敏感等级配置不同的审批流程，如表 6.3-1 所示。

表 6.3-1 根据数据敏感等级可配置不同的审批流程

安全等级	审批流程
L1-对外公开数据	免审批使用
L2-对内公开数据	二级主管审批使用
L3-机密数据	部门主管审批使用
L4-绝密数据	安全部门及部门主管审批使用

此外，还应加强员工在数据使用安全合规方面的培训，提升员工对数据安全、隐私安全、数据伦理等合规要求的认知和理解，使其了解组织的安全策略、流程

更新,以及公司对他们的要求和他们所承担的职责,提升他们的数据安全保护意识。

2. 企业间的数据流通

当数据在不同企业之间传输时,这一过程被称为企业间的数据流通。这种类型的数据流通可能涉及合作伙伴、供应商、客户或其他外部实体。在集团性公司内部,不同子公司或业务单元间的数据流通也可被视作企业间的数据流通。与企业内的数据流通不同,企业间的数据流通驱动因素为参与双方的价值交换,需要遵循市场原则。围绕价值交换这一驱动因素,企业间的数据流通需要解决数据合规、数据定价和数据质量等方面的问题。

企业在经营过程中积累了大量的数据,在服务内部经营管理的同时,是否可以通过服务外部获得收益?例如,某食品酒水企业积累了大量经销商和零售店铺的数据,是否可以通过这些数据帮助其他企业进行高潜终端的挖掘?但是,在服务外部的同时,企业必须仔细考量数据的使用场景,确保购买数据的客户不是竞争对手,切不可将数据用于非法业务中,还要关注隐私保护、数据确权等企业安全经营及合规要求的关键问题。因此,数据交易前所需承担的合规成本也非常高。

数据定价过程通常也存在模糊性。数据交易议价没有统一的标准,国内数据交易平台只公开部分数据的价格,在实际操作中需与数据供应商进行具体协商。公共数据按政府指导定价有偿使用,而企业与个人信息数据则由市场自主定价。由于不同企业在不同场景下对同一份数据的开发和利用程度不同,因此产生的价值也会有所不同,这就导致了数据定价通常采取个案议定的方式。

从数据需求方的角度来说,数据质量及数据价值的问题则更加凸显。除去刚需数据,在商业结果不确定的情况下,数据对商业的价值在完成开发利用前难以被准确预测。即使在商业结果产出后,也很难具体量化数据在商业活动中拉动增长的作用比重。

在对数据进行匿名化处理后,数据用于价值开发和利用的难度更高,寻找合适的价值变现场景愈发困难。在业务场景的挖掘上,需要既有数据技术能力又具备商业洞察力的高级专业人才的支持。这些要求共同带来了当前数据交易领域的难题。

3. 政府与企业间的数据流通

政府机关和企事业单位在举办各种行政活动、提供公共服务,以及执行监管工作的过程中产生了大量的公共数据,这些数据涵盖了企业注册信息、税收记录、公共工程项目信息等行政监管数据,人口普查信息、经济普查信息、农业普查信息等统计数据，政府的预算、财政支出、收入、采购支出、公共投资等财政数据，教育、卫生、社会保障等公共服务数据，公共交通系统运行数据、交通流量数据、公路桥梁维护记录等基础设施数据，以及司法和执法数据等。根据《关于构建数据基础制度更好发挥数据要素作用的意见》（以下简称"二十条"）的指导思想，在保障个人隐私权和公共安全的前提下，公共治理、公益事业数据可无偿使用，用于产业发展、行业发展等的公共数据可有偿使用。例如，开放法律诉讼数据，可以通过公司名称或 ID 获取企业法律诉讼信息，包括案件号、案件名称、案件原因、案件金额、案件身份、案件裁判结果等数据，以便用于企业的信用评估、偿债能力评估等。

政府公共数据的公开和共享对于提高政府透明度、促进公共参与和创新，以及帮助公民和企业做出更好的决策等都发挥着重要的作用。各国政府都在不断推进数据开放政策的实施，以便更好地利用这些资源服务于公众福祉和经济的持续发展。

过去二十年间，中国经济对土地财政有重度依赖。根据兰小欢老师在《置身室内》中提供的数据，2018 年"土地财政"收入相当于地方公共预算收入的 89%。然而随着经济发展的变化和房地产市场的疲软，土地出让金迅速下降，土地财政难以持续。2020 年，中共中央和国务院发布《关于构建更加完善的要素市场化配置体制机制的意见》，要求建立健全城乡统一的建设用地市场，盘活存量建设用地等。该意见同时要求加快培育数据要素市场，推进政府数据的开放共享。

4. 跨境数据流通

随着中国经济的发展和国际化进程的加速，越来越多的企业涉足跨境业务，这不仅促进了中国与其他国家之间的贸易和投资往来，也为企业提供了更广阔的市场和机遇。近三十年来，中国企业不断"走出去"，同时境外企业也大规模进入中国市场。特别是汽车行业，其在 2023 年的表现非常亮眼，根据国务院统计数据，2023 年前三季度，我国出口汽车 338.8 万辆，同比增长 60%，其中，仅 9 月份，新能源汽车出口量达 9.6 万辆，同比增长 92.8%。然而，跨境业务也带来了一系列跨境数据流通的问题。

（1）数据隐私和安全。

由于跨境业务涉及多个国家的法律和政策，因此企业需要遵守各国的数据保护法规和标准，以确保数据的安全性和隐私。这要求企业在跨境业务中加强数据安全管理和技术保障，建立完善的数据保护机制和体系。

(2)数据传输速度与效率。

不同国家之间的数据传输需要遵循不同的通信协议和技术标准,同时面临着网络带宽和延迟等因素的影响。这就要求企业在跨境数据传输中选择合适的技术方案和服务商,以提高数据传输的速度和效率,降低传输成本和风险。

(3)数据管理与分析。

由于跨境业务涉及多个国家的数据源和数据类型,企业需要对这些数据进行管理和分析,以便更好地了解市场需求和竞争情况。这就要求企业在跨境业务中加强数据管理和分析能力,建立合规的数据共享和合作机制,以提高数据的价值和利用率。

从《数据安全法》开始,国家逐渐出台与跨境数据流通相关的法律体系,如《个人信息保护法》《数据出境安全评估办法》等重要法律法规。随后,中央网信办又出台了《促进和规范数据跨境流动规定》,进一步优化了数据跨境流通的安全合规要求。

6.3.2 合规与技术驱动的协同机制

数据的流通除了线下点对点沟通,也涉及数据交易平台。近年来,数据交易平台也经历了不同阶段的发展。

2014年,贵州大数据局成立,标志着正式迈入了数据交易平台的初期阶段。最初,这些交易平台类似于撮合平台,通过撮合数据交易来抽取佣金。到第二个阶段,平台转向以数据产品和服务为核心,代表性的有数据超市,如京东万象、聚合平台、阿里数加等。这些平台虽然解决了数据源合规问题,但是数据质量和安全性问题难以保障,容易导致买卖双方直接绕过交易平台进行线下交易,使得交易中心难以规模化发展。进入第三个阶段,我们看到了数据联盟生态的兴起,这个阶段的平台提供端到端的服务,围绕数据中心构建生态系统,将数据交易中心作为新基建的基础设施。

尽管国家政策积极推动数据要素化和数据流通,但数据交易市场的发展仍未达到预期的繁荣状态。此现象可以从以下三个方面进行深入探讨:

(1)政策(天时)。

虽然国家发布了一系列关于数据要素化、促进数据流通的政策指引,但是合规成本仍旧高昂。特别是在数据确权及涉及个人隐私的数据流通方面,缺乏明确的合规性界定,导致企业在数据买卖上持谨慎态度,即便是完成了交易,也常常不清楚如何合法合规地使用所购数据。

（2）安全合规及流通成本（地利）。

一方面，数据交易需要进行严格的合规审查，涉及高昂的法律成本。另一方面，数据集成、共享、加工等交易链路上的各个环节，也急需易用、安全、合规的交易平台或通道来支撑。然而，目前大部分的数据交易通道还仅停留在 API 的调用中，缺乏安全计算及隐私计算能力的支持，限制了高敏感度数据"可用不可见"价值的实现。

（3）跨专业人才（人和）。

数据需要与业务结合才可以发挥真正的价值。相较于企业自有的数据，在市场上流通的数据的理解成本更高，价值挖掘的难度更大。这不仅要求专业人员要懂数据、懂技术，还要懂业务、懂场景，更要有丰富的想象力和创造力，以将外部的数据赋能于企业自身的业务。目前，跨专业的数据人才缺口大且人才成本高昂，这是阻碍市场发展的一大因素。

在选择数据交易平台时，企业不仅需要对平台的合规能力和安全技术保障能力等多方面进行考察，还应评估平台在特定业务场景中的专长和效能，了解其是否能满足特定的业务需求；考量平台是否拥有与之配套的业务分析人才，以及数据咨询和交付的配套服务能力。这些都是企业在选择平台时必须细致考察的要素。

1. 数据流通的安全合规要求

根据"二十条"，数据流通过程中需要确保数据的来源合法、隐私保护到位、流通和交易过程规范。不管扮演何种角色，企业在参与数据流通的时候，均需要关注以下几个方面：

（1）参与主体的准入标准。

常见的数据流通模式分为两种，一种是场外交易，另一种是场内交易。目前，场外交易相对比较成熟，我国接近 80% 的数据流通发生在场外，大多数遵循一对一的直接流通模式，即数据提供方和数据需求方直接通过双方洽谈、签订协议及数据对接完成数据流通。场内交易模式尚处于发展初期，比较典型的代表是数据交易所及各类市场主体主导建设的数据流通平台（如瓴羊港）。

以场内交易为例，其通常涉及数据提供方、数据需求方及流通平台方这三类主体，每个参与主体均应具备与业务经营相关的合法资质。数据提供方作为《个人信息保护法》里的数据处理者，应当具有数据处理的业务资质，例如从事增值电信业务需办理增值电信业务经营许可证等；数据需求方应具备相应的安全能力，确保所接收数据的安全性并确保应用场景的合规性；流通平台方需保障安全运行，并进行相应的安全能力认证，例如公安部三级等保或 ISO27001 等信息安全管理体系认证。为了进一步增强数据交易平台的安全心智，还可以尝试采取额外的措施，例如购买数据安全责任保险，瓴羊港联手中国人保推出行业首个数据安全责任保险便是典型示例，为数据流通安全保驾护航。

（2）数据源合法性要求。

数据流通的前提是数据来源具有合法性。对于数据提供方而言，即使流通数据是经过去标识化或匿名化处理的个人信息，其来源也必须是合法的，即原始数据的获取、加工处理及对外提供的行为，必须通过用户充分授权以取得数据收集和处理的合法基础。这要求数据提供方明确向数据主体说明对其个人数据开展的处理行为，征得个人同意并备案，保障数据流通链条中的数据是合法合规的。

具体而言，数据提供方的数据来源可以分为直接的和间接的两种。直接的来源主要包括各类移动终端、App 和小程序等，这类数据来源的合法性基础是数据主体授权同意；间接的数据来源包括向提供方采购、经提供方授权获取、与参与方共享数据等，此时应要求数据提供方说明个人信息的来源及相关的授权范围，确保实施的个人信息处理活动范围不会超过授权同意的范围。

（3）数据流通模式下各方主体的权、责的合理分配。

- 权利分配

根据"二十条"，数据权利主要包括数据资源持有权、数据加工使用权及数据产品经营权。

数据资源持有权：对于通过合法途径获取的数据，无论是基于业务运营的需要采集或产生的数据，还是通过采购、共享等方式获取的数据，数据持有者有权依照法律规定或合同约定自主管控所取得的数据资源，并拥有排除他人对控制状态侵害的权利。如不存在法定正当事由，且未经数据持有者同意，那么他人不得侵扰权利人（数据需求方）对数据的稳定持有状态。数据资源持有权是其他数据权利的基础。

数据加工使用权：可以再细分为数据加工权和数据使用权，数据加工权是指对于具有合法来源的数据，权利人在法律规定或合同约定的限制条件内，具有对数据开展加工、分析、计算等处理活动的权利；数据使用权是指基于数据共享、数据交易等方式，权利人对合法获取的数据资源或数据产品在法定或合同约定范围内进行使用的权利。

数据产品经营权：对于通过合法途径获取的数据资源，在法律规定或合同约定的范围内，权利人对经过加工处理而形成的数据产品或服务，享有在合法范围内进行营销、销售和获取收益的权利。

因自身业务开展会产生大量数据，数据提供方对此应享有数据资源持有权。数据资源持有权包括一系列除合同关系以外对抗任何第三方侵害其稳定持有状态的权利，从而避免无权使用数据的第三方对数据进行持有和使用，还包括对未经授权获取和使用数据的行为请求损害赔偿的权利。但数据资源持有权并不代表可以采用任意方式对数据进行加工、处置等活动，而是需要在法律规定或合同约定的范围内进行处置。

数据提供方享有以合规授权同意为基础的、受限的数据加工使用权。数据提供方在持有用户数据的基础上，根据《个人信息保护法》的要求，需要公开告知数据的处理目的、处理方式和处理的个人信息种类，并在用户授权同意的前提下对个人数据进行处理，其加工使用数据的范围必须保证不超出用户授权同意的范围。因此，数据提供方享有个人信息主体授权范围内的、受限的数据加工使用权，而不具有完全自主的数据加工使用权。

数据提供方对满足安全流通要求的数据产品享有自主经营权。对于经过加工处理形成的数据产品，若其满足了数据流通安全要求的，并通过合同协议等方式被设置了风险管控机制，那么数据提供方就可以拥有独立自主的数据产品经营权，即对数据产品享有在合法范围内进行营销、销售和获取权益的权利。

针对数据提供方基于合同授权从其他市场主体处间接收集个人数据的情形，数据提供方享有数据资源持有权、数据加工使用权和数据产品经营权的前提是合同授权，合同约定数据提供方所享有的权利范围。

数据需求方仅享有合同约定范围内的数据加工使用权。数据需求方作为数据流通的终点，基于自身需求获取所需的数据计算结果（例如分值），其可在合同约定的范围内使用获得的计算类数据。至于数据需求方对所获得的计算结果享有的加工使用权的范围，要依据与数据提供方签订的合同来确定。

- 责任分配

数据流通参与主体都应基于持有的数据和获取的授权承担法定责任。数据流通的主要障碍之一是数据持有者出于合规风险的考虑，不愿进行数据共享，因此需要匹配合理的数据安全责任分担机制，通过合同协议的方式明确数据链路中其他参与主体的数据安全保护责任。

数据提供方对数据，尤其是与个人信息相关的数据负有保护责任。无论是直接收集的还是通过采购等方式间接收集的数据，数据提供方作为个人信息处理者，即法律意义上的直接法律责任主体，均应对个人信息的保护负直接法律责任。

为保障数据流通安全，数据需求方也应对获得的计算结果类数据承担相应的安全保护义务，即采取管理和技术措施确保从数据提供方处获取的涉及个人信息的计算结果不会遭到篡改、破坏、泄露，或者非法获取、非法利用。此外，数据需求方也应被约束，因违反法律规定及合同约定而侵害个人信息主体权益的，应当对个人信息主体承担法律责任，并承担对数据提供方造成的损失。

2. 安全技术保障：隐私计算与安全屋

数据安全流通离不开技术的保障。由于数据本身的特殊性，导致数据流通不仅在安全性问题上充满挑战，且流通成本极高。数据本身具有可复制性，一旦被泄露，其低成本的复制性将使得追回和销毁数据的成本高昂。因此，为了保障数据安全流通，技术手段成为必不可少的选择。除了直接调用 API 使用加工好的数据，隐私计算和安全屋方案在数据流通领域也成了常用的技术手段。

隐私计算（Privacy-preserving Computation）是指在保护数据提供方原始数据不对外泄露的前提下，通过先进的加密、分布式计算、同态加密、多方安全计算等技术手段，实现对数据的联合分析、建模与计算。其核心目标是构建**数据"可用不可见"**的环境，即参与各方能够在不直接接触对方原始数据的情况下，共同进行数据分析与价值提取，确保数据在流通与使用的过程中始终保持"隐身状态"，从而在保障隐私的同时释放数据的潜在价值。

基于不同的技术，隐私计算可分为三大类：

（1）可信执行环境（TEE，Trusted Execution Environment）。

依赖于可信硬件来实现机密计算，在服务器端创建安全隔离区，确保敏感数据与计算过程免受外部攻击和非法访问，适用于需要集中处理数据且确保数据机密性的场景，如云计算、金融业务等。

（2）客户端-服务器端协同计算。

以差分隐私（Differential Privacy）和联邦学习（Federated Learning）为代表，差分隐私通过添加随机噪声保护个体隐私，适用于群体统计分析；联邦学习将数据保留在本地，仅交换加密的模型参数，适用于分布式机器学习场景。总体而言，客户端-服务器端协同计算适用于处理分散、敏感用户数据的场景，如移动应用、医疗保健等。

（3）基于密码技术的去中心化计算。

包括多方安全计算（MPC，Multi-Party Computation）和全同态加密（FHE，Fully Homomorphic Encryption）。多方安全计算利用密码协议使多方在不暴露原始数据的情况下协同计算；全同态加密支持对加密数据直接进行计算，解密结果与明文计算一致。适用于跨机构数据共享、联合风控等场景，实现数据价值利用与隐私保护的平衡。

不同的技术可用于不同的场景，以下是几种比较成熟的技术场景。

（1）ID 安全匹配。

即在确保数据参与方保护用户隐私的前提下，实现安全、高效的 ID 集交集计算。在不泄露数据参与方原始数据的前提下，双方仅共享共有 ID 集，不涉及任何一方的非共有 ID 集。ID 安全匹配适用于需要精确圈定目标群体的场景。例如，某银行期望在某电商平台对特定非活跃老客户进行促活营销，这要求银行和电商平台能够识别出两者客户数据的交集，同时确保各自客户 ID 信息的私密性。通过 ID 安全匹配技术，银行与电商平台可在不泄露各自客户 ID 的前提下，精确识别并定位目标客户群体。

（2）隐匿信息查询。

是指在查询过程中，数据查询方对被查询对象的关键信息（如关键词或对象 ID）进行有效隐藏，即使数据服务方提供匹配的查询结果，也无法获知具体的查询对象。该技术适用于数据查询方希望保持查询内容私密性的场景。例如，患者在通过医药系统查询某疾病的治疗药物时，若直接以疾病名称为查询条件，医疗系统可能会推断出患者的患病情况，从而泄露病人隐私，若采用隐匿信息查询技术，则可以避免此类问题。

（3）安全联合分析。

在确保原始数据不可见的前提下，提供 SQL 等标准化接口对多方数据进行联合统计分析。该技术适用于各方数据不直接共享，但存在共同数据分析需求的情况。例如，某电商平台在某媒体平台进行营销广告投放，投放结束后，电商平台期望能联合媒体平台对投放效果进行数据分析，进行全链路的营销活动复盘。借助联合分析功能，电商平台能够在不直接访问媒体平台数据的前提下，实现深度分析和洞察。

隐私计算技术允许数据参与方在不依赖第三方参与的情况下进行数据计算和分析，确保数据处理过程中的隐私得到保护。相比之下，安全屋模型依托于一个可信的第三方（通常是具备高度安全资质和技术能力的机构）所提供的安全空间，允许多方在此环境下对数据进行集中计算和分析。在这种模式下，各参与方将其数据导入安全屋，进行数据融合和加工处理，以满足特定的业务需求。处理完成后，可以根据业务需求和安全标准，将经过加工的数据导出并用于后续应用，原始数据及中间计算过程始终保留在安全屋内，不对外公开。

数据安全屋操作流程与功能如下：

（1）数据脱敏处理。

在数据进入安全屋前，必须对敏感数据进行脱敏处理（参与方需约定好脱敏规则与方式），包括但不限于手机号、性别、年龄等敏感信息，以确保需求方在未能成功匹配提供方数据时，无法对提供方的数据进行识别，也能保证开发人员在进行数据开发时不直接接触原始数据，增强了数据处理过程中的隐私保护。

（2）安全屋建设要求。

基础设施支持：提供充足的数据计算及加工所需的存储空间、计算资源，以承载大规模的数据计算和加工任务，同时配备数据开发所需的 IDE 工具。

管控能力：包括成员管理、权限管理、审批流程控制及发布管控等，明确划分成员角色与权限，重要操作（如数据导入导出、任务发布等）要经过严格的审批流程，确保对安全屋内各项操作的精细化、规范化管理。

全链路血缘追溯：具备完整的数据血缘追溯能力，记录数据从源头到目标的完整流转路径与处理过程，确保数据流向的可追溯性，以便进行问题排查、影响分析及合规审计。

数据进出脱敏：支持数据导入时自动检测并按约定规则对数据进行脱敏处理，同时在数据导出阶段再次实施脱敏操作，使得敏感信息在数据生命周期的各个环节得到有效保护。

审计日志记录：内置完善的审计系统，详细记录安全屋内所有用户的操作行为，为后续的合规审查、责任追查提供翔实依据。

任务发布策略定制：允许自定义任务发布策略，如指定发布人、任务名称等，防止非授权人员意外变更生产数据，确保生产任务的发布安全可控。

（3）数据导入与分析。

数据需求方及提供方将脱敏后的数据导入安全屋，需求方在安全屋内利用其计算资源与开发工具对导入的数据进行计算、分析与建模。

（4）数据导出。

数据需求方在导出数据分析结果之前，需要发起审批流程，由双方法务及技术人员对分析结果进行审查后，方可将数据导出。

表 6.3-2 为隐私计算和安全屋两种方式的对比：

表 6.3-2　隐私计算与安全屋的对比

对比维度	隐私计算	安全屋
安全性	采用高级隐私保护技术，整体安全性高，直接实现数据"可用不可见"	依赖数据提供方的技术支持，主要依靠加密、脱敏技术、流程合规审查保障数据的安全性
性能	需多轮交换中间结果，计算及通信复杂度高，对网络和计算的要求高，性能和稳定性挑战大	集中式计算，无须多轮交换中间结果，计算效率高，性能表现良好
成本	每个参与方都需要部署本地节点，对网络带宽要求高，叠加软件成本，开支较大	仅需采买计算、存储和软件设备，成本低
应用场景	适用于多方联合统计及查询的场景，目前能力仅限于简单的数据加工和分析，场景受限	应用场景广泛，几乎无限制

隐私计算和安全屋各有优缺点，在选择数据流通的技术方案时，应综合考虑场景适应性、数据敏感度、信任关系、成本承受力、性能要求等因素，从而做出合适的选择。

3. 流通创造价值：以人为本

数据流通的终极目标是创造价值。

当一方数据不足以支持业务持续增长时，就需要向外部获取数据。无论是数据提供方还是数据需求方，其核心竞争力均不在于技术能力，而在于能否成功将数据资产转化为经济利益和业务增势。对于数据提供方而言，理想的数据流通模式应能在将数据的价值转移到数据需求方的同时获取良好的经济利益，而又无须担心合规性问题和技术成本问题。而对于数据需求方，关键在于如何利用数据改进现有业务，挖掘新的业务增长点，以数据赋能业务升级。完备的第三方数据交易平台不仅可以有效解决数据流通中的合规性问题，还可以提供集交易、技术支撑于一体的底座平台，大幅降低了数据流通过程中所需投入的资源、技术和软件成本，为高效、安全、合规的数据流通创造了有利条件。

在流通平台解决数据流通的合规和技术难题之后，聚焦业务增长的本质属性显得尤为重要。只有在业务场景下，数据和技术才可以转换为业务价值。数据本身是原始的，依据信息收敛三角理论，原始数据只有在恰当的上下文语境下才能转换为有价值的信息，而嵌入业务语境数据或功能属性的数据才是知识。换言之，只有深入理解业务背景、功能内涵及相关信息，才能理解问题本质，进而产生洞察。只有洞察才能给业务带来价值。洞察不仅仅是对数据的理解，还包括对业务逻辑、商业模式的深刻认知。这正是瓴羊一直倡导的"数据流、工作流、商业流"三流合一理念的核心所在。在三流合一的基础上，数据流通得以激发更多产品的创新、流程的创新乃至商业模式的创新，从而真正赋能业务增长，实现数据流通的终极价值。

"三流合一"对人才的要求也将更为全面，这要求个体不仅要精通数据处理与分析，还要能将其与业务流程紧密融合，并具备敏锐的商业洞察力及创新意识。

首先，具备数据洞察能力。人才需要对数据进行深刻理解与娴熟运用。具备数据思维的人才需要能在海量数据中识别出有价值的关键信息，通过数据分析揭示隐藏的业务规律进而驱动业务决策，提升业务效率和效果，推动数据驱动的精细化管理。其次，具备流程嵌入与普及能力。人才需要将数据与业务流程结合，在流程中植入数据，设计并实施数据推送机制，确保数据触达业务第一线，降低数据驱动业务决策的成本和门槛，让人人都有数据可用。最后，具备商业视野与创新能力。在"三流合一"的视角下，人才需要向上看到商业流，具备广阔的商业视野与敏锐的创新精神，这包括市场洞察、商业模式创新、产品创新、营销策略制定等各个方面，通过数据及时捕捉市场动态和业务变化，快速响应并及时调整业务模式、产品规划、营销策略，甚至商业模式，始终让企业在激烈的市场竞争中立于潮头。综上所述，实现"三流合一"也需要找到一支专业且多元化的团队，这个团队不仅具备深厚的专业知识和技能，还具备跨领域的视野和整合能力，能够将"三流"融会贯通，有机结合，让数据赋能商业，创造新的价值。

6.4 数据资产入表

数据资产入表这一话题在 2024 年备受关注。它与消费和流通相关，但又不完全属于这两个话题的范畴。它与数据资产价值评估相关，但是更多的是从财务视角来看数据资产的问题，而非单纯从企业内部或数据交易的角度来看待数据资产的价值。因此，我们在本章单独探讨数据资产入表的问题。由于涉及数据和财务相关的知识，且两个领域的知识体系不尽相同，因此本章的阐述可能不够精深。

另外，由于数据资产入表还停留在理论和准备阶段，大规模的数据资产入表尚未成为现实，因此未来的实践与本书所述可能存在一定的差异，敬请谅解。

6.4.1 数据资产入表的定义与会计处理依据

在探讨数据资产入表之前，我们先来看一下《暂行规定》中关于数据资产确认的规定：

- 无形资产：企业使用的数据资源，符合《企业会计准则第 6 号——无形资产》（财会〔2006〕3 号，以下简称"无形资产准则"）规定的定义和确认条件的，应当确认为无形资产。

- 存货：企业日常活动中持有的、最终目的是出售的数据资源，符合《企业会计准则第 1 号——存货》（财会〔2006〕3 号，以下简称"存货准则"）规定的定义和确认条件的，应当确认为存货。

- 收入：企业在持有被确认为无形资产的数据资产期间，利用数据为客户提供服务的，应当按照相关规定，将无形资产的摊销金额计入当期损益或相关资产成本中；同时，企业应当按照《企业会计准则第 14 号——收入》（财会〔2017〕22 号，以下简称"收入准则"）等规定确认相关收入。企业出售确认为存货的数据资产，应当按照"存货准则"将其成本结转为当期损益；同时，企业应当按照"收入准则"确认相关收入。

数据资产入表中的"表"是指资产负债表、利润表及现金流表。其中资产负债表体现了企业的资产规模及资产结构。在缺乏明确规定的情况下，企业往往不敢轻易引用"无形资产准则"和"存货准则"对数据进行会计处理，在这种情况下，企业倾向于简单处理所有的数据投入，即将数据开发过程中的数据采集、脱敏、清洗、标注、整合、分析、可视化的成本都计入利润表中。

《暂行规定》出台后，企业可依照指引，将企业内部自用的数据确认为无形资产，将用于交易的数据确认为存货，将其存入资产负债表中，从而准确反映公司的资产规模及所有者权益。

6.4.2 数据资产入表的重要性

1. 数据资产入表的优势

首先，数据资产入表后，对数据资源的开发投入可以从费用转移为资产，这一变化不仅使得企业能够更好地从财务的视角审视其在数据方面的投入和价值，也有助于改善资产负债率,减少投入期对利润的影响。其次,资产入表可以更好地反映企业资产状况和财务实力,从而增强企业的信用评级和融资能力。此外,将数据资产纳入资产负债表也可以促进企业加强数据资源管理,提高数据资产的开发和利用价值,从而为企业创造更多的商业机会和竞争优势。对于已上市的企业,通过数据资产入表可以实现市值管理目标,而对于未上市的企业,则可吸引投资者、拓宽融资渠道、提升融资规模。

2. 数据资产披露的要求

(1)数据资产是否强制披露,主要取决于入表是否是强制的,还取决于数据资产评估结果对企业财务报表的影响程度。若有重要影响,则应当披露数据资产。

(2)评估结论成立的前提条件和限制条件。

(3)评估方法的选择。

(4)评估各重要参数的来源,以及分析、比较与测算过程。

企业可以根据实际情况,自愿披露数据资产(含未作为无形资产或存货确认的数据资源)的相关信息:

(1)数据资产的应用场景、业务模式、为企业创造价值的影响方式,与数据资产应用场景相关的宏观经济前景和行业领域前景等。

(2)用于形成相关数据资产的原始数据的类型、规模、来源、权属、质量等信息。

(3)企业对数据资产的加工维护和安全保护情况,以及相关人才、关键技术等的持有和投入情况。

(4)数据资产的应用情况,包括数据资产相关产品或服务等的运营应用、作价出资、流通交易、服务计费等情况。

(5)重大交易事项中涉及的数据资产对该交易事项的影响及风险分析,重大交易事项包括但不限于企业的经营、投融资、质押融资、关联方及关联交易、承诺事项、或有事项、债务重组、资产置换等。

(6)数据资产相关权利的失效情况及失效事由、对企业的影响及风险分析等,对于已被确认为数据资产的数据资源,还包括相关的账面原值及累计摊销、减值准备或跌价准备、失效部分的会计处理。

(7)数据资产转让、许可或应用所涉及的地域限制、领域限制及法律法规限制等权利限制。

（8）企业认为有必要披露的其他数据的相关信息。

（9）入表不是显示数据资产价值的唯一途径，合理披露可以让企业充分显示数据价值。

6.4.3 数据资产入表的条件

《暂行规定》并未对数据资源给出明确的定义，仅在范围中说明"企业按照会计准则相关规定确认为无形资产或存货等资产类别的数据资源，以及企业合法拥有或控制的、预期会给企业带来经济利益的、但由于不满足企业会计准则相关资产确认条件而被未确认为资产的数据资源"。这里包含的关键词是"按照会计准则""合法拥有或控制""预期会给企业带来经济利益"，但是企业在实务操作中仍难以进行清晰界定。所以并非所有的数据都构成数据资源或数据资产，数据在满足组织特定目的并以资源被看待的则构成数据资源，数据资源在满足资产可确权、可计量且预期带来经济利益的前提下，可以作为数据资产，并且在符合企业会计准则判定条件的基础上可作为无形资产或存货入表。当然，不同行业、不同业务场景下的数据资源在其内容、形式、持有目的等方面可能各不相同，因此，在判定数据资产入表范围时，仍需进行更细致的分析及会计准则判定。

1．数据资产定义标准

（1）资产是指企业在过去的交易或事项中形成的、由企业拥有或控制的、预期会给企业带来经济利益的资源。

（2）企业享有某项资源所有权，或者虽然不享有所有权，但该资源能被企业所控制。"二十条"中提出了"数据资源持有权""数据加工使用权""数据产品经营权"等数据分置的产权概念，实质上也将数据资源的所有权和其他权利区分开了。

（3）企业在建立合规的数据采集、加工、使用、流通制度的基础上，需要进一步对于数据资源的"权利"进行盘点和分类。将数据分置的产权概念与会计核算中对于数据资源的"拥有或控制"进行对应。

2．数据资产的确认条件

确认数据资产时，需要满足以下两个主要条件：

（1）有关的经济利益很可能流入企业。

从资产的定义中可以看出，能为企业带来经济利益是资产的一个本质特征。数据资产的价值具有明显的衰减性，这主要体现在数据的新鲜度、时效性和适用性上。随着时间的推移，原先极具价值的数据可能会因市场环境的变化而失去原有的效用，因此，与数据资产有关的经济利益能否流入企业或者能够流入多少，实际上存在显著的不确定性。

（2）成本或价值能够得到可靠的计量。

只有当有关数据资源的成本或者价值能够得到可靠的计量时，其资产才能予以确认。在实务中，企业取得的多数资产都伴随着特定的成本。例如数据资产的采集、脱敏、清洗、标注、整合、存储等过程中产生的成本。只有实际发生的成本或生产成本能够被可靠计量，才符合资产确认的可计量性条件。

财政部官方说明材料中的入表条件示例如下。

- 案例一：A企业从事数据产品开发服务，其对轨道交通领域某细分行业和相关区域数据进行汇聚，形成相关的分析工具，出售给轨道交通行业的企业。但由于该细分行业仍处在发育初期，缺乏统一的行业规范标准，行业认可度也不够高，导致难以找到需求方，因此，在相关成本发生时不能满足"与有关的经济利益很可能流入企业"的数据资产确认条件。

- 案例二：B企业在过往生产重型设备的过程中收集了一系列生产数据并做了初步的清洗整理，但由于当时内部数据治理基础薄弱，未能对该生产数据的清洗整理成本等进行可靠计量，而是在生产过程中计入了当期损益或相关产品成本。由于这部分生产数据不符合"成本或价值能够得到可靠的计量"的数据资产确认条件，因此B企业不能将其作为资产单独确认，但这并不影响B企业运用生产数据继续支持生产经营活动。

由此可见，经济利益流入可能性、成本或价值能够被可靠计量是非常困难的。

6.4.4 数据资产入表的步骤

要想成功将数据资产入表，企业需要遵循以下几个步骤：

1. 合规与确权

数据资产可入表的前提是数据来源合规、处理合规、管理合规和经营合规。《暂行规定》建议披露的信息包括原始数据的类型、规模、来源、权属、质量等，这些信息在大部分企业中往往是零散的、不成体系的。应通过数据资源盘点，梳理清楚企业内部有哪些数据，这些数据与业务/系统存在何种关系，以及数据从产生、传输到使用的链路如何。在此基础上，结合"二十条"所提出的三权（数据资源持有权、数据加工使用权和数据产品经营权），厘清数据权属关系。

2. 确定数据资产的类别

需要确定数据资产是无形资产还是存货。根据《暂停规定》，我们可以用将数据转化为价值的方式来区分，若数据资源用于企业自身的业务，则其可作为无形资产，若数据资源最终的目的用于出售，则其可作为存货。若数据资源用于对客户提供服务，则其可作为无形资产，服务带来的收入确认为相关收入。无形资产和存货的成本及费用的确认条件也不尽相同。

当前企业运用数据资源及参与数据流通的形式有多种：

（1）内部使用。

将数据资源与其他资源结合使用，从而服务和支持其他的生产经营或管理活动，实现降本增效等目的。从会计核算上看，企业将此类数据资源用于内部，将其与其他资源结合形成技术优势并为企业带来经济利益。基于数据资源的非实物性，当其符合无形资产定义和确认条件时，企业应当将其作为无形资产予以确认。同时需要注意的是，并非所有用于内部的数据资源均可作为无形资产，对于不符合无形资产定义和确认条件的，即使其可用于内部，在会计核算上也不能作为无形资产予以确认。

（2）提供服务。

运用数据资源为其他主体提供服务，具体分为两种情况：

- 利用相关数据资源，经过汇总分析等，形成其他主体所需要的新的数据（例如分析结果、信用评级），并通过调用数据接口 API 的方式提供查询或验证服务。在这种方式下，提供的服务及产品本身不涉及原始数据的转移，而是基于需求方的需要产出新的分析结果数据，在提升分析效率的同时也避免了对于相关原始数据能否转让等问题的争议。从会计核算上看，在这种细分的业务模式下，提供方企业是凭借其所持有的数据资源对其客户，也就是需求方企业提供服务并获取相应收入的，其所欲利用的数据资源在符合资产确认条件时，通常是作为无形资产进行核算的。但是如果提供方企业所利用的数据资源不符合资产确认条件，那么虽然不能够将数据资源确认为资产，但是数据资源的价值在获取的服务收入中是有所体现的，发生的相关支出应当作为该服务的成本经过会计核算。
- 利用相关技术提供与数据资源相关的专业服务，比如数据的采集、清洗、标注等专业服务，或是算法模型、搭建平台等数据相关的整体解决方案。在这种模式下，提供方企业所提供的数据采集、清洗、标注等专业的服务，或者是隐私计算平台、产业数字底座等相关的平台系统搭建运营服务，也是有助于数据更好地应用或流通交易的。从会计核算上看，在这种业务模式下，为客户提供服务的过程中涉及对数据资源的利用，那么即便有关的数据资源并不符合会计核算上资产的定义和确认条件等，其价值在获取的服务收入当中也是可以得到体现的，即相关支出应当作为服务成本进行核算。

（3）转让数据资源。

直接交易原始数据或加工后的数据，与数据资源有关的经济利益通过转让而被消耗。从会计核算上看，在这种业务模式下，如果企业持有相关数据资源的最终目的是对外出售，且属于企业的日常活动，那么当数据资源符合存货的定义和确认条件时，企业应当将其作为存货予以确认。

3．预期经济利益的可行性分析

如前所述，资产确认条件之一是经济利益很可能流入企业（一般指可能性大于 50%）。在经济利益可行性分析方面，需要根据企业数据资源的持有目的、形成方式、业务模式进行分类，建立企业内部的数据资产价值评估体系，采用货币化度量业务应用场景的价值，夯实经济利益的分析基础。

4．相关成本的归集与分摊

根据资产类别的不同，数据资源的成本及费用也不尽相同（详见表 6.4-1）。数据资源典型的特征是具有伴生性。企业信息系统在支撑主营业务的同时产生经营数据，也在无形中生成和沉淀了大量的业务数据。在数据资源相关成本归集与分摊的过程中，企业业务运营成本与数据产生成本往往难以明确区分，如何进行合理的成本分摊以确保数据资源成本的完整性是当前的难点。若企业期望实现数据资产入表，则必须满足"成本或价值能够得到可靠的计量"的前提条件。企业需要提前规划与准备，对数据资产进行盘点和治理，明确形成原始数据的类型、规模、来源、权属、质量的元数据；通过数据资产的血缘分析能力，形成准确的数据血缘图谱，厘清数据资产化过程中所占用的企业资源，建立统一、合理的数据资源的成本归集与分摊机制。

表 6.4-1　无形资产与存货在成本及费用方面的对比

类别	无形资产	存货
确认条件	企业使用的数据资源	企业日常活动中持有的、最终用于出售的数据资源
成本及费用	**外购方式** - 通过外购方式取得确认为无形资产的数据资源的成本 - 购买价款、相关税费 - **直接**归属于使该项无形资产达到预期用途所发生的**数据**脱敏、清洗、标注、整合、分析、可视化等加工过程中所产生的有关支出 - 数据权属鉴证、质量评估、登记结算、安全管理等费用 - 通过外购方式取得数据采集、脱敏、清洗、标注、整合、分析、可视化等服务所产生的有关支出，不符合无形资产定义和确认条件的，应当根据用途计入**当期损益** **内部数据资源** - 企业内部数据资源研究开发项目的支出，应当区分研究阶段的支出与开发阶段的支出 - **研究阶段**的支出，应当于发生时计入**当期损益** - **开发阶段**的支出，满足无形资产准则第九条有关规定的，才能确认为**无形资产**	**外购方式** - 通过外购方式取得确认为存货的数据资源的采购成本 - 购买价款、相关税费、保险费 - 数据权属鉴证、质量评估、登记结算、安全管理等费用 **数据加工** - 通过数据加工取得确认为存货的数据资源的成本 **采购成本** - 数据采集、脱敏、清洗、标注、整合、分析、可视化等加工成本和使存货达到目前状态所产生的其他支出

5. 列报与披露

《暂行规定》明确了数据资源在资产负债表中如何列报。企业在编制资产负债表时应当根据重要性原则，并且结合本企业的实际情况在有关报表项目下增设子项来更加直观地反映企业数据资产价值，其中就包括了以下几个方面：

（1）在存货项目下增设数据资源项目，反映资产负债表中确认为存货的数据资源的期末账面价值。

（2）在无形资产项目下增设数据资源项目，反映资产负债表中确认为无形资产的数据资源的期末账面价值。

（3）在开发支出项目下增设数据资源项目，反映资产负债表中正在进行的数据资源研究开发项目关于资本化的支出金额。

另外，企业也可以根据实际情况披露数据资源，包括不符合资产定义和确认条件的数据资源。虽然不能作为会计核算上的资产予以确认，但是企业依然可以凭借这些数据资源去积极地拓展应用场景、开发数据产品或参与流通，充分地发挥数据的价值。适当披露有利于企业将已经费用化的数据价值显性化，将数据的隐形价值可视化、显性化、透明化，更好地反映企业的资产状况和财务实力。

6.4.5 数据资产入表的准备工作

数据资产入表需要 IT 部门、风控部门、法务合规部门等多部门的联合协作，特别是 CDO/CIO 与 CFO 间的协作，还需要进行数据治理，为入表做好准备。数据资产入表首先应该由 CEO 决策，这是一个一把手工程。在部门层面，可以由 CDO 和 CFO 联合牵头，或者由一方牵头，另一方协作，并获取其他部门的支持。

从 CDO/CIO 的视角来看，需要做好以下准备，如图 6.4-1 所示。

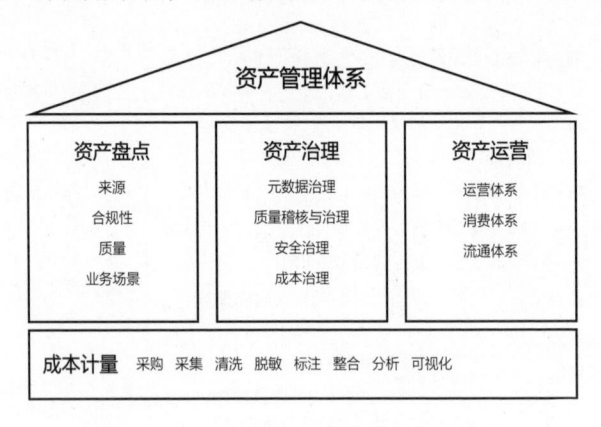

图 6.4-1 数据资产入表需要多部门协作

1. 完善数据资产管理体系

通过建立顶层数据资产管理体系，明确数据标准和规范体系，建立数据管理委员会，组织和协同业务部门、财务部门、法务部门，建立完善的资产管理制度和机制，在企业的高层形成统一的数据资产管理认知，确保在实操层面有切实可行的制度、流程、和工具。

2. 做好企业内的数据资产盘点

通过数据资产盘点工具，建立企业级数据资产目录，盘点具有经济利益或潜在经济利益的数据资产。通过采集、管理技术元数据及丰富业务元数据，对元数据进行管理，并根据资产盘点及业务运营的诉求构建数据资产目录，为后续的资产价值和会计计量计费提供基础。如利用 Datpahin 的元数据中心功能，对所有的数据资产，包括不同业务系统、文件存储、数据湖中的数据进行盘点，采集技术元数据并丰富业务及技术元数据，将数据资产的质量报告、来源数据等信息同时在企业元数据中心管理，并在目录中展示。

3. 做好数据资产治理，形成好数据

对数据资产进行治理，包括元数据、数据质量、数据安全分类分级、数据成本等。数据资产入表时，需要展示数据的来源、权属、质量等信息。数据质量的情况也直接影响数据价值的评估，影响数据资产的"经济利益流入"的可行性评估。可利用 Dataphin 等资产管理工具，通过血缘分析及溯源能力，在存储、计算等对象上增加标签，并通过资产账户进行成本分摊。在数据权属及应用场景方面，也需要通过治理让数据的来源可追溯，让权属清晰、敏感的数据受到合理的保护，让数据资产的治理真正落实到位，形成好数据。

4. 通过资产运营促进数据应用与流通

以数据资产入表与披露为抓手和契机，对企业已有的数据资产进行运营，构建数据资产运营、消费及流通体系，让数据文化深入人心，驱动数据业务化和价值化创新，释放数据的价值。让数据运营的成果与企业的财务表现挂钩，以终为始，让数据价值成为数据化建设的目标和动力。

数据资产入表，从 CFO 的视角来看，需要做好以下准备：

（1）从管理者的角度重新审视数据资产及数据资产管理。

在数字化时代，CFO 也需要与时俱进，提升数据认知。对于 CFO 而言，对数据资产深入理解和有效管理至关重要。数据资产不再仅是企业运营的副产品，而是成了驱动企业战略决策、优化业务流程、提高经营效率的关键要素。在实践中，大部分企业的数据治理工作是由 CIO 或者 CTO 牵头执行的，但是我们也会见到一些由 CFO 牵头的数据治理项目，特别是在业财一体的项目中。通过主导数据治理工作，CFO 重新审视了数据资产及数据资产管理对企业的作用和意义。

（2）从财务的角度审视数据资产建设与治理。

在相关规定的指引下，国家对数据要素的牵引力越来越大，对数据资产的重视程度越来越高。CFO 需要在财务视角下对数据资产的建设和治理工作给出明确的要求和指导，在满足业务部门需求的同时，也要为数据资产入表做准备。在数据相关的投入方面，量化数据资产的投资回报，通过成本效益分析明确数据脱敏、清洗、标注、整合、分析、可视化等加工过程中所产生的有关支出，同时对预期的经济利益进行核算，明确在数据方面投入的 ROI，并指导预算分配和投入。在数据治理方面，从财务的视角给出明确的治理要求，明确数据来源、质量、合规

性、成本的归集与分摊等方面的要求,推动数据治理体系的建设。

数据资产入表既是机会,也是挑战。CFO 和 CDO 需要通力合作,理解企业的业务及企业内数据资产的持有目的、形成方式、业务模式,制定适合本企业的数据资产入表规划,在满足监管、商业秘密保护等要求的前提下,合理披露数据,让企业充分展示数据价值。

第7章

CHAPTER 07

大模型：
数据与智能算法

7.1 从符号到大模型的 AI 跃迁

人工智能（Artificial Intelligence，AI）的历史可追溯至 1950 年艾伦·图灵的里程碑式论文，以及 1956 年的达特茅斯会议，该会议由约翰·麦卡锡等人工智能先驱发起，正式奠定了 AI 研究的基石。自此，AI 领域历经多次技术革新，涵盖了从符号逻辑到神经网络的转变。

AI 的重要突破纷至沓来：1997 年，IBM 的深蓝计算机在国际象棋领域战胜了世界冠军，树立了 AI 能力的标杆；2011 年，沃森在智力竞赛节目《危险边缘》中的胜利，进一步证明了 AI 的高级认知能力；2012 年，AlexNet 在 ImageNet 大规模视觉识别挑战赛中的突出表现，引领了深度学习的革命性浪潮。AI 的进步随后在策略竞技与科学研究中大放异彩——DeepMind 的 AlphaGo 击败顶尖围棋选手李世石，AlphaFold 则解决了生物学中的蛋白质结构预测难题。

进入 21 世纪的第 2 个 10 年后，AI 的影响力扩展到了创意艺术、日常交流等方面。2022 年，AI 绘画作品的获奖引发了热议，OpenAI 的 ChatGPT 在语言处理上展示出了非凡的能力，这些事件不仅推动了 AI 在文化与社会层面的深入渗透，也激起了全球范围内对于 AGI（Artificial General Intelligence，通用人工智能）潜力的热烈探讨。

综观近 20 年，AI 的发展脉络清晰地呈现了从传统机器学习、深度学习的崛起到当前大规模预训练模型（大模型）时代的演变轨迹，每一次飞跃都深刻地重塑了人类对 AI 技术边界的认知。

1．机器学习

机器学习是人工智能领域的一个重要分支，它研究如何通过计算机算法和模型，使计算机系统从数据中自动学习规律，并利用规律对未知数据进行预测。机器学习的发展历史可以追溯到 20 世纪 50 年代，经历了几个重要的阶段。

第 1 阶段是机器学习的起源与符号主义学派的兴起。这一阶段的代表性工作包括决策树（Decision Tree）和基于逻辑的学习，其中决策树模型因为简单易用，至今还是最常用的机器学习算法之一。

第 2 阶段是连接主义学派的兴起。基于神经网络的连接主义学习从 20 世纪 50 年代就开始出现，该学派认为，通过将大量简单的神经元相互连接，可以模拟人脑的学习和决策过程。但早期的研究者对符号主义更加偏爱，所以进展缓慢。

第 3 阶段是统计学习学派的兴起。统计学习的研究早在 20 世纪 60 年代至 20 世纪 70 年代就已开始，在 20 世纪 90 年代随着支持向量机（Support Vector Machine，SVM）的提出开始在机器学习领域中得到广泛应用。

2．深度学习

深度学习虽然是最近 20 年才逐渐走进大众视野的，但如果要回顾其发展历史，向上可以追溯至受限玻尔兹曼机等许多神经网络的前身。真正让深度学习这个词汇逐渐被人们所熟知并流行的根源，离不开随机梯度下降技术及 AlexNet 神经网络模型。2012 年，AlexNet 横空出世，在 ImageNet 大规模视觉识别挑战赛中的大规模图像多分类任务上以绝对的优势击败一众传统的"特征工程 + 机器学习"模型，模型结构为简单的"深度卷积网络"，使用随机梯度下降在大规模数据上进行训练。

AlexNet 的出现及其惊艳的效果，让研究人员开始将视野转向深度学习模型，在随后的 20 余年中，深度学习模型的发展日新月异，所带来的下游应用也层出不穷（例如推荐系统、广告系统等）。

3．大模型

大模型则是深度学习进一步深化的果实。随着 2022 年 ChatGPT 等技术的出现，超过千亿个参数的超大规模神经网络开始表现出强大的"智能"能力。大模型技术最令人惊叹的特征，毫无疑问就是"涌现"。随着模型规模、训练数据规模的增大，一些之前无法处理的复杂场景，无须进行相关的针对性训练，自然而然地从模型中"涌现"了出来。一个超级大的模型处理所有任务，已成为新的范式。

大模型的另一个关键特征，就是所谓的上下文学习（In Context Learning）的能力，即大模型具备在上下文中快速学习一个概念、学会相关推理的能力。这种不需要训练，只需极少样本的学习能力，也被认为是 AGI 的早期特质之一。

上述两个特征，底层都依赖一个关键字——大。通过一个极大的模型，在同样极大规模的训练数据上做预训练。大模型具备了将所有相关信息"压缩"为模型内生参数的能力，从而在模型内部构建起所谓的"世界模型"。一般认为"涌现"的门槛是 500 亿个参数。GPT-3 的参数量为 1 750 亿个，谷歌的 PaLM 2 的参数量为 3 400 亿个，而 GPT-4 的参数量，虽然 OpenAI 官方没有公布过，但结合一些信息来源，其被认为是 1.76 万亿个。

7.2　深度学习与数据驱动

7.2.1　深度学习模型的迭代与创新

本节将简单介绍深度学习的发展历史，以及一些里程碑式的技术。鉴于篇幅有限，感兴趣的读者可以自行深入探索这一领域。

1．前馈神经网络（FFN / MLP）

截至 2023 年，深度学习领域中最简单而基础的模型结构被称为"前馈神经网络"（Feed forward Neural Network，FFN）或者"多层感知器"（Multilayer Perceptron，MLP），下文均以 FFN 来指代。如图 7.2-1 所示为标准的 FFN 模型的结构。

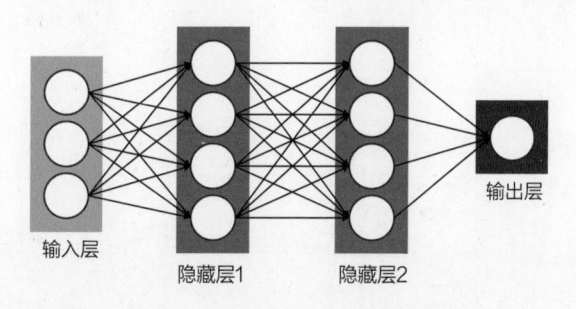

图 7.2-1　标准的 FFN 模型的结构

整体结构可以分为三个部分。

- 输入部分。
- 隐藏层部分。
- 输出部分。

输入部分代表输入特征，特征可以是"一段文字""一张图片""一些商品""点击序列""一些物理属性"等。一般情况下，使用 x 来代表特征部分。

隐藏层部分是深度学习模型中真正核心的地方，这里是由一系列相互连接的神经元组成的。每个神经元实际上是一组数字参数，这些参数通过一系列线性计算加非线性激活，将输入特征转化为最终的输出内容。总的来说，隐藏层的计算逻辑为：

$$h_i = f(Wx + b)$$

其中，i 代表 FFN 模型中的第 i 层；W 及 b 代表 FFN 模型中的神经元参数。

输出部分是根据下游具体的任务形式来确定的。例如，在预测"用户是否会点击某个商品"这个任务中，需要输出一个"点击概率 p"。

总的来说，FFN 模型是一个比较简单且基础的网络结构，其适配性、可扩展性较强，在如今的推荐系统、广告系统中的应用也比较广泛。但其也有一个比较明显的缺点，即 FFN 模型对"位置/空间"输入不敏感。在现有的自然语言、图像处理任务中，存在着大量具有"位置属性（语法）""空间属性（像素）"的特征，这些属性无法被 FFN 模型所捕捉。那么在深度学习中，如何完成上述任务呢？

2．卷积神经网络

卷积神经网络（Convolutional Neural Network，CNN）模型是 AlexNet 结构中最核心的一部分，也是它帮助 AlexNet 在 2012 年 ImageNet 大规模视觉识别挑战赛中击败一众对手，最后惊艳所有人的。如图 7.2-2 所示为简单的 CNN 模型的结构图。

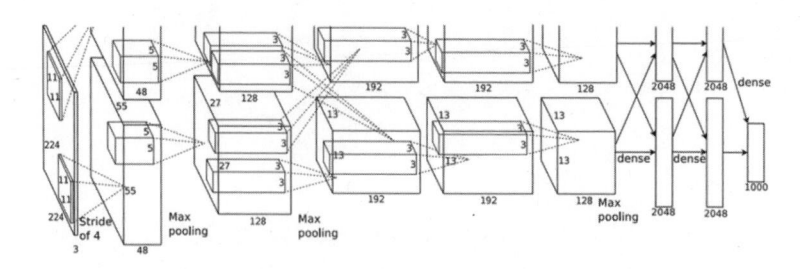

图 7.2-2　简单的 CNN 模型的结构图

在 CNN 模型的整体结构中，相比之前介绍的 FFN 模型，多了两个核心组件。

- 卷积层
- 池化层

其中，卷积层由一系列卷积核组成，而卷积核与神经元类似，其本质是一个四维张量$[h,w,c_{in},c_{out}]$。每一个卷积核可以对输入图像的一个个"局部区域"（local region）进行卷积计算。此处，局部区域以一个像素点为单位，则一个卷积核的局部区域包括高度为 h、宽度为 w、输入通道数为 c_{in} 的像素。而 c_{out} 指的是卷积核的输出通道数，也是下一个卷积层的输入通道数。局部区域的引入，赋予深度学习网络具有一定程度的"空间敏感"属性。同时，由于每一个卷积核都可以通过滑动的方式，对当前输入特征的所有"局部区域"进行计算输出，而不是对每一个"局部区域"都具有相应的卷积核，所以 CNN 模型实际上是一个参数量友好的模型。

在卷积核的计算完成之后，需要对计算的结果进行池化（Pooling）操作。池化操作实际上是对一个局部区域的计算结果进行汇总输出，汇总方式有很多种：取最大值、取平均值、归一化等。因此，总的来说，一个标准的卷积加池化的计算逻辑如下：

$$o_{ijk} = f(x[a:b,c:d,:]*W_k + b)$$

其中，ijk 代表空间中的第 i 行、第 j 列和第 k 个通道，而 $x[a:b,c:d,:]$ 代表一个局部区域。

CNN 的广泛应用，提升了图像领域一系列任务的效果（如人脸识别、物体分割等），也是后续图像领域里程碑式模型（如 ResNet、Yolo）的骨架结构。

3. 从循环神经网络到 Transformer

与图像具有的"空间属性"不同，大部分自然语言是将一系列的"字词"，依据特定的"词法、句法、语法"构成一个序列。所以，对自然语言的建模需要引入某种网络结构，对一个序列进行处理，同时也要兼顾序列中每个位置（字词）间的关系（包括词法、句法、语法），因此循环神经网络（Recurrent Neural Network，RNN）模型走入了我们的视野。

RNN 模型的代表结构长短时记忆神经网络（Long Short-Term Memory，LSTM）在 20 世纪 90 年代被提出，由于当时的硬件和优化算法的限制，直到 2013 年左右其才逐渐在各项自然语言任务中崭露头角。如图 7.2-3 所示为标准的 LSTM 模型的结构图。

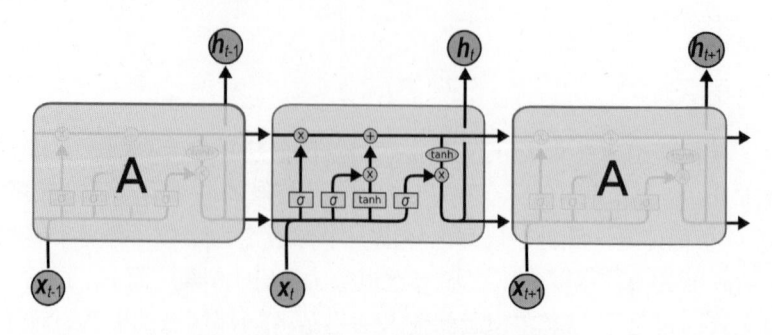

图 7.2-3　标准的 LSTM 模型的结构图

相比 FFN 模型，LSTM 模型采取循环结构，即将上一个位置的输出作为当前位置的输入，以循环的结构进行模型的计算与学习。在 LSTM 模型中，所有位置的参数均保持一致，所以 LSTM 也是参数量较友好的模型。然而，正因为"将上一个位置的输出作为当前位置的输入"，所以 LSTM 模型总体上可以被认为是一个串行的模型，运行效率较低，且难以最大限度地利用 GPU 的性能。

除了循环结构，LSTM 模型的另一个比较重要的组成部分是"门控机制"。简单来说，LSTM 模型乃至 RNN 模型能够发挥作用的基础，是信息在序列上的传递性。而如果选择将所有信息都一步一步向后传递，那么在特别长的序列（比如《经济学人》杂志中的一篇文章）中，信息就会慢慢变得"繁杂、冗余，甚至溢出"，使得模型无法从传递而来的信息中筛选出对目标任务有益的部分。

为了解决这个问题，LSTM 模型设有一系列门控模块，帮助模型选择性地"记忆、丢弃、传递"信息，从而达到"信息甄选"的目的。LSTM 模型中的具体计算逻辑虽较为复杂，但实际上也是由一系列的线性函数和激活函数组成的。感兴趣的读者可以进一步查阅相关资料以深入理解。

虽然 LSTM 模型能够在一定程度上处理本质为"字词序列"的自然语言，但其本身也存在缺陷。第一个缺陷是前文中提到的串行结构导致效率较低；而另一个比较明显的缺陷是长序列问题。虽然 LSTM 模型的门控机制能够在一定程度上解决长序列的信息传递问题，但如果序列过长，那么随机梯度下降算法依然会存在"梯度消失"问题，从而导致模型的学习受阻。

为了解决第二个缺陷，"注意力（Attention）机制"走入了研究人员的视野，并迅速在学界及业界取得了重大成果。同时，注意力机制也催生了一个纯使用 Attention 的模型结构：Transformer 模型，Transformer 完全基于注意力机制，没有采用传统的 RNN 模型或卷积层，这使其成为当前大部分大语言模型的骨架结构。如图 7.2-4 所示为标准的 Transformer 模型的结构。

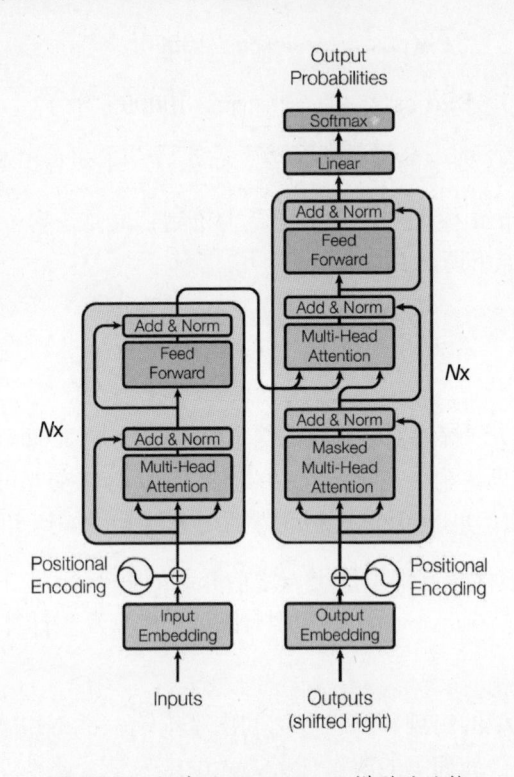

图 7.2-4　标准的 Transformer 模型的结构

总的来说，Transformer 模型可以被拆分成如下几个模块。

- Positional Embedding（位置编码信息）。
- Multi-Head Attention（多头注意力）。
- Position-wise FFN（位置前馈神经网络）。

而上述三个模块又组成了 Transformer 模型的两个部分。

- Encoder（编码器）。
- Decoder（解码器）。

首先，由于 Transformer 模型是纯粹以注意力机制为基座的模型结构，舍弃了 LSTM 模型中的循环结构（将上一个位置的输出作为当前位置的输入），这就意味着序列的前后信息在 Transformer 模型中难以显式地表达出来。所以研究人员在此引入了位置编码信息，对不同位置的输入给予不同的编码信息，方便模型对序列信息进行学习，如下所示：

$$PE(pos, 2i) = \sin(pos / 10000^{2i/d_{\text{model}}})$$

$$PE(pos, 2i+1) = \cos(pos / 10000^{2i/d_{\text{model}}})$$

其中，pos 代表序列中的某一个位置，而 $2i$、$2i+1$ 代表编码的第 $2i$、$2i+1$ 维。

然后，Transformer 模型中的多头注意力机制，主要是为了解决信息传递与交互问题而产生的，如下所示：

$$\text{Attention}(\boldsymbol{Q}, \boldsymbol{K}, \boldsymbol{V}) = \text{softmax}\left(\frac{\boldsymbol{Q}\boldsymbol{K}^{\text{T}}}{\sqrt{d_k}}\right)\boldsymbol{V}$$

其中，可以将 $\boldsymbol{Q}$ 理解为"想要获取信息的位置"，将 $\boldsymbol{K}$ 理解为"可以提供信息的候选位置"，将 $\boldsymbol{V}$ 理解为"实际位置中的信息"。$\boldsymbol{Q}$ 与 $\boldsymbol{K}$ 交互可以使得每一个位置都找到"其想要索取信息的目标位置"，然后与 $\boldsymbol{V}$ 交互后得到实际获取到的信息。

最后，位置前馈神经网络本质上与之前介绍的 FFN 模型并无区别，只是和循环神经网络一样，在 Transformer 模型中，每一个位置发生计算时，所使用的 FFN 模型保持参数一致。

Transformer 模型的出现，在一段时间内基本统一了 NLP（Natural Language Processing，自然语言处理）的所有任务，无论未来是否还是 Transformer 模型的天下，但至少现在飞速发展的 LLM（Large Language Model，大语言模型）还在持续加深 Transformer 模型的结构来刷新各种 AGI 任务的效果。

7.2.2 数据到模型全流程优化路径

1. 数据处理与特征加工

机器学习模型从数据中学习规律。数据可以分为有标注数据和无标注数据，有标注数据分为"特征"和"标签"两个部分，而无标注数据一般只有"特征"。然而，在实际应用中，原始数据往往无法直接"喂"给模型，需要进行数据清洗、采样、特征加工、特征工程等一系列操作，将其加工成模型可以适配的格式再"喂"给模型。本节介绍从原始数据加工成原始特征的一些常见工序，并探讨如何将原始特征进一步加工成最终特征，以更好地提升模型效果。

2. 数据清洗

数据清洗是指对原始数据中的一些异常数据进行处理，以提高数据质量。下面列举一些常见的数据清洗方法。

（1）缺失特征处理。

当我们尝试从原始数据中提取特征时，往往会发现不同样本中的特征是不一样的。例如，性别、年龄是刻画一个人的常用特征，但受限于信息获取方式，往往不是每个样本都有这个特征。以下是几种常见的处理方式。

- 不处理：有些模型（如逻辑回归、XGBoost）天然支持稀疏格式的特征，针对这类模型可以选择不对缺失值进行处理。

- 用统计值填补：针对不支持缺失特征的情况（如把"最近 30 天启动 App 的次数"作为稠密特征"喂"给 DNN 模型），可以用一些统计值对缺失特征进行填补（例如均值、中位数、零值等）。

- 用预测值填补：使用专门训练的模型来预测缺失特征并进行填补，如预测性别和年龄。

（2）异常值处理。

异常值是指与其他观测值明显不同的异常数据点。处理异常值的方法通常包括删除异常数据、将异常值视为缺失值进行处理等。

以广告场景为例，如果观察到某个手机点击广告的次数远远高于正常情况，则可能是作弊设备，此时最好删除与之相关的样本。如果某个手机只是某一次打开 App 的时间特别长，则可能是打开后忘记熄屏了，此时可以用该设备打开该 App 的平均时长替换异常值。

当然，处理异常值的前提是找出异常值。这里列举几个常用的异常值检测方法。

- 3σ 原则：如果样本是正态分布或者近似正态分布，可以考虑使用该方法，即认为 99%以上的数据集中在均值上下三个标准差的范围内，超出这个范围的即为异常值。

- 箱形图法：箱形图提供了一种只用五个点对数据集进行简单总结的方式。这五个点包括中位数（Q2）、下四分位数（Q1）、上四分位数（Q3）、下边缘（Q1-1.5(Q3-Q1)）和上边缘（Q3+1.5(Q3-Q1)），并认为高于上边缘或低于下边缘的数据点都是异常值。

（3）文本数据清洗。

针对文本数据有一套专门的清洗方式，这里列举其中一些常见的方式。

- 去除特殊字符和标点符号：为了减少文本中的噪声，需要删除文本中的特殊字符、标点符号和无关符号，如数字、URL链接等。可以使用正则表达式或自定义的字符过滤函数来实现。
- 大小写转换：将文本统一转换为小写或大写，以消除大小写带来的差异。
- 停用词去除：去除文本中高频但意义不大的停用词，如"the""is""and"等，以排除它们对模型的干扰。

3. 样本采样

样本采样是指通过采样的方式调整样本数量，以训练出效果更好的模型。一般来说，样本至少会划分成训练集和测试集两个部分，在训练集中训练模型，在测试集中评估模型的效果。采样通常仅作用于训练集而非测试集，以保证测试集尽可能接近真实的分布，这样评估出的效果才更符合真实的情况。

以常见的二分类模型为例，根据标签的不同可以将样本划分为正样本和负样本。很多情况下，原始的正负样本的数据量往往相差很大，例如广告场景中，未点击广告的样本往往是点击广告的样本的数几十倍以上。若不进行适当的采样，模型可能会偏向学习多数类的样本，从而导致在测试集中的效果较差。

常见的采样方式包括对少数类进行上采样，以及对多数类进行下采样。其中上采样最常见的方式是将样本复制多份，或者随机地选择样本进行复制。下采样最常见的方式是随机选择样本进行删除。此外还有一类更复杂的上采样方法是生成合成的样本，例如SMOTE（Synthetic Minority Over-sampling Technique，人工少数类过采样法）、GAN（Generative Adversarial Network，生成对抗网络）等。

4. 特征加工

特征加工指的是从原始数据中加工出符合常见特征格式的特征。特征加工的方法与算法的应用场景息息相关。在互联网算法应用中最主要的搜广推场景（指在搜索引擎优化、广告推广和推荐系统三个领域中的应用场景）下，原始数据一般都是用户和物料之间的交互日志，例如，在电商场景中就是用户对商品的点击、收藏、购买等行为日志。这类场景建模的目标一般是预测用户未来对什么物料产生行为，因此，在加工特征时一般也针对用户和物料分别进行加工，另外还可以加工用户和物料之间的交叉特征。

下面以"根据用户过去使用 App 的行为数据,预测用户未来看到某个 App 的广告会不会点击并下载使用"这一建模场景为例,分别介绍这三种特征的常见加工方法。注意,特征加工的方法有很强的经验性,而且相关公开资料比较少,这里介绍的加工方法主要来自我们的经验,仅供读者参考。

(1)用户特征。

假设原始数据是用户过去一段时间内 App 的使用情况(如打开、安装、卸载等),则可以从以下四个维度对原始数据进行统计,将四个维度交叉后的统计值作为特征。

- 行为类型。
    - 打开 App。
    - 安装 App。
    - 卸载 App。
- 时间粒度。
    - 短期至长期:最近 1 天、最近 7 天、最近 30 天、最近 90 天,用于捕捉用户的即时和延续兴趣。
    - 日常习惯:按 24 小时划分、按周一到周日划分、按工作日和节假日划分,用于捕捉用户的 App 使用习惯。
- 物料粒度。
    - 单个 App:分析特定应用的使用情况。
    - App 所属类别:对 App 描述进行内容理解,分析类别层面的行为。
- 统计值。
    - 打开次数、打开天数、打开时长。

举例来说,从每个维度中选一个即可交叉出这些特征,如:

- 最近 30 天,用户打开游戏类 App 的总打开时长。
- 最近 7 天,用户打开交友类 App 的总打开次数。
- 最近 90 天,用户在节假日打开出行类 App 的总打开次数。

这种交叉多个维度得到特征的方法只是提供一种思路,并非一定要把所有维度做笛卡儿积交叉。在实际操作中，要综合成本和收益来选择要加工哪些特征。

（2）物料特征。

在这个场景下，物料就是用户看到的广告所对应的 App。物料特征可以分为属性特征和交互特征。

属性特征：指的是基于物料的静态属性加工出的特征，例如，基于 App 的描述将 App 标记成"游戏类 App"。

交互特征：指的是基于与该物料进行过交互的用户或者对交互行为本身进行统计加工出的特征，例如，美柚 App 的特征是"女性用户为主的 App"，这是基于统计 App 用户的性别分布打上的标签；微信 App 的特征是"DAU（Daily Active User，日活跃用户数量）1 亿人以上的 App"，这是基于每天有多少人打开过 App 的统计值打上的标签。

（3）交叉特征。

虽然现在常用的深度模型（如深度神经网络）、集成学习模型（如 XGBoost）等本身具备特征交叉的能力，但如果完全依赖模型自动进行特征交叉则往往达不到预期的效果。此外，一些深度模型的结构较复杂，在一些对模型性能要求高的场景下也未必适用。如果基于专业经验手动创建交叉特征，不仅可以使模型学习起来更容易，而且可以减少对模型复杂度的依赖。

按交叉对象可以把交叉特征分为三种：用户和物料之间的交叉、用户特征内部的交叉、物料特征内部的交叉。相对来说，用户和物料之间的交叉特征一般是最有用的。

按交叉方式可以把交叉特征分为命中类特征和共现类特征两种。

- 命中类特征。

命中类特征是专门用于用户和物料之间的交叉，且用户和物料需要有相同语义的特征。举例来说，用户最近 30 天访问过的 App 分类列表，如果与物料 App 的所属类别属于同一分类体系，就可以认为是相同的语义。此时可以加工两种特征：一种是包含命中语义的特征，例如"物料是游戏 App，且用户最近 30 天也打开过游戏 App"是一维特征，有多少种 App 分类就有多少维；另一种是抹去命中语义的特征，例如"用户最近 30 天访问过与该物料相同类型的 App"是一维特征。除了这种不带值的特征，还可以将交叉特征在建模目标或者相关目标样本上的统计值作为后验特征，例如"物料是游戏 App，且用户最近 30 天也打开过游戏 App，过去 7 天符合该条件的曝光样本的点击率"是一维特征。

- 共现类特征。

共现类特征与命中类特征的区别是,样本中有可能共同出现的特征都可以加工,不需要有相同的语义。举例来说,"男性,物料是游戏类 App"和"男性,20~30 岁"都是共现特征。理论上任意两维特征之间都可以加工共现特征,然而,当特征维度极高时,这种暴力交叉会导致维度爆炸。在实际应用中,一般选择维度相对较低的特征域(如性别和年龄段)进行交叉,或者根据先验知识挑选那些对人群有明显划分作用的交叉特征。

5. 特征工程

在我们对原始数据进行了一系列的"去重、清洗、加工"等操作之后,就得到了原始特征。这些特征构成了针对特定业务目标进行建模的基础。然而,在真正开始建模之前,还有一个关键问题,即确保模型的稳定性和泛化性问题。

我们从原始数据中生成的原始特征,往往来自多个不同的物理维度,这就意味着这些特征可能具有自己的维度属性,例如,有些特征是连续值,有些特征是离散值,有些特征是量纲特别大的值等。又由于目前大部分的机器学习算法都是基于一些基础优化算法进行优化的,而这些基础优化算法往往会由于"特征量纲不一致、特征稀疏、特征维度大"等问题,导致最终学习的结果稳定性差、泛化性不强。

为了解决这个问题,特征工程的工作必不可少。特征工程这个术语其实范围十分广泛,"如何做好特征工程"也是目前的研究热点之一。鉴于篇幅限制,下面将介绍一些经典且常用的技术。

(1)特征离散化。

特征离散化主要解决的是不同特征量纲不一致的问题。此外,如果用作建模的样本量较少,也可以使用特征离散化来避免可能存在的过拟合情况。这是因为特征离散化可以将原本稠密的特征稀疏化,使得模型参数和特征之间的耦合性降低。

等频离散化是一种常用的特征离散化技术,具体的计算逻辑如下。

- 给定一个特征 F。
- 将所有训练样本的该特征取出,获取所有的特征值 $V=[x_1, x_2, ..., x_n]$,其中 n 为含有该特征的样本个数。

- 对 V 进行分位点计算，例如：percentile(V, [0.25, 0.5, 0.75])=[a,b,c]，此时"等频"的频率为25%，即在所有样本的特征 F 的特征值 V 中，有25%的 $V\in(-\infty, a]$，有25%的 $V\in(a, b]$，以此类推。
- 对于每一个样本的特征 F 所对应的 V 中的特征值，我们通过判断其在如下四个区间中的哪一个来将其映射为对应的 F_1、F_2、F_3、F_4。
  - ($-\infty, a$]
  - (a, b]
  - (b, c]
  - (c, ∞]

（2）特征归一化。

特征归一化是另一种解决不同特征量纲不一致的方法。在图像处理的相关模型中，算法工程师也常常使用该技术来稳定模型以进行训练。在众多特征归一化技术中，"Z-score"归一化是最常用的一种，其具体的计算逻辑如下。

- 给定一个特征 F。
- 将所有训练样本的该特征取出，获取所有的特征值 $V=[x_1, x_2, ..., x_n]$，其中 n 为含有该特征的样本个数。
- 对 V 进行均值与方差的计算，分别得到 μ 及 σ。
- 对于每一个样本的特征 F 所对应的 V 中的特征值 x_i，我们通过如下公式得到归一化的特征值：

$$x_i^{norm} = \frac{x_i - \mu}{\sigma}$$

（3）特征分域。

在企业数智化的过程中，往往会从不同的数据源积攒大量的数据。这些数据经过特征清洗、特征工程，最终会转化为可以进入模型以进行训练的特征。在实际应用中，常见的一个情景是，待进入模型的特征总维度很高，可达到1000万维；然而特征特别稀疏，每个样本中可能只有几百维特征是有效的。

在这种情况下，如果将所有特征铺开了进入模型（比如 FFN 模型），则会使得第一层的计算量十分庞大且效率低下（因为1000万维中只有几百维是有值的，其他都是空值），所以这里再引入一个特征分域技术。

特征分域，顾名思义，是指将"具有相似实体含义、物理含义"的特征聚合在一个域中，域与域之间彼此区分。例如：

- 将用户点击的不同商品类目聚合在一个域中。
- 将商品自身所带有的颜色、尺寸等信息特征聚合在另一个域中。

在同一个域中，我们可以选择使用之前在 CNN 模型中提到的池化操作对域中的一系列特征进行聚合（取最大值、求和、求平均值）。这里要特别说明一下，一般在对域内特征进行聚合前，在深度学习中，往往还会对一个域的特征进行嵌入查找（Embedding Lookup）操作，使得单一维度特征向量化，这不是本章的重点，故不再详细叙述。

通过特征分域，可以得到域内特征聚合的一系列域，特征域的数量往往都在几十个到几百个之间，是远远小于总的特征维度的，且在特征域层面，特征稀疏性问题也可以得到解决。

（4）特征降维。

在本节的最后，我们简要介绍特征工程中的特征降维技术。特征降维其实与现在深度学习领域中的表征学习工作具有很强的相关性，因此，本节旨在为读者提供一个概览，说明如何使用特征降维技术，并探讨这些技术如何助力模型进行训练。

特征分域可以将千万维的稀疏特征变成几百维的稠密特征，实际上这已经是一个特征降维的过程了，也是特征降维中比较简单的一个方案。

实际上，我们对千万维特征还可以直接应用主成分分析（PCA）算法而不引入额外的专家知识来进行直接的降维，这也是最早的特征降维方式之一。

在当前业界的一众应用（如推荐系统、广告系统等）中，经常会面临一个核心诉求："为某一个用户从百万、千万级的商品池中找到他/她可能感兴趣的那几个商品"，为了解决这个诉求，我们希望有一个方式来度量"用户和商品的相似性，也就是用户对商品的倾向性"。然而，直接取用户和商品的特征计算相似性，实则面临诸多困难，具体原因如下：

- 用户和商品的特征往往是离散且稀疏的，很难选择合适的相似性/距离度量方式。

- 特征维度较高，计算量较大。

为了解决这个问题，特征降维就显得尤为重要。在这里，一个经典的且被广泛应用的模型为 DSSM 模型，其在建模过程中，首先以用户是否会点击一个商品为目标，将用户侧及商品侧的高维稀疏特征分别经过各自的 FFN 模型来生成两个低维稠密的向量：V_{user} 和 V_{item}。接着使用这两个向量的"点积"作为最终分数的输出。在这个模型中，生成 V_{user} 和 V_{item} 的过程就是一个特征降维的过程。而后续在召回层中，就可以使用低维稠密的 V_{user} 和 V_{item} 来计算召回池的内容。

7.3 智能引擎在推荐系统、广告系统与搜索引擎中的应用

随着人工智能时代的到来，智能算法在各行各业的应用愈发广泛，尤其在互联网产品和服务中，它们已成为驱动智能化决策、提升用户体验的核心引擎。本章聚焦三个典型且至关重要的应用场景：推荐系统、广告系统与搜索引擎，深入剖析这些领域如何巧妙地运用机器学习与深度学习技术，实现用户需求的准确匹配、商业价值的最大化，以及信息获取的高效便捷。

7.3.1 推荐系统的架构、链路与算法

近年来，随着移动应用的迅猛发展，各大头部移动应用的端内流量呈现出显著增长的态势。人们也越来越习惯在内容类 App 中进行娱乐与学习、在电商类 App 进行购物。在这种背景下，无论是内容类 App 还是电商类 App，均面临着一个核心问题，即"如何向每个用户展现更优质贴合的内容"。由此，推荐系统也就逐渐被业界重视起来。本节从推荐系统的两大核心组成部分：架构与链路设计，以及其背后的推荐算法进行探讨。

1. 推荐系统的架构与链路设计

典型的推荐系统架构如图 7.3-1 所示。

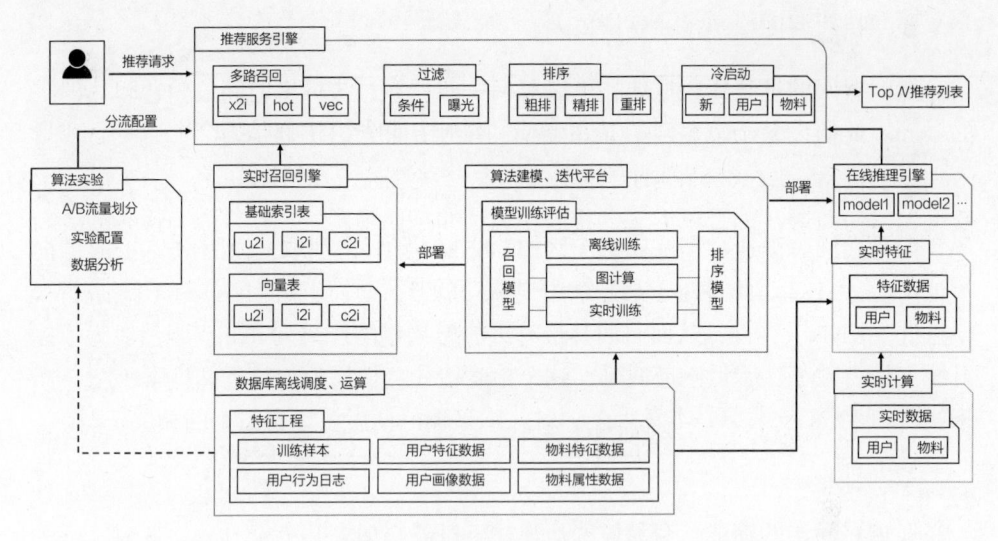

图 7.3-1 典型的推荐系统架构

在图 7.3-1 所示的架构中，涉及诸如"实时计算、实时特征"等技术要素，尽管它们对于系统的稳健运行不可或缺，且需要专门的技术来支持高效计算，但此内容并非本章节的重点，故在此不做进一步延展。本节重点聚焦于推荐系统运行过程中最重要的两个阶段。

（1）召回。

在 7.2.2 节中，已简要提及召回层的概念：为某一个用户从百万、千万级的商品候选池中找到他/她可能感兴趣的那几个商品。一方面，由于商品候选池较大，难以使用精细化的模型进行筛选，否则会导致在线实时推理时响应时延较长。另一方面，召回的内容应具备多样性，以防产生信息茧房效应。所以在召回层中，往往存在多路召回。基于上述诉求，下面介绍一些常见的召回手段。

- x2i。

其中，"x"表示一个变量，而"i"代表 item，可以是商品、视频或文章等。总的来说，"x2i"是通过用户在某一个方面的侧写"x"，召回其可能感兴趣的 item。例如，可事先通过用户在整个 App 内经常浏览的视频类目，为其打上一些兴趣标签（如二次元、健身、游戏），这些标签就是"x"；之后，根据这些兴趣标签召回相关视频（如动漫、健身教学、游戏攻略）。再例如，通过用户曾经浏览过的一些视频（如核心肌肉训练视频），召回类似视频（如上肢肌肉训练视频）。

- 热门召回。

热门召回的场景比较简单，可以召回一些"在过去一定时间段内比较热门"的 item。此假设基于较热门的 item 更有可能吸引更多用户的兴趣。

- 向量召回。

向量召回可以通过训练模型（例如 DSSM 模型），获取端内用户及 item 的向量池 V_{user} 及 V_{item}。此时对于某一个用户 u，我们可以使用其向量 v_u 对 V_{item} 进行 K 最近邻（KNN）查询，从而召回其最有可能感兴趣的一系列 item。当然，为了提升线上运行效率，降低响应时延，这个检索往往会使用近似最近邻检索（ANN）来实现。ANN 技术不是本章重点，对此感兴趣的读者可以自行查阅相关资料。

（2）排序。

经过召回层的筛选，商品候选池往往已过滤至最多几万个 item。此时，进入排序层。在这一层，任务是对这些 item 进行排序，最终只输出头部最有可能吸引用户兴趣的 N 个 item 曝光给用户。排序层也可进一步细分为"粗排、精排、重排"三个部分。

在粗排层，由于召回的 item 数量较多（几万个），如果直接使用较为复杂的精排模型进行排序，则可能会严重影响响应时延。因此，一些系统选择使用粗排模型，先对这些 item 进行粗略的排序，并筛选出最有可能吸引用户兴趣的 K 个 item 来进入精排。

粗排后的头部 K 个 item 会进入精排模型来进行更为精细化的排序。此时，由于 K 的数量级较小，可以使用更复杂的精排模型及更丰富的特征对这些 item 进行排序，以确定最终展示给用户的 item。

然而，在一些推荐系统中，往往有其他的业务诉求需要解决。例如，帮助用户打破信息茧房，促进用户的 item 内容更加多元化。此时，有两种做法。

- 增加多元化的召回路。
- 重排。

"增加多元化的召回路"虽然可以使得候选 item 更加丰富多元，但由于后续排序层的存在，可能会导致部分虽具多元化但并不在用户当前系统所"展现"的兴趣范围内的 item 被过滤掉。此时，重排层的重要性便凸显出来，其会对精排的结果进行有策略的重排。具体而言，在精排层对粗排层输出的 K 个 item 进行排序后，重排层会根据具体的业务需求对排序进行一定程度上的调整（例如选择性加权），以达到业务目标。

2. 推荐系统算法

随着推荐系统发展演变至今，其底层所使用的推荐算法也变得越来越复杂化、精细化。而又由于推荐系统应用场景的多样化（如电商、知识社区、短视频、UGC社区等），推荐算法模型所需要考虑的建模侧重点也各不相同（长短兴趣、多模态等），使得目前业界所使用的推荐算法非常多元化。下面旨在向读者分享一些基础但在多个实际业务场景中表现优异的推荐算法。至于这些算法针对特定领域问题而进行的精细化改进，则建议读者结合自身的应用场景进行针对性探索。

（1）WDL 模型。

首先介绍的是一款经典的模型——WDL（Wide&Deep Learning）模型。该模型由谷歌在 2016 年提出，凭借相对简单且高效的结构设计，其至今仍广泛应用于业界的各类推荐系统中，并在诸如搜索系统、广告系统等场景中备受青睐。

标准的 WDL 模型结构如图 7.3-2 所示。

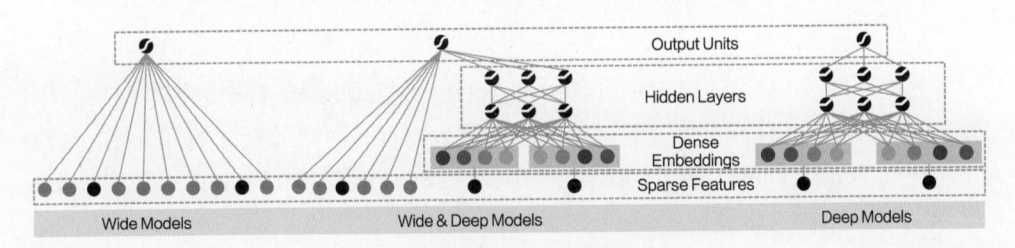

图 7.3-2　标准的 WDL 模型结构

顾名思义，WDL 模型由"一宽一深"两个部分组成，其中，

- Wide 部分为一个简单的线性模型：$y = w^T x + b$。y 为线性模型的输出，x 为特征输入，w 和 b 为模型参数。
- Deep 部分为一个 FFN 模型。

在 WDL 模型中，Wide 部分的特征输入通常包含大量手工交叉特征。这些手工交叉特征或是对原始特征取笛卡儿积得到，或是根据专家知识而来，它们与 Wide 部分的线性模型协同作业，使得模型能够记忆一些固定特征或特征组合对最终目标的影响。

Deep 部分的 FFN 赋予模型"将高维稀疏特征进行高阶交叉融合，并映射至低维稠密特征空间"的能力。这种隐式特征组合能力使得模型具有一定程度的"泛化性"，使其在遇到训练集中未曾出现的特征组合时，依然能保持良好的效果。

Wide 部分的特征输入之所以包含大量手工交叉特征，是为了使模型对可能存在的知识进行"记忆"。然而，从笛卡儿积生成交叉特征往往会生成大量的无用特征，从而影响模型的鲁棒性；专家知识又难以覆盖"意想不到"的交叉特征。基于此，研究人员提出了 DeepFM 模型，如图 7.3-3 所示。

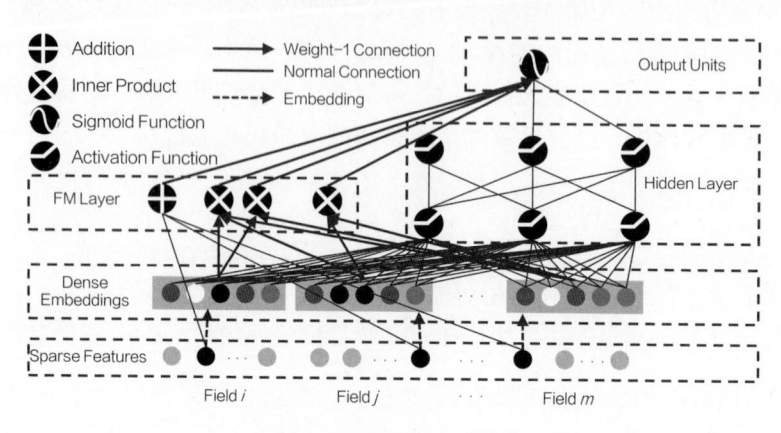

图 7.3-3 DeepFM 模型

其中，DeepFM 模型的 Deep 部分和 WDL 模型的 Deep 部分是基本一致的。对于 Wide 部分，引入线性模型以处理原始输入特征，而交叉特征的部分则由 FM（Factorization Machine，因子分解机）模型来实现。FM 模型的主要计算逻辑如下：

$$\text{FM}_{\text{out}} = \sum_{j_1}^{d} \sum_{j_2=j_1+1}^{d} \boldsymbol{v}_{j_1}^{\text{T}} \boldsymbol{v}_{j_2} \cdot \boldsymbol{x}_{j_1} \cdot \boldsymbol{x}_{j_2}$$

其中，$\boldsymbol{v}_{j_1}$ 与 $\boldsymbol{v}_{j_2}$ 分别对应 $\boldsymbol{x}_{j_1}$ 与 $\boldsymbol{x}_{j_2}$ 的待学习向量。实际上，在 FM 模型中，每一个原始特征 $\boldsymbol{x}_j$ 都有一个待学习向量 $\boldsymbol{v}_j$，而两个特征 $\boldsymbol{x}_{j_1}$ 与 $\boldsymbol{x}_{j_2}$ 之间是否要交叉，以及交叉的程度如何，则完全由模型根据预设目标，通过学习 $\boldsymbol{v}_{j_1}$ 与 $\boldsymbol{v}_{j_2}$ 的关系来得到。因此，DeepFM 实际上是一种"自动化二阶特征显式交叉"模型。另外，在自动化特征交叉的研究领域，除了二阶交叉，还可以进行"高阶"交叉，DCN（Deep & Cross Network）系列模型是较为典型的代表。

（2）DIN 模型。

提及特征交叉，则不得不提到另一个模型——DIN（Deep Interest Network，深度兴趣网络）模型。在 DIN 模型中，研究人员主要关注待推荐商品与用户行为序列之间的特征交叉。尽管业界在推荐系统中使用 WDL 模型或者 DeepFM 模型进行建模时也已经考虑了将用户行为序列作为特征，但通常这些序列中的行为特征会经历嵌入查找（Embedding Lookup）与池化（Pooling）操作的过程，在这些特征转化为低维稠密的向量特征后，进行后续学习。DIN 模型的研究人员认为，在上述计算逻辑的池化操作中，应充分意识到"序列中某些行为与当前待推荐商品具有高度相关性，而其他行为与其关联程度较低"。基于此洞察，DIN 模型在进行池化操作时，针对用户行为序列中的不同行为特征，依据当前待推荐商品的不同，动态赋予相应的权重，以体现其与目标商品的相关程度差异。

标准的 DIN 模型结构如图 7.3-4 所示。

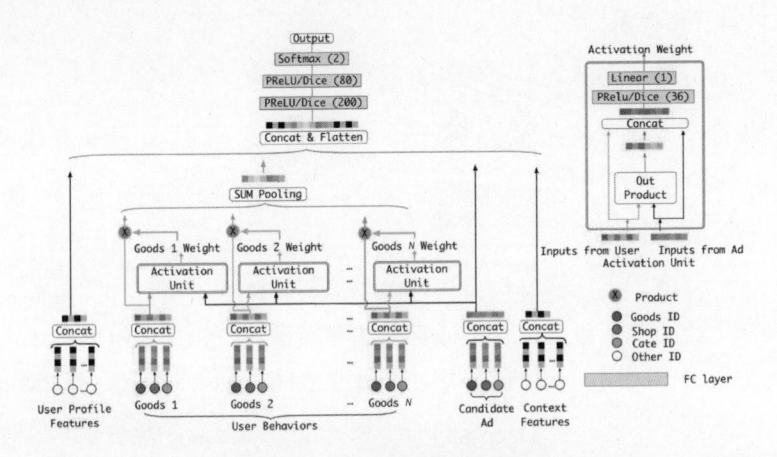

图 7.3-4 标准的 DIN 模型结构

其中，除了 Activation Unit，DIN 模型的其余部分与 WDL、DeepFM 模型中 Deep 部分的 FFN 差不多，主要区别可能体现在激活函数的选择上。而 Activation Unit，正是 DIN 模型中负责"待推荐商品与用户行为序列特征交叉"的关键模块。

在该模块中，待推荐商品会逐一与用户行为序列中的各个行为特征进行交互。通过一定的线性代数运算，为每个行为特征计算出一个与其相关联的"激活权重"。每一个行为特征在经过嵌入查找（Embedding Lookup）操作后，与其对应的激活权重相乘，可得到加权向量。最后，将所有的加权向量进行池化聚合，即完成了 DIN 模型中核心的特征交叉内容。

在当前快速演进的推荐系统领域，推荐算法的更新迭代速度极快，涌现出诸如 DIEN（Deep Interest Evolution Network）、MIND（Multi-Interest Network with Dynamic Routing）、CAN（Collaborative Attention Network）等在各自适用场景中表现出色的算法。本节旨在为读者介绍一系列基础但实用高效的推荐算法，为读者构建算法知识框架。至于更为复杂且先进的模型结构，建议读者在掌握基础之后，结合实际需求进一步自主探索。

7.3.2 计算广告体系的架构、链路与算法

融入机器学习与数据分析技术、以数字媒体为媒介的广告类型，常被称为计算广告，相较于传统的纸媒广告等形式，其优势在于实现更准确且高效的广告投放。计算广告体系的内涵丰富，涵盖了多元化的广告类型与丰富的广告平台产品。本节从广告分类与广告平台产品两个方面对计算广告体系进行介绍。

1. 计算广告体系概述

（1）广告分类。

广告根据不同的考量标准可进行多维度划分。以下列举一些具有代表性的广告类型。

- 按广告主目的分类。
    - 品牌广告：此类广告旨在吸引消费者注意力及兴趣，进而塑造与强化品牌形象。广告主通常关注曝光量、CPM（Cost Per Mille，千次展示费用）等指标，有时也会考量目标受众（Target Audience，TA）的浓度。
    - 效果广告：此类广告以实现对广告主具有实质性价值的转化目标为宗旨，如用户注册、购买等。广告主通常考核激活成本、ROI（Return On Investment，投资回报率）等直接反映广告效益的指标。
- 按广告位类型分类。
    - 搜索广告：嵌入搜索引擎结果中的广告。竞价的标的物是关键词（Keyword），广告触发条件为用户输入的查询（Query）与关键词匹配。
    - 信息流广告：嵌入信息流中的广告。由于缺乏如搜索查询那样的明确用户意图，其展示依据主要来源于用户在网站的历史行为记录、上下文信息等，以判断用户与广告的匹配程度。
- 按交易方式分类。
    - 合约广告：采用合同的方式，规定某一广告位在特定时段内专属于某广告主使用。
    - 程序化广告：随着广告主对投放效果优化需求的提升，为实现广告主自主选择流量并在每次展示时独立出价，实时竞价（Real-Time

Bidding，RTB）机制应运而生。广告交易过程愈发依赖于机器间在线实时协商，而非传统的预先约定或人工操作，故称之为程序化广告。

（2）广告平台产品。

DSP（Demand-Side Platform）：需求方平台，供广告主配置广告投放计划，包括素材选择、出价设定、预算控制等。当 ADX 输送流量至 DSP 时，DSP 会对候选广告进行出价与内部排序，将 Top 1 广告反馈给 ADX。

SSP（Supply-Side Platform）：供应方平台，协助媒体实现流量变现。SSP 使媒体能将其广告资源接入 ADX，并设定各类控制规则以最大化广告展示收益，如最低定价、可接受的广告商与广告类型等。

ADX（AD Exchange）：广告交易平台，接收 SSP 提供的实时广告请求，并分发给多个 DSP。在获取各 DSP 提交的候选广告后，ADX 会选择出价最高者，将其返回给 SSP。

TD（Trading Desk）：交易桌面，为广告主提供一体化营销解决方案。广告主可在 TD 上统一对多个 DSP 的投放进行管理，包括分配投放预算、制定与调整投放策略、查看数据报告等。

DMP（Data Management Platform）：数据管理平台，精确的广告投放离不开丰富且准确的用户数据。DMP 服务于广告交易各参与方，如媒体可利用 DMP 加工用户标签，为广告主提供人群定向功能。

2. 从 RTB 到 RTA

RTB（Real-Time Bidding）是连接 DSP 和 ADX 的接口，让广告主可以通过 DSP 实时对流量进行动态出价，从而准确匹配目标受众。

RTA（Real-Time API）是在 RTB 的基础上发展出的一种新型实时广告接口。RTA 的出现源自广告主对实时人群定向的强烈需求。在 RTA 出现前，广告主如果通过 DSP 对自己已有的用户投放广告，则需要将自己的用户设备 ID 打包上传至 DSP。此方式不仅存在数据安全风险，而且人群包无法实时更新。RTA 的引入改变了这一状况：在出价决策阶段，DSP 可将携带用户标识的请求发送至广告主，使得广告主能够实时进行用户筛选与价格调整。

3. 广告算法

推荐系统的算法流程架构——"召回—粗排—精排—重排"——同样构成了广告算法的核心框架，且模型演进路径与推荐系统高度吻合，从早期的 LR 模型发展至深度学习时代的诸如 Wide&Deep、DeepFM、DIN 等模型。鉴于这些内容在推荐系统部分已有详述，此处不再赘述。

与推荐系统相比，广告算法流程的独特之处在于引入了如 Calibration、Pacing 等广告特有算法环节，下面对此类算法进行介绍。

（1）Calibration 校准技术。

推荐系统算法主要关注排序，即确保用户最感兴趣的物料优先曝光。相比之下，广告算法不仅关注排序，还注重模型预估的点击率（pCTR）、转化率（pCVR）等与实际 CTR/CVR 的贴近程度。究其原因，广告费用与出价紧密关联，通常采用"广义第二高价"原则，即按照排序第二名的出价加一个很小的值进行计费，而出价又与 pCTR 等预估值密切相关。通常，DSP 依据预估的广告每千次曝光价值（eCPM）进行出价。若广告主按每个转化成本（CPA）出价，则 eCPM 的计算公式：eCPM=1 000×pCTR×pCVR×CPA。

以 CTR 模型为例，尽管采用交叉熵损失函数训练时，模型预估值理论上可视为正样本概率（也就是 pCTR），但实际上难以确保 pCTR 与 CTR 完全一致。若将样本按 pCTR 排序并等分为 100 分段，计算每个分段的 pCTR 均值与 CTR 均值的比值，理想状态是每个分段的比值都接近 1，若大于 1 则说明模型在该分段被高估，若小于 1 则表示被低估。最经典的校准方法是保序回归，即在不改变样本的预估值顺序的前提下，仅改变预估值的大小，使样本的预估值更接近真实值，具体实施细节可参阅论文"Calibrating user response predictions in online advertising"。

（2）Pacing 预算平滑技术。

广告系统和推荐系统的另一个不同是广告的曝光次数受到广告主预算的限制。即使某个广告深受用户欢迎，一旦预算耗尽，曝光也将停止。假设广告主预算有限，导致在一天的最初几小时即告罄，即便广告效果尚佳，广告主亦可能心存疑虑："或许下午投放效果更优，我期望在全天效果最佳时刻进行投放。" Pacing 算法便应运而生，通过合理分配预算与控制投放节奏，确保广告以理想消耗曲线进行投放，避免过早耗尽预算，充分捕捉每个可能的高效投放时机。

图 7.3-5 列举了五种预算消耗曲线，其中，

- 图 7.3-5（a）：未控制消耗速度，导致预算于 18 点提前耗尽。
- 图 7.3-5（b）与图 7.3-5（c）：非理想曲线形态。
- 图 7.3-5（d）：遵循全天流量分布分配预算，为经典分配方式之一。

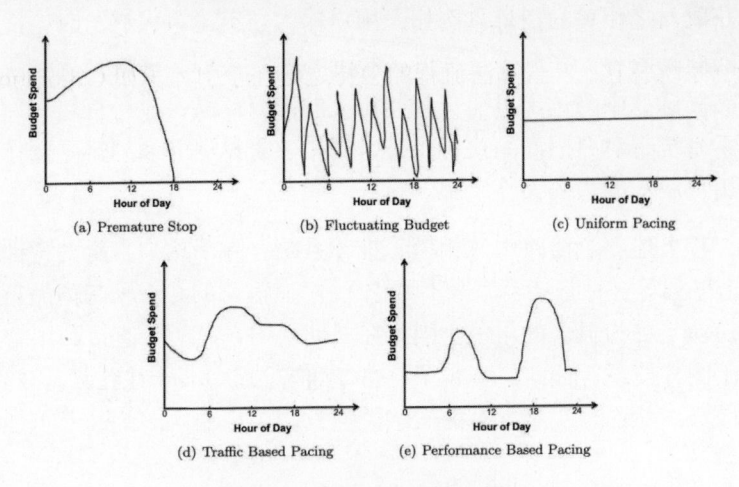

- 图 7.3-5（e）：依据投放效果调配预算，同样为经典分配方式之一。

图 7.3-5　五种预算消耗曲线

以按照流量分布来分配预算为例，首先要预估每条广告计划的流量分布（不同计划的定向不同，所以流量分布也不同），按照流量分布来设定每日各时段预算分配比例。随后，运用 PID 算法实时调控预算消耗，确保与预算分配计划相符。控制手段通常有两种：一种是概率控制，即在一定概率下不参与竞价；另一种是出价控制，通过调整出价来影响竞得率，间接调控预算消耗速度。

7.3.3　搜索系统的架构、链路与算法

在探讨推荐系统与广告系统时，我们的关注焦点在于移动应用如何通过算法层面的努力，以更优质且贴合用户需求的内容，有效挽留并服务用户，从而提升转化效果。诚然，这类服务主要属于对用户被动行为的响应，即根据用户行为与偏好推送相关内容。然而，用户在使用移动应用的过程中，往往也会主动发起服务请求，期望获取所需信息。其中最具代表性的一种主动请求即搜索请求，这就需要具备强大功能的搜索系统予以支持。

1. 搜索系统的架构与链路设计

搜索系统的架构与链路设计和推荐系统在核心层面存在诸多共通之处，主要由以下两个部分构成。

- 召回。
- 排序。

用户通常以无结构的查询（Query，通常为一段文字或一张图片）发起搜索请求，期待获取与之相关的信息。例如，用户输入"英伦风大衣"时，搜索系统会返回相关的商品内容。在这个过程中，和推荐系统类似，搜索系统会首先从一个海量的商品候选池中筛选出可能与查询相关的部分商品，进行首轮召回。召回完成后，搜索系统将对召回商品执行粗排、精排、重排等一系列排序操作，最终确定可以向用户展示的头部 K 个商品。

然而，在上述整个链路中，相较于推荐系统，除了用户自身的特征（如静态属性、点击序列等，有时甚至完全不考虑），用户输入的 Query 与商品自身的属性在模型中扮演了更为显著的角色。因此在召回层中，有时可直接利用 Query 进行召回。对于图片搜索等偏向"事实型"的查询来说，Query 往往具备较高准确度，不易产生歧义。然而，对于常见的文字类搜索，用户输入的 Query 可能存在模糊不清的问题。

为了解决上述问题，搜索系统通常会集成一个特有模块——Query 理解模块。该模块是一个综合性概念，涵盖"Query 预处理、Query 改写、敏感 Query 识别"等多种逻辑。

其中，Query 预处理通常涉及较基础的操作，如符号标准化、大小写统一、简繁体转换等。

相较于 Query 预处理，Query 改写的逻辑则更为复杂，涵盖以下核心部分。

- Query 纠错：针对用户输入中的错别字、漏字等进行修正，例如将"埃飞尔铁塔"纠正为"埃菲尔铁塔"。

- Query 扩展：通过两种途径对原始查询词条进行内容扩充。

  - Query 联想：通过联想功能扩展用户输入，以揭示用户可能的真实意图，如将"英伦风皮鞋"扩展为"英伦风皮鞋秋冬"。

  - 小众长尾查询扩展：针对鲜见的长尾查询词条，添加补充信息以扩展搜索范围，如将"大衣可爱"扩展为"大衣甜美秋冬女、大衣可爱胸针"。

- Query 归一：在保持语义不变的前提下，将查询词条规范化，使之指向一致的搜索内容，如将"从深圳怎么去香港"归一为"从深圳到香港的交通方式"。

敏感 Query 识别指的是对词条是否"涉政、涉恐、涉暴"等的判别，被判别为敏感 Query 的词条会由特定的承接页进行承接并引导。

Query 理解模块可被认为是将用户可能模糊的 Query 进行标准化、合规化的处理过程，从而使得后续的召回、排序模块更加准确、全面地理解用户的查询意图，为提升搜索系统的召回率与精准率奠定坚实基础。其中，Query 扩展与搜索系统召回层的多路召回"x2i"机制具有一定的相似性，都可以在召回丰富性、长尾召回的层面上，在一定程度上缓解信息茧房现象。

2. 搜索系统算法

搜索系统所采用的算法与推荐系统存在一定的共性，如前文所述的 WDL、DeepFM 等模型同样适用于搜索系统的精排阶段。然而，用户输入的查询词条通常以非结构化形式（如文本、图片等）呈现，所以本节简要探讨如何有效利用此类非结构化数据进行召回操作。

首先介绍一种简易的召回方法：关键词召回。关键词召回主要服务于文本搜索场景。在关键词召回过程中，首先对商品候选池中的文本内容进行分词处理，可以为分词后的结果建立一个词索引，并结合词频等信息建立排序分（如采用 tf-idf 值进行排序）。当用户提交查询时，同样对其进行分词，去除常见停用词后，利用分词结果在索引中匹配相关商品，再按照索引中的排序进行召回排序，并截取顶部结果返回给用户。

关键词召回是一个比较简单的召回方式，作为一种"强匹配"策略，仅在完全匹配时才进行召回。然而，现实世界中同一个物理事物往往存在不同的说法，例如"伦敦的天气"与"英国首都的天气"在语义上相同，理应得到相似的召回结果。为此，召回模型需要具备对文本查询语义的理解能力，以应对此类情况。对于文本理解来说，这里向读者介绍一下近些年在业界很受欢迎的 BERT 模型，其结构如图 7.3-6 所示。

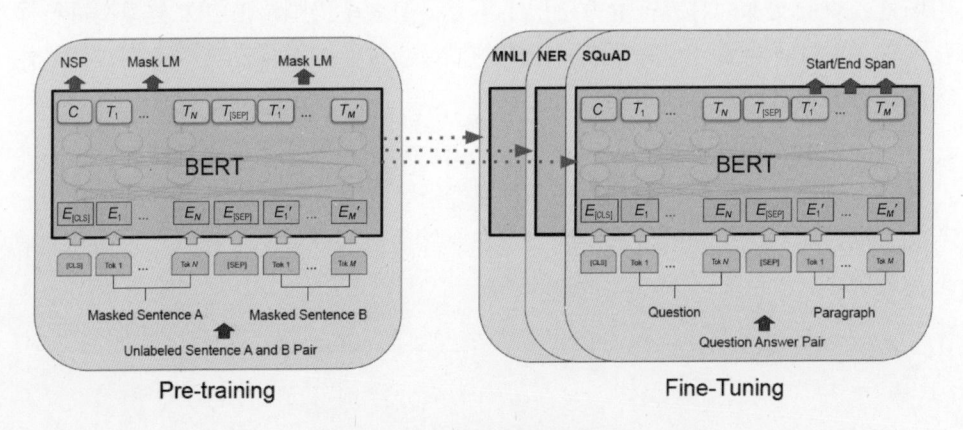

图 7.3-6　BERT 模型的结构

BERT 模型的核心架构基于 Transformer 模型，其主要通过 Transformer 模型的 Encoder 模块进行自监督学习，学习方式如下。

- Mask Language Model（MLM）：简而言之，该方法将文本中的部分词语随机遮蔽，随后训练模型以恢复被遮蔽词汇。这一过程类似"完形填空"练习，研究人员认为较好的复现能力意味着模型对文本有一定的理解能力。

- Next Sentence Prediction（NSP）：该任务要求模型在给定两段文本片段后，判断第二段是否为第一段的后续内容。这种学习方式使得模型能够更好地理解"行文关系"，从而提升模型对文本的理解能力。

BERT 及其后续诸多改进模型，得益于其自监督学习的特性，可以利用存在于互联网中的大量文本信息进行预训练来提高模型效果。然而，直接使用 BERT 模型所生成的查询向量对商品候选池中商品对应的 BERT 向量进行 ANN 召回，往往效果不佳。探究其背后原因已成为一项研究课题。尽管如此，当前学界普遍接受的观点指出：BERT 模型在预训练阶段本质上关注的是"分类任务"，这导致其在训练过程中更侧重于语义理解，而非纯粹的语义表示。由此，BERT 模型倾向于将文本嵌入一个很窄的锥形向量空间中。在此空间中，各类语句的余弦相似度趋于相近，这虽然有利于分类任务，但在衡量向量间相似度以实现有效召回时，其表现则相对逊色。

为应对上述问题，研究者已经提出了一系列基于 BERT 模型及其同类模型的优化方案，更为充分且均匀地将短文本语义嵌入语义向量空间中。SimCSE 为其中的典型代表，SimCSE 是基于 BERT 类模型的进一步训练，可以对一段文字产出语义表征，能够为给定文本生成语义表征。除了 SimCSE，针对不同行业与应用场景，获取文本内容表征的方法层出不穷，但大多仍围绕 BERT 类模型进行深化训练，此处不再赘述。一旦获得文本的语义表征，即可借助文本查询对商品候选池执行向量召回，进而得到召回列表。

与此同时，在众多移动应用社群中，用户对文搜图、图搜文功能的需求日益凸显。在这样的场景下，召回模型不仅要能够处理文本，还要具备理解图片内容与文字描述间对应关系的能力，即要求在自然语言与视觉两个领域之间构建有效的沟通桥梁。

为应对上述问题，研究者提出了一个经典的 CLIP 模型，其结构如图 7.3-7 所示。

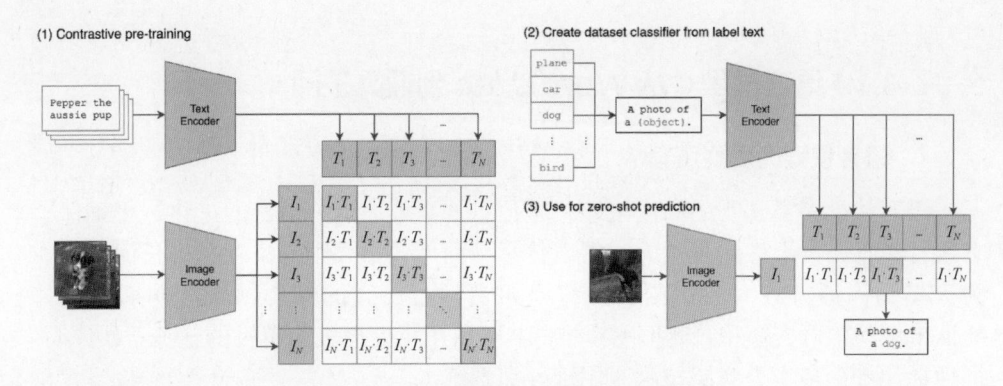

图 7.3-7　经典的 CLIP 模型的结构

该模型主要由两个部分构成：文本编码器与图片编码器，两者的核心模型结构均为 Transformer。

CLIP 模型训练的核心目标可归结为对比学习的理念：通过联合训练文本编码器与图片编码器，力求使图片表征与相应文本表征之间的余弦相近度尽可能接近，和其他的文本表征尽可能远（反之亦可），从而将文本内容与图片内容嵌入至一个多模态的向量空间中，实现对图文对应关系的准确把握。

基于 CLIP 模型，可分别为文本查询生成向量表征，并为商品候选池中的图片 item 生成对应的向量表征，随后运用 ANN（Approximate Nearest Neighbor）召回方法（反之亦可行），最终实现支持文搜图与图搜文功能的目标。

7.4　大模型时代的革新与发展

大模型主要有三个重要的方向：语言模型、多模态模型，以及基于基础模型发展而来的 AI Agent（AI 智能体）。首先，语言模型是人工智能领域的基石。它们使用复杂的算法来分析和生成自然语言文本，从而能够参与到翻译、摘要、问答，以及其他与语言相关的任务中。其次，多模态模型则是在语言模型的基础上更进一步，它们能够理解和生成跨越不同类型数据的信息，如结合文本和图像。这种类型的模型能够识别图像中的物体，并用自然语言描述它们，或者理解一段视频内容并生成相应的文字摘要。多模态模型的发展，比如 CLIP 和 DALL-E，正在为 AI 领域带来创新的视角和应用。最后，AI Agent 则是一种更为高级的多模型协同应用，能够在复杂的环境中进行决策和学习。这些 AI Agent 可以在游戏、模拟环境和现实世界中执行任务，展现出与人类相似的认知和操作能力。

7.4.1 语言模型：从 Word2Vec 到通义千问

1. 语言模型的发展历程

语言就是人类文明的高度浓缩，是信息的高效表达。语言的进化过程确保了有效且契合人类天性的表达方式得以传承，而无效形式则消失在历史长河里。作为天然的沟通方式，自然语言始终是机器学习研究的核心领域。初期技术如 N-gram、马尔可夫模型、概率图模型等，主要用于处理较为单一的任务，如分词、词性标注等，多作为底层技术应用于各类系统。

近年来，语言模型的发展态势呈现出由处理个别或少数任务向运用单一大型模型应对几乎所有任务的转变趋势。2013 年，谷歌推出 Word2Vec，通过词向量化技术训练语言模型，即用数学的向量概念表达了词的语义，如"巴黎"减去"法国"再加"意大利"得到"罗马"，实现了语言学问题向数学问题的转化，为后续端到端处理 NLP 任务奠定了基础。2018 年，OpenAI 推出 GPT-1，同时谷歌发布了 BERT 模型，确立了预训练加微调的研究范式，即利用一个大型基础模型辅以针对不同任务的小幅调整。BERT 模型在 11 类 NLP 任务中的效果实现突破。2019 年，OpenAI 推出 GPT-2，谷歌发布了 T5，二者尝试将所有任务统一为文本到文本的生成任务，使得扩展新任务无须改动模型架构。至 2020 年 5 月，OpenAI 的 GPT-3 将模型规模推至参数量为 1 750 亿个，在文本生成效果上相较于 GPT-2 实现了大幅跃升。自此，大规模模型与海量数据成为各研究机构竞相追求的目标。诸多研究显示，模型规模越大、数据越多，通常意味着性能更优，甚至可能出现"涌现"现象：模型参数未达到某一阈值时无法胜任任务，一旦越过某临界点，模型性能会呈现戏剧性的飞跃。随后，大语言模型被一路推进到万亿规模。2022 年 3 月，OpenAI 发表了关于 InstructGPT 的论文，通过基础大语言模型和强化学习，注入人类偏好的方式，构建了更懂人类的对话模型。基于 InstructGPT 的方法，2022 年 11 月 30 日，ChatGPT 日，ChatGPT 应用惊艳亮相，引发全球关注。表 7.3-1 所示为大语言模型的发展历程。

表 7.3-1 大语言模型的发展历程（截至 2024 年 6 月）

时间	大语言模型	说明
2013 年	Word2Vec 谷歌	词向量 可以通过"词向量"的加减法，实现对语义的计算
2018 年 6 月	GPT-1 OpenAI	范式：预训练+Fine-tuning 参数量：1.17 亿个 预训练数据：5 GB

续表

时间	大语言模型	说明
2018年10月	BERT 谷歌	预训练+Fine-tuning 参数量：3亿个 预训练数据：16 GB 11类NLP任务效果实现突破
2019年2月	GPT-2 OpenAI	范式：去掉Fine-tuning 所有任务都转化为文本到文本的生成任务 新任务不再需要重新设计模型架构 参数量：15亿个 预训练数据：40 GB
2019年10月	T5 谷歌	参数量：110亿个 预训练数据：750 GB
2020年5月	GPT-3	范式：千亿级参数规模模型 参数量：1750亿个 预训练数据：45 TB
2020年6月	GShard 谷歌	模型分布式 将模型规模进一步推进到千亿、万亿级别的基础工具
2020年11月	Whale 阿里巴巴	模型分布式 将模型规模进一步推进到千亿、万亿级别的基础工具
2021年1月	Switch Transformer	参数量：1.6万亿个 预训练数据：750 GB
2021年1月	M6 阿里巴巴	2021年1月——M6百亿个参数模型达成 2021年2月——M6千亿个参数模型达成 2021年5月——M6万亿个参数模型达成
2021年2月	CLIP OpenAI	范式：跨文本-图像多模态训练
2022年1月	LaMDA 谷歌	参数量：1370亿个 预训练数据：1.56 TB 单词
2022年3月	InstructGPT	范式：验证大语言模型+强化学习注入人类知识的潜力 参数量：13亿个
2022年12月	ChatGPT	GPT-3.5估计参数量在千亿级别
2023年2月	LLaMA-1	开源：有70亿个参数的、130亿个参数的、300亿个参数的和650亿个参数的版本
2023年3月14日	GPT-4	多模态预训练大模型GPT-4，GPT-4具备强大的识图能力，文字输入限制也提升至2.5万字

续表

时间	大语言模型	说明
2023年4月11日	通义千问	阿里云峰会发布 开源：包含18亿个参数的、70亿个参数的、140亿个参数的、720亿个参数的四个版本
2023年7月	LLaMA-2	开源：70亿个参数的、130亿个参数的、340亿个参数的和700亿个参数的四个版本
2023年11月2日	通义千问2.0	云栖大会：千亿级参数大模型
2023年12月7日	Gemini1.0	谷歌DeepMind发布
2024年2月4日	通义千问1.5	开源：包括六个型号尺寸，5亿个参数的、18亿个参数的、40亿个参数的、70亿个参数的、140亿个参数的和720亿个参数的
2024年3月4日	Claude 3	Claude 3共发布三款模型：Opus、Sonnet、Haiku
2024年4月	LLaMA-3	开源：80亿个参数的和700亿个参数的两个版本
2024年5月9日	通义千问2.5	通义千问推出参数规模横跨5亿个到1100亿个的六款大语言模型，包含5亿个参数的、18亿个参数的、40亿个参数的、70亿个参数的、140亿个参数的、320亿个参数的、720亿个参数的、1100亿个参数的版本。通义千问还开源了视觉理解模型Qwen-VL、音频理解模型Qwen-Audio、代码模型CodeQwen1.5-7B、混合专家模型Qwen1.5-MoE
2024年5月13日	GPT-4o	音频、视觉和文本中进行实时推理，可识别情绪，流畅对话
2024年6月20日	Claude 3.5	Claude 3.5 Sonnet在GPQA、HumanEval、DROP等几项推理能力方面的成绩好于GPT-4o

2．语言模型的基石

2023年，NeurIPS时间检验奖颁发给了Word2Vec，NeurIPS官方给出的颁奖理由是：该工作创新性地引入了词嵌入技术Word2Vec，展示了从规模非结构化文本中学习的能力，开启了NLP的新纪元。

"Distributed Representations of Words and Phrases and their Compositionality"是一篇由Tomas Mikolov、Ilya Sutskever、Kai Chen、Greg Corrado和Jeff Dean在2013年发表的论文，详述了Word2Vec框架，并对NLP领域产生了深远的影响。Word2Vec包含两种核心模型：连续词袋（Continuous Bag of Words，CBOW）模型和跳字（Skip-gram）模型，这两种模型都用来生成词的分布式表示，即词向量化，将词汇映射为向量形式。

Word2Vec的主要贡献与意义体现在以下几个方面。

（1）高效词向量训练。

相较于先前的模型，如神经概率语言模型，Word2Vec 算法显著提升了词向量训练的效率，实现了大规模词汇表征的学习速度的飞跃。

（2）捕获语义与语法关联。

经过训练，Word2Vec 模型能够揭示并嵌入词与词之间的深层语义联系和语法结构，确保在向量空间中，语义相似的词汇彼此间距离更近，直观反映其概念相关性。

（3）词的组合性体现。

Word2Vec 模型展现出词向量的强组合性，即通过诸如向量加减等基本数学运算，模拟并合成词组或短语的复合意义，实现词汇层面的语义复合操作。

（4）短语处理能力。

研究者在 Word2Vec 框架内引入一种短语检测算法，使得常见短语（如 New York）能够被视为单一语言单元对待，并为其学习相应的词向量表示，增强对多词表达式语义的理解与建模。

（5）优化技术的应用。

为了进一步提升模型训练效率，Word2Vec 采纳了负采样和层次 Softmax 技术。这些策略有效降低了计算复杂度，在大规模文本数据上进行词向量学习时，可以合理控制计算资源的需求。

Word2Vec 模型的引入推动了 NLP 领域的诸多应用，包括文本分类、情感分析、机器翻译、问答系统等。以此为基础，后续研究继续深化，孕育出更为复杂的词向量模型，如 GloVe 与 BERT 等，这些模型在捕捉词的上下文信息方面实现了更深层次的提升。综上所述，Word2Vec 模型不仅是 NLP 发展历程中的一个重要里程碑，更是为深度学习技术在 NLP 领域的广泛应用奠定了坚实基础。

论文"Attention is All You Need"由 Ashish Vaswani 及其团队于 2017 年发表，这篇论文是深度学习和 NLP 领域具有划时代意义的研究。这篇论文首次提出了 Transformer 模型，它完全基于注意力机制，而不是之前流行的 RNN 或 CNN 模型。

从注意力机制的角度来看，这篇论文的历史意义主要体现在以下几个方面。

（1）革新架构。

Transformer 模型作为首个完全仅依赖注意力机制的模型，其设计使得其在处理序列数据尤其是长距离依赖关系时表现出更高的效率。

（2）并行化处理。

与 RNN 模型逐个顺序处理序列元素的方式不同，Transformer 模型支持对整个序列进行并行处理，极大地提升了训练效率，对于处理大规模数据集尤为重要。

（3）自注意力机制。

Transformer 模型引入了自注意力（Self-Attention）机制，允许模型在处理一个序列的每个元素时，考虑序列中的所有其他元素，其实现了对全局上下文的深入理解，显著增强了模型对语言结构的认知能力。

（4）多任务性能提升。

Transformer 模型极大地推动了各种 NLP 任务的发展，包括机器翻译、文本摘要、问答系统等。它的成功证明了注意力机制在处理复杂语言任务中的有效性和通用性。

（5）基础架构演进。

Transformer 模型的提出，为后续的大型预训练模型如 BERT、GPT 等奠定了基础。这些模型在 Transformer 模型的基础上进行改进，开辟了 NLP 领域的新纪元。

"Attention is All You Need"这篇论文的问世，充分展示了注意力机制在深度学习中蕴含的巨大潜能与广阔应用前景。其影响力远远超越了自然语言处理领域，已成为当代深度学习研究与实践中的一个标志性里程碑。

2018 年，谷歌在论文"BERT: Pre-training of Deep Bidirectional Transformers for Language Understanding"中，沿用了 Transformer 架构，并采用双向 Transformer 设计，仅保留 Encoder 部分，并将其命名为 BERT（Bidirectional Encoder Representations from Transformers）。BERT 模型的出现不仅将 Transformer 模型与预训练技术广泛普及，更在众多 NLP 数据集排行榜上屡创佳绩、声名鹊起。

（1）预训练——自监督学习。

预训练被视作一种自监督学习方法，无须依赖昂贵的标注数据，而是从数据自身中构建标签进行预训练。随后，预训练模型在具体的下游任务中只需少量标注数据进行微调，这有效缓解了标注数据匮乏的问题。

（2）Transformer——NLP 与 CV 领域的基础架构。

时至今日，Transformer 模型依然在 NLP 领域中占据主导地位，众多先进的模型均是在其基础上进行改造与优化的。不仅如此，Transformer 模型的影响力已延伸至计算机视觉（CV）领域，如 Vit 等模型的成功应用便是有力佐证。

3．大语言模型在阿里巴巴集团的实践

阿里巴巴集团在 2018 年年底便启动了大模型的研发工作，在超大模型、语言及多模态能力、低碳训练、平台化服务、落地应用等多个方面，为中文大模型的发展做出了前沿性、引领性的工作。2022 年，阿里巴巴集团正式发布了"通义"大模型系列，当时阿里巴巴集团已处于全球领先的大模型研发梯队，具备语言大模型、多模态大模型、大模型底层训练平台的完整布局。2023 年，ChatGPT 引领新一轮 AI 浪潮后，阿里巴巴集团成为全球较早研发并开放类 GPT 语言模型的科技公司之一。其中有几个重要节点。

- 2019 年，阿里巴巴集团发布大规模预训练语言模型 structBERT，并登顶全球 NLP 权威榜单 GLUE。
- 2021 年，阿里巴巴集团先后发布国内首个超百亿级别参数的多模态大模型 M6 及语言大模型 mPLUG。
- 2021 年 8 月，阿里巴巴大模型在全球机器视觉问答榜单 VQA 上首次超过了人类的得分。
- 2021 年 10 月，阿里巴巴集团探索以较低能耗训练出全球首个 10 万亿级别参数的大模型 M6。
- 2022 年 2 月，M6 在业界首次实现模态表示、任务表示、模型结构的统一。
- 2022 年 9 月，阿里巴巴集团发布集成历年技术沉淀的"通义"大模型系列，相关核心模型和技术通过魔搭社区开源开放，为国内大模型发展提供一臂之力。
- 2023 年 4 月 7 日，阿里云自研大模型"通义千问"开始邀请用户测试体验。

自通义千问问世以来，阿里云始终专注于基础模型的技术研发，从初代模型升级至 2.5 版本。相比此前的通义千问 2.1 版，通义千问 2.5 版的理解能力、逻辑推理、指令遵循、代码能力分别提升 9%、16%、19%、10%，中文能力更是持续领先业界。根据权威基准 OpenCompass 的测评结果，通义千问 2.5 版的得分追平 GPT-4 Turbo，是该基准收录的国产大模型首次取得如此佳绩。

在不断打磨和提升大模型能力的同时，阿里巴巴集团还坚决投入开源。2023 年 8 月，通义（2024 年 5 月，通义千问被更名为通义，以下称为"通义"）宣布

加入开源行列，随之启动马不停蹄的开源狂飙，沿着"全模态、全尺寸"开源路线陆续推出 10 多款模型。截至 2024 年 5 月，通义开源模型下载量已经超过 700 万次。

大模型的训练和迭代成本极高，绝大部分的 AI 开发者和中小企业都无法负担。Meta、阿里云等推动的大模型开源风潮，让开发者不必从头训练模型，还把模型选型的主动权交给了开发者，大大加速了大模型的应用落地进程。

为顺应不同场景用户的需求，通义推出参数规模横跨 5 亿个到 1100 亿个的八款大语言模型，小尺寸模型如 0.5B、1.8B、4B、7B、14B，可便捷地在手机、PC 等端侧设备部署；大尺寸模型如 72B、110B，能支持企业级和科研级的应用；中等尺寸如 32B，试图在性能、效率和内存占用之间找到最具性价比的平衡点。此外，通义还开源了视觉理解模型 Qwen-VL、音频理解模型 Qwen-Audio、代码模型 CodeQwen1.5-7B、混合专家模型 Qwen1.5-MoE。通义-72B、通义-110B 开源模型都曾登顶 Open LLM Leaderboard 榜。在开放研究机构 LMSYS Org 推出的基准测试平台 Chatbot Arena 上，通义-72B 模型多次进入"盲测"，结果排在全球 Top 10，这创造了国产大模型的先例。

7.4.2 多模态大模型：从学习到生成模型

1. 多模态学习

多模态学习历经行为时代、计算时代、交互时代等多个发展阶段，至 2010 年进入深度学习时代，其展现出强大的跨模态理解与处理能力。多模态学习是从多种模态数据中学习并训练模型的方法，旨在从包含图像、文字、音频、时间序列等的多种复杂数据形式中提取知识，要求模型能够有效地组织、挖掘并整合异源、异构的各类信息资源。

为此，人们需要研究一系列的新方法来完成多模态学习任务，主要包括以下几个方面。

（1）多模态表征。

多模态表征是多模态学习的基础，主要研究如何适配性地引入多模态数据。这一研究方向可分为两大分支：联合表征研究将多种模态的向量映射到一个统一的多模态向量空间；协同表征研究将每种模态的向量分别映射到各自的表征空间，并使映射后的向量之间存在一定的约束关系。

（2）多模态对齐。

多模态对齐是研究同一实例在不同模态数据中对应的子元素，并以此建立多模态子信息之间的关系。对齐策略可分为显性对齐与隐性对齐两种。显性对齐直接寻找并建立模态间的信息映射关系；隐性对齐研究在潜空间建立模态联系。

（3）多模态融合。

多模态融合是研究如何整合多模态信息来共同完成预测任务的。依据融合的方法可以分为早期融合（先融合再预测）与晚期融合（先各自预测再融合预测结果）。此外，根据所采用的算法模型类型，融合方法还可细分为深度学习网络融合、核函数方法融合及图融合三类。

（4）多模态转化。

多模态转化即实现不同模态间的信息互译，将一种模态的信息转换为另一种模态，既可以通过多模态向量搜索的方式实现，也可以用生成式模型实现。例如机器翻译、图片描述、语音合成等任务，都是多模态转化的典型应用。

（5）多模态协同学习。

多模态协同学习即将模态之间的知识相互转换共同完成任务，从而弥补不同模态之间训练资源的不平衡。多模态协同学习的具体形式包括并行学习（如在一个音视频训练数据集中，声音和视频同时来自同一个说话者，两个模态直接相关）、非并行学习（如尝试利用文本数据集训练的模型改善图像数据集训练模型的准确性和鲁棒性，两种模态在没有直接关联的场景下提升模型效果），以及混合学习等模式。

2．视觉理解模型

多模态大模型是指一套能够集成并处理多种不同数据形式（如文本、图像、语音等）的复杂系统，常借助深度神经网络等大规模模型进行训练与推理，旨在实现更为准确且全面的数据分析。

随着大语言模型的崛起，跨模态融合已成为显著趋势，即通过联合文本、图像、语音等多种模态数据进行训练，以实现跨模态的问答、生成等高级任务。

视觉理解模型作为多模态大模型的重要组成部分，近年来经历了深刻的变革。特别是在图像处理领域，借鉴自然语言处理中 Transformer 模型的成功经验，研究者们积极探索将 Transformer 模型应用于图像任务的可能性。

2020 年 6 月，OpenAI 提出了 image GPT（iGPT）项目，该项目尝试将图像分解为一系列类似语言 Token 的小块，并采用类似 GPT 的语言模型训练方法处理图像。尽管处于初步阶段，iGPT 却展现出了与经典对比学习方法（如 BigBiGAN、MoCo、SimCLR、CPC v2）相当的性能，初步验证了 Transformer 模型统一多模态的可能性。

紧随其后，同年 10 月，谷歌推出了 Vision Transformer（ViT），同样采取将图像划分为 Patch（指图像中的一个小区域），并将 Patch 经线性映射后输入 Transformer 模型的策略。ViT 的问世首次证实了 Transformer 模型在图像识别任务中具备取代传统卷积神经网络（CNN）的实力。自此，Transformer 模型在视觉领域的应用逐渐成为主流。

沿着这一思路进一步发展，融合大语言模型和图像、视频数据，成为自然而然的技术演进方向。以下的一系列标志性技术充分体现了这一发展趋势。

（1）OpenAI 的 CLIP 模型。

OpenAI 推出 CLIP（Contrastive Language-Image Pre-Training）视觉语言预训练模型，该模型可以更好地理解图像和文本之间的关联，并已在图文搜索、图图搜索等多个领域展现出显著的应用价值，有力提升了网站搜索功能的精确度及虚拟助手的表现力。

CLIP 的多模态编码器由一个图像编码器和一个文本编码器组成，两者分别负责将各自模态的数据转化为等长的向量表示，通过计算这些向量间的余弦相似度，模型得以量化评估图像与文本之间的匹配程度。这种设计使得 CLIP 模型能够跨越视觉与语言的鸿沟，实现跨模态的语义对齐，如图 7.4-3 所示。

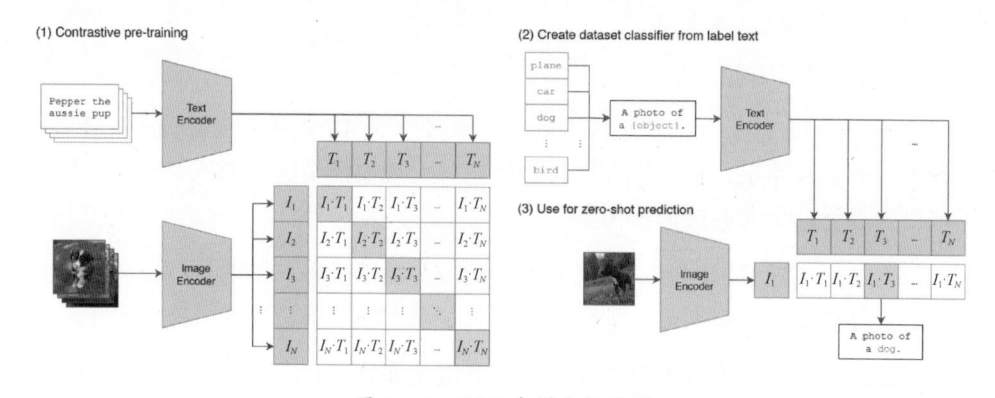

图 7.4-3　CLIP 多模态编码器

CLIP 模型的核心训练机制为对比学习，即模型在同时接收匹配（正样本）与不匹配（负样本）的图像文本对时，学习区分两者。如图 7.4-3 所示，对角线就是正确匹配的正样本对，其他部分则是未正确匹配的负样本对。因此，这种训练方式无须人工标注，只要提供大量训练样本，模型就可以通过自监督学习完成训练。CLIP 模型在 4 亿个图片和文本匹配对上进行了对比学习训练，从而赋予模型在未见过的任务上进行泛化的强大能力。具体而言，CLIP 模型在 zero-shot（无任何微调）的情况下，在 25 项 ImageNet 任务中展现出卓越性能，并且其中有 16 项任务，CLIP 模型的 zero-shot 表现超越了经过充分训练的 ResNet-50 模型。这一成果生动地证明了 CLIP 模型在跨模态理解上的优越性，以及其在新场景中快速适应与准确推理的潜力。

（2）DeepMind 的 Flamingo 模型。

DeepMind 推出了参数量为 800 亿个的 Flamingo 视觉语言模型，该模型可以将图像、视频、文本作为学习样本，并且只需要少量特定样本对，无须额外训练成本，就能与用户对话，并准确回答用户提出的问题。Flamingo 模型展示了在多模态交互与理解方面的显著提升，如图 7.4-4 所示，其在少样本学习场景下完成视觉问答任务，甚至展现出对数学问题解答的能力。

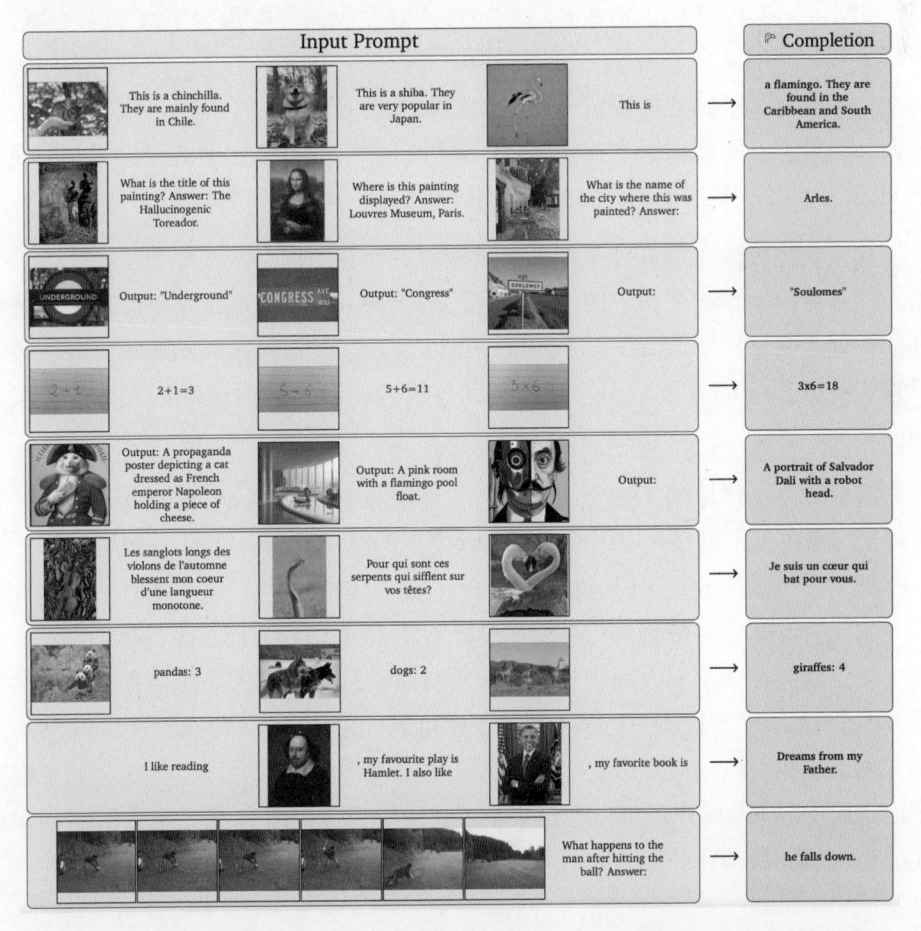

图 7.4-4　Flamingo 模型通过少样本学习完成视觉问答，图中第 4 行展示了其数学能力

CLIP 模型的核心思想可以看作通过图像嵌入（Image Embedding）和文本嵌入（Text Embedding）两种模态表征的余弦相似度信息来建立跨模态学习。相比之下，Flamingo 模型在此基础上进一步扩展了可学习的模态范围，纳入了视频这一复杂数据类型。在处理视频数据时，Flamingo 模型将视频模态展开成图片组，之后用与处理图像和文本相似的技术来处理跨模态学习的问题。

总的来说，DeepMind 的 Flamingo 模型在多模态大模型领域迈出了重要一步，不仅继承了 CLIP 模型的跨模态学习思想，还将视频这一重要模态纳入统一处理框架。通过高效处理图像、视频及文本等多种数据形式，Flamingo 模型在对话交互、问题解答等应用中展现出卓越的泛化能力和准确度。

（3）OpenAI 的 GPT-4V。

GPT-4V（GPT-4 with Vision）是由 OpenAI 开发的视觉语言模型，用户通过上传图像并与 GPT-4 模型对话，可以实现图像识别、搜索、分析、图文内容问答等功能。该模型具备独立的视觉编码器和交叉注意力机制，与 GPT-4 模型共享大部分训练组件，并重新训练了视觉组件，其可以看作 GPT-4 模型的改进版。该模型于 2022 年训练完成，并在 2023 年 3 月开始提供一些服务供测试。

在预训练阶段，OpenAI 采用网络可获取的授权图像文本匹配数据源作为训练输入，并让模型预测文档中的下一个字。在 fine-tune（模型调优）阶段加入了额外的数据，并采用了 RLHF（Reinforcement Learning from Human Feedback，人类反馈强化学习）的方法来引导模型，训练模型输出的对话更贴近人类的需求，如图 7.4-5 所示。

微软发布了详尽的 166 页测试报告，详细分析了 GPT-4V 的用法、十大任务表现、多模态提示词技巧，以及多模态大模型的落地潜力等方面。测试结果显示，GPT-4V 在 zero-shot（无任何微调）和 few-shot（少量示例学习）场景下均表现出强大的能力（既专业精通，又能现学现卖）。在图像识别方面，除目标识别外，还能做到图像内容理解、人脸表情理解、手写数学公式提取等高级任务。在图像推理方面，GPT-4V 不仅能进行找茬游戏，还可以轻松解答智商测试题目。在动态预测方面，用户可以输入多张连续图像来让模型推测接下来会发生什么。如果模型给出错误的答案，用户还可以通过文本描述向模型传授图像理解方法（few-shot），模型很快就能获得新的能力。

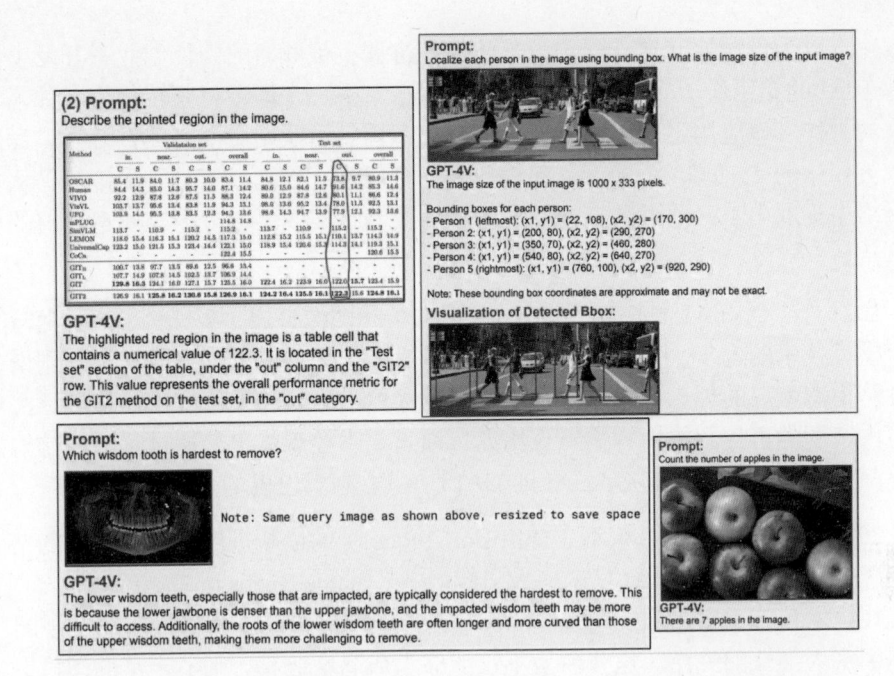

图 7.4-5　GPT-4V 展示的多模态应用亮点，包括表格分析、数学运算、物体识别、医疗诊断等

OpenAI 的 GPT-4V 模型作为多模态大模型的最新成果，不仅延续了 CLIP 与 Flamingo 模型在跨模态理解与应用上的优点，还通过引入独立视觉编码器、交叉注意力机制及 RLHF，实现了更高层次的多模态交互与理解能力。

3．视觉生成模型

前文已详细阐述了视觉理解技术的发展与应用。然而，视觉生成作为这一轮技术革新中更为夺目的领域，同样值得深入探讨。区别于传统图像算法，视觉生成模型的核心特征在于其"无中生有"的创新创造能力。

2014 年，Goodfellow 等人首次提出了生成对抗网络（GAN），它成功地证明了深度学习可以从完全随机的"白噪声"输入中生成具有实际意义的图像，这开启了视觉生成研究的新纪元。随后这个方向就成为持续的研究热点，并逐步拓展到给定条件输入生成高质量的图像，也就是更可控的创意作图能力。在数学中，这个问题被转化为条件概率分布的估计问题。因为"高维诅咒"的存在，这一概率分布难以精确估计，且天然需要海量数据支持。

2015 年，谷歌的 DeepDream 尝试可视化 CNN，意外发现了一个由大量旋转的圆圈、眼睛构成的，似幻似真的世界，引发了广泛的公众关注。2016 年，Style Transfer 技术的提出，成功将图像内容与绘画风格在神经网络中解耦，使得风格参数化，成为可调控元素。同年，基于这一进展，俄罗斯的四位创业者开发了一款基于 AI 的拍照作图应用 Prisma，用户只需上传照片，即可将其转化为多种艺术风格的画作。该应用迅速风靡全球，上线仅一周日活跃用户便突破百万人。2018年，英伟达的 StyleGAN 模型，将内容的部分要素（性别、年龄、眼镜等）从神经网络中提取出来，通过特定神经元的强度控制，实现了部分内容要素可控的生成算法。

2021 年，OpenAI 的 CLIP 算法尝试将文本和图像打通，实现跨模态。随着大语言模型技术的进步、大规模分布式训练技术的应用，以及训练数据量的剧增，这种跨模态生成的理念愈发可行，展现出巨大的潜力。相关研究迅速扩展，实现了更大范围的可控图像内容输出，比如，通过文本控制输出、通过草图控制输出等。其中代表性的模型有 OpenAI 的 DALL-E 1、阿里巴巴的 M6 等。

2022 年，得益于扩散模型（Duffision Model）的最新进展，输出图像的精细度有了大幅度的提高。DALL·E 2、MidJourney、Stable Duffision 等模型脱颖而出，不仅在技术社区引发热烈反响，更因其作品兼具创新性和艺术性而成功"破圈"，吸引了广大公众的关注。这些模型不仅能够生成高度逼真、细节丰富的图像，还能根据用户提供的文本提示或草图概念进行创造性演绎，展现出前所未有的跨学科创作能力。

总的来说，视觉生成技术经历了从早期实验性的探索到如今高度可控、精细且富有创造力的发展历程。早期的算法如 DeepDream 像一匹"脱缰的野马"，虽创意独特却像来自平行世界，与现实世界的审美及人类意图之间存在距离。后续的优化，像是驯化这匹野马，使其生成内容在合理性、精细度、可控性与创造力方面更贴近人类需求。

AI 一直不缺乏创造力，但可控的创造力才是其真正价值所在。可控的底层要求是，AI 必须要用更符合人类沟通的交互方式，在理解客观世界的基础上，生成既合理又富有创意的内容。这对 AI 提出了巨大的挑战。在某种程度上，我们需要的是一个 AGI，即具备理解常识的能力并拥有广泛的知识储备。大模型凭借其对大量数据的处理能力，以及跨模态理解、记忆关联性等特性，成为实现这一愿景的自然选择。

近年来，大模型技术的进步，推动了视觉生成任务从量变到质变的过程，视觉生成的奇点已近。Stability AI、OpenAI、谷歌，以及阿里巴巴等公司均在此领域做出了具有代表性的贡献。

（1）Stable Diffusion。

Stable Diffusion 模型由 Stability AI 于 2022 年开源，这是一款运用扩散模型技

术实现由文字生成图像的创新之作。其正向生成过程是从纯粹的随机噪声出发，逐步构建出具有明确语义内容的图像。这一过程因其内在复杂性及高质量训练数据获取的困难而颇具挑战性。然而，与其相对应的逆向扩散过程——从具备明确含义的图像出发，逐步叠加噪声直至退化为接近白噪声的状态——却呈现出显著的可模拟性。这一过程与物理学中热力学扩散现象有着异曲同工之妙，易于通过算法进行模拟和控制。鉴于此，Stable Diffusion 模型巧妙地借用了逆向扩散过程，以此为基础构造正向生成过程所需的训练数据。在普通扩散模型的基础上，Stable Diffusion 模型进行了关键性的改进与优化。首先，它引入了隐向量空间的概念，有效突破了传统扩散模型在处理速度上的局限性，提升了模型运行效率。其次，隐向量空间的运用不仅加速了模型运算，更赋予了模型对齐自然语言与图像语义空间的能力。通过在隐藏层空间的操作，Stable Diffusion 模型能够更准确地捕捉到与给定文本描述紧密相关的图像特征，确保生成的图像不仅在视觉外观上符合预期，更在深层语义层面与文字指令高度契合，如图 7.4-6 所示。

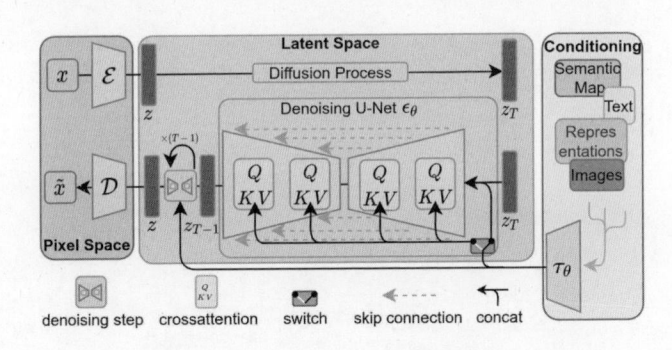

图 7.4-6　Stable Diffusion 模型

（2）DALL-E。

DALL-E 是 OpenAI 研发的旗舰文生图模型系列，历经多代演进，截至 2024 年 4 月，已迭代至 DALL-E 3 这一最新版本。该系列模型构建在一套双阶段算法架构之上。

第 1 阶段是基于 CLIP 的文本-图像对齐模型，用来将文本的提示词转化为图像的特征空间，并用来引导第 2 阶段的图像扩散生成。第 2 阶段是扩散生成阶段，通过 GLIDE（Guided Language-to-Image Diffusion for Generation and Editing）算法，使用文本先验引导图像的生成，确保了生成图像在形态、色彩、布局等方面准确响应文本指令，同时兼顾整体视觉美学与细节丰富度。在 DALL-E 3 的研发过程中，研究团队特别关注到训练数据中文本标题质量对最终生成图像质量的显著影响。为此，DALL-E 3 创新性地引入了一个专门用于生成高质量文本标题的辅助模型。该模型通过对原始训练数据集进行深度挖掘与优化，生成能够有效反映图像内容、增强语义表达力的文本标题。这些优化后的标题被整合回训练数据中，显著提升了整体数据集的质量，进而赋能主模型在学习过程中更好地理解和捕捉文本与图像间的深层语义关联，如图 7.4-7 所示。

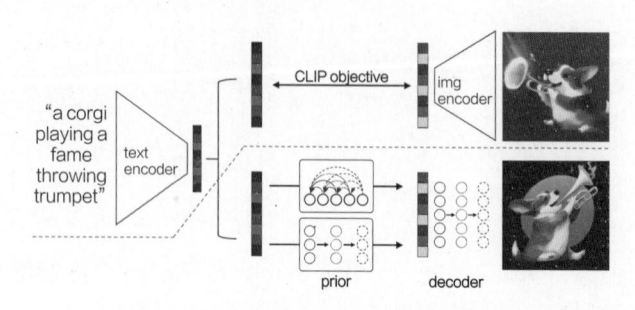

图 7.4-7　DALL-E 3 的 AI 系统的架构

（3）Imagen。

Imagen 是谷歌研发的先进文生图模型，其同样采用了双阶段的模型架构设计，如图 7.4-8 所示。

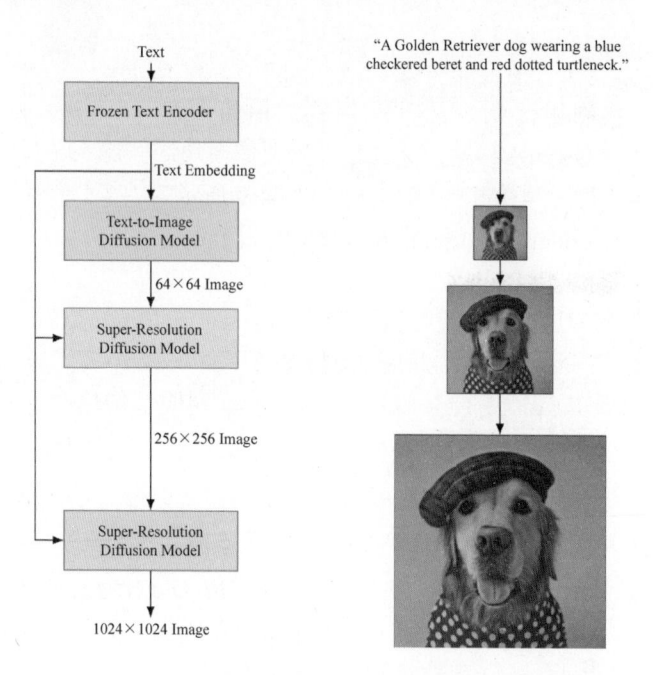

图 7.4-8　双阶段的模型架构

在第 1 阶段，Imagen 采用 T5（Text-to-Text Transfer Transformer）模型作为核

心组件,负责将用户提供的文本提示转化为对应的图像特征表示。T5 模型凭借其强大的自然语言处理能力和跨模态适应性,能够深入理解文本描述中的语义细节与视觉元素,确保生成的图像特征与文本提示在概念层面达到高度契合。

进入第 2 阶段,生成过程被细分为多个递进的子模型。首先,在较低的初始分辨率下,模型通过扩散算法初步构建图像的基本结构与主体轮廓,确保在早期阶段即形成对文本提示的整体响应。随后,模型利用专门的放大模块,对低分辨率图像进行逐级升采样与细节填充,直至达到目标分辨率。这个阶段的多步操作不仅确保了图像在尺寸上的精确匹配,还通过逐步细化的过程增强了图像的纹理细腻度、颜色过渡自然度,以及视觉整体协调性,最终生成与文本提示精确对应且视觉效果逼真的高清图像。

4. 阿里巴巴多模态大模型

阿里巴巴集团在多模态人工智能领域持续发力,推出了一系列具有代表性的模型与应用,有力地推动了多模态技术在电商、内容创作等多个业务场景中的深度融合与价值创造。下面介绍阿里云研发的大型视觉语言模型 Qwen-VL、AI 绘画模型通义万相,展现阿里巴巴如何利用前沿技术赋能商业创新与用户体验提升。

(1) Qwen-VL。

Qwen-VL 是阿里云研发的大规模视觉语言模型(Large Vision Language Model,LVLM)。Qwen-VL 通过将 LLM 和图像模块结合起来,可以实现基于图像输入进行对话问答,类似于 GPT-4,如图 7.4-9 所示。模型的整体架构由三个部分构成:Vision Encoder、VL Adaptor 和 LLM。

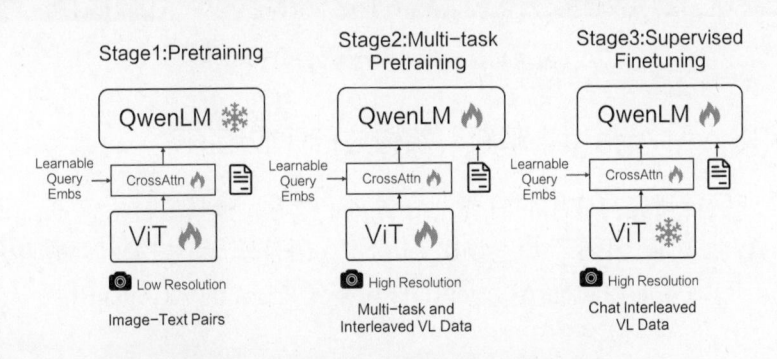

图 7.4-9 Qwen-VL 大规模视觉语言模型

- Vision Encoder:采用 Vision Transformer(ViT)模型,负责对输入图像进行高效编码,提取出丰富的视觉特征。

- VL Adaptor：这是一个可学习的"视觉-语言"对齐模块，旨在桥接视觉与文本两种模态的信息，确保两者在模型内部能够无缝融合与协同工作。
- LLM：该部分直接复用了 Qwen-7B 模型，利用其强大的语言理解与生成能力，结合来自 Vision Encoder 和 VL Adaptor 的多模态信息，生成与输入图像紧密相关的高质量文本响应。

Qwen-VL 模型的训练过程遵循严格的分阶段策略，包括预训练、多任务预训练及有监督微调，确保模型能够在各种视觉语言任务中展现出卓越性能。

（2）通义万相。

通义万相是阿里巴巴集团开发的一款 AI 绘画模型，它能够通过机器学习和自然语言处理技术，从文本描述中生成对应的图像或画作。其底层算法源自阿里巴巴集团自主研发的文本生成图像算法，赋予模型理解文本语义并将其转化为视觉艺术作品的能力，为用户提供便捷、高效的创意表达手段。图 7.4-10 为通义万相 AI 绘画模型。

图 7.4-10　通义万相 AI 绘画模型

7.4.3　AI Agent：革新、架构与行业应用探索

在人工智能研究与应用的前沿，AI Agent 作为一种具备自主感知、决策与行动能力的智能实体，正在经历一场由 LLM（大语言模型）技术引领的重大革新。下面将详述 LLM 如何赋能 AI Agent，探讨基于 LLM 的 AI Agent 架构及其核心能力。

1. LLM 下的 AI Agent 革新

传统的 AI Agent 受限于环境感知、决策能力和适应性等方面的局限性，往往难以应对复杂、动态的真实世界的挑战。然而，随着 LLM 技术的崛起，AI Agent

的性能与能力边界得以显著扩展，如图 7.4-11 所示。

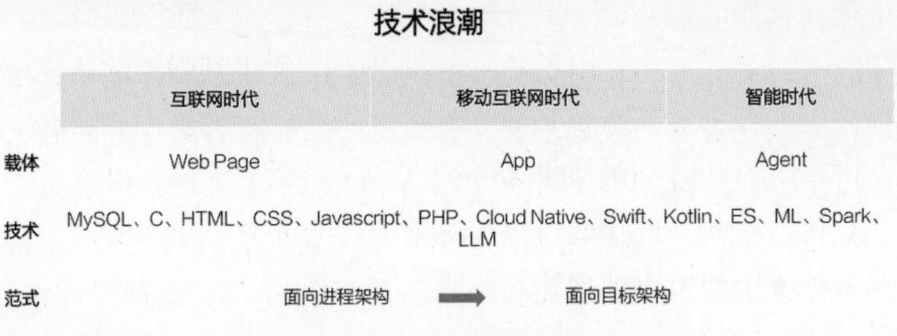

技术浪潮

	互联网时代	移动互联网时代	智能时代
载体	Web Page	App	Agent
技术	MySQL、C、HTML、CSS、Javascript、PHP、Cloud Native、Swift、Kotlin、ES、ML、Spark、LLM		
范式	面向进程架构 →	面向目标架构	

图 7.4-11 技术浪潮的发展

在人工智能领域，AI Agent 是一个能够自主感知环境、独立规划决策并执行复杂任务的智能实体。在 LLM 技术蓬勃发展之前，AI Agent 通常局限于结构化环境中，通过执行固定算法流程来完成自动化任务。然而，面对复杂多变且高度动态的真实世界场景，此类 AI Agent 常因感知能力有限、决策范围狭窄、缺乏适应性与灵活性而显得力有未逮。

随着 LLM 技术的兴起，AI Agent 迎来了技术革新的新篇章。LLM 以其独特的特性与卓越性能，扮演起 AI Agent "核心大脑"的角色，极大地拓宽了 AI Agent 在知识获取与记忆、指令理解、跨领域泛化、逻辑推理规划，以及高效交互沟通等多个方面的功能边界。

（1）丰富的知识储备。

通过在大规模数据集上进行预训练，LLM 积累了涵盖广泛领域的知识。这一知识宝库显著提升了 AI Agent 在信息理解、知识应用、环境适应，以及决策执行等方面的能力，使其在面对复杂问题时能依据丰富的背景知识进行准确判断与高效应对。

（2）语言理解和生成能力。

得益于 LLM 对语言知识的深入掌握与语境理解的敏锐洞察，AI Agent 能够准确理解用户输入的复杂语言表达，准确把握用户意图，进而提供针对性强、反应迅速的高质量交互响应。这种能力不仅显著提高了 AI Agent 的交互品质，也极大增强了其与人类用户间的沟通效率。

（3）自主学习能力。

LLM 具备通过持续更新信息（包括环境感知、上下文信息及知识库内容等）进行自主学习与适应的能力。这种自我进化机制赋予 AI Agent 更高的智能化水平与适应力，使其能灵活应对各类场景变化，持续深化对用户需求的理解，并不断提升问题解决能力，以满足日益增长且多样化的需求。

（4）推理和规划能力。

LLM 特有的 Chain of Thought（CoT）特性为 AI Agent 注入了高级逻辑推理能力。能够在复杂任务面前规划步骤、评估可能的解决方案，进而做出合理的判断和决策。此外，基于 LLM 反思机制，AI Agent 能够更好地根据环境反馈不断调整决策和优化执行步骤，确保其行为和决策始终与环境变化保持同步，进一步提升了其在复杂环境中的适应性和任务完成效果。

2．基于 LLM 的 AI Agent 架构

在构建基于 LLM 的 AI Agent 架构时，系统设计围绕三个关键组成部分展开：控制中枢（Brain）、感知（Perception）机制和执行（Action）模块，它们共同协作以实现 AI Agent 的智能行为，如图 7.4-12 所示。

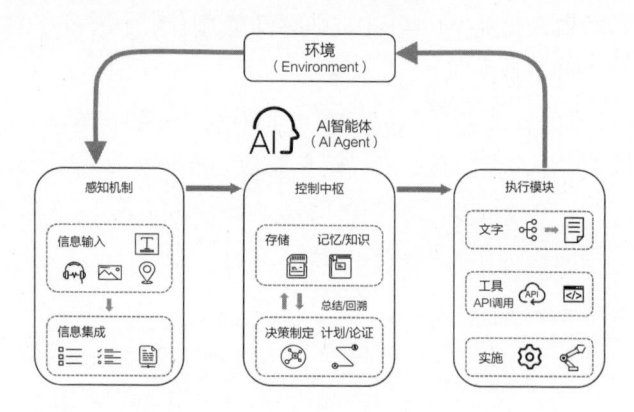

图 7.4-12 基于 LLM 的 AI Agent 架构

（1）控制中枢。

作为 AI Agent 的核心，控制中枢肩负着记忆、思考和决策等核心功能。它内嵌 LLM，以其强大的语言理解和生成能力为基础，进行知识提取、推理规划和决策制定。控制中枢是 AI Agent 的"智慧源泉"，驱动其对复杂问题进行解析与应对。

（2）感知机制。

感知机制负责感知和处理来自外部环境的多模态信息（如文字、图像及音频等）。这些信息经过处理后转化为可供控制中枢理解的形式，为 AI Agent 提供了对外界环境状态的全面感知，使其能够实时适应并响应环境变化。

（3）执行模块。

执行模块是 AI Agent 与环境互动的桥梁，负责将控制中枢生成的决策指令转化为具体行动。这包括但不限于生成文本以进行沟通、调用 API 或函数以操作软件系统、操控工具以影响物理环境。执行模块确保 AI Agent 的决策得以有效实施,并通过反馈机制将行动结果传达回控制中枢,形成闭环控制,如图 7.4-12 所示。

在一个基于 LLM 的 AI Agent 系统中,LLM 充当核心的大脑角色,还需要规划能力+记忆+工具使用的协同配合。

- 规划能力。
    - 子目标和任务分解:面对复杂的大型任务,AI Agent 具备将之拆解为一系列较小、易于管理的子目标的能力,通过逐个解决子目标来逐步完成整体任务。
    - 自我反省和自纠:AI Agent 具备自我反省机制,能够回顾过去采取的行动(Action),从中汲取经验教训,识别并修正错误。这种自我学习能力使 AI Agent 能在后续步骤中持续优化行为策略,提升任务执行的整体质量和效率。
- 记忆。
    - 短期记忆:针对即时的上下文信息,AI Agent 利用 Prompt Engineering 技术实现实时学习与记忆。直接写入提示词(Prompt)中的数据被快速吸收并用于当前决策过程。
    - 长期记忆:为 AI Agent 提供较长历史时间内保留和回忆信息的能力,通常通过外部向量存储和快速检索知识库来实现。
- 工具使用(Tool Use)。
    - AI Agent 被训练学会调用丰富的外部工具库,以扩展其处理复杂任务的能力。无论是专业软件、API 接口,还是物理设备,AI Agent 都能够根据需要适配并驾驭,以达成原本无法单独实现的目标。

3. LLM-based Agent 应用

基于 LLM 的 AI Agent 应用正以多种形态飞速渗透到不同的行业和领域,赋能个人(C 端)和企业(B 端)用户。这些应用主要分为中间层(Agent Framework)和垂直领域(Vertical Agent)两大方向。

(1)中间层。

中间层的应用致力于提供开发 AI Agent 的基础建设工具,旨在大幅降低用户构建 AI Agent 的技术门槛，其主要组成部分如下。

- Agent Platform：用户能够在该平台提供的相对低代码环境中实现个性化 AI Agent 的开发工作。平台集成第三方 API，支持多 AI Agent 间的高效沟通与协同作业，使不同 AI Agent 能无缝对接，共同完成复杂任务。
- Agent Workflow：提供专门的工具协助设计 AI Agent 的工作流程，使用户能聚焦于自身业务逻辑的梳理。通过定制 AI Agent，用户可以实现对复杂工程任务和业务流程（如自动化测试、大规模数据处理等）的智能化执行与管理，提升工作效率与准确度。

（2）垂直领域。

垂直领域的应用深入某一专业领域，精确理解该领域专家的工作模式与需求，具体表现为如下几个方面。

- 写作 AI Agent：针对内容创造者，如作家和市场营销人员，提供写作辅助、编辑建议和内容生成服务。AI Agent 能够理解特定领域的语言和术语，帮助创建高质量的文案和文章。
- 个人助理 AI Agent：服务于日常任务管理、日程规划及邮件处理等需求。AI Agent 能够学习并理解用户的习惯与偏好，提供高度个性化的支持，如智能提醒、行程优化、邮件分类与快速回复等，极大地简化个人事务管理。
- 数据分析 AI Agent：专为业务分析师和数据科学家打造，具备强大的数据挖掘、可视化及解读能力。这类 AI Agent 能够简化数据分析流程，自动发现数据中的深层洞察，为决策制定者提供有力的数据支持。

7.5 大数据赋能大模型创新与突破

大模型，尤其是大语言模型，以其庞大的参数量与海量的训练数据，正在革新人工智能的疆界。这些模型犹如知识的"炼金炉"，将数据压缩、记忆，并构建起对世界的深刻理解。然而，"大"不仅体现在模型参数的规模上，更在于其背后所依托的海量、多样且高质量的训练数据。本书将探讨大模型训练数据的关键属性、不同阶段的需求，以及如何通过优化模型与数据的比例提升计算效率。此外，我们将引入检索增强生成（RAG）这一创新技术，展示其如何通过整合外部知识库，弥补大模型在专业领域知识检索上的局限性，提升回答的准确性和可信度。

7.5.1 数据规模，大模型演化的关键

大语言模型的大，除了参数大之外，另一层含义是预训练数据的大（如表 7.5-1 所示）。大语言模型像是一个非常高效的"压缩器"，将预训练数据压缩、记住，并形成"世界模型"。以 GPT 系列模型为例，其参数量与预训练数据量呈现出同步增长的趋势。从最初的 GPT 到 GPT-3，参数量从 1.17 亿个跃升至 1 750 亿个，对应的预训练数据量则从约 5 GB 激增至惊人的 45 TB。这种规模的扩张反映了大模型对庞大且多样化数据的内在需求，它们能够从中汲取广泛的知识与语境，从而具备更强的语言泛化能力。

表 7.5-1　GPT 系列模型参数

GPT 系列模型	发布时间	参数	预训练数据
GPT	2018 年 6 月	1.17 亿个	约 5 GB
GPT-2	2019 年 2 月	15 亿个	40 GB
GPT-3	2020 年 5 月	1 750 亿个	45 TB

除了数据量大，大语言模型还需要更加丰富、多样且高质量的数据。大型语言模型的训练和优化通常包括预训练数据、微调（Fine-tuning）数据、对齐数据（Alignment Data）或校准数据等步骤，各阶段对数据的需求各有侧重（如表 7.5-2 所示）。

表 7.5-2　不同模型的预训练数据量（Token 数）及预训练数据类型

模型	预训练数据量（Token 数）	预训练数据类型
通义千问	3 万亿	互联网公开爬虫数据、百科、书籍、代码等
LLaMA 2	14 000 亿	互联网公开爬虫数据、维基百科、书籍、Arxiv 论文、GitHub 等
GLM-130B	2000 亿中文 2000 亿英文	互联网公开爬虫数据、维基百科、百度百科、知乎、新闻、图书、Arxiv 论文、GitHub 等
GPT-3	3 000 亿	互联网公开爬虫数据、维基百科、书籍等

1．预训练数据

多样性与广度：大量多样化的文本数据，涵盖多个领域，如网页、书籍、新闻文章、科学论文、对话记录等。

高质量：尽管数据量大非常重要，但数据的质量同样至关重要。数据需确保准确、无偏见、无冒犯性内容且无版权问题，以培养模型良好的语言习惯和价值观。

多语言：对于多语言模型，训练数据应包含不同语言的文本，以便模型可以学习多种语言的特征。

2. 微调数据

特定任务数据：当模型需要在特定任务上表现良好时，模型需使用与任务密切相关的数据进行微调，如医学文本、法律文书或特定领域的问答对话。

小规模高相关性数据：相较于预训练数据集，微调数据虽小但与目标任务高度相关，有助于模型快速适应特定应用场景。

标签数据：对于监督学习任务，需要用人工标注的数据来提供正确的输出示例，模型借此学习期望的输出行为。

3. 对齐数据或校准数据

校准数据：在模型部署前，可能需要使用特定的数据集对模型进行校准，以减少偏差和提高输出准确性。包括有毒、偏见的打标数据，以及判断回复风格、价值判断的打标数据等。这些数据一般也是需要人工标注的，但也有一些模型通过 GPT-4 等更大的高质量 LLM 来代替人工标注。

在大模型的训练过程中，整体的计算量由模型的参数量和训练数据的 Token 数决定。如何在有限的计算资源内，更好地发挥计算资源的效率？这需要通过优化模型参数量和训练数据的配比，是大模型训练过程中一个重要的决策。

OpenAI 与 DeepMind 在这方面进行了探索。DeepMind 在其论文中提出了"Chinchilla"缩放定律，指出随着模型规模增大，为最大化性能，所需数据量应按比例增加。定律建议，在固定计算预算下，相对于模型参数数量的 4 次方根，数据集大小应更快增加，即数据量应为模型大小的 1.5 次方。早期大模型如 Gopher（280 亿个参数，训练 Token 数 3000 亿）与 MT-NLG（530 亿个参数，训练 Token 数 2700 亿），效果不及 Chinchilla（70 亿个参数，训练 Token 数 1.4 万亿）。此经验被后续模型如通义千问（72 亿个参数，训练 Token 数 3 万亿左右）继承，取得更好结果。这表明大模型训练既要关注模型架构扩展，也要重视数据集的构建与增长。

对于大模型的训练，除了数据的量之外，质量同样至关重要。重复数据、低质量数据将会大大影响模型的性能，因此对预训练数据做清洗、过滤、去重是大模型训练过程中必不可少的一环。微软的 Phi 系列模型，虽然是较小参数规模的模型（约 20 亿个参数），但采用了更高质量的数据进行训练，也取得了很好的结果。

7.5.2 检索增强，大模型可信化的基石

虽然大语言模型本身具备很强的知识记忆能力，但在很多专业场景中，还是很难完全克服"幻觉问题"的。为了更好地解决大模型返回结果不可信的问题，一种比较被广泛关注的技术是检索增强生成（Retrieval Augmented Generation，

RAG），即大语言模型（LLM）+知识召回（Knowledge Retrieval）的方式。在私域知识问答方面可以很好地弥补通用大语言模型的一些短板，解决通用大语言模型在专业领域回答缺乏依据、存在"幻觉"等问题。其基本思路是把私域知识文档进行切片然后向量化，后续通过向量检索进行召回，再作为上下文输入到大语言模型进行归纳总结。

RAG 的核心思想是为 LLM 配备一个外部知识数据库。在回应用户查询时，它首先利用信息检索技术从数据库中挑选出与问题相关的资料，然后结合这些信息来生成答案。图 7.5-1 所示为 RAG 工作流程的简化示意。

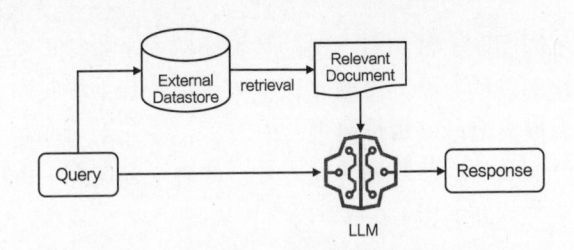

图 7.5-1　RAG 工作流程的简化示意图

RAG 能够解决多个与知识存储和检索相关的问题，特别是关于长尾知识的挑战。长尾知识指的是那些非常具体、罕见或深度专业的信息，虽在数据分布中出现频率较低，但对于特定查询或任务至关重要。以下是 RAG 能够帮助解决的部分问题。

- 信息理解和知识整合：RAG 能够融合不同来源和格式的信息，并提供综合性、高信息密度的答案或解决方案。
- 知识精确性和可靠性：通过验证信息源，提高知识的准确性和可靠性，确保答案基于最权威和最新的知识。
- 个性化和定制化：可根据用户历史交互、背景知识和特定需求调整响应，实现个性化的信息检索与解答。
- 信息的实时性：在线接入知识库外脑，确保大模型能够基于最新信息生成答复。

大模型的发展离不开海量、多样、高质量的预训练数据，而通过科学的训练流程与阶段划分，模型能在不同数据类型的滋养下不断提升性能。同时，RAG 技术巧妙地将大模型与知识外脑联结，克服了模型在专业领域知识检索上的局限性，赋予其更高的准确性和可信度。未来，继续优化数据与模型的协同作用，以及深化与外部知识资源的整合，将是推动大模型智能化水平持续提升的关键。

7.5.3 数据资产，大模型效能的催化剂

第 4 章曾介绍过企业数据资产建设的方法论。企业"好数据"的建设，非常重要的一环就是建设符合规范、标准（OneModel）的数据资产。数据标准的建设，可以帮助企业解决很多问题，主要如下。

1. 二义性

统一指标口径，避免口径的二义性。

阿里巴巴集团中各个板块的业务较为复杂，早期数据建设也存在过一段时间的野蛮生长期。不同团队、部门有自己的数据团队，负责建设自己的底层分析数据。业务层面很快引起的一个问题就是口径不一。比如商家报名参加某个平台活动，A 产品上的数据显示已经满足要求，但 B 产品显示数据不符合报名条件。各业务子部门的 KPI 口径不一，导致无法对比，或者汇总后和上级部门 KPI 口径有差异，导致重要业务判断有误差。

2. 数据重复建设

阿里巴巴集团在数据建设早期，也曾有一段时间，因为各部门数据团队重复建设数据，导致底层的数据成本呈现指数级上升。如果不做数据中间层的建设，在可见的几年内，成本就将要放大到不可承受的地步。这也驱动了当时数据中间层的建设。

3. 数据质量

数据质量问题，往往背后跟随着两类数据建设的思路：一种是纯业务需求驱动的数据建设；另一种是从长期、数据资产的角度驱动的数据建设。前者的好处是短平快，但长期往往会带来数据架构体系混乱的问题。数据质量的持续维护，需要事前有规划、事中有标准、事后有治理。

4. 加速决策

良好、标准的数据资产建设，给业务带来的好处是，长期加速业务分析、决策支持的整体质量和效率。

除了上述所列几点之外，大模型时代，企业应用和建设数据也有了很多新的可能。面向大模型应用场景，数据标准的建设有了另外的重要意义。通用大模型经过预训练往往已经具备较好的常识，但是面向企业内部的数据和业务，往往需要通过和企业内部的数据结合，才能生成对企业场景有意义的结果。企业的内部数据，如果不经过标准化建设，大模型是较难直接理解和应用的。

在企业内应用各类数据指标，往往是带有一系列复杂上下文语义的。比如，单独的"金额"，往往无法构成有效的分析指标，只有带上一系列的限定，比如"最近 30 天淘宝渠道的支付金额"，才是一个有效的数据分析指标。

OneModel 就是这样一套用于清晰定义、规范各类数据指标的标准。数据指标有以下几种基本类型。

1. 原子指标

原子指标是数据分析中最小的可度量单元，通常是一个数值。原子指标是数据分析的基础，它们可以用来描述某个特定的行为、事件或状态，比如金额、UV、转化率等。原子指标通常是不可再细分的。

2. 派生指标

派生指标在业务限定的范围内，由原子指标、时间周期、维度三大要素构成，用于统计目标指标在具体时间、维度、业务条件下的数值表现，反映某一业务活动的业务状况。

3. 复合指标

派生指标的一种特殊类型是复合指标，比如购物车支付转化率：可以通过两个相关联的原子指标——加购量和支付转化量计算得出。

为了清晰定义一个数据分析指标，相关联的概念还有如下几个。

- 时间周期：限定数据指标覆盖的时间周期，比如最近 1 周、最近 3 年等。
- 业务范围：一般来说，一个数据指标都会先限定一个大的业务范围，比如短视频、电商等。
- 条件限定：随着业务的发展，用户会有很多临时分析的需要，随时对指标进行条件的设定。
- 维度：各类数据分析的视角条件，比如城市、省份等。

一个定义清晰的数据指标可以表述为以下公式：

$$派生指标 = 时间周期 + 业务范围 + 条件限定 + 原子指标 + 维度$$

比如，最近 1 天，淘宝，浙江省，年龄 30～40 岁的 88VIP 用户的支付金额汇总。其中，时间周期（最近 1 年），业务范围（淘宝），条件限定（年龄 30～40 岁的 88VIP 用户），原子指标（支付金额），维度（浙江省）。

定义清晰的指标口径，可以帮助大模型消除很多二义性，避免因为模糊语义而造成推理错误。比如上述例子，如果企业内部数据建设质量较差，在数据建模，或者元数据中，缺失一个或几个信息，将会使得这类指标较难计算或者口径难以确定。

7.6 大模型赋能 Quick BI

7.6.1 Quick BI，数据洞察的智慧平台

Quick BI 是瓴羊旗下产品，大数据的高效分析与展现平台。通过对数据源的连接和数据集的创建，可对数据进行即时分析与查询，并通过电子表格或仪表板功能，以拖曳的方式进行数据的可视化呈现。截至 2023 年，Quick BI 是连续 5 年，国内唯一入选国际知名调研机构 Gartner 商业智能和分析平台魔力象限（ABI）的 BI（商业智能）产品。

Quick BI 是一个全场景数据消费式的 BI 平台，其核心理念是推动全场景数据消费，让业务决策触手可及，通过智能的数据分析和可视化能力帮助企业构建数据分析系统，企业可以使用 Quick BI 制作漂亮的仪表板、格式复杂的电子表格、酷炫的大屏、有分析思路的数据门户，也可以将报表集成在业务流程中，并且通过邮件、钉钉、企业微信等分享给同事和合作伙伴。通过 Quick BI 可以让企业的数据资产快速地流动起来，通过 BI 和 AI 结合挖掘数据背后的价值，加深并加速在企业内部各种场景下的数据消费，如图 7.6-1 所示。

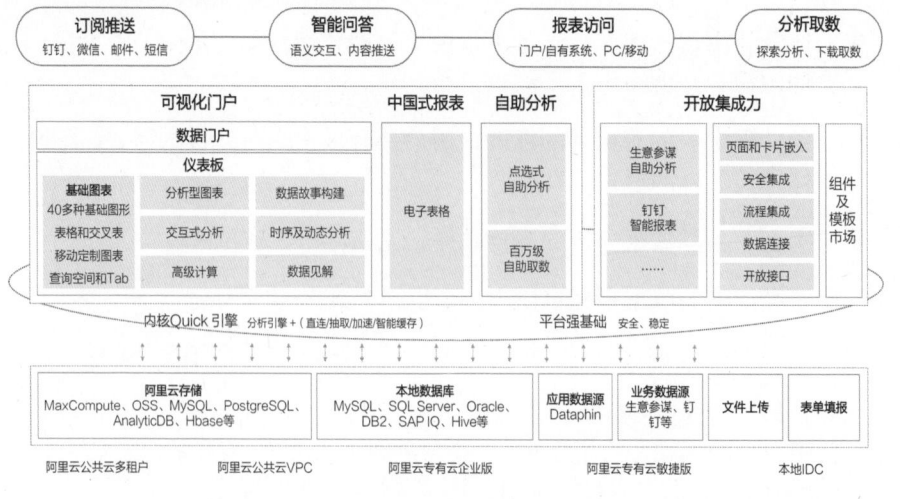

图 7.6-1　Quick BI 一站式数据分析与可视化平台

7.6.2　Quick BI 与智能小 Q

智能小 Q 是 Quick BI 推出的基于通义千问大模型的个人专属助手，为用户带来智能搭建、智能美化、智能洞察等全新的操作体验，极大提升数据分析效率。让每个人都可以更自由、更高效地探索数据。智能小 Q 包含两个核心能力：智能搭建和智能问数，如图 7.6-2 所示。

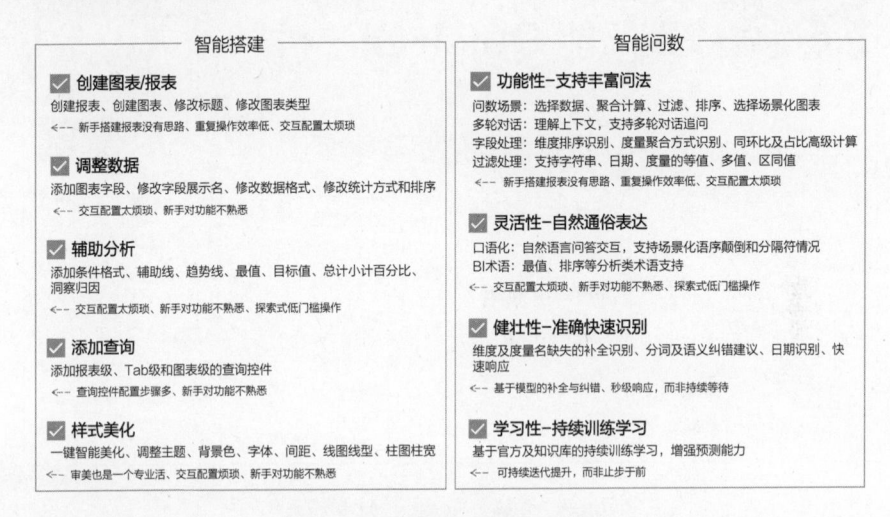

图 7.6-2　智能小 Q 的核心能力

1. 智能搭建

智能搭建是智能小 Q 面向报表开发者的产品。具备对话式报表搭建、一键智能美化和智能洞察归因的强大能力。

（1）对话式报表搭建：自动生成报表，快速呈现数据及思路。全新的交互方式，只需简单输入即可完成复杂配置，如图 7.6-3 所示。

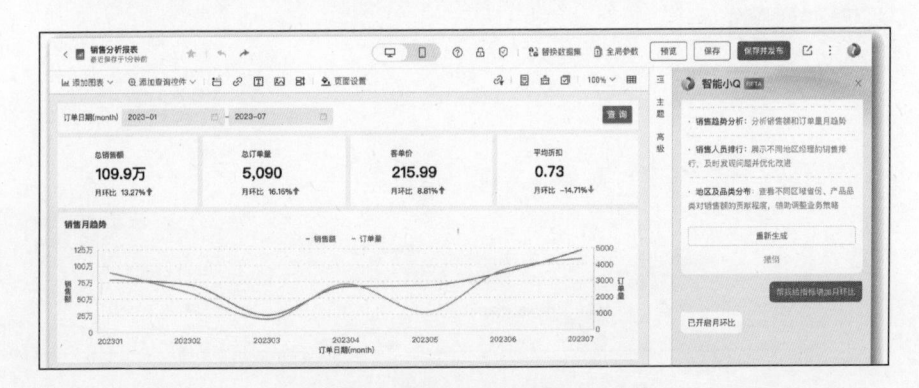

图 7.6-3　智能小 Q——对话式报表

（2）一键智能美化：无须设计师帮助，也能打造出专业美观的视觉效果，如图 7.6-4 所示。

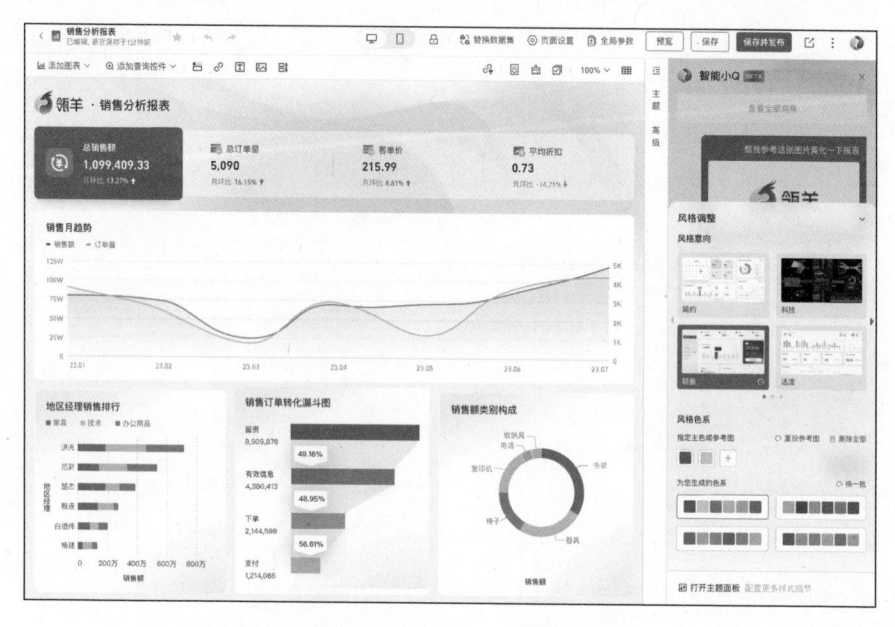

图 7.6-4　智能小 Q——一键智能美化

（3）智能洞察归因：快速生成报表摘要，自动检测异动并分析原因，如图 7.6-5 所示。

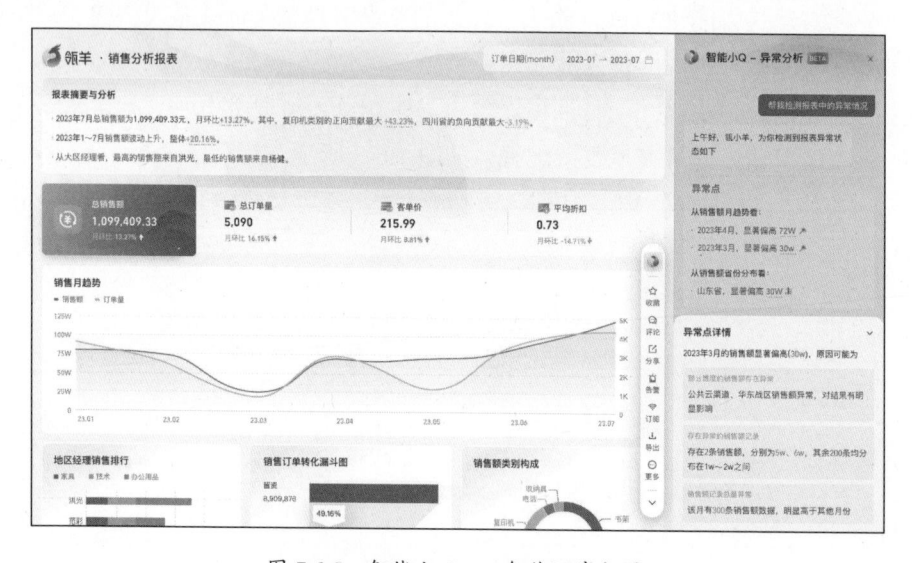

图 7.6-5　智能小 Q——智能洞察归因

2．智能问数

Quick BI 的智能问数功能，是面向数据消费者的下一代智能化数据分析产品，让用户通过自然语言的交互，直接获取数据结果，实现数据即问即答，人人都可上手分析数据，引领数据消费新方式，如图 7.6-6 所示。

图 7.6-6　智能小 Q——智能问数

同时，智能问数也支持用户通过手机、Pad、飞书、钉钉等应用终端获取数据，让数据触手可及，如图 7.6-7 所示。

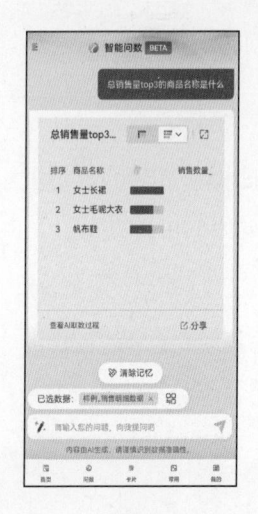

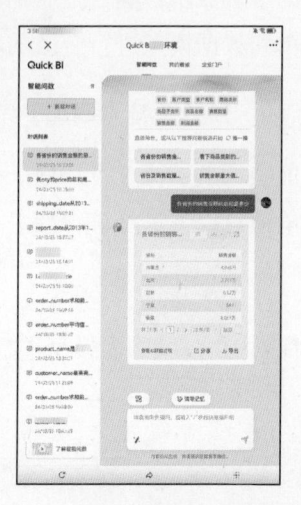

手机端　　　　　　Pad 端　　　　　　飞书端

图 7.6-7　智能小 Q——智能问数通过不同终端获取

7.6.3 Quick BI 的底层核心能力

将大模型接入 BI 系统打造对话式数据分析产品，在逻辑上讲得通是一回事，但拿出能落地商用的成熟产品，则是另外一回事。要打造一个能稳定商用的对话式 BI 产品，需要跨过两道门槛。

1. 实现大模型与 BI 系统的深度融合

Quick BI 在技术架构上新增了 AI 中间层，这是其实现大模型与 BI 系统深度融合的第一个关键点。AI 中间层的作用是将大模型的意图理解与 BI 系统底层的渲染引擎、分析引擎等进行有效的编排和处理。通过将关键的系统指令执行、流程控制、消息模型、逻辑等步骤拆解成原子 API，实现了模型生成结果的标准化调用。这不仅满足了系统内部的需求，未来还具备向外开放、被更多 AI 技术调用的潜力。

在大模型与 BI 系统的融合中，另一个关键点是数据处理和逻辑调用的整合。AI 中间层不仅是一个传递信息的通道，它还需要能够理解和处理 BI 系统中的数据逻辑，如数据过滤、分组、聚合等，并将这些逻辑以大模型能够理解的方式进行表达。同时，当大模型产生输出时，AI 中间层也需要将这些输出转换为 BI 系统能够处理的数据格式，确保数据的准确展示。这一过程的复杂性，在于需要将两个系统中截然不同的数据处理逻辑和数据模型进行有效的映射和整合。

2. 解决大模型固有的"黑箱"和"幻觉"技术问题

大模型在处理复杂查询时，可能会遇到"幻觉"问题，即模型返回的数据可能不准确或不符合逻辑。为此，瓴羊通过以下措施确保模型返回的可控性。

（1）高质量训练数据与知识库。

选用高质量的训练数据和知识库对 BI 领域的大模型进行训练，确保模型能够准确理解和处理 BI 相关的查询。

（2）云原生技术和强化学习微调。

支持基于云原生技术的全量和参数高效微调，以及基于强化学习的对齐微调，专门针对 BI 场景进行优化。

（3）工程化 AI Agent 调用中控。

通过工程化的 AI Agent 作为调用大模型的中控，根据不同场景进行路径优化，确保模型返回的稳定性和可控性。

在成功跨越大模型与 BI 系统深度融合，以及解决大模型固有"黑箱"与"幻觉"技术问题这两道门槛后，要真正打造出一款能够稳定商用且满足 BI 行业高准确度要求的产品，仍需对大模型进行针对性的优化与专业化定制。这就是瓴羊 BI 领域大模型诞生的背景与使命。

瓴羊 BI 领域大模型，是瓴羊技术团队基于通义千问基础大模型搭建的面向 BI 行业的微调领域大模型。在 BI 领域，"准确性"是基本要求，对数据上的一些错误的容忍率比其他很多场景更低。若是将通义千问基础模型直接应用于 BI 领域，那么在专业技能的掌握、"幻觉"问题的解决上，都会面临较大的挑战。因此，需要更专业的 BI 领域大模型，通过更高质量、更专业的训练数据集，更好地结合企业私有知识库，并设计更合理的推理、决策链路来完成大模型在 BI 领域的最终落地。该模型支持 Quick BI 的智能小 Q 产品，图 7.6-8 所示为瓴羊 BI 领域大模型。

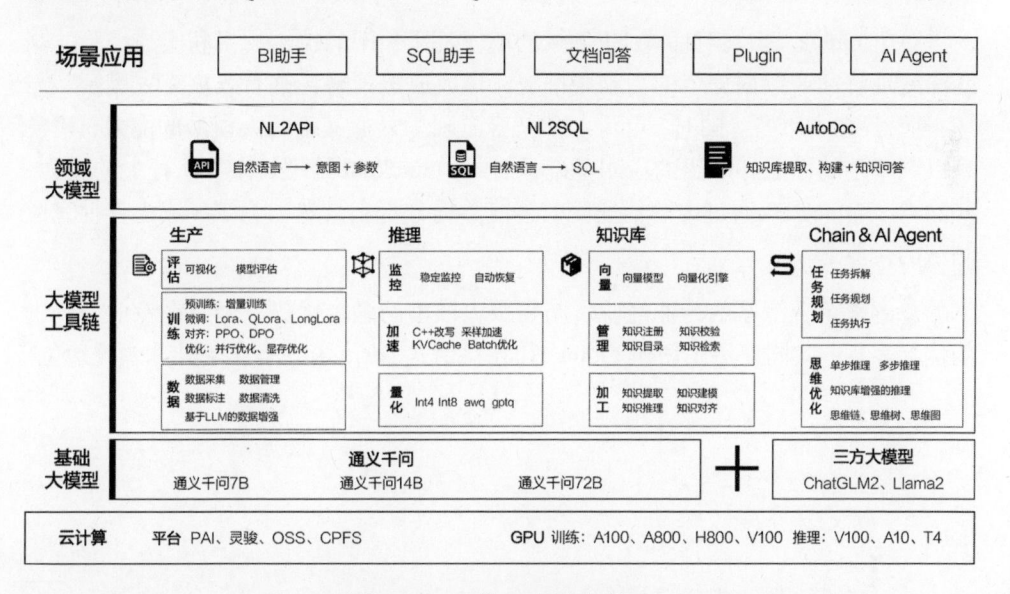

图 7.6-8 瓴羊 BI 领域大模型

瓴羊 BI 领域大模型的核心功能主要体现在 NL2API、NL2SQL 和 AutoDoc 这三个方面。

- NL2API

NL2API 作为瓴羊 BI 领域大模型的重要组成部分，旨在让用户在数据分析时从日常烦琐的操作性的工作中解脱，通过让大模型来学习软件的复杂 API，实现用户直接用自然语言驱动就能完成原来需要学习、试错的操作性工作，降低 BI 工具的学习和使用成本。

- NL2SQL

NL2SQL 适用于用户数据分析取数、计算的场景，使得用户不再需要学习 SQL 语言，用户只需通过自然语言指令就能完成取数、计算，极大地提升了数据分析的易用性与普适性。

- AutoDOC

AutoDOC 基于大模型的知识库构建和知识问答能力，将企业内部沉淀的知识进行更好的结构化处理，并通过自然语言问答，将这些知识更有效地应用于企业日常的数据分析中。

另外这些知识也将进一步反哺大模型，提升大模型对企业、行业特定知识的理解和掌握。

瓴羊 Quick BI 在对话式 BI 领域的成就基于长期的技术积累和实战经验，团队深刻理解商业数据分析的需求与挑战，形成成熟策略，并有效攻克"黑箱"与"幻觉"等技术难题。同时，Quick BI 融合了阿里云通义千问大模型的能力，该模型以其卓越的性能和广泛的应用基础，增强了 Quick BI 处理复杂分析任务的实力。2024 年，Quick BI 通过中国信通院的智能数据分析工具专项测试，成为首批完成测试的企业之一。

总的来说，深厚的行业经验、与顶级大模型的融合优势，以及在专业测试中的优异表现，共同奠定了瓴羊 Quick BI 在对话式 BI 市场的坚实基础和领先地位。

第8章 CHAPTER 08

价值化：
数据驱动下的智能决策

企业围绕数据展开的建设工作，其主要目的是能够实现更快、更准确的决策。因此，本章将详细阐述"1NN"决策体系及其建设思路，并通过一系列具体案例，覆盖不同业务场景，展示企业如何依托"1NN"决策体系设计并建设数智化决策机制。

8.1 "1NN"决策体系框架：构建企业数智管理内核

正如著名管理学家彼得·德鲁克在《管理的实践》一书中所述，有效的管理离不开明确的目标设定、合理的组织设计，以及对绩效的持续评估。在这个框架下，企业需要建立一套高效沟通、协同的语言。我们认为数据是企业内部天然的共同语言，通过数据，企业可以设计一套自己的"普通话"，搭建起连接企业战略与日常运营、决策与执行，以及内部各部门之间的桥梁，确保整个企业能够以统一且准确的方式理解、交流并采取行动。

在为企业进行数据建设的过程中，我们发现搭建一套企业内部的数据语言体系是众多企业面临的难点。同时，企业还需思考如何使抽象的数据变得直观且具象，以支持业务发展和企业决策。因此，企业需要构建一套"虚实结合"的决策体系。基于阿里巴巴集团在数据决策运营方面的丰富实践经验，我们提炼出一套"1NN"决策体系，用以解决企业决策中的难题。

"1NN"决策体系的核心理念首先指向决策层的统一指挥灯塔，即"1"，是指通过设立一致的企业"观星台"，聚焦识别出企业最关键的商业挑战。第一个"N"是纵向的，目的是使企业在各个经营管理环节中，围绕一致的经营目标，通过对业务流程的深度拆解，以及对商业模型的透彻洞察，形成一套有效的策略诊断工具，从中挖掘企业亟待解决的关键管理议题，并敏锐捕捉潜在的增长机会点。第二个"N"是横向的，体现了对管理策略在各运营环节的事前、事中、事后全方位数据反馈机制的构建，助力运营团队迅速发现并抓住过程节点的问题与机遇，构筑起一个从发现问题、深入洞察、高效执行、实时追踪到及时反馈的闭环运作模式，并确保各环节的运行成效能够准确无误地反馈至决策层与管理层，以实现持续优化（如图 8.1-1 所示）。

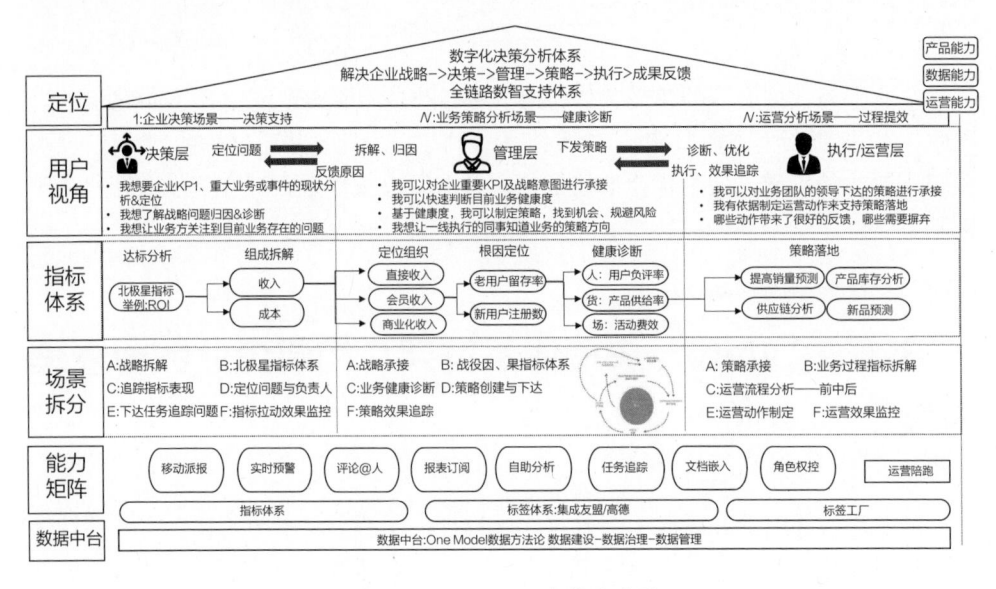

图 8.1-1 "1NN"决策体系图

在"1NN"决策体系中，"1""N""N"三个部分不仅承载着特定的功能定位，更是整个体系运转的灵魂所在。为更好地理解其精髓，接下来我们将对每个部分进行单独详解。

8.1.1 一套数据语言体系：打造企业内部的"神经中枢"（"1"）

构建一套基于数据的语言体系，意味着企业要建立一个从顶层战略目标出发，贯穿每一个执行细节的"神经中枢"。这套体系不仅需要科学性与实用性的结合来准确评估业务表现，还必须具备普遍适用性和一致性，成为企业内部沟通的"普通话"。它涵盖了目标管理（MBO）、分权化决策、组织效率优化，以及持续创新与变革等管理学精髓，确保从决策层到运营层，均能依据统一的数据视角做出决策并协同工作。

1. 目标管理：精确导航的罗盘

在目标管理（Management by Objective，MBO）框架下，数据语言体系扮演着至关重要的角色。它将公司宏伟的战略愿景细化为一连串明确且可量化的小目标，并落实到各部门乃至每位员工身上。这一过程要求目标设定不仅要遵循SMART原则（具体、可衡量、可达成、相关性、时限性），还需与企业的整体战略紧密对齐。通过数据驱动的目标跟踪与调整机制，确保每项任务皆导向企业价值最大化的最终目标，如同航海中的罗盘，指引企业稳健前行。

2. 分权化决策：智慧网络的节点

在数据语言体系的支持下，分权化决策机制运转得更为高效。每个决策节点都能依据实时、全面的数据分析结果，迅速做出兼顾局部最优与整体利益的判断。这种模式既提升了组织的灵活性和响应速度，又确保了决策的一致性和协调性。数据既是决策的基石，也是构建各层级间信赖与协作的纽带，让权力下放的同时，决策品质得以稳固提升。

3. 组织效率优化：持续迭代的引擎

数据语言体系也是推动组织效率持续优化的关键。通过对流程、成本、时间等多维度数据的深度分析，企业能够识别瓶颈、优化资源配置、提升运营效率。更重要的是，它促进了组织的自我学习与革新，使企业能够在复杂多变的市场环境中快速调整策略，实现持续改进。这种基于数据反馈的循环迭代过程，犹如为组织装上了智能引擎，持续驱动其向更高效率、更卓越的表现迈进。

4. 持续创新与变革：预见未来的望远镜

在创新驱动发展的今天，数据语言体系为企业提供了预测趋势、把握机遇的工具。通过对市场动态、用户行为、销售表现、生产动态等企业内外部数据的挖掘与分析，企业得以前瞻行业趋势，引领产品与服务的创新。同时，数据也是变革管理的重要支撑，它帮助管理层识别转型的必要性与可行性，制定出切实可行的变革路径。在此基础上，企业能够更加自信地拥抱变化，将挑战转化为成长的契机。

8.1.2　N 层决策分析核心架构：从战略到执行的准确映射（"N"）

在构建起一套数据语言体系后，企业便能自上而下，从顶层规划开始，清晰定位方向，确保战略、策略与执行之间的无缝对接，构筑一个闭环的管理生态系统。在此系统中，各环节紧密相连，彼此支撑，共同推动企业向目标稳健前行。

1. 决策层——战略洞察

决策层是企业的舵手，引领企业航向与发展。这一层级的核心在于有效把握公司的"北极星指标"，即那些能够直观反映企业核心价值与长期发展目标的关键绩效指标。通过构建高效的数据整合平台，将内部运营数据与外部市场动态、竞争对手情报、行业趋势等多源信息深度融合，为企业管理层提供一个全面、立体的战略视野。这使得企业管理层能够快速识别业务异动的底层逻辑，无论是市场波动、供应链瓶颈，还是消费者的行为变化，都能快速锁定问题本质，实施有效对策。此外，基于数据驱动的协同办公机制，确保了策略制定过程中跨部门沟通的顺畅无阻，策略一经敲定，即可实施持续跟踪与灵活调整，确保战略执行与市场变化同频共振。

2. 管理层——策略执行

作为连接战略与操作的桥梁，管理层的任务是在既定的业务目标框架下，运用深度的内外部对标分析，为企业的战略落地绘制翔实的路径图。这不仅涵盖对行业内最佳实践的学习与借鉴，也包括对企业自身运营状况的深度剖析，识别出那些阻碍效率、牵制发展的关键策略领域。通过生命周期分析、多维健康诊断、领域评鉴模型等管理工具，准确识别问题与机会点，进而推动资源配置的最优化与提升组织结构的灵活性。在此基础上，管理层还需建立一套有效的激励与考核机制，确保各业务单元目标一致、行动协同，共同推动企业战略目标的实现。

3. 运营层——业务提效

运营层聚焦于日常运营的精细化管理，是企业效率提升与创新实践的前沿阵地。在管理层明确的策略导向下，运营团队需密切监控各项业务指标，通过实时数据分析与反馈循环，验证策略执行的实际成效，确保每一步行动都紧贴市场脉搏、响应客户需求。利用 PDCA（计划—执行—检查—行动）等管理方法论，持续挖掘运营流程中的低效环节，推动流程再造与优化，减少浪费，提升效率。同时，鼓励跨部门协作与知识共享，利用数据可视化、关键指标告警及策略追踪等手段，从多维度解析业务数据，捕捉潜在的增长点，不断探索创新的运营模式，从而在竞争激烈的市场环境中保持领先地位，不断优化业务表现，为企业创造更多价值。

8.1.3　N个决策分析关键要素：确保数据语言准确高效（"N"）

在构建企业战略执行力与持续竞争优势的过程中，认知一致性原则扮演着至关重要的角色。这一原则不仅促进了组织内部的和谐与协作，还确保了所有成员朝着共同的目标迈进，即实现企业的长期愿景。要实现这一目标，关键在于如下几点。

1．统一而明确的KPI体系

KPI（关键绩效指标）体系应当精确反映企业的战略导向，将宏观愿景分解为可度量、可操作的短期与中期目标，从而确保从董事会到基层员工，每一层级都能清晰理解自身工作对整体战略的意义与贡献，形成上下同欲、力出一孔的局面。

2．数据标准化定义

数据标准化定义是维护数据质量和分析效率的关键步骤。它要求企业不仅要在技术层面上统一数据的收集、处理和存储的标准，还要在概念和语义层面确立共识，比如对"客户满意度""市场份额"等核心指标的明确定义。此外，设立清晰的数据管理角色与流程，如数据管理员、数据分析师等，可以有效避免形成信息孤岛，提升数据的可用性和时效性，确保决策是基于准确无误的信息制定的。

3．流通与反馈机制的建立健全

流通与反馈机制是将数据转化为行动力的重要桥梁。这意味着企业需要建立一套高效的信息传递系统，确保内部各环节能够及时接收到关键数据与分析报告，进而基于这些信息做出快速响应与调整。定期的经营复盘会议、数据驱动的决策支持平台，以及鼓励跨部门交流的文化氛围，都是促进信息自由流动、加速学习与适应过程的有效手段。通过这样的机制，企业能够迅速验证策略的有效性，灵活调整战略方向，以应对市场变化。

4．价值创造层面

深度挖掘数据与智能分析的应用，为企业开辟了前所未有的视野。企业不仅能够整合内部运营数据，还能吸纳外部市场动态、消费者行为、行业趋势等广泛信息，促进数据的跨界融合与协同效应。这种内外数据的综合分析，能够揭示隐藏的市场规律，激发创新思维，帮助企业准确定位增长机会，优化产品与服务，甚至预测并引领未来市场趋势，从而在竞争中占据先机，推动业务模式的转型升级与价值创造的持续飞跃。

8.2 "1NN"决策体系建设思路：推动数智管理的设计与实施

在 8.1 节，我们详细解读了"1NN"决策体系的核心内涵。为使理论落地生根，本节将转向实践层面，重点介绍"1NN"决策体系建设的三大关键支柱，以及实施的具体路径与步骤，为企业决策提供坚实的数据支撑和清晰的方向指引。

8.2.1 "1NN"决策体系建设的三大关键支柱

面对瞬息万变的商业环境，组织架构会适时调整，目标导向会与时俱进，战略举措也会随之不断演进。然而，以数据驱动为内核的"1NN"决策体系犹如恒定的罗盘，持续赋能组织的有效运营，从精确映射经营成果的变化、提供管理规划支撑，到推动运营策略实施和业务过程反馈，其影响力贯穿企业的战略决策层、管理层与执行层。

阿里巴巴集团在实践中提炼并验证了这套数据决策体系，并成功应用于多家企业，将其建设要义精炼为三大支柱：决策体系构建、数据产品开发，以及决策体系运维。下面围绕这三大支柱进行详细解读。

1. 决策体系构建：构建企业决策体系需实现"一体化、系统化、循环迭代"三大目标

（1）一体化：企业共识的目标导向。企业需从短期和长期经营绩效及战略愿景出发，形成内部各个经营单元协同发展的方向。在搭建指标与策略体系时，必须始终保持对核心经营目标的"忠诚服务"。即使在外部环境变化和内部战略调整导致短期目标变动的情况下，仍需确保这些短期指标与企业整体经营目标保持紧密关联。

（2）系统化：全面的过程衡量。应从企业各个经营模块及其价值流入手，构建完整的流程衡量指标体系，充分揭示业务事实结果在不同经营模块间的流转关系和耦合逻辑。同时，整合内外部信息资源，全方位展现业务参与方之间的关联、影响与因果关系，实现对业务全貌的深度洞察。

（3）循环迭代：在统一目标与完善业务流程的基础上，确保各层级经营单元间能够有效承接，及时反馈。随着业务的持续进化，可能会出现新的或升级的价值流，组织结构也可能相应调整。此时，务必要确保业务单元的执行效果可以有序地回溯至高阶经营目标，从而形成有力的决策支持，并随着时间的推移，能够动态反映自身改变对企业高级管理的影响程度与改进效果。

2. 数据产品开发：遵循"以人为本"、"主动反馈"和"动态交互"的原则

（1）以人为本：决策体系构建的核心目标是优化服务于经营单元的用户，因此，需要从各级管理者和业务人员的实际工作场景出发，描绘详尽的用户旅程地图。在这一过程中，无论是战略制定、管理行为实施，还是业务操作优化，均须确保基于价值流的业务实际情况能准确、高效地为各类决策者提供服务。

（2）主动反馈：依托现有经营体系，借助数据进行客观反馈分析。首要任务是对关键数据点进行深度挖掘，涵盖达标差距、趋势变化、组织定位、流程节点及影响因素等多个维度。接着，运用可视化技术实时展示多维数据结果，并主动推送定制化数据服务，将数据转化为针对具体管理行动的建议与业务指导，揭示管理效果的趋势及改进空间，引导业务人员关注异常情况，并提高标准操作水平。同时，将企业策略、规范管理实践与对标案例相结合，驱动业务革新与能力跃升。

（3）动态交互：决策过程涵盖了从识别问题、讨论方案、明确方向至确认决策等一系列重要环节，要求各经营单元成员围绕数据事实进行深入互动与协同决策。在决策付诸执行后，还需密切关注执行效果及其动态变化，确保决策与企业实际经营绩效紧密相连，以期收获积极正面的结果反馈。

3. 决策体系运维：着重于"数智升级"、"组织支撑"与"工具保障"

（1）数智升级：在组织架构的演进过程中，深度革新管理和工作流程的首要任务是对用户数据使用流程进行精细化研究，挖掘痛点与需求热点，并引入先进实践和方法论，构建稳健的底层决策体系框架，以支持经营单元高效管理和促进业务增长。随着体系升级见效，其效能将有力驱动企业业绩实现质变。此外，还需深度融合企业文化与特性，形成独特且高效的决策机制与运营模式。

（2）组织支撑：数据决策体系要求各经营单元设立兼具全面业务理解与深厚数据洞察能力的负责人，以辅助解读和分析数据；财务部门则需指派专职人员，将数据与财务结果关联起来；横向的数据团队应设立数据产品负责人，以确保产

品稳定、易用,激发用户活跃度并推动创新和完善。

(3)工具保障:建立成熟的数据建模、数据治理与数据管理体系是基础,以确保数据的一致性、稳定性和衔接连贯性。在数据产品层面,需实现数据要点速览、快速查阅、主动推送、协同分析、便捷发掘、敏捷响应和多元集成等功能,以满足企业对数据决策体系日益增长的需求和期望。

8.2.2 "1NN"决策体系建设的实施路径及步骤

在"1NN"决策体系的构建流程中,我们将其精细划分成五个递进阶段:"诊断识别鸿沟""校准设定基准""共识构建体系""执行落实产品""推广赋能运营",从而有力驱动企业的决策质量和运营效率的提升(如图8.2-1所示)。

第一阶段:诊断识别鸿沟	第二阶段:校准设定基准	第三阶段:共识构建体系	第四阶段:执行落实产品	第五阶段:推广赋能运营
✓理现状:面向用户进行调研访谈,对历史参考材料进行梳理 ✓辩数据:基于现有的数据流动、工作流程、系统架构,输出业务全景图 ✓定顺序:确定建设方向和各项目的重要次序	✓联商业:根据从战略规划到执行各价值流的核心环节,梳理公司决策 ✓定策略:汇集管理视角、一线子公司、门店运营视角的业务关注点,梳理关键举措 ✓出标准:制定连贯的管理策略和任务操作规范	✓构思路:面向经营问题构建分析思路 ✓出洞察:基于分析思路,构建数据分析场景 ✓识需求:基于现有情况痛点及期望,总结需求可以实现阶段	✓建路径:基于用户需求,构建用户旅程关键动作 ✓闭环:与决策路径结合形成决策闭环 ✓合应用:识别可应用BI组件,与办公协同环境、移动端应用集成	✓有培训:对终端用户进行培训,对关键用户进行宣传 ✓推运营:固定总结优秀案例,举办比赛或设立奖励机制 ✓能迭代:反馈用户使用情况及需求,迭代业务及产品设计
确保业务场景覆盖核心业务环节	覆盖各层视角在价值流下的关注重点	总结归纳通用关注点,串联各层视角	数据指标体系构建,支撑不同视角	支持未来指标体系、产品及业务场景间的运营机制

图 8.2-1 "1NN"决策体系的建设步骤

1. 第一阶段

第一阶段的核心任务在于"诊断识别鸿沟",其目标是通过深入分析和对比,找出改进空间,明确建设的优先级。

(1)理现状:深入用户群体,进行详细的调研和访谈,并对历史文献资料进行全面梳理,以勾勒出详细的业务全景图。

(2)辩数据:基于现有的数据流动、工作流程和系统架构,进一步细化并完善业务全景图,确保数据的准确性和完整性。

(3)定顺序:对照行业最佳实践,准确识别与业界的差距,并结合未来发展趋势,确定建设方向和各项目的重要次序。

2. 第二阶段

第二阶段聚焦于"校准设定基准",旨在确立内部战略目标、策略框架及关键指标体系,进而定义统一的数据口径和决策准则。

(1)联商业:沿着从战略规划到执行的核心价值链条,详细梳理公司决策层的战略愿景,以及其在各级部门和运营层面的具体体现。

(2)定策略:汇集管理视角、一线实战经验和运营多重视角的关键业务关注点,仔细梳理出一系列关键性改革举措。

(3)出标准:基于上述策略,制定连贯的管理策略和业务操作规范,并建立标准化的数据口径体系。

3. 第三阶段

第三阶段以"共识构建体系"为核心,旨在从用户需求出发,构建完整的决策旅程与洞察思维模型,并确定数据支撑的关键节点。

(1)构思路:围绕经营管理成效及业务过程表现,构建精细的分析体系,搭建"分析—决策—验证"的闭环链路。

(2)出洞察:深入研究用户需求和使用场景,艺术化地设计出具有洞察力的用户概念模型。

(3)识需求:通过模拟真实应用场景,准确把握问题症结和用户期望,从而确定所需的数据支持点和产品功能配置。

4. 第四阶段

第四阶段的目标集中在"落实执行产品",旨在通过产品的功能特性,构建实际应用的路径和功能支撑架构。

(1)建路径:基于翔实的用户数据和产品功能需求,精心策划清晰的产品使用路径图谱,确保用户体验顺畅。

(2)构闭环:将决策路径与产品使用过程紧密衔接,实时采集使用过程及结果数据,形成有效的反馈机制,构建高效的决策信息闭环。

(3)合应用:整合各类 BI 组件,无缝融入办公协同环境和移动端应用,确保与各种应用的全面集成。

5. 第五阶段

第五阶段的目标集中在"推广赋能运营",更侧重于产品本身的落地运营工作,以及持续的产品迭代与优化进程。

(1)有培训:为终端用户提供专业且有针对性的培训指导,同时针对关键用户进行宣传推广,激发其内在驱动力。

(2)推运营:定期提炼、分享成功案例,举办竞赛或设立奖励机制,以激活用户参与度;同时,密切关注产品运行状况,积极回应用户的使用反馈与需求。

(3)能迭代:敏锐捕捉用户的使用情况及潜在需求变化,及时调整业务策略与产品设计方案,确保产品与时俱进,永续创新。

8.3 数智管理案例:"1NN"决策体系在业务场景中的应用

在了解"1NN"决策体系的理论框架与设计思路后,下面我们通过 A 企业的实际案例,向读者直观展示该决策体系是如何赋能企业,并成功实现数智管理的。

8.3.1 业务痛点及核心需求分析

A 企业作为中国家具家居行业的领军者,经过近 40 年的稳健发展,成功构建了一个覆盖全国线上、线下平台的多元化渠道网络,支撑起庞大而复杂的经营体系。面对国内市场日趋成熟的环境,A 企业正经历消费者需求的快速变迁和行业竞争的白热化阶段。为了在这样的背景下保持领先优势,企业急需实时洞察自身动态,迅速评估发展健康状况,敏捷应对市场新变化,并持续为品牌成长注入活力,开拓新的增长点。这一切的关键在于深度挖掘数据的潜在价值——借助持续的数据洞察,企业能够准确把握现状,深入分析动因,科学制定策略与运营举措,并依据数据分析结果进行策略迭代优化,从而确保决策的有效性和前瞻性。

然而,面对多渠道布局带来的广阔版图,A 企业在运用数据分析时遭遇了以下四个核心挑战。

1. 全局视野缺失的经营分析

业务数据分散于各地,各渠道间数据壁垒森严,形成一个个信息孤岛,阻碍了数据的综合透视与统一管理，难以获得整体经营状况的清晰视图。

2. 数据分析效率低下，敏捷性不足

高度依赖人工进行数据整合的流程耗时费力，专门团队按月执行数据汇总，导致分析反馈周期冗长，难以适应市场瞬息万变的节奏，影响了决策的时效性和灵活性。

3. 数据维度局限，分析深度受限

分析视角受限于预设的数据框架，缺乏灵活性，用户无法自主深入探索多元维度，这限制了洞察的广度与深度，难以全面捕捉市场动态与消费者行为的细微变化。

4. 场景碎片化与目标归因难题

各数据分析场景彼此割裂，企业的核心目标与具体渠道表现、运营活动之间的关联路径模糊不清，难以建立直接的因果联系，影响了策略调整的精确度和效率，降低了运营优化的效果。

这些挑战共同构成了 A 企业在大数据时代追求高效决策与精细化运营的显著障碍，需要企业认真解决以应对日益激烈的市场竞争。

8.3.2 "1NN" 决策体系解决方案：定制化应对策略

面对上述业务痛点和核心需求，A 企业携手阿里巴巴集团的专家团队，共同构建了全渠道统一的数据体系，无缝对接企业各级业务的洞察与应用需求，使数据成为驱动经营分析与决策的共同语言，下面我们将详细介绍 "1NN" 决策体系的具体解决方案。

1. "1NN" 决策体系的数据基座

在借鉴阿里巴巴 OneData 理念的基础上，我们所在团队为 A 企业构建了一体化的数据基座。一方面，跨越各个业务领域，打破了信息孤岛，实现了信息的自由流通；另一方面，深化数据关联，确保从宏观概览到微观细节，多维度、多层次数据的融合与连贯。通过量化的数据联动关系，A 企业能够更准确地掌握运营全貌，为决策提供坚实的数据支撑。

2. "1NN" 决策体系分析场景矩阵构建

我们团队精心设计了一系列决策分析场景，旨在全方位赋能企业的策略规划。

这些场景紧密贴合实际业务需求，促进了由数据洞察向行动方案的直接转化，确保每一项决策都有坚实的数据支撑，加速企业从洞察到执行的闭环过程，提升响应市场的速度与灵活性，实现更高效的战略落地与市场适应（如图 8.3-1 所示）。

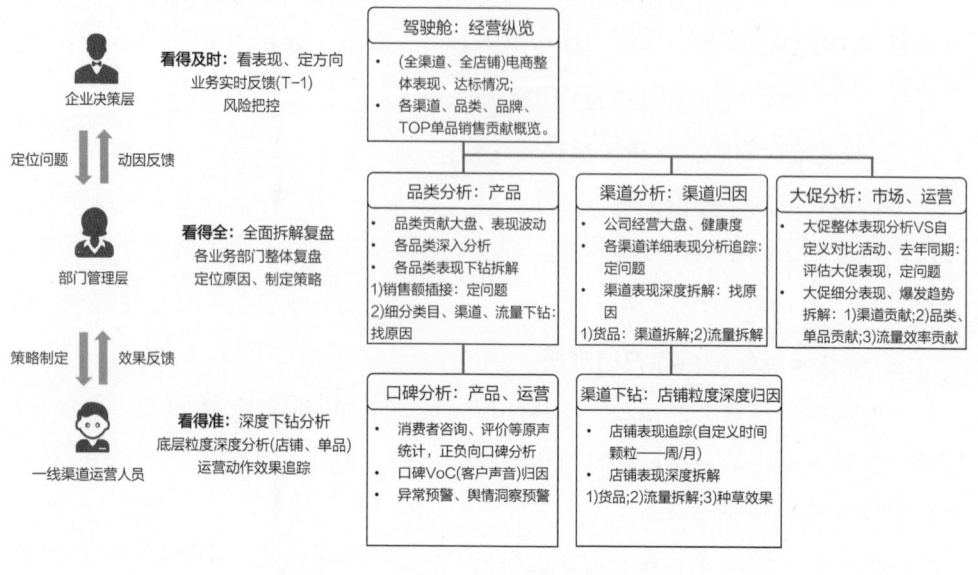

图 8.3-1 "1NN" 决策体系分析场景矩阵

下面逐一呈现"1NN"决策体系分析场景矩阵在企业不同层级的具体运用（如图 8.3-2 所示）。

（1）驾驶舱（核心用户——企业决策层）：为企业决策层提供全渠道经营的宏观视图，直观展示企业运行概况与趋势走向。通过"一键触达"的分域归因功能，高效联动渠道、产品、营销等多个精细分析场景，准确量化企业业绩波动的根源，助力企业决策层快速把握全局，做出前瞻决策，实现战略层面的准确调控。

（2）部门复盘（核心用户——部门管理层）：专注于渠道×产品/营销等部门的核心业绩指标，实现部门健康度的即时评估。该模块助力管理者识别各部门对总体业绩的贡献与影响，迅速定位效率提升的关键杠杆点，提出具有针对性的策略调整，提升部门协作与整体效能。

（3）运营层追踪（核心用户——一线渠道运营人员）：深入运营活动的细微层面，通过高度细化的数据分析，精确衡量每个运营动作的效果与归因。将数据分析模块无缝嵌入日常业务系统中，结合数据填报、关键指标预警等功能，确保运营决策与实际操作紧密相连，实现数据驱动下的敏捷运营优化，提升运营效率与市场响应速度。

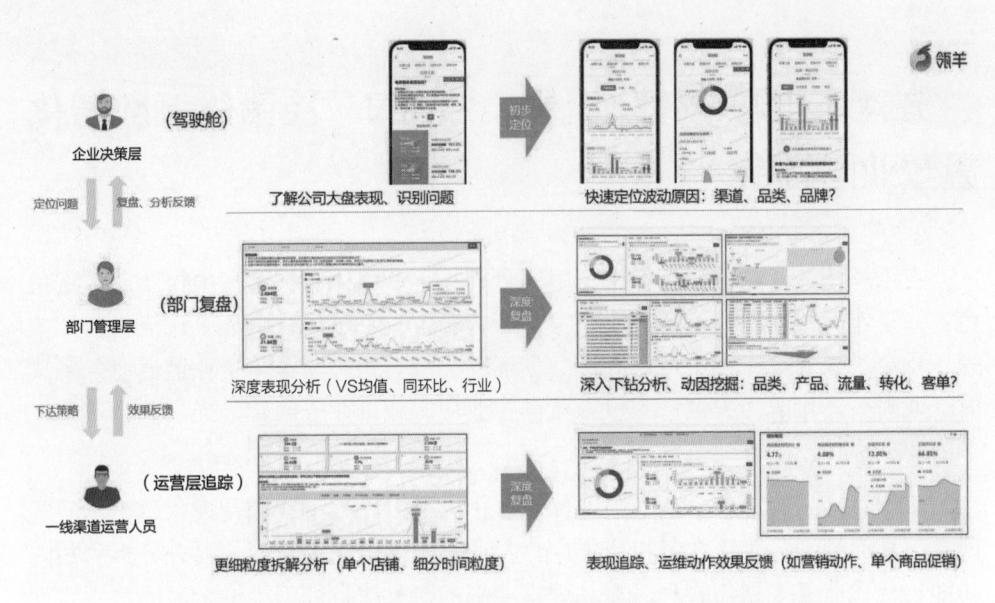

图 8.3-2 "1NN"决策体系分析场景矩阵在企业不同层级中的定位

"1NN"决策体系作为 A 企业背后的"数智之树",其根深枝繁,构成了企业运营的智慧脉络,引领着数据驱动的全新篇章。

这棵"树"主干连通,三流合一,它的强健主干象征着"1NN"决策体系如何深度融合企业跨渠道的业务流程、分析逻辑与数据流转。它穿透性地连接起曾经"各自为政"的信息孤岛,确保了企业全局经营目标的顺畅追踪、经营策略的准确定制,以及核心部门业绩目标的紧密对齐,为企业的智慧决策奠定坚实的基础。

在这一基础之上,"数智之树"展现出其枝繁叶茂的一面,象征着丰富多彩的数据应用场景。这些场景不仅滋养了一线运营人员的数据分析能力,更实现了不同业务场景间的数据互通与价值共享。每一片"叶子"都准确对应着业务前线的实际需求,即便是最细微的业务数据变动,也能迅速映射到企业整体业绩的量化贡献中,确保数据智能在企业经营中实现全方位的渗透与高效应用。

这种无缝衔接的数据生态系统,极大地提升了企业对市场变化的敏锐感知力,增强了决策的准确度与效率,为 A 企业在竞争激烈的市场环境中赢得了先机。

8.4 业财一体化案例："1NN"决策体系数智化重塑业财融合

在市场化经营的典型企业中，财务管理在企业整体数智管理中扮演着双重角色：一是作为数据源，支持战略决策与经营分析；二是优化财务工作流程，如核算、预算、税务等流程中可以利用数据辅助决策。当行业龙头企业遭遇业务挑战时，业财一体化成为关键，它可以帮助企业切实解决业务问题，提高业务效率，助力业务增长。

集团总部的管理者借助业财一体化分析，得以深入了解经营现状，识别问题所在，从而精细化决策业务投资方向。财务部门则能运用全面的财务分析和预测功能，优化业务规划与管理，对品牌事业部的财务执行部门提供全面的费用管理和门店精细化管理工具，助力其有效控制成本，提升业务效率。

本节将以 B 企业为例，介绍"1NN"决策体系在业财一体化道路上的探索与实践。通过剖析 B 企业面临的业务痛点与核心需求，以及"1NN"决策体系业财数智化的解决方案，我们将直观展示"1NN"决策体系如何助力企业突破困境，提升业务效率与决策质量。

8.4.1 业务痛点及核心需求

B 企业是服饰行业头部企业，作为一家年营业收入达到百亿级别的上市集团公司，B 企业内部架构分为集团总部和事业部。财务部门的工作主要划分为两大板块：财务分析核算与财务管理。集团总部的财务部门承担着提供核心财务分析框架的重任，用以指导下属单位的管理，同时负责税务筹划、投融资决策等战略性任务；而各事业部的财务部门则专注于支持日常业务运营，涵盖费用管控、门店精细化管理等实务操作。

自 2020 年以来，尽管 B 企业销售业绩保持平稳增长，但利润增长却未能达到预期水平。面对这一状况，为了迅速发现并解决业务问题，管理团队决定将所有业务系统集成到财务系统中。为此，B 企业启动了业财一体化的重大项目，将其列为集团三大战略项目之一，彰显出对财务分析能力的高度重视，以及对大数据平台数据支持能力的高度依赖。

为了确保这一战略级项目的顺利实施，前期的详尽调研工作显得尤为重要。调研发现，企业管理层尤为关注利润等结果导向的指标，而各事业部则更加注重渠道运营的效率与成效。商品部门和营运部门对利润的感知相对较弱，它们更多地关注业务过程中的具体指标。财务部门期望在完成财务报表分析后，能引导其他部门洞察经营中的问题，进而深入分析，设定合理的业务目标和策略。然而，当前每月一次的财务报表产出频率偏低，时效性与准确性不足，导致决策周期延长，存在机会损失的风险。因此，财务人员迫切希望提升财务分析的效率，结合经营分析来支持战略决策，以避免潜在的机会流失。

然而，在对项目关键参与者（包括企业管理层、IT部门、业务部门的关键用户）进行需求调研，并评估现有系统数据准备情况的过程中，一系列业务痛点逐渐浮出水面。

1．业务痛点一：利润分析能力弱，需构建全面的利润分析体系

（1）企业管理层视角：企业管理层高度关注财务报告中的利润指标，然而，具体商品部门和营运部门对利润的感知相对较弱，它们更多地关注业务过程中的具体指标。

（2）财务部门视角：财务部门着重于监控经营利润，财务分析报告主要聚焦于渠道（直营、加盟、电商）和品牌（区分线上、线下）的获利状况。

（3）事业部层面：各事业部更倾向于关注渠道的经营情况，尽管重视经营指标中的营运效率和营收达成，但在实际利润的考核框架和分析深度上存在不足。

（4）商品动销率与折扣控制缺失：当前只能观察到商品动销率的绝对数值，却无法获取或调控各渠道的折扣情况。例如，即便店长的提成标准不变，但如果折扣率下降，将直接导致毛利率受损，而这一变化难以被财务体系及时捕捉和干预。

2．业务痛点二：业务财务指标口径不一致，需要建立统一指标标准

（1）KPI指标理解偏差：财务部门发现，企业内部对KPI的理解存在显著差异。一些指标虽然获得了企业管理层的认可，但在执行层面出现理解偏差，未能准确反映业务运行状况。此外，尽管各方在指标定义上达成一致，但由于数据来源多样，导致指标口径不统一，影响了数据的准确性和可靠性。

（2）事业部分析体系的局限性：各事业部虽然拥有BI支持的决策分析工具进行指标拆解分析，但受管理层个人思路影响，分析体系不够成熟和完善。一方面，分析侧重于管理层关心的内容，缺乏系统性和全面性；另一方面，对业务策略调

整引发的利润变化评估不准确，难以衡量对其他部门的影响。究其根本，是业务部门对获利体系的思考尚不够深入。

（3）财务指标口径单一：现有的财务指标口径仅限于制作审计报表，难以全面反映多维度的财务信息，限制了管理层的视野和分析深度。

3. 业务痛点三：财务数据加工效率低下，需要指标计算自动化

当前财务分析流程中，数据采集与分析的低频次运作严重影响了分析结果的准确性和时效性。出现这一问题的根本原因在于业务信息化水平的不足，财务数据处理高度依赖手动操作，导致整个周期显著延长。例如，结账数据通常在每月 7 号左右生成，随后需经过 2 至 3 天的手工加工，才能完成经营分析所需的财务报表。在此基础上，还需结合渠道与费用的分摊分析，直至约每月 11 号才能最终产出单店利润报表。因此，每月的经营分析会议往往要等到 20 号左右才能召开，这一延滞严重制约了决策的速度与效率。

8.4.2 "1NN"决策体系的业财解决方案

面对上述业务痛点和核心需求，B 企业携手阿里巴巴集团的专业团队，积极寻求"1NN"决策体系业财解决方案的实施，构建一套高效且统一的业财分析体系，以克服现有挑战，实现数据驱动的精细化管理和决策优化。接下来，我们将具体介绍该方案的目标用户，以及针对目标用户需求的分析框架。

1. 目标用户

主要包括企业高级管理人员及业务管理人员、集团总部财务人员、事业部财务及营运人员（营运管理人员、区域经理、店长）。

2. 需求分析

整体方案准备以利润作为分析主线，统一集团及各事业部的指标口径，建设财务相关数据体系，以支撑业财分析框架，具体如图 8.4-1 所示。

（1）支撑核心业务分析：基于"门店底稿"产生的门店月累计、门店月预计销售与实际销售、门店仓库档案 3 份门店分析报表；基于"零售底稿"产生的月零售（全渠道、当月&月累计）、月可比 4 份零售分析报表；基于"加盟商发货退货额&库存底稿"产生的加盟商发货额、加盟商退货额、库存测算 3 份加盟商分析报表。

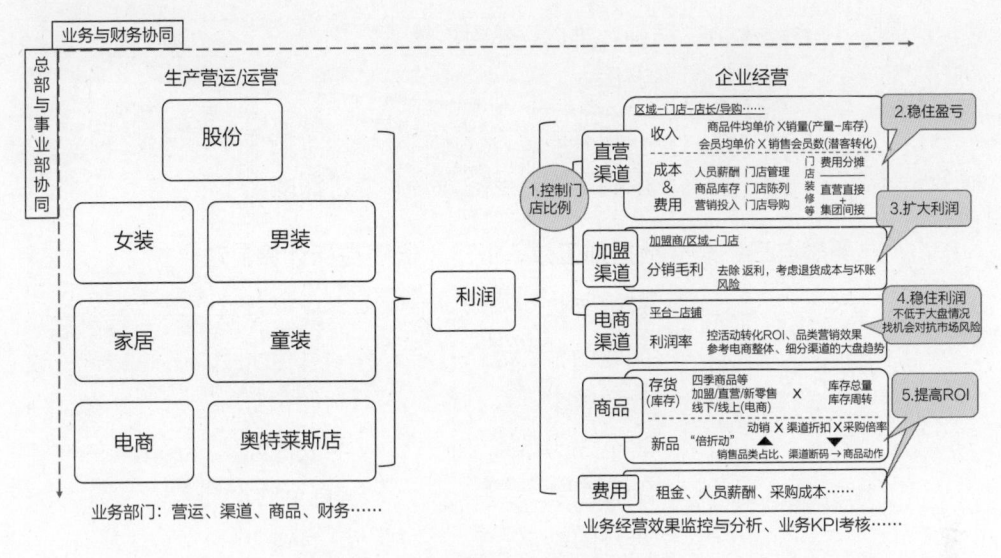

第 8 章 价值化：数据驱动下的智能决策

图 8.4-1 基于利润导向的财务分析框架

（2）支撑整体经营分析：基于"渠道获利底稿"产生的月累计、月渠道占比、净利润分解 3 份获利分析报表。

（3）支撑渠道经营分析：基于"单店利润底稿"产生的直营单店利润（含奥特莱斯店、月/日维度）、电商单店利润（月/日维度）、加盟单店利润（月维度）3 份单店利润分析报表。

（4）支撑商品经营分析：基于"库存底稿"产生的商品库存月同比、环比两份库存分析报表（产品季维度）。

针对目标用户的需求分析，"1NN"决策体系的设计流程如下。

首先，基于 B 企业现有的组织架构和职能分工，明确决策框架。集团总部肩负着监控旗下各事业部利润达成情况的重任，而这些事业部按照女装、男装、家居、童装、电商和奥特莱斯店等业务线分别设置。每个事业部内部设有包括营运、渠道、商品和财务在内的多个业务部门。对于每一个事业部，以利润为核心考核指标，构建了精细化的决策支持体系。具体而言，渠道部门负责收入、直接成本和毛利等关键环节的管理，通过控制门店比例、调节销售价格等手段，实现对过程的精细化管控；商品部门专注于商品的进、销、存管理，确保库存周转率和商品生命周期管理的高效运行；财务部门则主要负责间接费用的管控，确保成本的有效控制。通过上述职能分工的明确划分，B 企业构建了一套从收入到成本，再到毛利率和费用，直至最终利润的完整决策框架，每个环节的责任方清晰可见，为精细化运营和决策提供了坚实的支持（如图 8.4-2 所示）。

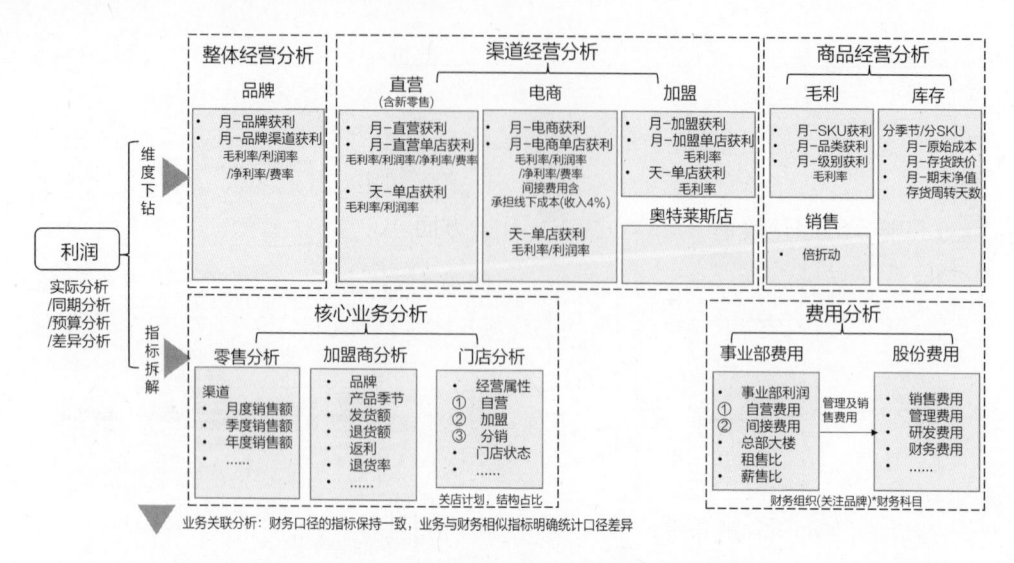

图 8.4-2 企业利润驱动因素决策框架图

其次，从决策框架各环节的责任方和对应关注点出发，确定分析及指标框架。这一过程以结果为导向，着重对利润（包括净利润和毛利率）进行多维度拆解，旨在精细监控不同品牌、不同渠道和不同商品的利润及利润率的趋势和达标情况。通过这一系列的监控，可以及时发现利润波动的异常点。随后，通过追溯过程，深入分析收入（销售额）、返利、退货、成本及各类费用等关键指标，识别究竟是哪些因素导致了特定维度下利润表现不佳的结果（如图 8.4-3 所示）。

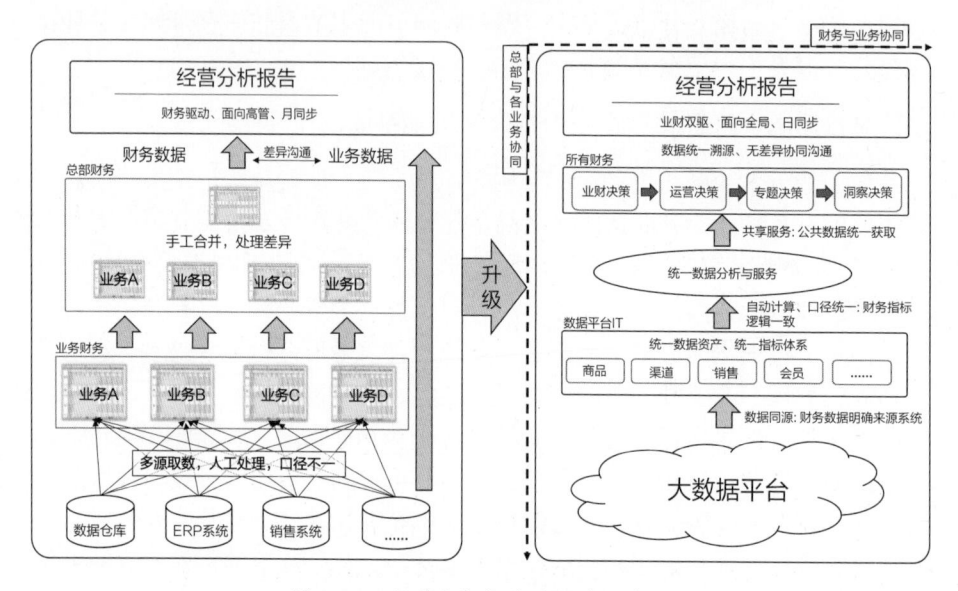

图 8.4-3 经营分析报告升级前后对比

最后，遵循上述方法论的指导思想，结合数据中台 OneData 理论，对指标体系背后的数据进行采集、存储、建设、管理和使用的标准流程，在实施过程中坚持"取之业务、用之业务"的原则，确保决策分析指标好用、准确、无误。B 企业通过此次业财一体化项目的建设，取得了诸多切实有效的成果，极大地提高了业务和财务的运营效率，具体包括以下几个方面。

- 报表提效：原手工报表的加工时间被大幅压缩，由"$M+1$ 月"（当前月份结束后的下一个月）缩短至"$M+1$ 周"（当前月份结束后的下一周），极大提升了报表的及时性和实用性。

- 业财归一：打破了过去财务部门独享各类数据资源的局面，实现了业务与财务部门按权限共享和共创数据资产，促进了信息的透明化和协同性。

- 多维分析：决策分析的维度和粒度得到显著丰富，从原先的渠道+品牌、月频，扩展至现在的渠道+品牌+单店铺、日频，为精细化管理提供了更强大的支持。

- 敏捷处理：实现常规报表可视固化，灵活分析需求自助拖、拉、曳，大大提升了数据分析的灵活性和效率。

8.4.3 案例总结：业财融合的成功实践

整体来看，B 企业的业财一体化项目树立了一座里程碑式的成功典范。这一项目横跨业务、组织和技术多个维度，标志着 B 企业在数字化转型道路上迈出了关键的一步。在业财一体化的建设过程中，B 企业从数据层面构建框架、梳理数据、夯实基础，确保数据有平台承载；从业务层面，围绕核心财务目标搭建了一套财务模型，为业务扩张提供了坚实的数据支撑（如图 8.4-4 所示）。

展望未来，B 企业步入新阶段，面临着一系列新的挑战和难题。其中一项挑战是 ERP 系统的更新换代，这要求企业重新定义业务标准，规划全新的业务架构。另一项挑战则是线下与线上业务的深度融合，以及数据的统一管理，需要构建一个全域数据资产管理平台，以实现数据的全面整合与高效利用。同时，B 企业计划立即启动数据治理工作，旨在激活数据资产，提升数据价值。

在数据策略方面，B 企业将继续沿用阿里巴巴集团的数据管理理念，同时积极吸收业界最佳实践，以加速自身的数字化转型步伐。从业务策略角度，B 企业认同"1NN"决策体系的设计理念，但鉴于当前仍处于起步阶段，待数据基础设施更加成熟后，再进一步完善和深化实施内容。尽管在数据层面存在阶段性问题，如口径统一性暂时不足，但企业已明确解决方案，并在项目推进中实现了迭代优化。

在数据标准化方面，B 企业未来的目标是通过进一步统一口径，实现数据的流通和整合，最大限度地激发出数据的价值。这一目标的实现，将为 B 企业未来的业务升级和数字化转型奠定坚实的基础，助力企业持续提升竞争力，扩大市场影响力。虽然数字化转型之旅刚刚启程，但 B 企业已展现出坚定的决心和清晰的方向，致力于通过不断升级改造和业务拓展，塑造更加卓越的未来。

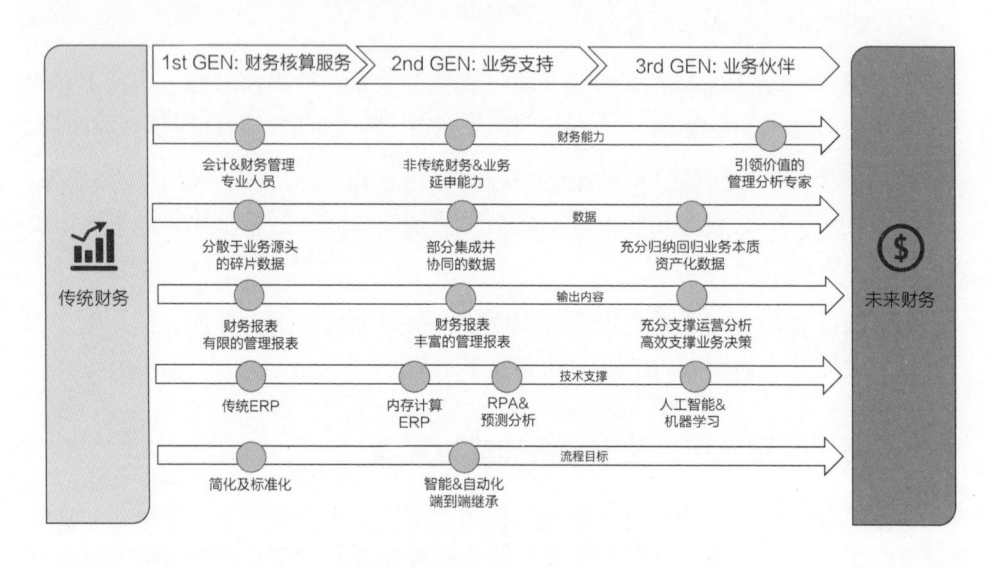

图 8.4-4 财务功能发展路径

8.5 人力资源数智化案例："1NN"决策体系重塑人力资源管理体系

在人力资源（Human Resources，HR）管理领域，数智化正在改变企业的运营方式，提升员工效率和推动组织转型。随着技术的进步，传统的人力资源管理方法正在逐渐被创新和智能化的解决方案所取代。人力资源数智化带来的不仅是管理工具的改进，更是一种新的管理理念和战略思维。本节将从人力资源数智化的时代背景与需求、关键要素、管理的转型等方面展开详细讲解，并介绍其人效（人力资源效能，以下简称为"人效"）金字塔方法论的独特价值。

8.5.1 背景与需求

人才策略需紧密契合企业的商业环境。制定人才策略的首要步骤是理解企业的战略重点、组织文化及领导者需要完成的重要任务。以数字化转型为例,如果这是企业未来 3 年的战略重点,那么领导者可能需要推动流程创新、强化组织人才及培养敏捷文化等。

在明确了企业的发展方向和战略重点后,下一步是规划实现路径及其关键行动方案,并深入分析这些举措对人才队伍的潜在影响。具体而言,需明确企业所需的人才类型、关键岗位及其层级分布,预测未来的人才需求数量,并评估内外部人才供给状况,以识别人才供需之间的潜在缺口。

要识别人才供需之间的潜在缺口,首要任务是确立关键岗位或层级的成功标准,随后通过构建高效的人才发展机制,如精准选才、系统培养及完善后备管理体系等,有效填补这一缺口。

在衡量人才策略成果时,可关注的关键指标包括:人才储备的增强幅度、关键岗位或层级中内部晋升的比例、新上岗人才的业绩表现,以及商业战略 KPI 的达成情况。这些指标共同构成了评估人才管理成效与企业战略目标契合度的重要标尺。

为应对上述挑战,全球众多企业正积极升级人力资源管理理念,并引入数字化工具,力求探索一条人力资源策略与业务战略深度融合、提升 HR 部门管理价值的明确路径。

在此背景下,"瓴羊+钉钉"联合打造、以人效经营为导向的"1NN"决策体系之人力 360 成为企业 HR 部门的一个可能选择,帮助企业 HR 部门数智化焕新人力资源管理,更好地利用数据驱动人才管理决策,进而提升组织效能,赋能高质量经营,让人才与业务双发展。

8.5.2 关键要素分析

在定义未来的能力模型时,我们需要明确未来的成功关键。根据 DDI 公司多年的实践和经验,成功的典范包括以下四个方面。

- 知识:获取有关组织如何运作的知识,包括各职能部门的职责分工、组织流程、系统和服务内容等。

- 能力:将会影响工作成败的一系列行为技巧。

- 经验：在过去工作中积累的经验与历练。
- 个性特质：指的是影响工作成功与否的个性特质、工作动力适配因素。

这些成功典范不仅对企业的人才选拔至关重要，也为后续的人才发展和培养提供了有力支持。

举例来说，对于一些技术门槛较高的岗位，具备相应的专业理论知识和技术技能是必备条件。在组建高层管理团队时，除了考虑个人能力和经验，还要结合个性特质进行综合评估，这有助于企业在人员配置和发展资源投入方面做出更准确的选择。某些个性特质可以促进相关能力的表现，例如，研究表明，具备强烈好奇心的人通常在发掘和把握商机方面表现出色。由于开拓商机是一项难以培养的能力，如果某个岗位对此有较高的需求，那么选择一个好奇心旺盛的候选人显然更为适宜。即使他们当前的能力尚未完全达到要求，也往往比能力和个性都不符合的人更容易通过培养达到预期。

8.5.3 人力资源管理的转型

人力资源管理的价值如何释放并衡量？数据工具的显性化人效是新的解法。近 10 余年，在描述时代特征时，VUCA 成为一个频频出现的关键词。所谓 VUCA，指的是易变不稳定（Volatile）、不确定（Uncertain）、复杂（Complex）、模糊（Ambiguous）。

企业存在的价值是通过自身的组织力来解决社会上的问题或创造某些价值，当企业外部环境由稳态进入 VUCA 时，企业的组织力也必须相应改变。企业管理者和 HR 部门必须认识到，过往局部"精英员工"解决复杂性问题、"普通员工"解决简单性问题的模式受到了巨大挑战，人力资源管理必须转向全面人才管理和全盘经营人效管理，并让管理结果显性化，这是现时代 HR 部门的必答题。

从传统的科学管理、三支柱管理到当下各种流行的测评模型，人力资源管理领域从流程效率逐步向"人+组织"驱动的业务效率方向发展，对 HR 部门来说，人力领域研究的命题越来越复杂。

从传统流程分析，人力资源工作也尝试应用智能招聘、AI 面试，伴随着数字化技术的发展，解决人力资源问题的管理工具也显现出"数字化效率→数智化体验→智能化决策"的进化特征。对 HR 部门来说，人力领域与数据融合的必要性越来越明确。

HR 部门通过提升人才力、组织力来帮助企业增强 VUCA 的适应力、保证企业经营力，是人力资源新时代的价值内涵，而驾驭数字化的势能、促进显性化的人效增长则是价值载体，在这背后的"数据+工具产品+AI"无疑是 HR 部门解题的有效路径（如图 8.5-1 所示）。

不断进化的人力资源管理工具
有哪些产品和能力可以帮助HR部门释放价值？

科学管理　　霍桑实验	招聘分析　　薪酬水位
双因素理论	假勤分析
人力三支柱　　领导力	员工流动性　　绩效分析
员工体验设计	员工满意度分析
人才供应链	员工职业发展历程
贝尔宾团队角色模型	智能招聘
六盒模型	流失预测　　排兵布阵
	人岗匹配
MBTI职业测评模型	数字化员工　员工活力分析
人效　　大五人格模型	组织网络分析

（中间：管理工具）

| 流程->机制->业务（人&组织） | 数字化效率->数智化体验->智能化决策 |

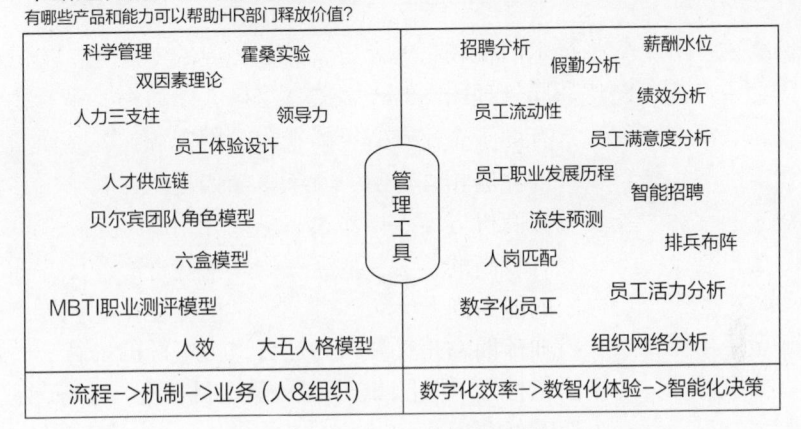

图 8.5-1　人力资源管理的进化

8.5.4　人效金字塔方法论

与业务接轨，实现具象化的人效提升，是显性化人效的关键实现路径。

在企业管理实践中，业务需求始终是人力资源管理的第一需求。尽管数字化工具、技术和方法论众多，但 HR 部门必须坚持"业务第一性"，即围绕业务经营建立人力决策体系。随后，人力资源管理的数字化工具需要转变为可见、可量化的人效，以便 HR 部门与业务部门协同，为企业业务发展提供更好的支持。

传统人效更多关注人力资源的工作效率和效能，但新的人效必须聚焦于促进业务经营价值的人才效率，实现人力工作与业务接轨。HR 部门首先要明确组织的人效目标，并根据不同的业务发展阶段设定相应的人效标准，避免一刀切。

- 第一曲线的业务更注重人均利润率。
- 第二曲线的业务更注重人均市场占有率或销售额增长。
- 第三曲线的业务更注重人均产品/服务验证或上线效率。

这些标准将决定人力资源工作的方向，并影响组织结构、组织绩效和人才需求。

为了确保企业人效定位无偏差，瓴羊"1NN"决策体系提出了以业务为导向的人效金字塔方法论（如图 8.5-2 所示）。此金字塔模型精妙地构建了人力资源与业务目标的紧密联系。

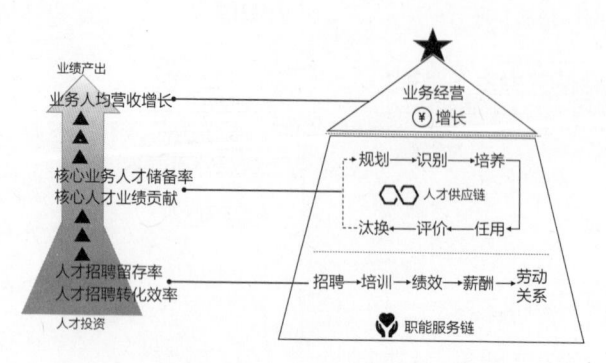

图 8.5-2　人效金字塔方法论

- 金字塔第一层：将业务经营指标翻译为适合人力资源的语言，转化为人力资源的"北极星指标"，保证 HR 部门从顶层目标上与业务无偏差。
- 金字塔第二层：人才供应链层以业务价值为导向，搭建起业绩经营发展的核心骨架，直接助力业务达成业绩效果。
- 金字塔第三层：职能服务链层围绕人才需求，有侧重地投入人力管理资源，从而提升人才投资 ROI。

以某服饰零售企业为例，基于人效金字塔方法论，在第一层的经营决策层，首先定义门店业绩、门店服务体验和管理成本等关键决策点，在此基础上进一步延伸至第二层和第三层的管理要点。

- 门店业绩：店长作为"原子化"业务经营单元，应关注其经营能力、店铺经营价值链及员工人才体系的搭建。这包括关键岗位激励与招聘、服务岗位培训等措施，以确保人员招选预留，并形成坚实的经营导向的人才和组织结构，从而促成持续的经营增长。
- 门店服务体验：售前、售中、售后服务标准化流程，如将新客户个性化搭配建议和会员周期关怀等关键服务动作作为重点指标。
- 管理成本：在这种情况下，企业的决策核心应围绕精细化服务流程，确保以最低的人才成本和配套的人力管理措施（如导购能力升级、数字化门店管理的组织升级）来实现更好的经营效果。

虽然企业的经营重点可能不同，但通过人效金字塔的拆解，HR 部门可以围绕经营指标来定义、监控和优化人效管理。一切管理工作都向业务靠拢，并可进一步解构为人效矩阵（如图 8.5-3 所示）。

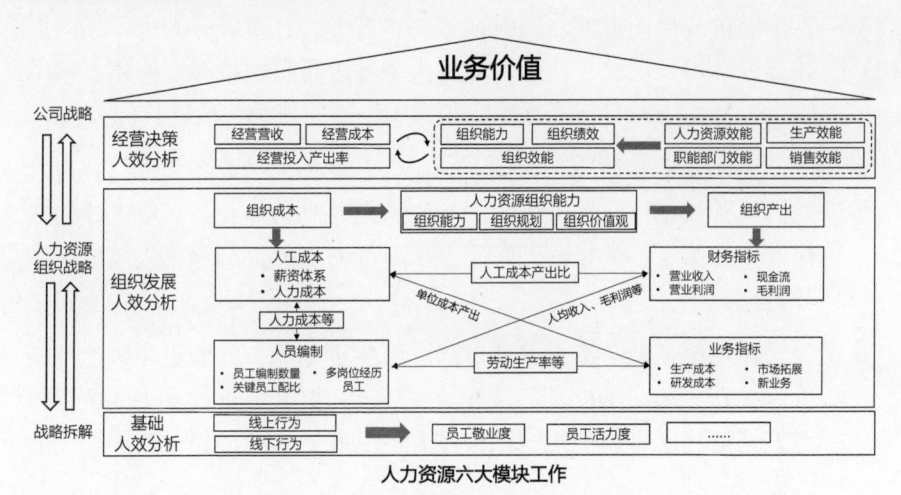

图 8.5-3　业务价值导向的人效矩阵

不可忽视的是，人效矩阵更多侧重于"北极星指标"的选型，如人均主营业务收入、人均利润、人均产量、人均销售额等。这些指标也可以称为人力资源经营管理的结果指标，如何将它们拆解为二、三层原因，以实现人才投资的合理 ROI，无疑是一个极为复杂的命题。

在瓴羊的"1NN"决策体系之人力 360 中，人效的显性化不仅体现在结果上，更体现在过程中（如图 8.5-4 所示）。

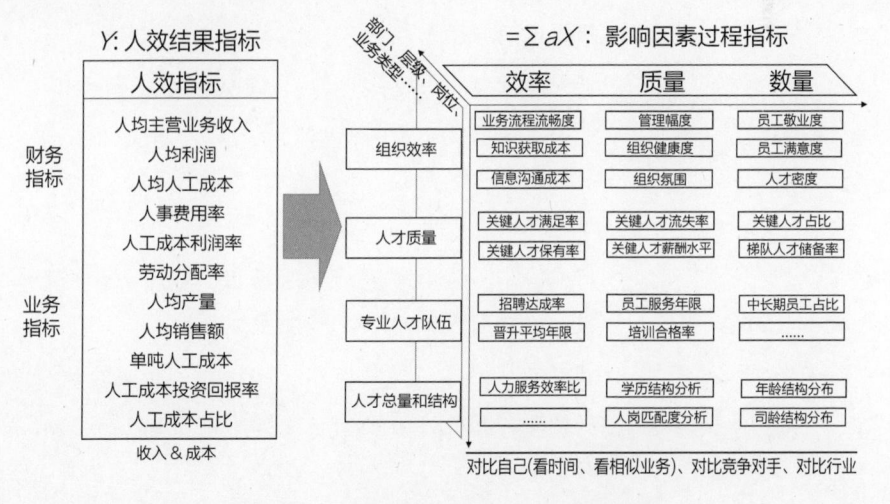

图 8.5-4　业务价值背后的人效决策指标库

- 瓴羊从组织效率、人才质量、专业人才队伍、人才总量和结构这四个主要维度进行横向拆解，同时在效率、质量、数量等方面进行纵向拆解，并通过部门、层级、岗位、业务类型等进行斜向拆解，构建了一个三维的人力资源决策分析指标库，帮助 HR 部门找到人效增长的关键点。

- 以"人才总量和结构"为例，企业可以聚焦关键业务和部门，通过分析人力服务效率比、学历结构、年龄/司龄结构等指标，了解人才构成与工作效率、质量、数量的关联性，从而帮助 HR 部门获得人效的三维决策分析能力。

- 如果发现中长期员工忠诚度更高、服务更熟练，并能更高效地推动业务价值提升，那么 HR 部门及业务主管就需要关注这类员工的留存，并思考如何搭建老带新的组织结构体系，以确保企业的长远发展和人力资源的有效管理。

通过以上的人效"塔—阵—库"，"1NN"决策体系之人力 360 可以高效帮助 HR 部门逐步展开以业务经营结果为导向、可快速定位问题的人效决策架构，建立起显性化的人效增长路径。

第9章

价值化：
数据驱动产销协同

在当今快速演变的商品产销领域，企业面临着一系列前所未有的挑战和机遇。消费者需求的多样化和个性化推动着产业链的不断升级，促使企业必须重新审视其生产和销售模式。在此背景下，消费者注意力驱动成为市场的一大特点，每一个热销的爆品背后，实际上都是对细分市场需求的深度挖掘和精准营销的结果。然而，爆品的打造并非易事，其因素复杂且充满变数。随着消费市场的快速细化，商品种类多样化，消费者对个性化和专业化商品的需求日益增长。在众多的不确定性之中，新品的孵化和爆品的打造往往带有难以预测的偶然性。大多数企业在这一过程中依赖经验判断，缺少必要的数据支撑。与此同时，商品信息管理的难度也在增加。企业需要处理海量的新品信息，并对商品进行精准的分类和个性化推荐。因此，构建一个完善的商品数据体系和标签化机制，对许多企业来说是一个巨大的挑战，尤其是在面对市场需求持续多变的情形下。

在数字化进程方面，商品领域的任务艰巨，紧随其后的供应链数字化亦正处于蓬勃兴盛的时期。基于长期的行业经验和实践积累，我们发现，产销协同管理正面临一系列紧迫的挑战。

在动销提速方面，急需找到能有效激发市场需求的策略，以消化库存积压，提高销售速度。库存效率的优化尤为关键，过多库存不仅占用大量资金，也增加了操作复杂性。此外，协同效率的提升是另一大挑战，供应链环节之间的信息孤岛现象阻碍了信息流通，延缓了决策速度并降低了决策精度。同时，研发质量成为创新驱动的下一个焦点，要求企业在确保商品质量的前提下，快速开发符合市场需求的商品。所有这些挑战共同要求企业在供应链策略上进行深度革新与协调，以创造更有活力的运营模式。

面对一系列紧迫的产销协同管理挑战，供应链中供应环节的不确定性尤为凸显，成为企业当前急需攻克的重点难题之一。

在这之中，供应链管理与营销策略的紧密协同对企业的成功至关重要。特别是在商品产销数字化转型的背景下，如何高效适应市场动态及快速变化的消费者偏好，以实现商品差异化，成为关键性因素。面对需求的快速变化和不确定性，供应链不仅要有精准的预测能力，还需要拥有快速的响应能力。

因此，即便面临重重挑战，企业仍需坚定不移地贯彻执行以数据为核心的货品产销策略，通过高效的大数据分析、精细的市场细分、快速的响应机制，以及敏捷的供应链系统，来保证企业在竞争激烈的市场中取得成功。

9.1 数智产销的发展进阶

在深入探讨商品管理与供应链管理数智化转型之前，首要任务是明确各企业当前的数智化成熟度水平。这样才能有的放矢，明确后续演进的目标和路径。瓴羊携手 IDC（国际数据公司），针对商品和供应链两大领域，共同发布了企业数智化成熟度评估标准（如表 9.1-1 所示），该标准将企业分为三个阶段。

- 1 分：企业处于"初始期"。
- 2~3 分：企业处于"发展期"。
- 4~5 分：企业步入"变革期"。

表 9.1-1 企业数智化成熟度评估标准

	问题	数智成熟度				
		1 分	2 分	3 分	4 分	5 分
数智化商品运营与新品研发	新商品研发模式如何？是否基于数据洞察	无数据支持研发；商品基于人的经验设计和研发，无业务数据支撑	部分数据支持研发；商品基于短期销售状况进行分析及改良，数据通过 Excel 进行简单分析	历史数据支持研发；新品研发基于内部系统的数据积累，通过系统提供的可视化报表，决策人员结合一手数据进行分析，为研发决策提供参考	完善的数据支持研发；具备完善的组织和体系支撑，商品基于专有业务分析团队，通过大量数据分析和预测进行研发。数据由团队从平台推送中获取	利用算法和机器学习持续洞察市场，驱动新品研发，平台实时数据支持研发；商品基于平台全周期销售数据、客户行为、即时市场需求及热点进行预测

续表

问题		数智成熟度				
		1分	2分	3分	4分	5分
数智化履约	企业是否能够基于一盘货进行线上与线下的销售与履约	线上或线下单渠道经营，采用手工完成履约，缺少信息化系统支持	线上或线下单渠道经营，分别使用信息化工具完成履约，线上业务采用OMS系统，线下业务采用ERP系统	企业同时开展线上和线下多渠道的业务运营，但线上与线下独立运营，各自履约，渠道间系统不互通，数据不互通，客户能明显体会到渠道间的差异	企业成立专门的全渠道运营组织，开展线上和线下一盘货整合运营、销售和履约，系统基于B2C一体设计，统一订单、统一库存、统一履约、统一结算	线上线下业务充分融合，打破物理、空间、物权的限制，由数据驱动智能化的运营，实现线上及线下客户无差别的购买体验
产销协同	企业是否能实现数智化的产销协同	企业以人的经验制定配补货计划，无系统数据支撑	配补货计划有少量数据支撑，多以经验分析为主，轻量级的SaaS工具支撑为辅，安全库存水位高	产销运营协同中等，配补货主要依靠规则，辅助有限的数据分析，内部数据丰富，但挖掘能力有限	完整的体系化支撑，组织和制度健全，配补货计划主要依靠对企业丰富数据的分析，充分挖掘数据价值，并辅以规则判断。缺少智能决策建议	统一产销运营，配补货智能化。库存周转率为业界领先水平。利用智能算法，对企业内部数据和社会化数据进行AI集成分析、智能预测

接下来，我们依据前述的"初始期"、"发展期"与"变革期"划分，开启每一阶段的详细介绍。此举意在借鉴已被业界广泛认可的成熟度评估框架体系，以便后文详述"1NN"决策体系搭建最为关键的几个进阶步骤。

9.1.1 初始期：业务流程驱动管理

在激烈的双寡头市场竞争和VUCA时代的不确定性中，领先的某乳业企业专注于构建以客户体验为中心的数字化供应链控制塔，旨在提升整个供应链的协作效率和响应速度。通过实现供应链全链路的端到端可视化和智能协同，支持业务模式转型和卓越运营，该战略不仅涵盖了乳业企业多品牌、多品类商品的复杂供应链，也整合了经销商、电商及直营等多样化渠道模式。然而，企业在优化供应链时，面临诸如效率低下和信息孤岛等多项挑战，这主要源于缺少统一的信息系统支持。

因此，企业迫切寻求方法实现信息流的畅通、全流程透明度和集中管理库存，以快速响应订单。在数字化初期，已深刻意识到数字化与大数据应用的必要性，故而着手部署数据中台解决方案，推广其在业务流程和管理中的应用。尽管意识先行，但在实际操作层面，数据分析与应用的深度和广度仍然有待提升，直接映射出一系列症结,具体包括:销售计划的提交效率低;总部和销售单位之间库存信息不同步;订单管理缺乏数据支持;处理流程割裂且未线上化。这些因素共同导致了工作效率的低下和系统性支撑的匮乏。

总之,企业通过用户中心设计和中台架构优化,以及业务流程的标准化和自动化,实现业务模式的快速复制与分布式系统设计,以应对销售高峰的需求,从而优化了业务流程,实现了运营看板和报表的自动化。这些改革不仅让总部能全面监控销售单位的库存,还使分公司掌握分支仓库库存信息,显著降低了月度计划、调拨和订单处理时间,提升了供应链的标准化、在线化和自动化水平,有效支撑了业务增长和市场需求。

下面深入解析这一转型过程中的几个关键步骤,这些步骤构成了企业从初始迈向数智化高效运营的基石。

1. 基础自动化应用

基础自动化应用标志着数字化转型的起点,企业开始引入基本的自动化工具和软件,涵盖电子邮件系统、办公自动化软件、基础的客户关系管理(CRM)系统和企业资源规划(ERP)系统,以减少手工操作的需求和提高工作效率。通过诊断业务流程,企业识别并解决了数据断点问题,通过整合云商和T&W等系统,消除了信息孤岛,提升了订单处理的透明度。

2. 业务流程标准化

企业为了进一步提升运营效率,开始对业务流程进行标准化尝试。制定明确的操作标准和规程,不仅确保业务活动的一致性和可预测性,也有助于简化内部流程,降低操作成本。以液奶事业部为例,通过对运营场景的全面梳理,实现关键数据的全链路拉通和预警机制的落地,有效应对了订单处理流程中的数据流断点、管理滞后和协作不足等业务痛点。

3. 数据集中管理

数据开始从传统的纸质记录和分散系统中抽离,转向电子表格和基础数据库的集中管理。企业重视数据的集中管理,尽管数据分析的深度和广度尚有提升空间,但已为数据的深度利用打下了基础。

4. 初步信息共享

业务部门间开始构建初步的信息共享机制,虽然信息共享的深度和广度有限,但为后续的跨部门协作和信息互通奠定了基础。企业的供应链控制塔通过业务前置管理和端到端协同优化,实现了信息共享的网状结构,构建了以需求为导向的敏捷响应机制,为以消费者需求为核心的供应链运作提供了有力支持,将传统的成本中心转变为新增长点,提高了企业在动荡市场中的核心竞争力。

5. 对数字化的意识觉醒

在组织文化和员工意识层面,开始认识到数字化转型的重要性。尽管全面推广和深入实施数字化仍需时日,但管理层和关键干部开始积极探索和讨论数字化转型的机会和挑战。

9.1.2 发展期:决策分析驱动管理

我们经过多年实践及研究,发现多数企业正处于数智化转型的"发展期",包括快消品、零售、服饰或餐饮等行业。企业开始将数据视为核心竞争力之一,将数据作为核心资产,投入资源建立完善的数据采集、存储和分析体系,确保数据质量,利用大数据技术进行深度挖掘和分析,以数据为基石支撑管理决策。

在此阶段,企业展露出共同特性,并积极探索如何依托商品与供应链的深度分析,促进管理决策的具体实施。以下是对这一时期企业特征及行动路径的概览。

1. 数据集成与初步分析

- 初步数据集成及标签指标体系:企业着手整合跨部门、跨系统的数据资源,构建更为统一的数据池,为决策分析提供基础。在此阶段,企业完成了消费者画像的构建,已有部分或完整的消费者用户标签的体系,此时为了更好地实现人货匹配、人货场匹配,更为体系化的商品画像呼之欲出。

- 描述性分析:通过描述性数据分析,企业能够了解历史业绩和运营状况,为管理层提供业绩报告和仪表板。管理层分析的基础是系统性搭建商品标签体系(包括基础属性、功能属性、场域特征等)及指标体系(包括促销、销售、库存等),为企业进一步进行"变革期的智能选品做准备。

2. 分析深度与广度提升

- 诊断性分析:企业运用更深入的分析方法,比如钻取和关联分析,以确定业务成败的原因。通过五力模型(运营、营销、商品、价格、品牌)的拆解,快速定位问题的根本原因。

- 决策科学化:决策过程由直觉驱动转向数据驱动,企业依靠高级分析技术对市场趋势、客户需求、运营效率等进行精准预测和分析，从而制定更为科学合理的战略决策。

3. 业务流程标准化

- 业务流程革新：数字化转型推动企业对传统业务流程进行重构，通过自动化、智能化工具提升效率，减少人为错误，实现流程透明化、敏捷化，增强企业的响应速度和灵活性。S&OP（Sales and Operations Planning，销售与运营计划）作为跨部门合作的桥梁，致力于通过协调各个部门的计划和目标来实现公司整体战略，通过统合市场需求预测、销售策略、生产调度、库存监控及供应链管理等多维度规划，保障每项决策均服务于公司的全局运营与财务目标。

- OTB策略应用：OTB（Open To Buy，采购限额计划）是一种库存控制与采购预算的实践策略，其核心在于，基于既定的销售计划和库存水平，精确计算零售商在即将来临的时间段（常设定为月度或季度）内可投入新商品采购的资金额度。此策略考虑已有的库存量、在途商品（已经下单但还未到货的商品）、销售目标和计划的库存变动，以实现资金的最优配置与库存的有效管理。

4. 组织结构调整

业务、组织、人是企业数字化转型过程中必备的三要素，为了适应产销数据驱动的决策模式，企业内部需要思考如何优化组织架构、排兵布阵，在供应链组织架构中增设数据科学团队，鼓励跨部门协作优化产销数据流转，建立数据共享文化，确保数据洞察能够迅速转化为行动。

9.1.3 变革期：数据智能驱动管理

迈进"变革期"，企业不仅拥抱了数据智能的浪潮，更将其深度融入管理与决策的核心，标志着数字化转型达到了全新高度。在这个阶段，企业不再仅仅是数据的收集者和分析者，而是成为数据的驾驭者，利用预测性分析、智能自动化决策，以及高度整合的数据生态，重塑业务格局，开创性地将数据智能转化为竞争优势。以下是这一变革旅程中的关键里程碑与实践策略。

1. 预测性分析

在"变革期"中，企业开始采用预测模型来预见未来趋势，例如，利用历史销售数据预测未来需求，以便做出更具前瞻性的决策。这一转型的关键在于智能决策自动化的实施——企业依靠先进的数据分析、人工智能和机器学习技术，实现决策过程的高度自动化和智能化。系统能够自动分析大量数据、识别模式、预测趋势，为管理层提供即时、精准的决策依据，减少人为决策的主观性和时间延迟。

- 全员数据化思维：全企业范围内推广数据驱动思维，鼓励各部门以数据为基础做出决策。
- 个性化客户体验：运用数据智能为客户提供个性化服务和体验设计，从而提高客户满意度和忠诚度。

2．高级分析与自动化决策

- 自动化分析流程：企业采用自动化分析流程，能够实时监控和诊断业务状况，自动提出优化建议。
- 智能决策系统：引进和开发智能化的决策支持系统，凭借其机器学习模型做出决策或协助管理层进行更复杂的决策分析。

3．数据生态系统构建

在"变革期"中，企业构建覆盖全业务流程的数据收集、处理、分析和应用的生态系统，不仅整合内部数据，还积极引入外部数据源，如市场数据、社交媒体数据等，形成数据驱动的闭环，实现数据价值的最大化。

4．客户体验个性化

在深化数字化转型的进程中，企业利用大数据和 AI 技术深度洞察客户需求，实现商品推荐、服务定制、客户互动等多方面的个性化，极大提升客户体验，增强市场竞争力。

5．运营效率与成本优化

数据智能的应用使得企业能够实时监控运营状况，优化资源配置，有效预测和预防故障，实现供应链管理、生产流程、库存控制等方面的精细化管理，有效降低成本，提升效率。

6．创新和颠覆性业务模式

- 数据中心的创新：以数据和智能分析为企业创新开辟道路，孕育出新的商品、服务和商业模式。

- **颠覆性变革**：企业借助智能数据的实力，进行颠覆性业务模式的创新，甚至打造全新的市场和价值链。

9.2 数智产销协同化

为了驾驭瞬息万变的市场，企业正积极拥抱数智化力量，以期在商品的诞生至终结的全周期中，实现产销管理的智慧升级。本节将详述如何通过"1NN"决策体系设计与 PLM 智能决策设计，将数据智能嵌入商品的全生命周期管理，以及产销协同的各个环节，从而实现更精准的市场响应、成本优化与效率提升。

9.2.1 产销的"1NN"决策体系设计

在深入阐述产销的"1NN"决策体系之前，遵循前述逻辑脉络，我们应当首先进入商品全景分析的视角，以此为基础拆分并审视各个环节，确保精准把握产销研究的导向与核心目标。

1."角色代入杜邦分析法"进行商品全景诊断分析

这里以服饰行业为例，如图 9.2-1 所示为商品全景诊断分析图。

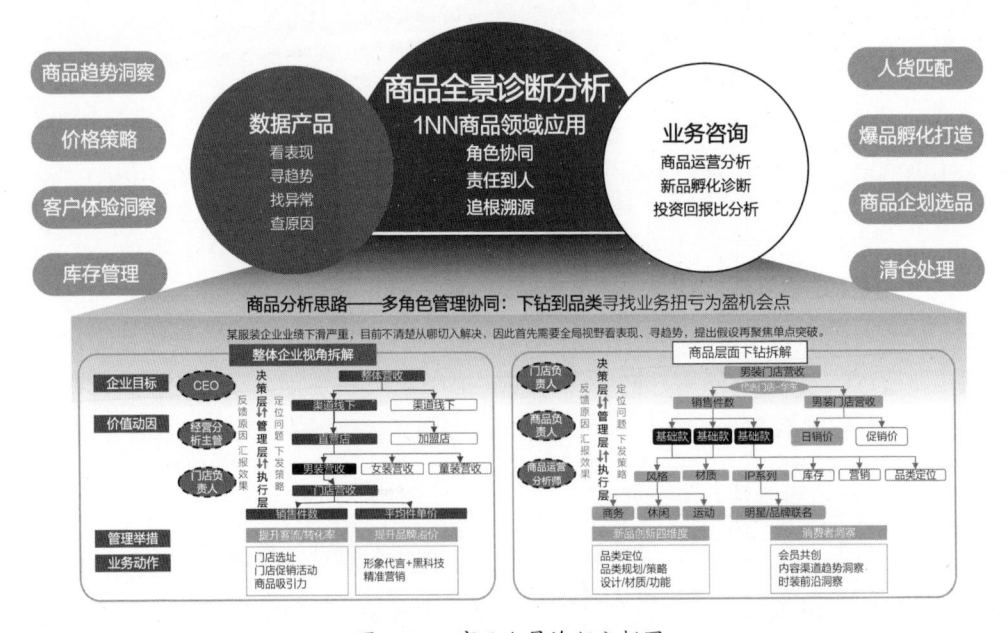

图 9.2-1　商品全景诊断分析图

我们认为,完整的商品分析决策体系包含两大部分:数据产品与业务咨询。在明确了商品各维度分析后,可以进一步拆解与产销协同相关联的模块"库存管理"。通过运用"1NN"决策体系方法论,在构建精细化的服饰商品分析决策体系时,需遵循角色协同、责任明确及深度剖析三大原则,以全面覆盖服饰商品的全生命周期管理。这里从角色协同的视角出发,集成门店负责人、商品负责人及商品运营分析师的角色和职责,确保企业在全链路层面进行沟通和合作。

首先,从宏观视角审视商品表现和市场趋势,提出切实可行的假设,继而深入到单一变量进行突破性分析。在一个复杂的营销环境中,比如疫情后市场逐步恢复,若遇到明显的业绩下滑情况,门店负责人首先会界定责任区域。通过深度解构销售通道,门店负责人可能会通过销售件数和平均销售单价的数据分析来定位具体问题。

然后,商品负责人介入,从商品类别角度诊断,将销售件数分解为引流款、价值款和形象款,寻找业务转机。以男装休闲夹克为例,作为价值款的重要商品,其销量的下滑对总体 GMV 的影响显著。

商品运营分析师则进一步通过对服装设计风格、功能、材料、定价策略及可能的 IP 合作等多维分析,揭示出竞品对市场造成的影响。

通过分层剖析,企业发现原本定位为价值款的男装休闲夹克,在经历了市场的空白期后,竞争对手的策略致使其市场优势缩水。这不仅引发了关于商品价值定位和品牌形象的转变,也刷新了对于价格敏感因素的认识。在分析过程中,企业要坚守追根溯源的原则,不断剖析数据,直至揭示出商品销量涨跌的核心原因,进而形成功能完备的决策体系。对于服饰企业来说,这套体系将极大提升其响应市场变化的敏捷性和战略实施的精准度。

为构建高效的商品诊断分析平台,一般的步骤包括:首先,与业务部门紧密沟通以确定分析目标和关键绩效指标(KPI),诸如商品交易总额(GMV)、盈亏绩效、客户忠诚度及客户体验等,均旨在明确衡量商品业绩和市场成功的核心参数。然后,不断收集全面的商品数据并对其进行分类,针对不同渠道或商品类别细化。再进行数据清洗和预处理,确保数据的质量和可靠性。最后,开展数据模型构建工作,通过精确的数据分析引擎识别商品的表现,并按照一套逻辑性思维框架——观察表现、追踪趋势、辨识异常和分析原因——进行深入探索。

商品分析结果的呈现依托于 BI 看板,这需要先进的数据科技和丰富的业务咨询经验来揭露关键洞见。从上述服饰行业的案例来说,面对商品销量普遍下降的问题,聚焦分析高价值品项,并结合市场动态进行策略调整,以小成本营销活动实现扭亏为盈。将这一成功经验复制到其他商品线。分析流程在每个环节均应坚持三大原则,即围绕责任人分工,明确各参与方的协同关系,以及将业务行动计划细化落地。此外,BI 看板需要设计为直观易懂的界面,允许决策者和经理人层级直接交互,无须过多技术背景即可高效操作。在数据平台研发完成阶段,进行全面的系统测试,配置至正式运行环境,并确保对系统性能进行不间断的监控。结合企业跨部门的反馈,执行周期性的功能迭代和优化,旨在改善用户体验及提升系统性能。

最后,这个数字化的商品分析解决方案帮助企业实时监控商品的市场表现,迅速定位潜在问题,并制定相应的优化策略,支持企业做出数据驱动的决策,以优化商品战略。

2. 产销供应链分析体系设计

这里以乳品行业为例,产销供应链分析体系通常起步于"库存健康"的分析结果,也是产销"1NN"决策体系中的"1",它可进一步下钻、归因,建立分析体系。核心指标的板块依据企业的真实情况,主要包含的是由"库存健康"拆解出的三大主题"缺货主题""滞销主题""临期主题",这也是"1NN"决策体系中的"N"。

通过整合数据中台与引入商业智能分析工具,企业能够构建计划系统的库存健康板块。此外,为了全面赋能上述主题场景的应用,系统设计还需涵盖库存明细、阈值预设、指标预警等功能,确保对供应链状态的实时监控与主动管理(如图 9.2-2 所示)。

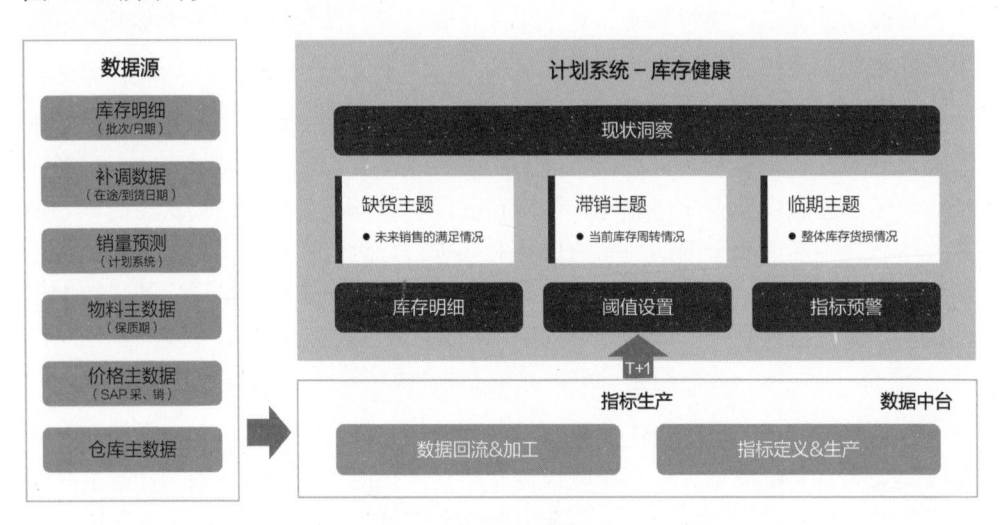

图 9.2-2 库存健康板块

基于上述对库存健康板块的拆解，下面讲述在每个主题如何进一步进行下钻分析，以下是三个主题的指标拆解和归因分析方案。

（1）缺货主题的指标拆解如下。

- 在库存量：实时追踪每个SKU的在库量。
- 存货周转率：销售数量与平均库存量的比率，用于衡量库存流转速度。
- 预测准确率：实际需求与预测需求的差异比率。
- 补货周期：供应商补货的时间频率和及时性。
- 服务水平：成功满足客户需求的比率。

归因分析主要包括：缺货可能是由于需求预测不准确、库存管理不当、供应商交货不及时或物流效率低下而导致的。透彻分析这些指标有助于精准定位缺货的根本原因，并采取相应措施，例如，优化需求预测模型、加强库存管理策略、重新协商供货周期或优化物流流程。

（2）滞销主题的指标拆解如下。

- 销售滞后率：销售增长低于预期的SKU比率。
- 周转天数：库存商品在未销售完毕前所占用的天数。
- 陈列面积占比：滞销商品在陈列面积中所占的比率。
- 折扣率和折扣深度：为促销滞销商品而提供的折扣情况。

归因分析主要包括：滞销可能是由于过高的定价、设计陈旧、市场需求变化、不足的营销推广或不合理的货品配置造成的。通过细致分析陈列面积占比和周转天数，可识别哪些SKU滞销风险高，并评估价格策略和营销推广的有效性，以便做出调整。

（3）临期主题的指标拆解如下。

- 商品到期率：临期或已过期商品占总库存商品的比率。
- 销毁量：必须销毁的商品数量。
- 生产日期分布：库存商品中按生产日期分类的情况。
- 货龄结构：库存商品按照入库时间分类的年龄结构。

归因分析主要包括：临期问题通常是由过量采购、销售预测不足、库存流转缓慢或缺乏有效的商品生命周期管理造成的。商品到期率和货龄结构指标有助于监测存货的新鲜度和管理效率，据此可以调整采购策略、促销计划或改进存货管理流程，以应对这些问题。

最终整体决策分析体系的搭建可以从如下几个方面进行总结（如图9.2-3所示）。

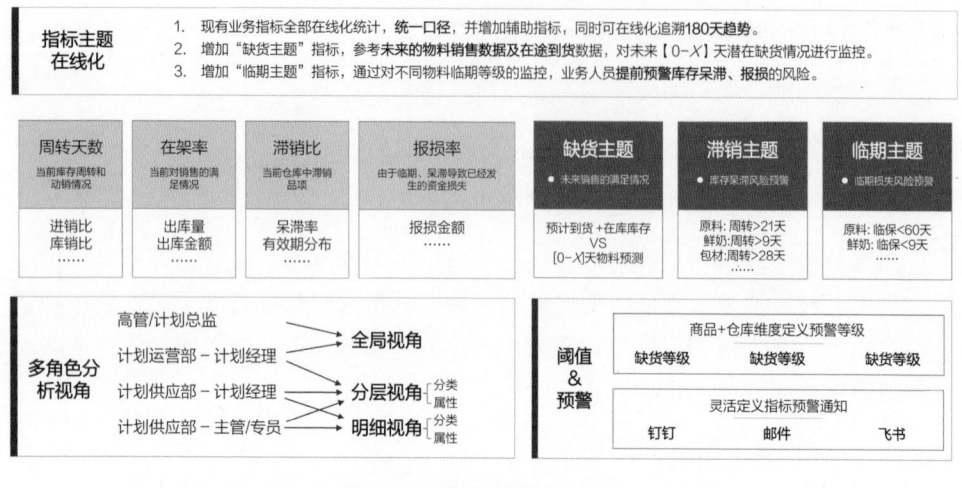

图 9.2-3 库存健康解决方案

- 数据集成：汇总不同来源的数据，建立统一的数据视图。
- 对比分析：定期比较实际表现与目标指标，识别偏差。
- 原因探索：利用深度分析和相关模型，找出指标偏差的原因。
- 方案制定：根据归因分析的结果，制定相应的改进措施。
- 结果监控：实施改进措施后，持续监控影响，确保解决方案的有效性。

9.2.2 产销的 PLM 智能决策设计

商品运营的核心聚焦于商品全生命周期管理（Product Lifecycle Management，PLM），这一过程横跨商品开发、定价策略、市场投放、促销活动直至商品退市等多个环节。商品运营的目标是在满足消费者需求的同时最大化商品的市场潜力。它涉及市场分析、消费者行为的研究、竞争对手动态的跟踪、商品定位及市场推广策略。一个高效的商品运营体系能够有力驱动销售，优化库存水平，并提高商品的盈利性和市场占有率。在商品全生命周期管理中，可应用数字化的具体机会汇总如表 9.2-1 所示。

第 9 章 价值化：数据驱动产销协同

表 9.2-1 数字化应用机会

新品企划	1. 市场红蓝海洞察：利用销售数据分析确定市场接受度，利用在线调查和社交媒体分析等"社交倾听"工具了解市场需求和趋势。指导商品开发与市场策略
设计与开发	1. 仿真和测试软件：在商品制造前进行性能和安全测试。 2. 协同工作软件：团队成员可以在不同地点协同工作，缩短商品开发周期
新品测试	1. 自动化测试工具：使用自动化的质量检测工具保证商品标准。 2. 消费者反馈工具：利用在线平台收集消费者反馈，进行商品改进
新品孵化期	1. 数字化精准营销：运用直播、短视频、社交媒体等新兴策略推广商品。 2. 个性化导购或推荐：通过挖掘用户行为数据，构建推荐算法，为消费者提供个性化的商品推荐，提升客户体验和转化率
新品助力期	1. 价格优化：分析市场数据、竞争对手定价策略、消费者的价格敏感度，进行动态定价，以优化销售收入和利润。 2. CRM 系统：通过客户关系管理系统深化与客户的关系，增加回头率。依据客户反馈优化商品
商品爆发期	1. 营销效果评估：通过对营销活动数据的集中分析，评估营销投入的回报率，优化营销预算分配，提高营销活动的效果。 2. 市场细分：使用高级数据分析工具进行市场细分，发现新的增长点
衰落期	1. 清仓销售：利用数字化促销手段加速库存周转。 2. 库存管理系统：高效处理剩余库存，减少损失

产销协同关注的是生产端和销售端之间的协作，其核心是通过信息共享和联合决策来调整生产活动和市场需求。产销协同包括需求预测、生产计划、库存管理、物流和分销等多个环节，其目的是确保生产活动与市场需求同步，实现库存最优化，减少缺货或过剩库存的风险，从而提高整体供应链的响应性和成本效率。这两者的关系和协同之处如下。

- 信息共享：商品运营团队通过市场洞察提供关于消费者需求的数据，帮助产销团队做出更准确的预测和生产决定。

- 联合决策：通过跨部门团队合作，将销售数据和市场反馈与生产、库存和物流策略相结合，共同优化决策。

- 动态调整：当市场条件变化时，商品运营可以根据销售数据和市场反馈调整市场入口策略，而产销协同则顺应这些调整，灵活调节生产和库存计划。

- 共同目标：两者都努力实现的共同目标是最大化客户满意度和企业利润。这要求两者要紧密合作，共享目标和 KPI。

通过高度的商品运营和产销协同，企业能够构建一个敏捷且高效的供应链，减少损耗，提高市场响应速度，最终实现客户需求与企业利润最大化的双赢局面。

我们以阿里巴巴集团服务过的零售品牌方为例，图 9.2-4 所示为数字化产品—货品中台上线后的业务流程和生产关系，由之前零售方与品牌方直接互动沟通，变为货品中台输出策略（包括企划、开品、运营等），品牌方执行。

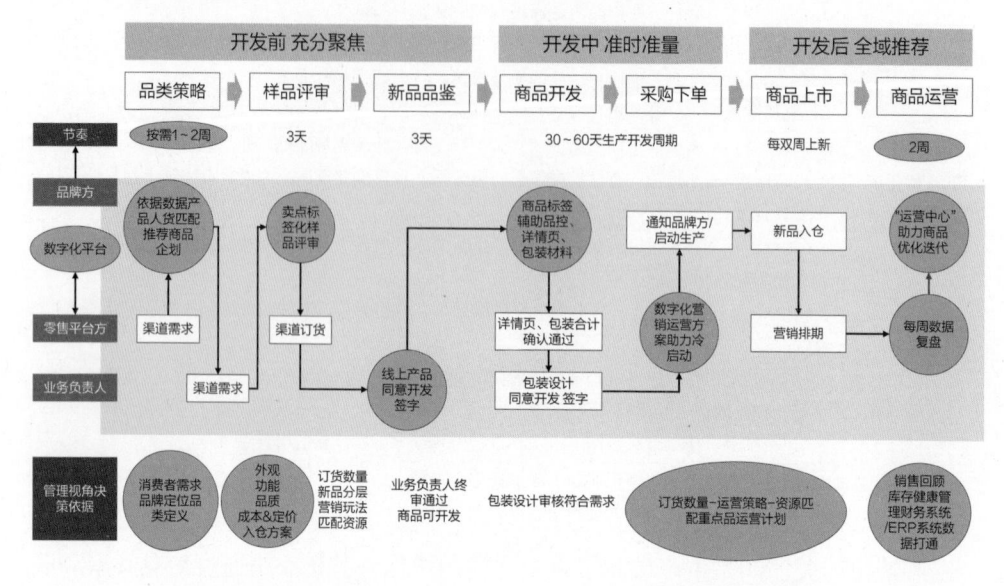

图 9.2-4　数字化产品—货品中台上线后的业务流程和生产关系

基于上述详细的商品全生命周期拆解，我们可以看到不同角色在 PLM 流程中的实际工作任务项，其中，与产销直接相关的智能决策方法可归结为如下几项。

1. 数据驱动的洞察

- 汇聚与提炼洞察：利用大数据分析技术汇聚和处理来自各环节的数据（包括生产、库存、物流、销售等），提取有价值的商业洞察，以支持决策制定。

- 前瞻预测分析：实施预测分析，通过历史和实时数据分析，预测市场需求、库存水平和供应链风险。

2. 整合式规划和执行

- 建立集成供应链模型：确保从供应商到终端客户的信息流、物料流和资金流的无缝对接。

- 协同工具应用：利用高级规划工具，如 ERP（企业资源规划）、SCM（供应链管理）系统，进行跨部门和跨企业的协同规划和执行。

3. 灵活性与敏捷性

适应性与弹性提升：增强供应链的适应性和弹性，以快速响应市场变化。采用敏捷供应链管理策略，调整生产计划和库存策略，以满足不确定性需求。

这些策略共同构建了一套能够实时感知市场波动、快速调整策略并优化资源配置的智能决策体系，为企业的产销协同和供应链管理提供了强有力的支持。

9.3 数智化产销决策实战案例

接下来，我们通过一系列翔实的案例分析，展示在不同情境下，企业如何运用数字化工具与策略，精准执行商品企划、优化库存管理、提升需求预测精度及实现智慧补货等关键环节，每一个案例都是对前文理论的具体印证与深化，旨在展现数智化如何在实战中为企业解锁新增长点，平稳过渡至实际操作的深度探索。

9.3.1 新品企划：宠物用品从洞察到爆品的实战路径

商品策略是承接整体企业战略方向的具体商品领域的具体实施路径，也是打造爆品的前提条件。基于此，我们在规划商品策略时，需全面考虑数智化应用的融入，具体可细分为以下几个紧密相连的方面。

1. 品类结构

在有限的资源下，可以通过调整和优化商品结构，提升客户画像和购买行为数据，精准识别目标客户在各类生活场景下对于衣食住行各方面的商品需求，如智能家居、生活日用必需品和应季食品都是家居场景下会用到的品类。通过集成各大电商平台和商超的品类数据，运用可视化工具进行对比分析，从而优化自身平台的商品布局策略。

2. 选品策略

在商品运营的数字化选品过程中，应以客户需求为先导，利用大数据分析区域市场，实时捕捉消费者对精选爆款的需求。策划爆款和秒杀活动时，需考虑当地购买力和习惯，挑选性价比高且品质优的商品。此外，运用客户画像，进行差异化选品，完善商品品类结构，全方位满足多样化需求。最后，根据不同销售渠道的特性，优选有竞争力的商品组合进行主推。

3．价格策略

在制定商品价格策略时，遵循"二八法则"，即通过大数据识别构成店铺 20% 销售份额的关键商品，并据此制定有竞争力的价格。实时监控竞品价格，保持市场竞争力。利用数据分析平台帮助调整价格区间，确保利润的同时吸引客户。数字化工具在此环节亦有助于与供应商谈判，争取更优成本和折扣条件，进一步优化价格策略。

4．运营/营销策略

运用数字化工具和大数据分析，精准定位客户需求，设计个性化促销活动，提升购买体验和转化率。通过社交媒体和主题活动增强品牌关注度，利用 AI 技术不断优化营销策略，迅速响应市场变化。同时，严格监控预算和 ROI，采用自动化工具维持财务健康，推动商业增长。

5．分销渠道策略

选择并管理合适的销售渠道，确保商品顺利到达目标客户手中，包括线上电商平台、线下零售店、直销等多种形式。具体来说，分销渠道策略不仅要聚焦于如何通过这些渠道实现盈利，还需评估各渠道对品牌传播效率的影响，以期达到最佳的品牌推广效果。

通常，商品运营之前首先会进行品类规划，具体而言，商品类别可划分为三大层级。

- 形象款商品：这类商品是指品牌心智商品，它们体现了品牌的核心价值与风格，旨在构建消费者心中的品牌认同感。
- 利润款商品：主要集中在顺应市场趋势且利润空间较大的品类中，它们是企业盈利的重要来源。
- 基础款商品：强调性价比与实用性，满足消费者的日常刚需，是稳固市场份额的基石。

通过上述商品层级的划分，利润款与基础款所创造的利润，会反哺给形象款进行品牌营销，建立心智。依据不同商品层级，进行商品品类规划及运营策略分析（如表 9.3-1 所示）。

表 9.3-1　商品品类规划及运营策略

	品类特征	商品力	运营力	营销力
形象款	有设计专利/模仿时间较长或是掌握了核心供应链资源	独特设计：配方/口味/香味/材质/外观	高溢价商品，稳定	以站内外内容、营销推广为主，运营手段为辅
利润款	大数据引导类目选择，快速抓取	流行概念加持，做微创新，中毛利率	充分利用站内资源，同时用直播/直钻超等付费流量为主、淘客为辅，快速提高市场占有率	以站内内容及曝光渠道为主
基础款	这些品类销量积累规模提升带来降本增效	好货不贵，中低毛利率，高毛利额	销量积累促进供应	通过 High Low 的价格波动来带动销量的提升

我们以天猫超市自有品牌喵满分宠物系列的品类规划及商品策略为例进行深入讲解。项目背景设定在资源有限的条件下，目标是高效上线宠物系列商品并快速打爆。因此，策略聚焦于两点：一是通过商品吸引流量；二是依靠高效运营实现增长。具体方法如下（如表 9.3-2 所示）。

表 9.3-2　通过品类规划对不同子类目进行角色定位和价值输出。

	细分类目	消费者诉求	毛利空间	件单价	市场规模体量	复购率	品牌心智	定价策略/运营打法
引流款	猫清洁用品系列	消费升级：对室内卫生有较高要求	小	低	中	强	弱	EDLP：淘客、换购、直播秒杀
英雄款	猫零食系列	92%的主人把宠物视为家人，互动需求强烈	中	低	大	强	中	High Low：快速拿到搜索权重。精准场域营销种草、直通车、今日疯抢、聚划算
价值款	猫主粮系列	猫主人 TOP 1 需求：呵护肠胃	大	中	中	强	强	站外"种草"，营销手段不能影响价格心智（买返猫超卡）
结构款	宠物智能硬件	我再也不用动手铲屎了	大	高	小	弱	中	换购、淘客

- EDLP：Everyday Low Price，主打天天低价策略。
- High Low：日销价和大促价有明显的差异，刺激消费者在促销期间消费。

实践结果显示，喵满分通过猫砂引流，快速积累初期用户并建立良好口碑，尽管初期因拉新成本而导致一定程度的财务亏损。为提升收益，品牌迅速推出利润率较高的猫零食系列，这一策略成功转化了先前积累的猫砂用户群体。通过运用直播及淘客进行精准推广，结合站外"种草"和站内精准营销，仅3个月内，月销量即攀升至同类商品榜首，实现了5%~10%的利润率。随后，品牌进一步推出猫主粮系列商品以巩固品牌形象，尽管拉新门槛高，但鉴于广阔的市场潜力和丰厚利润，仍被视为关键举措。猫零食的成功销售为猫主粮的市场推广奠定了坚实的用户基础，促使销量稳步增长。

为满足宠物一站式购物需求，品牌进一步扩充商品线，引入结构款商品如自动猫砂盆、饮水机等，旨在提供全方位的宠物护理解决方案。尽管宠物市场规模相对较小，但其增速快，品牌要保证收益就须明确各细分类目角色和结构定位，促进用户在不同品类间流转。

1. 商品研发数智化解决方案

在商品研发阶段，数字化工具可帮助企业深入分析目标消费者需求，从而定义商品策略，具体包括商品本身因素（规格、口味、成分、外观）和场景创新（礼品、节日、情感寄托、IP合作、个性定制）。利用数字化手段分析延伸需求，拓展市场潜力。

在喵满分宠物用品的案例中，面对"90后"和"95后"消费群体对宠物情感陪伴及商品个性化、成分透明度要求的提升。品牌战略聚焦于反映新一代宠物主人追求健康生活方式的需求，将人宠关系中的关爱通过科学营养商品传达。在商品开发上，品牌从消费者对宠物食品的高标准选择出发，强调商品的差异化元素和宠物健康，研发了富含天然、均衡配方的高级宠物食品。

在市场分析方面，数据团队应用波士顿矩阵对猫粮市场进行量化分析，发现猫粮细分市场占有显著份额且增长迅猛。市场上虽有许多新品牌推出肠胃保健猫粮，但常因多功能诉求而影响核心卖点的突出性。深入到配方层面分析，市场上的肠胃保健商品普遍缺少科学、量化的衡量标准。针对这一行业痛点，数据团队通过深入分析，最终聚焦于搭载240亿个活性益生菌的专业配方，以此作为商品差异化的支点，并以清晰的单点功效作为销售主张，打造出以精准指标为基础的高品质肠胃保健猫粮，以满足宠物主人对健康、个性化宠物食品的追求。

通过分析淘系平台的宠物商品数据，数据团队发现超半数的宠物主人更关注宠物的肠道健康状况（如图 9.3-1 所示），少数用户关注消化系统问题。

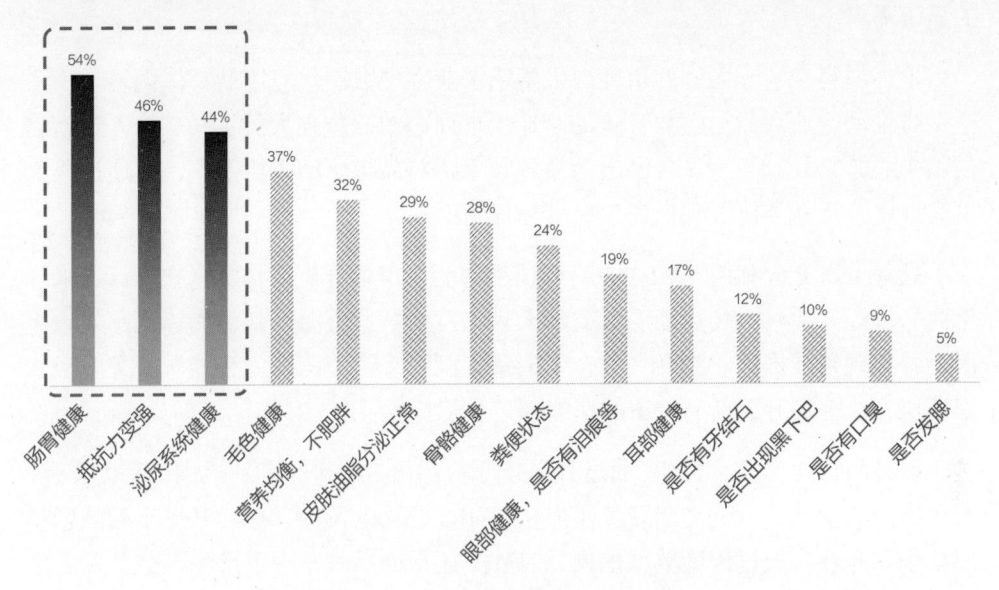

图中各项数据：
- 肠胃健康 54%
- 抵抗力变强 46%
- 泌尿系统健康 44%
- 毛色健康 37%
- 营养均衡，不肥胖 32%
- 皮肤油脂分泌正常 29%
- 骨骼健康 28%
- 粪便状态 24%
- 眼部健康，是否有泪痕等 19%
- 耳部健康 17%
- 是否有牙结石 12%
- 是否出现黑下巴 10%
- 是否有口臭 9%
- 是否发腮 5%

图 9.3-1　淘系平台的宠物商品数据

为进一步细化洞察，数据团队通过对 100 位猫主人的微观小数据问卷调查，深入了解了特定群体的需求。调查结果表明，宠物主人最关注的是宠物食品能够帮助改善肠道健康和缓解泪痕问题（如图 9.3-2 所示）。

第4题：对于猫粮，你最希望它能解决的问题是？ [单选题]

选项	小计	比例
靓丽毛发	9	9.38%
毛球排出	5	5.21%
泪痕缓解	5	5.21%
肠胃消化	50	52.08%
便臭减轻	16	16.67%
其他 (请注明) [详细]	11	11.46%
本题有效填写人次	96	

图 9.3-2　微观小数据问卷调查结果

综合宏观与微观数据，得出结论：宠物主人普遍关心肠道健康、毛发养护及眼部保健，尤其是肠道健康和泪痕问题。虽然调查规模有限，但能透露一部分潜在客户的偏好，这一发现与大数据趋势相吻合，凸显了市场对这类健康宠物食品的显著需求。

上述内容从实际案例的角度深入阐述了业务中数字化应用的具体内容。为了进一步推动企业商品运营数智化的落地，下面介绍一款强大的工具——天猫新品创新中心（TMIC）。该平台已成为品牌数字化新品孵化的重要引擎，它通过九大策略维度，从新品研发到推广，提供全程辅助。

品牌可以充分利用 TMIC 的趋势预测功能、市场分析工具及测款工具，来优化商品设计并测试市场反馈。得益于天猫丰富的数据资源，新品能够更高效地上市，并实现精准推广。TMIC 融合了消费者洞察、产业图谱、智能研发等多个数据模块，显著提升了新品上市的速度和市场适应性。

以食品行业为例，TMIC 通过其风味原料图谱，为口味创新提供了有力支持。而在快消品领域，海蓝之谜品牌便依托 TMIC 的功效图谱，成功开发出新品紧塑刀精华。此外，通过深度数据挖掘，TMIC 还帮助品牌发现了市场机会，并实施精确推广。

TMIC 的核心价值在于其强大的大数据支持能力，这已成为新品在激烈市场竞争中脱颖而出的关键所在。

与 TMIC 合作开发新品的过程也是消费者参与新品孵化的过程。它能够反映市场真实需求的声音，并帮助品牌创造出真正符合市场和消费者需求的爆款商品。综上所述，TMIC 的数字化上新策略已成为品牌在竞争激烈的市场中，高效率、精准度推出新品的强大后盾。通过这种模式，品牌不仅能够快速响应市场趋势，还能够与消费者共同创造商品，实现品牌与消费者的共赢。

9.3.2　商品铺货：小家电的精细化管理实践

基于销量预测和商品铺货的基本逻辑，根据不同地理位置、不同店铺的需求，利用数字化手段进行科学的组货和铺货。在不同价格带的商品线中，销量分布有显著差异。为了实现最优铺货策略，首先需要构建最优的商品组合策略，初步解决方案如下：

- 数据驱动的市场评估：利用大数据分析和市场调研，精确评估不同地区市场的潜力和消费者行为，从而量化市场容量和消费水平。

- 明确目标与定制化策略：设定具体的销售额目标，并结合人货场特征，为每个门店定制商品组合。
- 智能推荐系统应用：基于销售目标和市场数据，运用智能推荐系统提供最优的商品组合。
- 组合模拟与评估：对选定的品种组合进行销售额模拟计算，并通过综合评估确定最佳组合方案。

通过上述解决方案，可以提高选品铺货的科学性和效率，帮助商家在多样化的市场环境中做出更精准的决策，提升管理水平，并最终实现货品快速、高效地铺设和统一管理。

以某品牌小家电为例，数据团队深入挖掘其各商品线在不同价格带的销量分布特点，发现诸如电饭煲、电压力锅和煎烤机等基础功能型商品，消费偏好主要集中在低端市场；而对于食品加工机、料理机、免手洗豆浆机及传统豆浆机等高端技术型商品，则表现出更高的价值认同与购买意愿。尤其在定位为"高端品质生活调性"的门店中，中高端商品的销售占比明显高于其他类型门店。

为了制定更加精细化且符合市场需求的组货策略，数据团队采取严谨的数据驱动方法，分三个步骤进行。

1. 数据输入阶段

基于月度数据颗粒度，收集有效参与门店的详细信息，包括但不限于门店编码、各类门店销售数据（如 GMV、销量等）及商品属性标签（如产品线、价格区间等），确保数据全面覆盖所有关键变量。

2. 算法建模——门店分类

通过算法模型对门店进行分类，依据店态、聚类类型、区域位置及城市级别这四个维度进行细分。在实际操作中，将门店划分为 KA 大客户门店、传统零售门店、购物中心门店及品牌专卖店等不同类型。

3. 算法建模——商品分类

进一步聚焦于商品线和价格带两个核心因素，筛选出销量排名前 15 的商品，并将商品划分为高端、中端和低端三个价格层级。

通过以上两套算法构建的门店分类与商品分类体系,数据团队能够科学地输出针对不同门店类型的定制化组货和铺货方案,以实现精准投放、优化库存结构、提升整体销售效能,并满足消费者多元化需求的目的(如图 9.3-3 所示)。

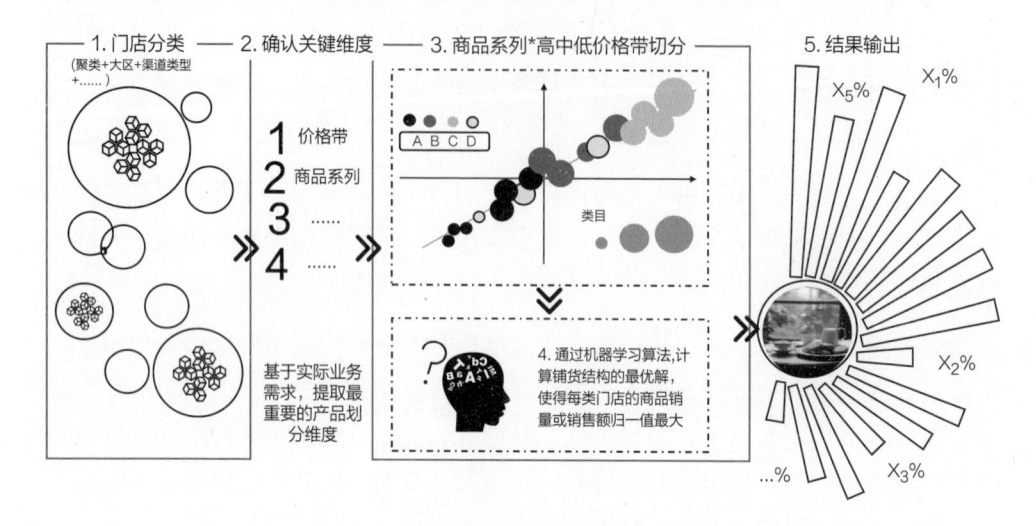

图 9.3-3 组货策略

之后,通过 A/B 测试衡量组货策略对门店销售表现及消费者行为的影响。测试过程中,通过比较不同门店的销售额和销量,分析客单价趋势。若有会员数据,则深入分析购买频次、商品件数及购买行为。经过为期两月的测试和优化,数据团队可以准确衡量组货策略的效果,并提升供应链决策效率。

9.3.3 需求预测:供应链优化的实战案例

在供应链管理中,预测是处理不确定性和优化决策的重要工具。Alibaba DChain Forecast(以下简称为 DChain)是基于阿里云的智能预测工具,旨在简化 AI 时间序列预测。它无须编码,易于使用,专为非技术用户设计,提供直观的操作界面和可调整的设置。依托阿里巴巴集团丰富的技术经验,用户可以迅速获得高准确度的预测结果。该系统广泛应用于零售和制造业,具备自动化调参、训练、数据上传和结果输出的功能,并支持 API 集成,确保高准确性和易用性(如图 9.3-4 所示)。

第 9 章 价值化：数据驱动产销协同

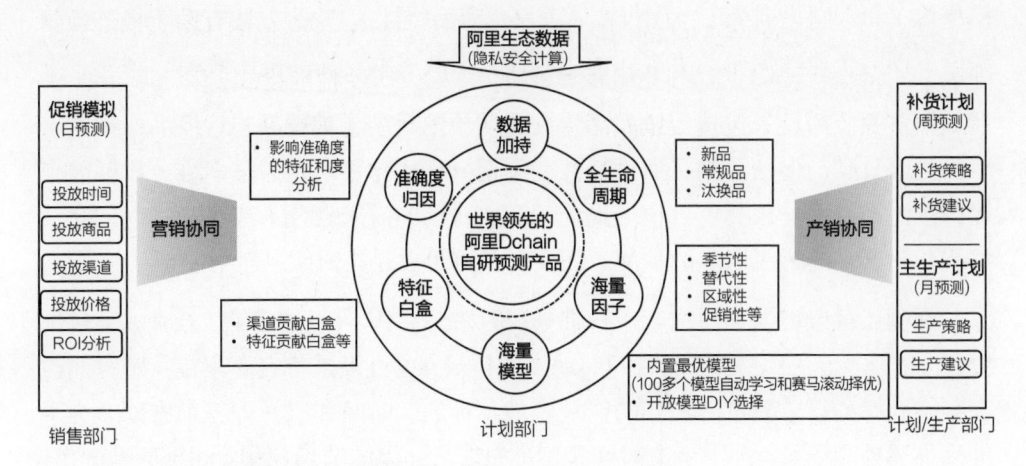

图 9.3-4　自研预测产品 DChain

在具体应用过程中，阿里巴巴集团的供应链数字化团队运用 Falcon 算法和定制解决方案，着重提升预测准确性以解决供应链中的关键问题。团队通过一年以上的历史销量数据、商品信息和季节性指标，结合活动影响，精细化预测销量。分析还包括历史销量、地理信息、商品特定数据、季节性趋势等，这些评估有助于企业制定更有效的促销策略。

为了进一步提高销量预测的精确性，团队使用详尽的历史订单、价格、地理位置等数据，并通过 HMM 机器学习模型和节假日趋势分析，提供短期和长期的销售预测。此外，他们还考虑了商品单品趋势与促销活动的概率关系，以优化预测。这样的实践证明了 DChain 在数字化供应链领域的领先地位，也在国际奖项中获得了认可。

在数据生态资源设计方面，庞大的生态数据资源显著提升了销量预测的准确性和效率。采用隐私增强计算技术，在保护数据隐私的前提下，结合阿里巴巴集团合作伙伴的数据资源进行协同训练和预测，提高了数据安全和合规性。通过多方数据建模，实现全面准确的销量预测。例如，利用城市级和零售节点数据预测销量，证明引入生态数据可以将预测误差从 54.2% 减少到 45.8%。

在模型设计方面，供应链预测算法识别历史数据规律以预测未来，主要基于时间序列数据。技术发展经历了从时序统计模型（如 ARIMA）、机器学习（如随机森林）到深度学习（如 LSTM）的过程，逐步提高了准确度和数据处理能力。高效预测模型需要注重数据清洗、特征设计、模型构建（包括分类、回归、集成模型等）和定制化训练（考虑行业、商家、商品特性）。这些方法有助于提升预测精度，助力企业数据驱动决策，优化库存，降低成本，提高整体效率。

具体的应用场景包括：按商品生命周期预测新品、常规品与汰换品；按销售事件区分日常与促销预测；通过特征和渠道分析优化策略；通过多维分析归因来提升预测准确性。预测可以根据提前期和实时性的需求划分为离线和实时预测。离线预测通常指天级以上的预测，而实时预测可以是小时级甚至分钟级。

预测还可以根据不同维度进行细分。例如，GMV 可以按店铺、行业、类目细分；可以是特定 SKU 在特定时间和地点的销量；也可以是特定商家在特定时间内在某个仓库的订单数量。预测的颗粒度涉及标的、时间和空间等三个维度。为了准确描述预测场景，还需考虑时间跨度（如未来 4 周的销量预测）和预测准确率。

明确预测结果的下游用途也至关重要。如果预测结果用于优化决策算法，则准确性和稳定性更受重视；如果直接供决策者使用，可解释性和透明度则显得更加关键。理解这些要求有助于定制和优化预测算法，以适应不同业务场景的特定需求，从而提升供应链的整体效能和响应能力，提供战略决策支持。

9.3.4 精准补调：瓴羊赋能快消品供应链优化

在商品补调的实践探索中，销量预测成为智能补货策略的基石，它依托于数据分析为补货决策提供了贴近市场需求的预估，确保补货决策能满足市场需求并避免库存过剩。瓴羊为某企业量身定制了一套全渠道数字供应链解决方案，深化其在销售预测与库存管理上的智能化水平。通过集成瓴羊的先进技术和平台，企业实现了产销协同效应的飞跃与销量预测的高精度把控。我们团队助力构建的数据中台，加速了供应链升级，提高团队效率。核心服务涵盖了以下几个方面：利用瓴羊的智能预测工具，准确预估市场需求；借助库存 AI 管理系统，实现动态库存优化；实施产销流程的深度优化策略；提供链路可视化的管理界面，使得供应链的每一环节都透明可追踪。此外，结合钉钉平台的即时通信与协作优势，确保了供应链的实时监控与灵活调度，大大提升了决策效率与运营流畅度。

销量预测与智能补货是相辅相成的，准确的销量预测是智能补货的基础，确保供应链既敏捷又高效。接下来，我们将概述"优化方案"的核心框架，该框架通过核心 KPI 预警、缺货预警和滞销预警快速定位库存健康度的问题，模拟供应链参数的优化调整对业务的正面影响，从而为决策者提供明确的优化路径，助力解决现存问题（如图9.3-5所示）。

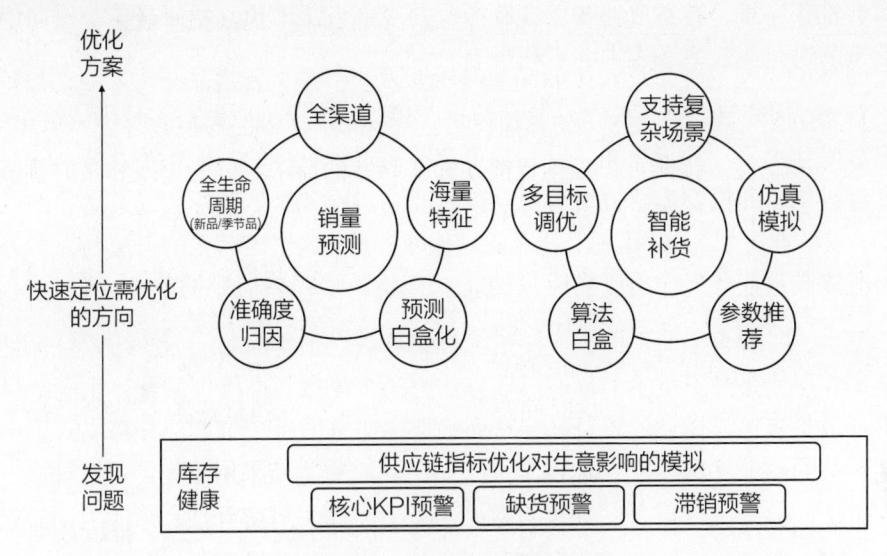

图 9.3-5　销售预测与智能补货

此番改进通过提升商品在架率成功挽回销售流失，并通过缩短商品周转天数加速资金回笼。在月度数据的追踪中，销量预测的准确率得到了10%~20%的平均提升。

针对国内某快消品牌在优化线下渠道的补货与调拨策略时，首先明确业务优化目标，重点关注缺货率、周转天数及服务水平等关键绩效指标。通过深入分析库存仿真，采用先进的业务模拟技术推荐补货参数，包括基于业务目标定制的安全库存水平、基数库存和供应商交货周期，确保从制造商到区域仓、城市仓直至门店、前置仓库的各层级补货精准。

为了深化管理的精细化程度，对商品实行五级分类管理：超爆商品、爆款商品、潜爆商品、腰部商品及长尾商品，并据此调整补货策略重心，从着重保证超爆商品和爆款商品的在架率，逐渐转变为对全品类商品周转效率的有效控制。

运用季节性识别算法与季节性曲线拟合方法的实践效果显著：线下渠道货品月度需求预测准确率达到75%，其中季节性商品的预测准确度提升10%；在架率成功预估提高1%，有效挽回了高达1.5亿元的潜在销售损失；同时，周转天数预期缩减10%，释放了数亿元的资金占用，节约了年化资金成本约1800万元。这些措施有效提升了该品牌的市场响应速度和服务水平，并显著优化了其供应链运营效率和经济效益。

我们团队聚焦如何在细粒度（特定的产品和仓库维度）上构建一个高效的补货参数推荐系统，旨在改善各供应链指标并减少人工干预，从而避免一概而论的补货策略对企业效率和成本的不利影响。

首先，构建核心在于一个补货参数推荐模型，该模型应针对多种供应链指标，如安全库存水平、补货周期，以及基于业务需求和目标的其他相关参数。针对安全库存设定，此模型需要分析历史的销售波动、服务水平目标，以及潜在的供应风险，以推荐每个 SKU 在每个仓库的最佳库存量。这个定制化的方法确保了补货策略既能满足业务运作的流畅性，又避免了多余的库存造成的资金占用。

其次，一种自上而下的供应链指标拆解算法对于将战略层面的绩效目标具体化至操作层面是必不可少的。通过该方法，一个复杂且高维度的整体供应链目标被拆分成具有可操作性的子目标，从而确保供应链的每个组成部分都能协调一致地朝着共同的最终目标努力。

在实际操作中，建立一个基于历史数据（例如历史库存动态、报废数据）的库龄推断模型也是提高补货精度的关键。这个模型能够估算每批次货物的预期库龄，在需要评估库存健康，或者进行优化模拟时，可以提供重要的决策支持。

针对快消品等极短保质期商品，一个单周期的仿真优化模型能够有效地替代更为复杂的多周期模型。在这些案例中，重点在于减少商品损耗以及预测未来损耗情况，从而为库存管理、实时调整线上销售策略和补货决策提供依据。在补货模型的构建过程中，损耗预估是不可或缺的一环。合理地估算损耗量，可以为后续库存策略的及时调整（比如定价、促销活动）提供数据支撑。有了准确的损耗信息，企业能够更有效地执行库存健康管理，同时减少不必要的库存积压和损耗。

综上所述，通过搭建一套结合细粒度补货参数推荐、供应链指标拆解逻辑、库龄及出库规则推断模型的综合决策分析体系，企业能够实现供应链优化的双重目标：提高业务效率同时降低运营成本。这种精细化的补货策略将使企业能够以更低的成本实现更高的服务水平，进而增强市场竞争力和客户满意度。

第10章 CHAPTER 10

价值化：
多源数据融合的智能营销探索

在现今的营销场景中，无论是获取新用户、提升用户留存率，还是促进购买、广告变现，都离不开丰富的大数据能力。比如，互联网用户通过自有数据持续优化，准确定位受众，实时数据分析、监控和反馈机制，形成不断迭代的策略，最终达成广告效益和推荐效果的最大化。具体链路包括：第一，全面收集与广告活动相关的数据，涵盖用户互动（点击、浏览、转化）、用户属性（兴趣、设备信息等）、广告内容特征及展示环境等；第二，利用画像细分，实施高度个性化的广告内容定制，确保广告或推荐内容与用户需求的匹配；第三，实时分析用户行为，动态调整广告内容，提升用户体验；第四，建立效果监控与反馈机制，跟踪广告投放的每一步表现。最终，评估广告活动效果，收集反馈，不断将新的洞察反馈到数据模型和优化策略中，形成闭环优化流程。通过这一系列有序且持续优化的流程，互联网广告和内容推荐能够更加有效地触达目标受众，有效提升效果。

尽管企业自有数据在相关性方面具有不可替代的优势，但随着企业所处应用能力的不同阶段，对数据效能构成了自然限制。以媒体平台推荐系统为例，它既要面对由初始数据稀缺导致的"冷启动"挑战——新用户因在系统中的行为记录极少，推荐系统难以精细化匹配；又要警惕推荐系统可能形成的"信息茧房"效应，即仅依据用户在平台内部的行为习惯构建偏好模型，这种做法易使用户的视野受限，仅反映平台既有流量的偏狭视图，从而筑起一道信息壁垒。这种模式构成的信息屏障，使得企业难以透视市场的全貌，会导致已有的数据信息透支严重，未知的数据信息却得不到开发利用，不久就会到达增长的瓶颈。在此背景下，多方数据融合建模和推荐需求也应运而生。

10.1 多源数据融合的价值场景案例

本节聚焦于多源数据在营销服务增强上的两大关键应用领域：首先，是互联网媒体平台端内内容推荐与广告推荐效率的提升；其次，涉及通过 RTA（Real-Time API，实时广告接口）在媒体广告投放中助力广告主实现更准确高效的新用户获取与效率提升。

1. 特征融合提升商业广告收入

在当今数字经济时代，广告媒体平台通过展示定向广告来实现流量变现，这成为其核心商业模式之一。然而，广告受众的准确性直接关系到广告收入的高低，因此，为了提升广告模型的效果及最终收益，平台必须对广告投放进行优化，这就是多源数据发挥作用的关键时刻。传统上，这类平台主要利用一方数据，如用户在平台内的浏览历史、点击行为和个人设置等信息。尽管这些数据极具价值，但在反映用户跨平台行为模式时可能显露局限性。多源数据的引入可以补充这些信息的缺失，通过外部行为特征和背景分析为广告定位提供额外的维度。

实际操作中，多数媒体平台在做站内商业化变现时，发现自有数据在多个行业预估转化率已经达到天花板，广告收入增长遭遇瓶颈。在此背景下，可通过与合作伙伴进行编码特征的方案，将双方的特征在合规的环境下融合训练，有效提升模型预估转化率。

2. RTA 平台提升广告推荐效率

原本 RTA 平台允许广告主在广告投放过程中实时参与决策，使其能基于自身数据对每一次展示机会进行个性化评估和出价，从而提升广告效果，但由于请求的流量对广告主来说常为新流量，多数广告主会陷入数据匮乏的窘境，因此多数据融合的 RTA 平台服务就变得十分必要。该平台利用大数据平台以及精细化的广告场景分析能力，加之为移动互联网企业定制的多源数据支持，旨在为广告主提供其自身不具备的对用户准确判断的能力，与媒体广告投放平台优势相结合，实现 1+1>2 的目标。目前被使用最多的能力包括准确的用户价值预估能力、流量作弊判断能力，包含两类输出模式。

- 输出对流量要或不要的判断。对于判断不要的流量，媒体侧在收到 RTA

平台的返回结果后，不再对该请求展示广告主的任何广告创意；对于判断为要的流量，媒体会允许广告主继续参与广告排序与竞价。

- 输出对流量的溢价系数。高价值的用户溢价大于 1，反之则小于 1，目前主流的广告平台都支持 RTA 平台返回溢价系数。

在高价值用户获取成本高昂的行业，如金融、游戏等领域，此能力已逐渐成为标准服务。这一模式允许广告主根据用户的即时数据进行广告投放，增加了获得高质量流量的可能性。

10.1.1 营销服务的痛点透视与核心需求解析

下面结合当前市场上的用户特性，通过一个典型案例揭示多源数据协作模式对营销活动的关键作用，这里特别关注 RTA 平台如何增进广告推荐的效率。

以国内顶级游戏开发商 A 公司为例，该公司集游戏研发、运营与发行为一体，其明星产品 B 游戏在策略游戏界崭露头角，全球表现亮眼。持续推广至今，B 游戏全球累计收入已超 10 亿元人民币，并在全球超过 50 个国家的苹果 App Store 与谷歌 Play 商店畅销榜单中稳居前五，上升势头强劲且平稳地保持在畅销榜前列。在国内，B 游戏同样在各大广告媒体平台投入重金，推广力度强劲。但是随着时间推移，在移动互联网渗透率趋顶的大背景下，用户自然增长的红利正在消退。通过与业务部门进行深入的分析和调研沟通，我们发现 B 游戏面临的核心问题在于：在依赖媒体平台拉新买量这种模式下，投放费用越来越高而近端转化率则逐渐下降，如何维持用户规模的高速增长，是 B 游戏当下面临的重要挑战。具体如下（如图 10.1-1 所示）。

1. **品牌广告投放拉新成本越来越高**

- 广告投放策略不合理：急于扩大广告投放范围，这虽然促进了曝光与点击量的上扬，但转化效果未见同步增长，致使成本升高。广告投放忽略目标用户的需求和兴趣，不仅降低了广告影响力，亦间接推高了广告成本。

- 竞争对手的影响：竞争对手的出价和策略也会影响信息流广告成本。一些竞争对手可能会采用恶意点击等不正当手段，提高广告成本。此外，一些竞争对手通过优化出价和策略积极抢占曝光资源，进一步推升了广告成本。

2. 广告投放拉新效率降低，近端转化量级受阻

- **出价受限**：出价是影响信息流广告成本的重要因素之一。A 公司内部考核越来越严格，出价难以调配得当，无法针对流量做到个性化出价，导致用户新增困难。

- **预算限制**：游戏推广通常需要较大的广告预算来实现用户数量的增长。预算不足会严重制约推广的规模和频率，限制了新用户的吸纳，尤其是在有限预算下追求最优转化率成为重大考验。

- **聚焦目标群体不准确**：投放过程中，未能精确锁定并聚焦潜在的高价值用户群体成为一大困扰。一味广撒网可能会导致资源浪费，错失那些最具潜力成为忠实用户的目标受众。

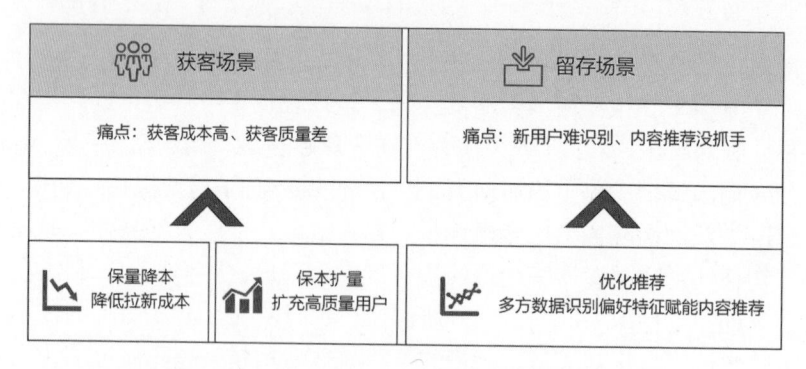

图 10.1-1　通过优化获客和留存场景来提高营销效果

10.1.2　RTA 构建高效广告投放优化实战

总的来说，游戏类产品竞争激烈，广告营销成本一直位于各行业头部水平，如 B 游戏在获取新用户时成本持续居高，且大部分新用户直接流失或者无法进行游戏内充值，严重影响投资回报率（ROI）的提升。因此，B 游戏希望媒体平台能准确定位付费意愿强的用户，同时剔除掉点击广告、注册广告后不付费的用户，实现用户高质量的增长。通过历史投放中的设备后链路转化结果，我们团队依托多方数据和特征进行建模，预判设备能否付费，成为高质量用户，并通过 RTA 的方式，让拉新成本向付费用户倾斜，最终实现付费用户增长，无效用户大幅降低，提升广告投放 ROI。

在解决上述问题的过程中，两大症结凸显：首先，深层转化模型构建的缺失成为瓶颈。当前，大部分拉新链路为"曝光→点击→转化"，但此转化链路无法帮

助 B 游戏实现区分流失用户与高质量用户的需求。事实上，B 游戏对应的拉新链路为"曝光→点击→浅转化（激活）→深转化（注册）→付费"，现有的 CTR/CVR 模型难以覆盖浅转化之后的用户转化行为，导致拉新效能依旧无法提升。其次是新用户冷启动问题。尽管目前开放了 RTB（Real-Time Bidding）/RTA（Real-Time API）等接口，支持广告主对媒体广告位过滤、实时竞价，但广告曝光设备对 B 游戏而言是新用户。面对初次曝光的新设备，如何在用户行为尚不明朗的冷启动阶段，准确判断其价值属性，成为亟待解决的问题。

1. 深链路建模方法

B 游戏每日反馈前一天的曝光设备信息及相应转化标签，供训练模型。针对注册成本优化的目标，最初构建了以注册为最终转化目标的注册模型，目的是区分注册设备与其他设备。为了训练注册模型，过去一段时间内的注册设备被选为正样本，相同时间内的激活未注册（浅转化）及点击设备作为负样本。由于激活未注册设备被当作负样本，注册模型对这类设备的打分偏低，从而实现对这部分低质量转化的过滤，但注册模型事实上没有学习到预期的行为。后经过分析发现，B 游戏的点击激活率远低于激活注册率（差两个数量级），这导致区分激活与注册的难度远高于区分点击与注册。虽然负样本同时包含了点击与激活未注册，但数量上前者远高于后者，注册模型为了更好地区分点击与注册，转而选择混淆激活与注册。

在定位问题后，马上升级了策略，改为单独训练深转化模型（激活→注册），分别用注册设备及激活未注册设备作为正负样本，深转化模型获得了对激活与注册的区分度。随后注册模型与深转化模型级联，设备总评分为两者分数的几何平均值（Sqrt，注册模型分 × 深转化模型分）。通过对最低分段设备进行过滤，过滤更多的激活未注册设备，从而实现成本更多覆盖注册用户的高质量用增目标。

2. 引入低分过滤高分溢价的混合策略

B 游戏的最初目标是保量降本，通过过滤注册与次日留存率低的曝光，实现成本降低，但这个过程中需要同时控制过滤的注册/次留（次日留存率）。我们团队后续升级尝试了"低分过滤高分溢价"的混合 RTA 策略，这使得从利用模型低分段排序能力转而利用模型的全排序能力。混合策略一方面支持过滤更多的低质量的低分段曝光，同时通过高分段溢价弥补多过滤的量并进一步拉低成本。在线上实验阶段，混合策略的注册/次留成本分别降低，比同时期过滤策略的注册/次留成本有显著下降（如图 10.1-2 所示）。

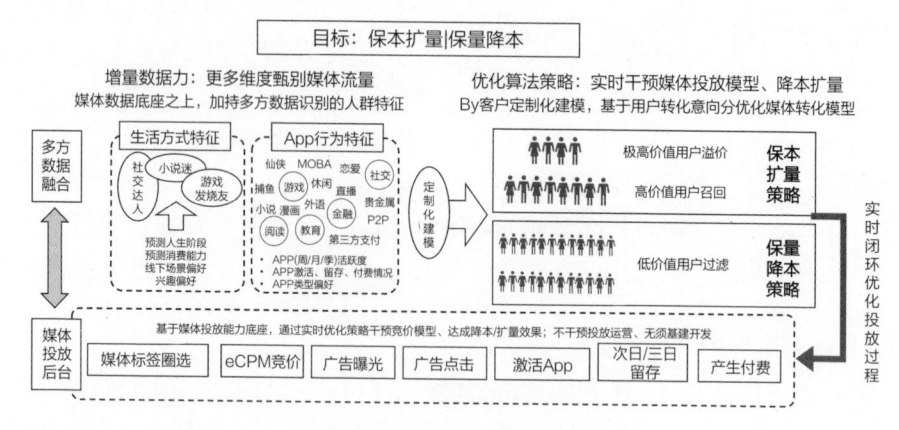

图 10.1-2　整体策略示意图

10.1.3　LBS 数据赋能品牌跨渠道协同效应

自 2010 年成立以来，薇诺娜品牌在护肤领域展现出了对解决中国消费者肌肤问题的独特关注。面对行业内的激烈竞争和新品牌的不断涌现，薇诺娜品牌致力于通过跨渠道的营销战略来塑造其品牌形象。尽管品牌在线上线下进行了全方位的营销布局，但如何准确评估线下广告效果和实现跨渠道营销协同，仍是其面临的主要挑战。

目前，薇诺娜品牌在数据技术支持方面存在一定的缺口，这限制了其在潜在客户群体的精准识别、科学制定投放策略、优化点位布局和预算配置等方面的能力。广告投放环节缺乏实时监测，投放后也缺少系统性的效果评估机制，导致无法有效循环利用人群资产，营销链路出现断裂，难以构建起有效的闭环管理。这些问题直接影响了市场部门在预算申请和效果验证上的决策效率和信心。为了提升营销活动的精准度和效率，薇诺娜品牌需要通过引入先进的技术手段来解决这些挑战。

为了解决上述问题，薇诺娜品牌采取了一系列针对性措施。

1. 数智化准确定位与细分市场

深入商业洞察分析，依据品牌所属行业、商品特性、市场状况等指标，综合品类受众的基础属性及社会属性，薇诺娜品牌圈选出"新锐白领""资深白领""精致妈妈""Z 时代"作为四大核心客群。对核心客群进行涵盖基础属性、线上应用偏好、线下场景偏好等多维度的刻画，最大化进行潜客人群准确定位挖掘，为品牌广告后续分析奠定良好基础（如图 10.1-3 所示）。

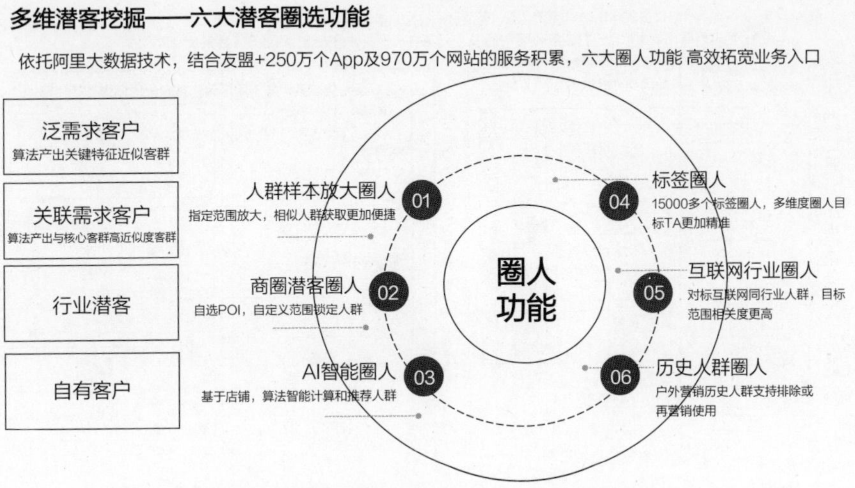

多维潜客挖掘——六大潜客圈选功能

依托阿里大数据技术，结合友盟+250万个App及970万个网站的服务积累，六大圈人功能 高效拓宽业务入口

- **泛需求客户**：算法产出关键特征近似客群
- **关联需求客户**：算法产出与核心客群高近似度客群
- **行业潜客**
- **自有客户**

圈人功能：

- 01 人群样本放大圈人：指定范围放大，相似人群获取更加便捷
- 02 商圈潜客圈人：自选POI，自定义范围锁定人群
- 03 AI智能圈人：基于店铺，算法智能计算和推荐人群
- 04 标签圈人：15000多个标签圈人，多维度圈人目标TA更加精准
- 05 互联网行业圈人：对标互联网同行业人群，目标范围相关度更高
- 06 历史人群圈人：户外营销历史人群支持排除或再营销使用

图 10.1-3　多维潜客挖掘——六大潜客圈选功能

薇诺娜品牌依据精确的消费者特征分析，挑选了上海这一具有较高购买力的城市，利用地铁广告位的优势资源。品牌在此策略下，有目的地发布了与自身理念紧密相关的户外广告。这一做法有效地提高了品牌在公众视野中的知名度，并加强了与目标消费群体的联系和互动。

2. 多维度洞察分析

地铁在城市交通系统中扮演着重要的角色，尤其受到短途通勤者的青睐，展现出其覆盖面广的独特优势。作为一个流动性和稳定性相结合的公共空间，地铁吸引了大量的常住居民和流动游客。在高峰时段，例如上下班时间，地铁尤为拥挤，这时的乘客主要是白领等固定群体，为广告提供了一个高效的传播目标。

地铁广告通过多种形式展示，包括动态的LED屏幕、静态的灯箱广告及车厢内外的全面包装，创造了一种全方位的传播环境。这种多维度的广告展示方式，不仅提高了信息传递的效率，也增强了受众的参与感，使得地铁广告在触达受众方面具有明显的优势。

薇诺娜品牌运用瓴羊营销云的天攻智投功能，对其广告投放效果进行了详尽的分析。分析内容涵盖了统计广告覆盖的总人数、潜在客户的比例。此外，还研究了受广告影响的群体在电商平台上的行为模式，包括他们的行动意向和搜索活动的频繁程度。通过这些数据，薇诺娜品牌评估了户外广告对消费者心理的影响，以及其对电商销售转化的促进作用（如图10.1-4所示）。

全链效果衡量——前链路曝光监测+后链路效果转化衡量能力

> 户外多媒体场景对接及监测，无须费力寻找，省时省力对接各类户外广告资源
> 后链路转化效果识别，打造电商/互联网/线下门店客户专属评价指标，打通户外营销全链路评估

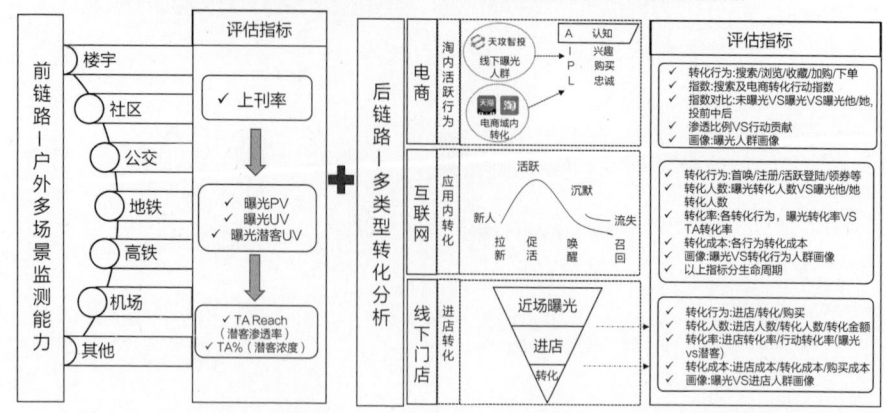

前链路—户外多场景监测能力		评估指标		后链路—多类型转化分析			评估指标
	楼宇	✓ 上刊率		电商	淘内活跃行为 / 电商域内转化	A 认知 / I 兴趣 / P 购买 / L 忠诚	✓ 转化行为：搜索/浏览/收藏/加购/下单 ✓ 指数：搜索及电商转化行动指数 ✓ 指数对比：未曝光VS曝光VS曝光他/她，投前中后 ✓ 渗透比例VS行动贡献 ✓ 画像：曝光人群画像
	社区						
	公交			互联网	应用内转化（活跃：新人→拉新→促活→唤醒→召回，沉默，流失）		✓ 转化行为：首唤/注册/活跃登陆/领券等 ✓ 转化人数：转化人数VS曝光他/她转化人数 ✓ 转化率：各行为转化率，曝光转化率VS TA转化率 ✓ 转化成本：各行为转化成本 ✓ 画像：曝光VS转化行为人群画像 ✓ 以上指标分生命周期
	地铁	✓ 曝光PV ✓ 曝光UV ✓ 曝光潜客UV					
	高铁						
	机场			线下门店	近店曝光→进店→进店转化		✓ 转化行为：进店/转化/购买 ✓ 转化人数：进店人数/转化人数/购买金额 ✓ 转化率：进店转化率/转化率/曝光vs进店 ✓ 转化成本：进店成本/转化成本/购买成本 ✓ 画像：曝光VS进店人群画像
	其他	✓ TA Reach（潜客渗透率） ✓ TA%（潜客浓度）					

图 10.1-4　全链路效果衡量——前链路曝光检测+后链路效果转化衡量能力

3．广泛传播与深刻影响

本次营销活动累计实现观看人数超过 600 万人次，总曝光次数超过 1 亿次。活动成功触达的潜在客户群规模超过百万人，城市目标潜客的覆盖率达到 30%以上，并且在所有曝光受众中，潜在客户的构成比例提升至大约 18%，较自然分布状态下提高了 68%。其中，观看次数与总曝光次数与上海地铁官方披露的客流量统计数据相匹配，实现品牌在成本控制与高效利用户外媒体资源方面的平衡，同时通过频繁的曝光，广泛触及了地铁环境中的乘客群体，进一步验证了市场定位策略的精确性及其带来的实际效果。

值得注意的是，已婚已育客群对薇诺娜品牌的倾向性明显优于其他客群；同时这批曝光人群中轻奢消费 TGI（目标群体指数）特征显著，预示着该群体具有较强的消费能力和潜力，在后期销售转化方面更具优势。就曝光人群线上偏好特征而言，他们对出行导航、旅游住宿、商务办公及购物比价等内容尤为关注，这些偏好特征与天攻智投为品牌圈选出的"新锐白领""资深白领""精致妈妈""Z时代"四大潜客人群偏好特征较为符合，反向证明了人群圈选策略的正确性。

在整合线上电商平台数据后，通过分析线下广告曝光人群与未曝光人群的线上行为模式，进一步验证户外广告的影响力及其对品牌互动的积极作用。以下是对客户行为的深入探索分析。

- **曝光行为活力**：数据显示，经曝光的客户展现出的行动积极性是未曝光客户的近两倍。尤为突出的是，预先圈定的潜在客户群体对品牌展现出极高的兴趣度，其行动力是整体曝光群体平均水平的 6.4 倍。

- 品牌搜索热度：曝光客户的搜索指数较未曝光客户高出 1.7 倍，而预先锁定的潜在客户群体的搜索活跃度更达到整体曝光人群的 4 倍，表明广告有效激发了目标群体的兴趣探索。
- 潜客行动贡献度：潜客行动贡献度约 30%的潜在客户贡献了接近 40%的行动人数，在投前精细化圈人和投中强势曝光的影响下，潜在客户发挥出了极大的价值，本次户外营销达成了事半功倍的效果。

薇诺娜品牌借助天攻智投的准确先期客户划分以及德高提供的优质广告位资源，成功实施一场效果卓越的户外营销活动。同时，借助天攻智投提供的数字化分析与多角度洞察，对营销活动进行全面而深入的效果评估，真正实现了营销效果的透明化与可量化管理。

4．数据回流助力品牌二次运营

长期以来，户外营销的一大痛点在于难以实现线下数据与线上进行品牌效果协同的全链路营销，尤其是大数据时代背景下，如果不能利用线下数据反哺线上，无疑削弱了户外广告的潜在价值。薇诺娜与瓴羊的此次携手，成功破解了这一难题。通过天攻智投的投后数据沉淀功能，成功地将本次户外营销的曝光数据融入薇诺娜的线上品牌数据库中，并在此基础上深入分析，与品牌私域数据进行交并差计算，以识别客户特征的异同，为数据的细分管理与策略制定提供依据，助力品牌在线上电商平台域内二次运营，实践了线下助力线上品效协同的 AIPL（Awareness、Interest、Purchase、Loyalty，认知、兴趣、购买、忠诚）营销（如图 10.1-5 所示）。

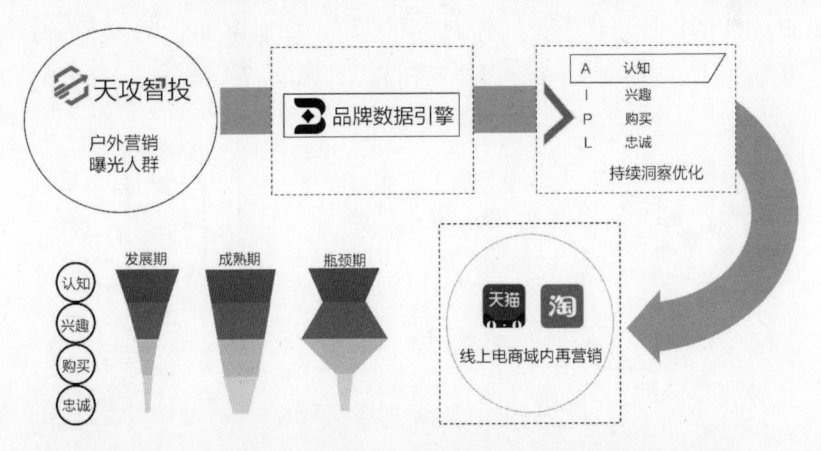

图 10.1-5　天攻智投助力品牌实现线下助力线上品效协同的 AIPL

对于薇诺娜品牌来说，这次大规模的户外广告投放在新客户心中树立了品牌形象，并且吸引了大量潜在客户。通过这次活动收集的数据和人群信息，为品牌未来的营销活动提供了新的数据支持，有助于品牌的持续发展。同时，对媒体方来说，这次广告活动的成功展示了基于 LBS（Location Based Service，基于位置服务）技术的户外广告在吸引新客户方面的有效性，其在打造高品质品牌曝光方面的贡献是显著的。

10.2　多源数据融合的关键技术

10.2.1　通过 OneID 建立标签画像

1. OneID

在面对用户跨应用体系的行为数据产生的多样标识时，为了全面刻画数据，阿里巴巴集团提出了 OneID 技术的概念。在数据合规的前提下，针对不同 ID 的行为相关性、相似性进行规则和算法的计算，并进行归一处理。经过其处理后形成的统一 ID，称为 OneID，其优势如下。

- 用户的行为特征更加丰富。
- 营销更加准确，并提升营销疲劳度的控制水平。
- 提升欺诈风险的识别准确率，降低潜在的交易风险。

在 OneID 的设计流程上大致分为三个步骤，分别为核心 ID 关联关系挖掘、最大联通子图 ID 聚合、唯一设备 DID 生成，如图 10.2-1 所示。

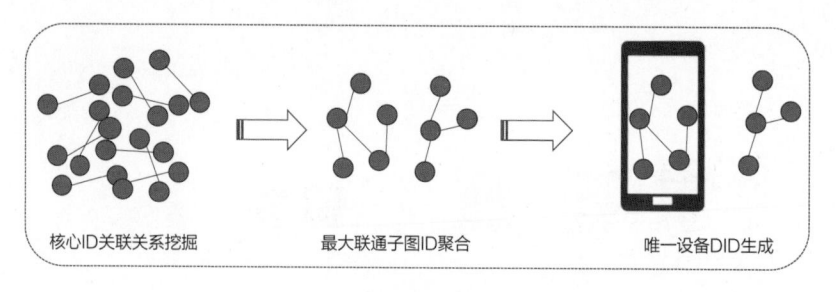

图 10.2-1　构建 OneID 的三个步骤

从认知心理学的角度，用户标签暗合了人类简化认知世界的机制。人类为了简化思考，通常也会通过概念化的方式简化事物认知，这种概念认知就是标签。多个标签就可以组成用户画像，它是基于用户行为分析获得的对用户的一种整体刻画和认知表达，也是数据驱动智能营销的最关键核心部分。另外，应当在理解层面上明确"用户标签"与"用户透视"的区别：用户标签与用户透视虽常被统括于"用户画像"之下，实则各有侧重——前者聚焦个体特质的归纳，后者则揭示群体标签分布特征。

2．标签画像构建框架

用户画像的生成过程可类比为从矿石到成品的精细化加工流水线。用户浏览网页、使用 App、线下行为，这些数据都是矿石，需要经过提炼、加工方能转化为有价值的商品，并接受严格的质量把控。此过程大致包含三个阶段：首先是原始行为数据的采集，紧随其后的是基于这些数据进行特征抽取，相当于矿石的清洗、加工工作；在接下来的机器学习环节，系统会与外部知识库有一些交互，借由机器算法既定的知识体系深化对人的理解。例如，若要给用户准确打上汽车相关的标签，算法需先掌握汽车的分类、车型等知识框架，为用户准确分类奠定基础。最后，严格的质量检验步骤确保了标签的精确度，标签的质量决定了后期的应用效果，前期分析的准确性是后期应用成功的关键（如图 10.2-2 所示）。

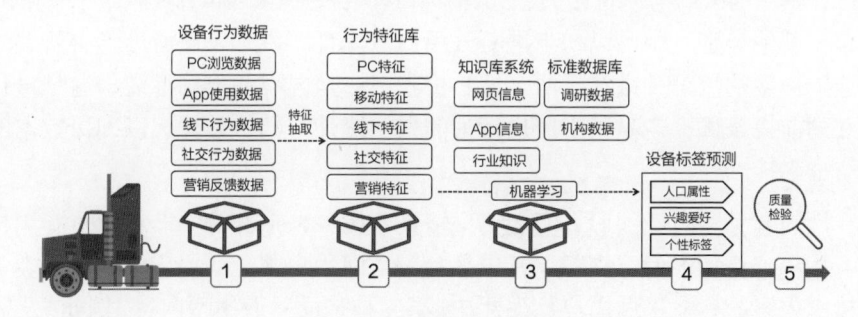

图 10.2-2 标签画像构建框架

在具体实践中，这一框架由从用户行为日志开始到标签产出，展现为双轨并行的结构。两轨分别对应标签的两大类别。

（1）统计型标签。

统计型标签是客观存在的，体现为直观的兴趣偏好。例如，用户每天都在看汽车新闻、搜索汽车相关的内容，基于这种行为，用户可被自然地归为汽车爱好者。这类标签基于不争的事实行为，无须考虑准确率问题，也无须构建特定的训练数据集。

（2）预测型标签。

预测型标签旨在通过用户行为预测更深层次的属性或心理倾向，如性别判定或挖掘消费态度（激进或保守等）。此类标签涉及预测，因而正确率成为衡量成效的重要标准，且需要有代表性的样本集作为训练基础。

两类标签因其特性差异，遵循各自的加工流程与评估机制（如图 10.2-3 所示）。

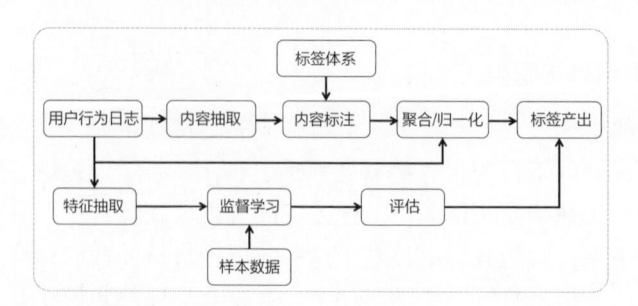

图 10.2-3　统计型标签与预测型标签的加工流程与评估机制

3. 统计型标签的技术方法

在构建统计型标签时，首要的是获取用户的行为数据，例如，用户每天看 100 篇文章，其中 40 篇与体育相关、30 篇与汽车相关、20 篇与旅游相关，余下 10 篇分布于其他类别，则可以初步推断该用户对体育、汽车及旅游内容有所偏好。构建这类标签的流程关键在于两个核心步骤：一是内容的准确标注，这是量化用户偏好的前提条件；二是基于用户行为的聚合统计与归一处理，以确保数据的可比性与准确性。

在做内容标注时，一般有两大典型情景：第一种是部分企业在建自有用户画像时有优势，例如电商、视频、音乐平台等，因用户服务的内容已预先分类，可以直接用内容的标注来做用户行为标注；第二种是面对通用型内容，例如"友盟+"提供的跨 PC 浏览与 App 应用的广泛数据集，首要任务就转变为理解用户的实际兴趣所在，为后续步骤的有效推进奠定基础。

行为统计是标签生成中的关键一环。它涉及从纷繁复杂的用户活动中提炼出有意义的数据指标，并通过归一化技术，将其转化为可比较的标签数值。其计算公式如下：

$$\text{TagScore}_i = \left(\frac{\sum_j^{\text{User}} \text{ItemTag}_{ij}}{\sum_j^{\text{All}} \text{ItemTag}_{ij}} \right)$$

例如，在评估用户是偏爱运动还是服饰时，通过对用户浏览相关网页及启动特定 App 的频次进行累积计数，并最终与总的活动量进行比对计算，以此确定标签的评分，从而反映用户的偏好强度。

在此过程中，几个关键点值得注意。

（1）统计量的选取。

关于统计指标的选择，可能是浏览数量、浏览时长、浏览频度、复合关系等。以某复合关系为例，对于某个商品类目的偏好，可以将浏览、搜索、收藏、购买等行为统计量加权在一起考虑。

（2）个体内的可比性。

个体用户的不同标签间具有可比性。例如，某用户同时拥有"阅读"（0.8分）和"旅游"（0.6分）标签，代表用户阅读偏好更为显著，而非旅游。实现这一对比的有效方法是在上述计算公式中将个体行为总量作为标准化基数。

（3）垂类内的可比性。

在单一垂类内部，不同用户的同一标签得分具备直接可比性。以动漫爱好为例，若两位用户在"动漫"标签上的得分为 0.8 和 0.6，则高分者对动漫的兴趣更为浓厚。达成此类比较的基础在于，分母采用该垂类（如动漫）所有用户行为的总和进行归一化处理。又比如某天全国某网站动漫观看时长累计达 100 万小时，若某一用户观看了 1 小时，则占比约为百万分之一；若另一用户观看了 2 小时，则占比约为百万分之二。经归一化处理后，便能产生一个类内可比的得分。当然，除了绝对数值比对外，依据用户活跃时间进行排序也是一种简便直观的方法。

但归一化与直接排序存在本质区别：排序仅展示用户间在该垂类活动量上的序列关系，而归一化则量化了偏好强度的绝对差距。例如，某用户与他人的得分差值表达了 30% 的偏好强度差异，而排序无法传达如此精确的比例信息。

进而引申出一个思考：是否有方法能同时在个体标签强度和垂类内部排名上实现可比性？这要求我们首先权衡，实现这样的双维度比较是否切实必要。

举例来说，若用户今日对化妆品的搜索相较于以往更为频繁，这强烈暗示了其购买意愿的提升。近期的行为比远期的行为更能反映用户的兴趣偏好，尤其消费需求偏好这种类型。因此，我们可通过将"衰减因子"纳入得分计算公式来捕捉这一动态变化。

其计算公式如下：

$$\text{TagScore}_{T+1} = \text{TagScore}_T \times \text{decay} + \text{TagScore}_A$$

这个公式的含义是，今日的标签得分基于昨日得分乘以衰减系数，同时加上今天的增量。衰减虽有多种模型，但其核心理念是一致的，即逐步降低过往数据的影响权重,确保最新行为的显著性。

4. 预测型标签的技术方法

预测型标签的生产遵循"特征抽取→监督学习""样本数据→评估→标签产出"的流程,这也是经典的机器学习流程(如图 10.2-4 所示)。

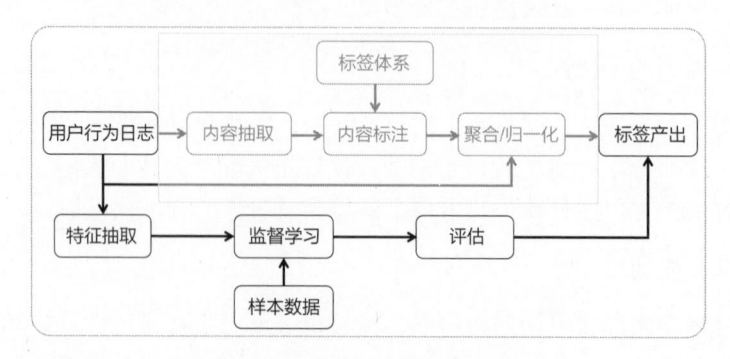

图 10.2-4 预测型标签的生产流程

(1)特征工程。

特征工程是机器学习的关键过程之一,最重要的是提取不同侧面的特征。下面以移动端使用行为可抽取的部分特征为例。

- App 使用事实特征:包括用户在 30 天、180 天内开启 App 的天数。用以衡量用户的短期与长期活跃程度;同时,计算这两大时间跨度内使用 App 的时长占比,以补充次数之外的时长维度信息。

- 兴趣特征:尽管信息有损失,但是泛化效果更好。例如,即使 A 站和 B 站用户的活动记录差异显著,但均可被归类为对"二次元"文化感兴趣的群体。此外,通过近期与长期兴趣标签的归一化值,结合用户长短期基于兴趣标签下使用不同 App 的熵值、历史某类 App 时间消耗占比变动比例,反映了分布及分布的趋势性,比如从以往的低参与度转为近期的高活跃,或是由高度关注逐渐减少使用,这两种情况标志着不同的用户行为模式,是我们构建预测模型时不可或缺的特征信号。

- 设备与环境特征:考虑用户近期常用的设备品牌与型号,以及在工作日与休息日时间段内 Wi-Fi 使用时长的分布情况,以此捕捉用户的使用环境特征。

(2)模型训练与结果评估。

- 模型选择:涵盖了多种监督学习算法,诸如逻辑回归、支持向量机

（SVM）、决策树、Bagging，以及深度学习等。
- 分类策略：灵活应用于二分类问题（例如性别识别）与多分类问题（比如按年龄段分类），在多分类中可采取一对一（OvO）、一对多（OvR）或多对多（MvM）的策略。
- 结果评估：评估指标包括正确率、召回率、应用效果。但在统计型标签上可能不涉及正确率，而召回率则需依据阈值设定，例如用户查看了一个汽车型号，理论上系统也可以给用户打上标签，但是其分值非常低，这个分值最终取决于用户画像构建所需的兴趣强度标准。对于预测型标签，则重视精确率、召回率、F-Score 及 ROC 曲线（Receiver Operating Characteristic Curve）的表现，这些是衡量模型性能的关键指标。
- Ranking（排序）任务：一类特殊的定制化标签。针对特定场景，如根据预测可能性对潜在电话营销对象排序。这类任务同样可以基于上述模型框架，通过模型输出的分数直接进行排序，以指导实际操作。

如图 10.2-5 所示，一个快速建模框架展示了从样本数据到模型训练，再到标签产出的过程。

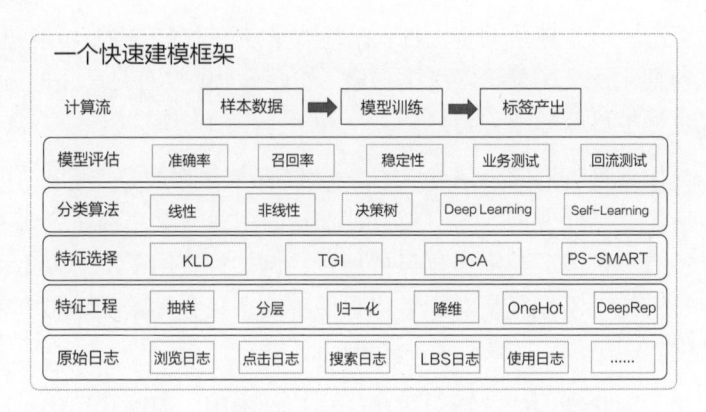

图 10.2-5　多模型框架下的标签预测与评估流程图

5. 标签目录体系

针对频繁提及的疑问："理想的标签体系应如何构建？"我们通常将构建的标签体系划分为四类，并设立两套分类体系以适应不同需求：一套是偏技术的管理目录；一套是基于用户查找使用的展示类目。

以下展示了一例用户友好型的标签分类实例。

- 第一类别：人口统计学属性，涵盖基础个人信息，如性别、年龄、居住地、出生地，乃至生理特征（身高、血型等）。

- 第二类别：社会属性，考虑到个体的社会关联性，包括婚姻状况、教育背景、经济状况、收入水平、职业身份等维度。

- 第三类别：兴趣偏好，这是最广泛且多变的部分，涉及摄影、运动、美食、时尚、旅行、教育等多个方面，种类繁多，难以尽数。

- 第四类别：意识认知层面，涉及较深层次且难以直接观测的特征，如消费心理、动机、价值观、生活态度及个性特质。例如，消费者的购买行为背后可能隐藏着炫耀、追求高品质或寻求安全感等多元动机，揭示这些内在动因极具挑战性。

6. 标签体系的评价

在实际构建标签体系时，通常会面临诸多疑问，以下是五个典型问题及其解析。

- 如何判定标签体系的正确性：实际上，每个体系各有千秋，关键在于是否贴合应用场景，有效促进目标达成，要结合实际应用去评估。

- 是否追求标签体系的全面性：标签数量理论上无穷尽，可通过横向扩展、纵向细化及交叉分析多维度探索。然而，如果没有自动化的方式去挖掘，过量标签可能导致分析障碍。

- 标签体系是否需固定不变：并非绝对。标签体系就是产品/应用的一部分，要适应产品的发展，与时俱进，如适时引入"共享经济"等新标签。但是，有一种情况下标签要保持稳定，例如标签用于下游模型训练，则需保持稳定，不能轻易对标签体系做更改，以免频繁变动影响模型输入一致性。

- 树状与网状结构的选择：树状结构简洁常用，而网状结构虽贴近现实，但层次复杂，对数据管理提出更高要求。如网状结构允许子话题拥有多个父节点，提高了灵活性但也增加了实施与维护成本。网状结构的特性体现在子话题可拥有多个父级，如儿童玩具可同时归属母婴和玩具两类，展现出双重隶属关系。尽管网状设计在特定情境下具有适用价值，它提升了模型的现实模拟能力，但随之而来的是较高的实施与维护开销。例如，当某个四级节点同时挂接在二级和三级节点下时，这种跨级别的结构复杂性无疑增加了管理难度，对系统的处理逻辑构成了挑战。

- 高质量的标签体系的定义：应用为王，不忘初心。关键在于其实用性和目的性。构建标签体系旨在应用，应确保其既能灵活适应各种分析需求，又不失细节深度，始终服务于提升业务价值的初衷。

10.2.2 Embedding 的两种形式

标签画像与个人数据相关，为了更好地在流通中实现数据隐私合规，Embedding 是一种实现数据可用不见的技术方法。指的是通过输出由领域专家基于多源数据加工的加密特征与媒体平台一方数据进行融合，形成机器可读但人不可读的特征，在广告系统、推荐系统等业务场景中，可以更好地去认识自身的用户。以下基于多源数据融合的视角，主要介绍 Embedding 加密特征可能的两种形式。

1. 加密稀疏特征

加密稀疏特征的输出形式为"Key1:Value2,Key2:Value2 ..."，一个请求返回的加密稀疏特征的简单示例如"abc:0.7,asc:0.9,maw:0.21"。稀疏的意思是，假设 Key 的取值一共有 n 种，每次请求返回的特征中 Key 的数量 m 往往远小于 n，且每次请求返回的 m 可能不一样，例如另一个请求返回的加密特征就可能是"asw:0.2,maw:0.8"。在样例中，每个特征使用","分割，特征内使用":"区分"Key 与 Value"。例如，"abc"是一个 Key，而对应的"0.7"就是对应 Value。在加密稀疏特征中，每一个 Key 具有实际的物理意义，是对一个请求的某一个方面（例如：兴趣）的描绘，而 Value 往往代表程度（例如：有多喜欢）。

由于加密稀疏特征具有"高维（10万以上维度）稀疏"的特性，在大部分推荐系统内的深度学习推荐算法中对其进行引入时，需要进行一个"特征分域+池化"的操作。特征分域指将物理意义在某个层面具有共性的特征归拢至一个特征域中，这样高维稀疏的特征往往可以被归拢成百维以内一个个不同的特征域。而在特征域内，我们需要进行一定的特征工程，将域内特征根据其 Value 进行离散化或归一化后再输入模型的嵌入层，最终将得到的向量进行池化处理，就可以连接到系统中的原深度学习算法的输入层进行训练了。此外值得一提的是，我们往往会针对同一个物理实体加工多个不同统计口径的特征，比如不同的活跃周期（如1天、7天、30天）。对于这类特征，为了让模型能学到它们的区别和共性，需要对特征编码进行分层，这样在使用特征时就可以让模型学习这个信息。

2. 加密稠密特征

加密稠密特征的输出形式较为简单，是直接以向量形式输出的：[0.123213,0.239421,...,-0.122142]。由于向量的形式天然适合深度模型，因此请求到稠密特征后，就可以直接连接系统中的原深度学习算法的输入层进行训练了。这里稠密的意思是，对于同一种特征，每次请求返回的特征维度是固定的，每一维的顺序和含义也是固定的，且都有值。

稠密特征是我们通过设定相关的代理任务，利用深度学习模型对多源数据特征进行自监督学习后得出的。一种常见的建模算法是"双塔模型"，训练时把原始特征分为 user（用户）侧特征和 item（对象）侧特征，分别经过一个多层神经网络（即两个塔），然后计算两个塔最后一层向量的相似度来预测代理任务（一般是二分类任务）。训练完模型后，即可取用户塔的最后一层向量作为加密稠密特征（如图 10.2-6 所示）。

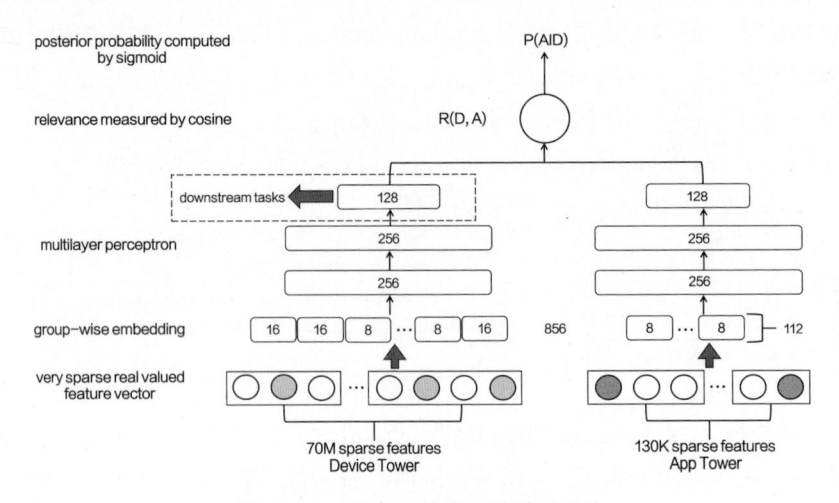

图 10.2-6 设备—偏好双塔模型结构

常见的表征学习算法除双塔模型以外还包括以下几种。

（1）对比学习。

对比学习是一种自监督算法，其核心方法：通过自动构造相似样本对（正例）和不相似样本对（负例），要求习得一个表征学习模型。通过使用这个模型，相似的样本在表征空间中比较接近，而不相似的样本在表征空间中距离比较远。

（2）矩阵分解。

基于协同过滤的矩阵分解算法是一种用于推荐系统的技术，它利用用户对物品的评价数据来进行推荐。该算法的核心思想是通过分解用户—物品评价矩阵，将其拆解成两个低维度的矩阵，以发现隐藏在用户和物品之间的潜在特征。这两个矩阵通常称为用户因子矩阵和物品因子矩阵，它们的乘积近似等于原始评价矩阵，从而使得缺失的评价值能够被填补或预测。

（3）图表征算法。

图表征算法是针对图数据的算法，输入的是一张图，图的组成包括"顶点"和点与点之间的连线"边"。模型的结果将图中的每一个顶点都表示成一个低维度的向量，并使得该向量能够尽可能多地保存图的结构和内容信息。而后，生成的表示向量可以作为特征用于后续的学习任务，如链接预测、顶点分类等。

（4）自编码器。

作为一种无监督学习的神经网络模型，自编码器用于将输入特征进行编码和解码，以实现特征的压缩和重建。它由两个主要组件组成：编码器和解码器。编码器将输入特征映射到一个低维的表示空间，而解码器将这个低维表示映射回原始的输入空间。

10.2.3 隐私计算与联邦学习

在营销场景中应用多源数据融合时，合规要求是确保数据处理活动合法、尊重用户隐私和保护数据安全的基础。多源数据的应用需要满足采集数据、输出数据、使用数据的合规。在数据采集合规性方面，采集主体需要在个人隐私条款中明确说明采集字段及用途，若涉及多方应用，需将隐私条款放入采集主体隐私政策中。只有在用户点击授权确认后才会采集数据。在数据输出合规性上，需在确保数据经过严格去标识化等安全技术处理，使其无法重新识别特定个人的前提下，才能通过算法学习的方式对所收集的数据进行挖掘应用。在数据结果调用阶段，需进入隐私增强计算平台参与调用。

隐私增强计算（Privacy-Enhancing Computation）也被称为隐私计算，用于数据融通共享处理过程中的数据安全与隐私保护。"隐私计算"可以理解为是在隐私保护的前提下，完成对数据的计算工作。面向敏感数据有使用需求而又不能明文出域的情况，隐私计算保障数据的隐私性和安全性，并使得数据参与了计算，但是所有的参与者无法获取到敏感数据明文，达到数据"可用不可见"的效果，目前是多源数据融合场景中必不可少的环节。

在隐私计算技术之上，基于三方数据特征进行联合建模的方法被称为联邦学习（Federated Learning）。实现在双方不互传用户原始数据的情况下，同时进行一方数据和三方数据的联合训练。常用的联邦学习主要有纵向联邦学习和横向联邦学习两种。当两个数据集的用户特征重叠较多，而用户重叠较少时，一般采用横向联邦学习，把数据集按照横向（即用户维度）切分，并取出双方用户特征相同而用户不完全相同的部分数据进行训练。当两个数据集的用户重叠较多而用户特征重叠较少时，一般采用纵向联邦学习把数据集按照纵向（即特征维度）切分，并取出双方用户相同而用户特征不完全相同的那部分数据进行训练。在三方数据赋能的场景，一般是用户有交集但特征维度有很大差异，因此一般采用纵向联邦学习的方法进行建模（如图 10.2-7 所示）。

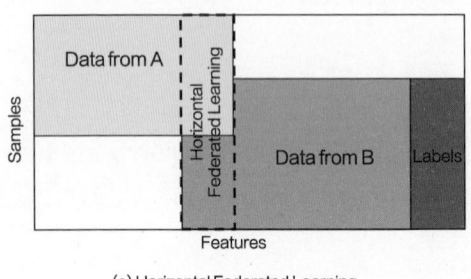

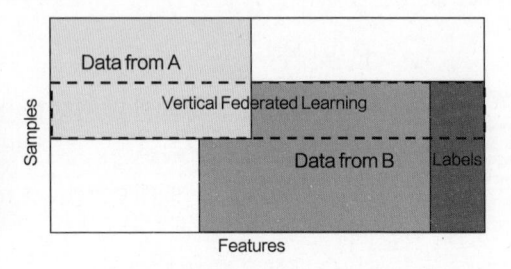

图 10.2-7　横向联邦学习（a）和纵向联邦学习（b）

除了联邦学习以外，另一种可以保护用户隐私的同时融合一方和三方数据建模的方法是表征学习（Representation Learning）。表征学习是一类通过机器学习模型自动地从原始数据中挖掘出有用特征的方法。挖掘出的有用特征又叫作表征，是对原始数据的高度概括，同时又不损失有效的信息。学习到的表征形式就是 10.2.1 节中介绍的加密稠密特征向量。之所以表征能保护用户隐私，是因为表征是深度学习模型经过多层神经网络计算后的结果，其每一维的含义是无法解释的，因此媒体平台拿到多源数据的表征后无法据此分析出它对应的用户的属性和兴趣。

10.2.4　DataTrust：如何实现数据可用不可见

基于隐私计算技术，阿里巴巴设计了 DataTrust——一个数据可用不可见的数据安全流通产品平台。通过 DataTrust 可实现产业间高效协同，帮助行业、企业机构实现数据价值的共享与流动。

DataTrust 隐私计算主要包括平台管理、ID 安全匹配、隐匿信息查询、联邦学习、安全联合分析等隐私计算能力，如图 10.2-8 所示。

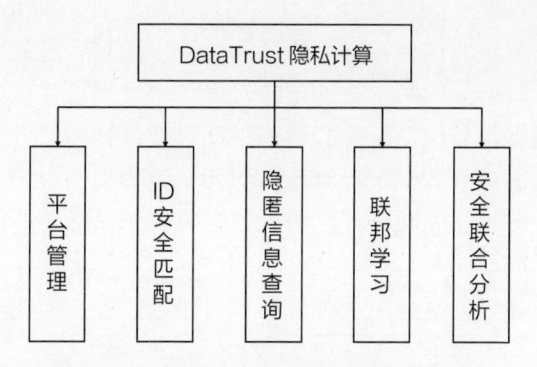

```
            ┌─────────────────────┐
            │  DataTrust 隐私计算  │
            └──────────┬──────────┘
      ┌────────┬───────┼───────┬────────┐
   ┌─────┐ ┌─────┐ ┌─────┐ ┌─────┐ ┌─────┐
   │平台 │ │ ID │ │隐匿 │ │联邦 │ │安全 │
   │管理 │ │安全 │ │信息 │ │学习 │ │联合 │
   │     │ │匹配 │ │查询 │ │     │ │分析 │
   └─────┘ └─────┘ └─────┘ └─────┘ └─────┘
```

图 10.2-8　DataTrust 隐私计算组织结构图

- 平台管理：平台管理提供隐私计算资源配置、项目管理、隐私计算任务管理与运维、审批管理等功能。隐私计算资源配置，用于设置隐私计算所用的计算资源、网络代理等信息。

- ID 安全匹配：在弱匿名化的前提下进行 ID 安全匹配。用于在不泄露数据参与多方原始数据的前提下，得出双方共有 ID 集，非共有 ID 不会透出。

- 隐匿信息查询：也称为隐私信息检索，指查询方隐藏被查询对象关键词或客户 ID 信息，数据服务方提供匹配的查询结果却无法获知具体对应哪个查询对象。

- 联邦学习：在原始数据不出域的前提下，通过交换各个参与方的算法训练的中间结果梯度、参数信息，或完全在密文条件下进行计算，从而发挥参与多方数据样本更丰富、更全面的优势，得出更优模型。

- 安全联合分析：基于安全多方计算技术，在原始数据不可见的前提下，提供 SQL 模式的多方数据联合分析。

DataTrust 底层采用了包括安全多方计算、同态加密、查分隐私、联邦学习等前沿隐私计算技术作为底座，以确保多方融通计算时的数据隐私保护。其中本地安全计算中心负责一方的隐私计算任务，明文数据仅在此处处理。协调调度模块负责管理融合协作空间，定义双方作业并协调运行状态的同步。

DataTrust 多方协同计算的工作原理如图 10.2-9 所示。

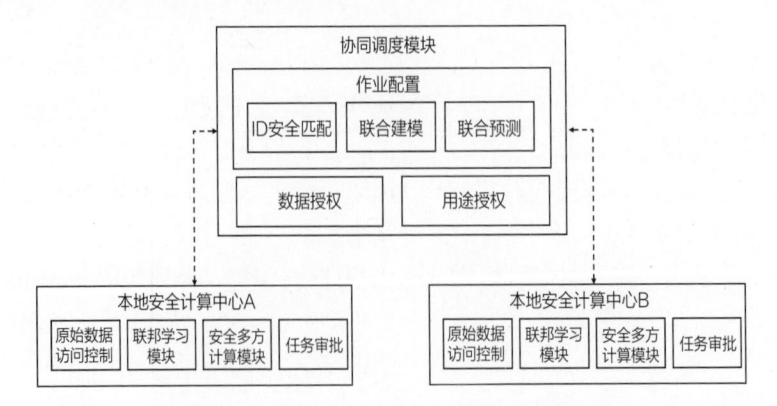

图 10.2-9 DataTrust 多方协同计算的工作原理

DataTrust 将隐私计算能力分为联邦学习、隐匿信息查询、安全联合分析三种。每一个分支能力都使用了不同的技术链路。

联邦学习（Federated Learning，FL）使用分布式方式让模型在不同数据源进行训练，实现共同建模，而数据又不会离开其生产环境。在这一过程中，仅部分模型参数被共享，而原始数据则保留在本地，由于共享的是模型而不是原始数据，可达到最大限度避免数据泄露。联邦学习在涉及模型训练的场景适用度高、效果好，在金融场景有普遍应用。应用差分隐私下的联邦学习计算过程如图 10.2-10 所示。

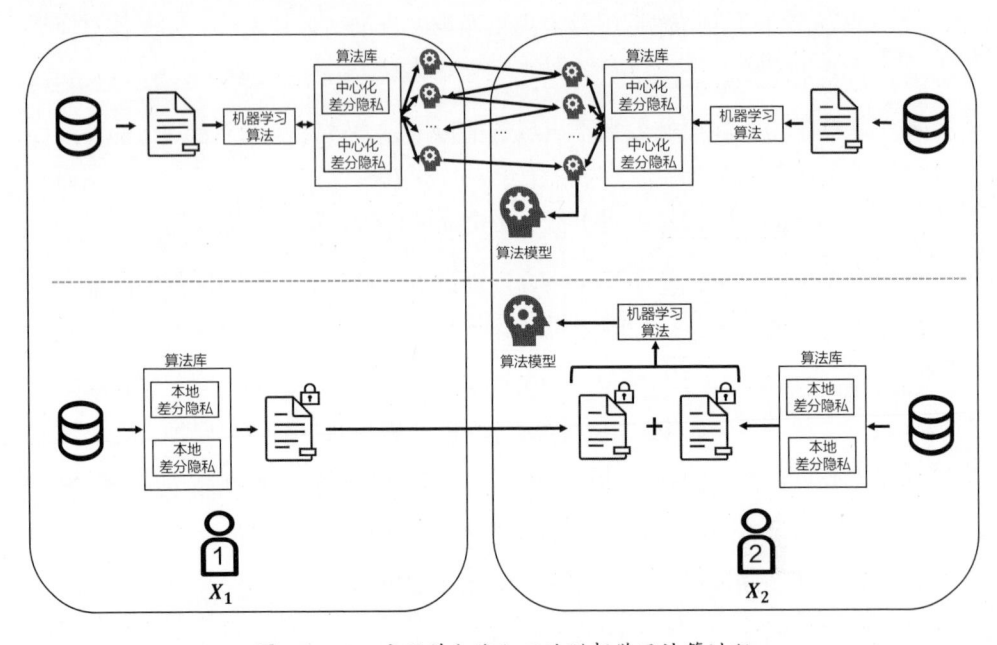

图 10.2-10 应用差分隐私下的联邦学习计算过程

隐匿信息查询，也被称为隐私信息检索（Private Information Retrieval，PIR），是用于数据库检索的隐私计算方案。当用户对服务器中数据库的内容进行检索时，PIR 方案可以用来保护用户的查询隐私，即服务器无法获取用户的检索信息，而用户则可以正确获取所要检索的信息。DataTrust 的关键词索引的 PIR 方案是基于全同态加密算法实现的，使用基于关键词索引的 PIR 方案，即服务器的数据以 Key-Value 的形式存储，用户可以用 Key 作为查询信息，得到相应的 Value 值。基于关键词索引的 PIR 方案，可以保护用户的查询信息，即用户可以准确地获取 Key 对应的 Value 值，且服务器无法获取任何有关 Key 值的信息，如图 10.2-11 所示。

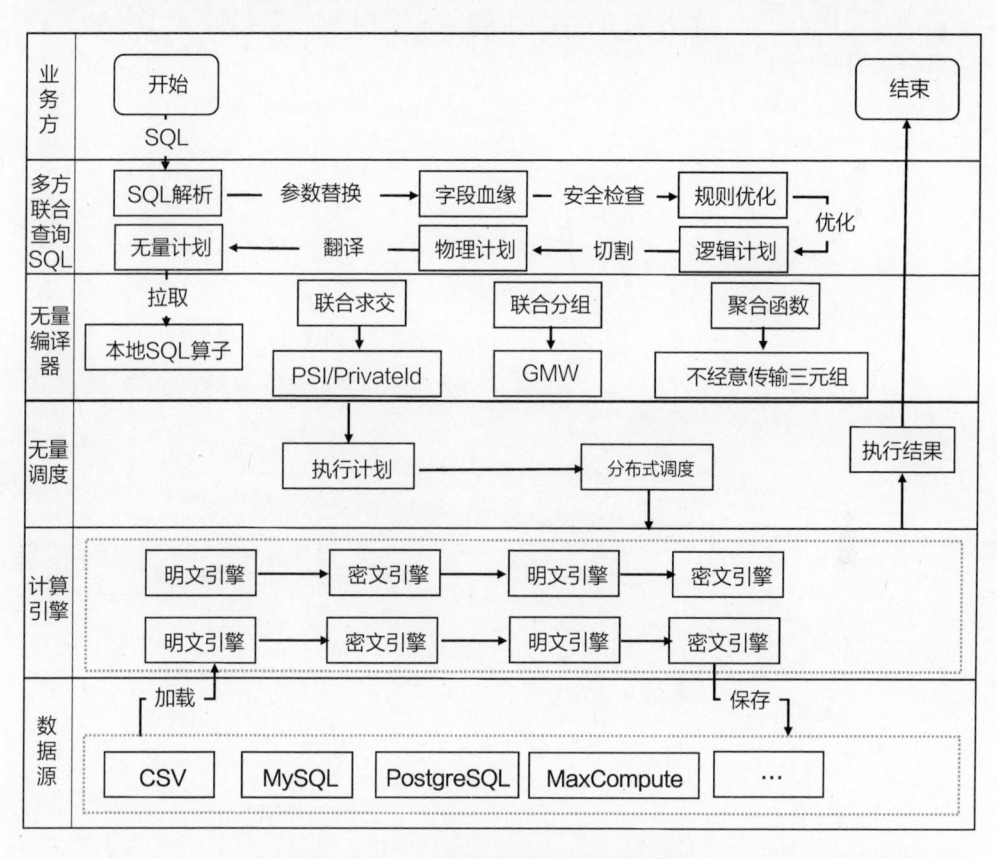

图 10.2-11　隐匿信息查询的功能和流程

安全联合分析，也被称为 MPC SQL，是基于安全多方计算（Secure Multi-party Computation）技术实现的，指在无可信第三方的情况下，多个参与方共同计算一个目标函数，并且保证每一方仅获取自己的计算结果，无法通过计算过程中的交互数据推测出其他任意一方的输入数据（除非函数本身可以由自己的输入和获得的输出推测出其他参与方的输入）。安全多方计算是多种密码学基础工具的综合应用，除混淆电路、秘密分享、不经意传输等密码学原理构造的经典安全多方计算协议外，其他所有用于实现安全多方的密码学算法都可以构成安全多方计算协议，因此在实现安全多方计算时也应用了同态加密、零知识证明等密码学算法。SQL作为协议的最上层，屏蔽了大量安全协议和安全算子的细节，能够面向数据开发人员，低成本或零成本地使用隐私计算。安全联合分析的核心原理是由 SQL 引擎负责 SQL 语句的解析、校验、拆解，以及翻译成执行计划，各个 SQL 参与方获取对应的执行计划后，进一步编译成明文或密文算子，并生成最终的执行计划，交由调度引擎执行。调度引擎从数据源获取参与计算的数据，根据算子是明文算子还是密文算子，将计算任务交给明文引擎或密文引擎完成计算，计算完成后，结果会被保存回数据源。

第11章

先行者：
数据文化与组织建设

数据文化与组织是保障所有数据战略、策略、措施落地的基础与土壤。当阿里巴巴集团的大数据能力推广到其他企业时，企业的 CIO、CEO 无不以专业的管理敏感性询问，数字化改革后的组织架构设计、人才培育及数据运营工作应如何推进？而我们发现成功建设企业数字化能力、完成数字化转型蜕变的企业，背后都伴随着数据组织的成熟建设，形成业务、数据、组织、人的循环共生，是相辅相成、共赢成长的协同机制。

不同企业的发展背景、历程不同，企业的数字化进程、人才演进也要适应自身特点的演变，在我们接触过的数百家企业中，就会有如下几类典型的数字化发展画像。

- 20 世纪 90 年代市场经济中起家的地方民营企业，加速业务发展、从传统 IT 转型 DT：经历电商行业的洗礼、外企的冲击，发展成中国零售快消品牌并冲刺上市或完成上市，原支撑业务需求的 IT 体系，逐步转型数智驱动业务的数字化、数智化新体系，以应对日趋激烈的竞争态势。

- 由计划经济时代的国有企业管理模式转向市场经济现代企业制度的混合所有制企业，以远见卓识的管理视野，企业全面升级数字化：逐步占领零售行业头部、同步拓展多元及国际化业务。作为带头发展企业，一方面以先进性意识早早引入及投资数字化，启动自上而下的管理变革；另一方面面临原有国有企业稳定且坚实的管理体系与文化的碰撞，但以坚定的执行力与毅力从组织到业务，从外部引入到内部内化，促成重大变革，实现以数字化驱动业务发展的目标。

- 2010 年后层出不穷、数字化技术发展催生的互联网企业，站在数据的宝库上激发每个业务和人挖掘数据价值：聚焦人们衣食住行乐提供互联网平台服务，作为"数字就是业务、业务就是数字"的数字原生企业，大量在线化业务数据的积累本身就驱动了企业数字化运营，并根据企业业务发展，加之高密度人才（尤其技术人才），持续进化数智能力，加速企业发展。

- 2000 年前后，中国加入世界贸易组织（WTO）期间，入华发展的外资企业，充分运用数据技术驱动业务并让数据也变成业务：在进入中国市场的进程中，一方面，冷启动阶段离不开国际总部如 AWS、Azure 等已有技术的支持；另一方面面临本地化产品、管理、服务的挑战。加之 2010 年后中国电商业务发展迅猛、2020 年后国内个人隐私保护要求增强及中国各厂商云计算等技术发展迅速，使得"走进中国"（Go China）的企业在国内业务开展中遇到地域差异的碰撞越发强烈，并因此产生完全本土化选型自建，或部分技术总部许可、叠加中国区一定灵活性自主选型，以适应及支持在华业务发展。在这个过程中企业立足已有国际技术能力及国际化人才、融合国内先进技术，企业数字化成熟度不断提高，部分甚至可向第三方进行商业化输出。

在本章中，我们将解析企业如何依据业务战略来制定数据战略及背后的组织架构与文化，并通过阿里巴巴集团的数据组织发展历程与文化运维的案例，提炼出确保数据战略实施成功的核心要素，为寻求数字化转型的企业提供实践指导与灵感。

11.1 不同企业数据战略下的组织设计

企业的整体战略需要组织的承接，如果企业的核心战略是"数字化转型"或"数据原生企业"，那配套的数据组织与文化就对应着不同的建设方式：企业希望做好"数字化转型"，那核心的关键就是"数据能力建设"，整体的信息化建设范围则必须是 IT+DT；企业希望最终成为一家"数据原生企业"，让数据成为驱动企业持续发展的核心生产力，其根本则是成为"客户运营商"；如果企业希望未来既能自己用好数据，又能沿着国家数据资产入表等战略持续发展，用数据创造出当前业务之外的商业价值，则应该以"数据商业"为目标构建组织。基于这些发展战略,我们通过几个成功打造数据组织的案例为读者提供一些参考。

11.1.1 以"数据能力建设"为导向的组织设计

关键词:

管理者先行、被动看数用数做 BI、初步数字人才和组织意识、工具和施工队、建数据中台

浙江省的民营经济发展一直居于中国前列,电商经济、数字经济同时给民营企业带来如"新零售""智能制造""企业上云"等诸多新的数字化转型经验。成立于 20 世纪 90 年代的 T 公司就是浙江省某市民营经济发展的代表,不仅是本地细分行业的标杆,而且已成为上市公司。近年来,T 公司通过产品创新和全渠道营销策略,不仅显著扩大了市场规模及增强了国内外品牌影响力,同时也在积极布局相关上下游产业,其营业额已超过百亿元人民币,员工人数超过 1 万人,品牌在电商平台的销量稳居前 10 名。

近 20 年来,作为一家快消品零售公司,T 公司在对外业务上不断调整以适应市场趋势、消费者偏好、供应链的动荡。同时,对内部而言,公司的运营流程与组织也面临着电商、数字化、社交化带来的升级再造。这些内外部的变化共同推动了组织结构的升级变革。

1. 数字化的起点——业务信息化,让业务流程在线、IT 服务在线

20 年前,为了满足业务流程协同需要,如订单、库存、财务等跨部门信息传递,T 公司选择了采购相关国产信息管理系统。这标志着公司进入信息系统初期建设阶段。该阶段业务的主要特点主要体现在信息化、按需、够用,系统则聚焦于服务细分行业、业务定制化需求和成本效益。得益于国家大力支持的国产软件及可本地化的服务商的便利,这些系统基本能满足企业当时的需求。

然而随着新系统的引入,企业管理系统增多,业务员工学习使用成本高,T 公司成立了专门的信息科技部门,负责规划、搭建和维护整个企业的 IT 架构并支持业务。该部门由经验丰富的 IT 管理人员和技术人员组成,以内部聘用为主、外部合作为辅,构建公司的基础数字化能力和初步的数据组织架构,形成企业数字化原始基础能力和数据组织原生力量。

2. 数字化的启蒙——业务数据化,让业务结果可视、IT 辅助业务提效

10 年前,为了满足业务日常经营管理诉求,如销售、库存、财务等业务数据

统计及内外部业务合作交互（如商场业绩结果核对、渠道商业绩核对等），T 公司采取了多元化的技术策略以服务保障其多样化品牌及产品，并运营多种业务模式（直营、分销、电商等）。其中，公司线下业务部分采购 Oracle 或尝试使用 Hadoop 开源系统以支持业务流水或统计分析报表的产出，并陆续开展数据仓库的管理工作。与此同时，线上业务则直接使用平台或第三方 ISV（独立软件供应商）提供的更直观的 SaaS 数据分析软件。

在这一阶段，公司实质上跨入了从 IT 时代到数据时代的转变。该阶段业务的主要特点是业务及流程繁复、数据需求激增、业务与数据协同共生，原有 ERP 等系统数据功能拓展及使用越发丰富（如报表、导出等）。随着管理层日益重视各业务流程数据串接后经营数据背后的问题分析，甚至提出"管理驾驶舱"的诉求，业务人员也越发重视数据分析指导工作，T 公司自上而下开始了从"看数"到"分析数据"的转变。由于国产软件的内置报表不能完全满足需求，业务部门对 IT 团队数据相关工作的需求持续增长，原有信息科技部门分化出数据系统运维、数据库"大牛"，部分对接业务的 IT 业务合作伙伴（IT-BP）的数据提取工作更是"供不应求"。面对时代大势、业务变化及技术的极速迭代驱动，在企业内部推动数字化变革并从外部引进具备数据经验的人才势在必行。甚至以变革为目的启动战略咨询项目，招募负责数字化转型的高级管理人员，并组建大数据团队。

3. 数字化的起飞——数据业务化，让业务智能化、数据驱动商业

最近 5 年，随着 DTC（Direct to Consumer，直达消费者）、O2O（Online To Offline，线上到现在）、全域营销自动化（MA）、ISC（Integrated Supply Chain，集成供应链）、IPD（Integrated Product Development，集成产品开发）、业财一体化、全球化等数字化管理概念的兴起，推动企业从享受电商数字原生服务，扩展到自我变革全栈数字化和新零售模式的转型。伴随企业上市和业务的迅速发展，以及数字科技与 AI 科技浪潮的推动，T 公司终于下定决心主动求变，从战略层面到业务层面引入外部咨询经验，从整体到局部规划数字化变革，并尝试用新媒体等互联网业态创新其商业模式。

在这一阶段，业务的主要特点即数字化管理思想、工具、运营及人才螺旋迭代变革，逐渐从传统的粗放经营模式转变为精细化管理。系统的主要特点即多样化和智能化，涵盖商用选型与核心自研定制融合。业务部门对于数字化工具的使用意识越发强烈，从之前被动接受 IT 及数据服务，转变为自主规划业务所需系统及数据能力需求。IT 团队因此需要提供更为先进的数字化、数智化系统经验及业务自助服务能力，比如最常见和最刚需的就是数据分析，尤其是服务管理者的分析（而很多公司，这个职责最早会由财务部门发起，随着数据部门数据公信力和

时效性增强而移交给数据部门）。

为了支持业务与技术团队互相启发、协同共生，T公司因此成立了新的数字科技团队，并逐步整合信息科技部门，规划及落地升级原有IT系统，大数据管理团队也不断发展壮大，公司内部的数据能力和人才结构得到深化。在此过程中，公司通过自我求变和外部数据经验注入，真正实现了企业由内而外的脱胎换骨，开启了数据驱动商业的新旅程，如图11.1-1所示。

更重要的是，此时的数字科技团队不仅仅限于技术层面的工作，更多地从业务视角出发，对数据能力进行全面的规划和完善。数据能力的增强不再是单独数字科技团队的责任，而是成为整个组织结构的一部分。

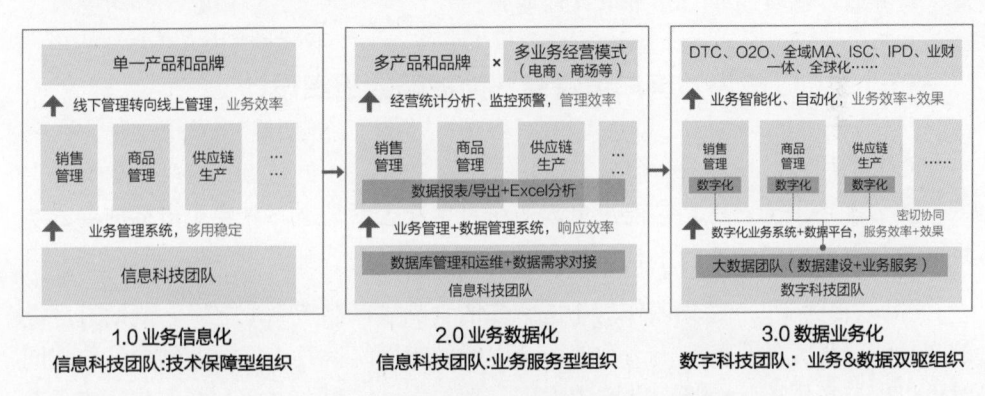

图 11.1-1　以T公司为代表，从IT转向DT的缩影示意图

经历了从业务信息化到业务数据化，再到数据业务化的3个关键阶段之后，T公司已全面进入数字化武装的新阶段。这一转变不仅加速了快速反应生产（Fast Respouse Manufacturing）、IP联名、内容营销等各种新型业务经营模式的实施，而且企业的经营管理已全面数字化，自上而下的经营看数及BI看板已是标配，门店归因和智能调补货则基于数据要素的积累不断地创新突破。此外，公司还投资及收购相关上下游科技公司，进一步强化其在数字化领域的竞争优势。随着新财年的到来，T公司的数字化组织变革已完全就位，新成立的数据部门已完成以业务为导向的建设规划，利用其数据的专业性为组织保驾护航。

【数字化观察】

中国大部分传统企业的数字化变革是一个漫长的过程，因为涉及企业管理核心的变化——从经验主义到数字计算再到数智科学。企业既要保证原有业务稳定或快速增长，又要面对越发复杂的市场环境。这一突破性变革却不得不开展，这两者看似矛盾，实则为黎明前的黑暗，变革道路不乏曲折与失败。

但不管是何路径，只要这个过程开始，就一定会经历从量变到质变的过程。企业转型最终成功的关键：一方面依赖管理者支持及数字化战略选型（有趣的是，往往都是通过管理层决策看数开始，就像抓住数字化答卷的总分，然后不断优化各科及细项得分）；另一方面则依赖组织发展三要素——业务部门的数字化团队形成、数字原生理念和业务理解的科技团队组建，以及企业原有人才和新引入人才的融合。最后通过构建一个完整、独立、以数字化理念为核心管理和运营的正式数据组织体系，不断推动和支撑变革的徐徐开展！

不可否认，传统企业能够完成这步组织转变已经很了不起，但这还只是开始，转型之路远未结束，尤其是数字科技团队中的大数据团队，在这个过程中将加速演化与升级，这将在 11.1.2 节中详细展开。

11.1.2　以成为"客户运营商"为战略的组织设计

关键词：

上下兼修、主动规划智能应用，专业人才及生态加速与数字化岗位储备、实践专家和内部顾问，运营中台

"民以食为天"，Y 集团作为中国领先的食品生产制造企业之一，既通过广泛的产品线、强大的品牌影响力和遍布全国的销售网络持续占据行业领导地位，同时也以出口拓展国际市场、并购扩大国际影响力。作为 20 世纪 90 年代完成国有股份制改革及上市的企业，Y 集团一直注重追求作为行业标杆企业的先进性，持续投资食品行业科技创新和产品研发。而随着规模扩大、产品品类丰富，一直追求稳健增长的 Y 集团在 2019 年加速数字化转型，2021 年确定以价值为导向，从内而外全面升级业务和组织，为应对 VUCA 奠定坚实基础。

作为一家覆盖食品上下游产业链业务、营收千亿元的企业，转型无异于大象转身，但无论是从企业持续健康增长的业绩，还是实际具备行业领先性的数字智能工厂、企业原生 GPT 应用和虚拟数字人等，Y 集团的变革都非常平滑和成功，这主要取决于三个关键动作。

1. 数字化战略定力与投入

很多亲历过数字化转型的企业都能感知到，数字化建设本身是一个长效过程——初期大多都是打基础和基础设施建设，从开始到初见成效多则 10 年、少则 1 年，数字化建设早则有技术成熟度风险、数字化建设晚则错过市场红利。但 Y 集团早在 2017 年便前瞻性地启动国家级"智能制造标准研究"，并实际投产初见

成效。2019 年全力推进数字化转型的进程，一方面从战略规划上确定数字化转型三步走演进路线——数字化、数智化、智能化，以及加速营销领先、产品领先、供应链领先、生态领先，以业务为导向全产业链数字化；另一方面从组织上成立独立的数字化转型部门"数字化中心"，并积极引入互联网与技术领域的复合型人才，从组织底层搭建以数字化规划、数据服务、数据工具基建、消费者为中心的数字能力，参与并支持各事业部和职能部门有节奏地推进数字化转型。与此同时，面向 2030 年的 10 年目标，战略性投资数 10 亿元。

清晰业务及数字化规划、完备组织落地保障，Y 集团的数字化转型从开始就有了坚实的战略基础，从企业全局奠定可执行的数字化蓝图。

2. 以业务价值为导向落地

数字化基础设施建设固然重要，但也需要经由实际业务的试炼。食品行业的多样性与消费者需求的快速变迁，加之从 C 端到上游产业链经营的众多挑战，数字化转型更是困难重重，但这也正是 Y 集团在数据能力建设之路上得以验证自身能力的机会。在此战略落地执行的过程中，Y 集团不是为了数字化而数字化，更是着眼于数据能力深化与业务增值的双重目标。无论市场如何变化，从战略到策略落地，核心定力都紧抓两端——面向 C 端消费者体验的营销数字化，以及面向 M 端产业运营效率与成本的供应链数字化。在此过程中，数字科技团队与业务部门紧密协同，通过联合项目合作落地。一方面快速验证数字化核心价值结果，增强业务部门的信心；另一方面数据取之于业务，也用之于业务，实现数据的闭环利用。

在这一过程中，数字化团队在业务转型前期协助评估、咨询和规划，并在转型的全周期内，通过构建数据平台、开发 AI 智能共性工具和能力，支持业务部门独立高效地理解和运营业务，实现最大化的投资回报（ROI），赋能事业部协同解决问题和挑战。

"扶上马、送一程、常相伴"是数字化团队的理念，也在与业务互动过程中历练出了一支贴合 Y 集团数字化发展进程、精技术、通业务、懂管理的数字化专业团队，保障企业的数字化落地效率与效果。

3. 坚持合适的核心技术和人才

在业务业绩增长和数字化发展双轨并行的同时，Y 集团并没有盲目引入外部现成系统和人才来加速这一进程。技术上，基于早期相对完善和世界领先的生产制造管理体系及一流供应商的生产/经营/管理信息化系统，Y 集团采取了利旧创新的策略，以陪伴业务转型的方式进行。当相关的数字化能力已有时，则优先利用已有的系统能力（如数据湖集成、管理驾驶舱 BI 分析体系等）。同时，对于业务战略发展中缺失的新能力，通过战略先导规划、第三方数字化生态网络选型及按需扩展先进创新技术，最终通过 Y 集团自己的数字化人才内化为自有能力，从而保证系统在 Y 集团的顺利融合和应用，避免因"文化排异"而变成摆设。

而新技术的顺利落地只是转型之始。传统食品制造企业转型为"数字化原生组织"成功的最关键一步就是人才。Y 集团不仅在内部优中选优，同时引入具有外部数字化背景的人才作为冷启动的"基因"和"种子"。此外，通过数字化部门、各业务相关 IT 部门、业务部门及职能部门的新老组织结构，前中后台联动打造分层培养体系，共同提升管理层的数字化认知与数字化领导力、业务层的数字化技能与数字化工具应用能力，确保自上而下、由内而外、全方位具备通过数字化方式解决业务问题的能力。通过这样的人才及组织结构设计，Y 集团才能真正将数字化理念、技术与工具转化为贴合企业自身的可持续发展能力，如图 11.1-2 所示。

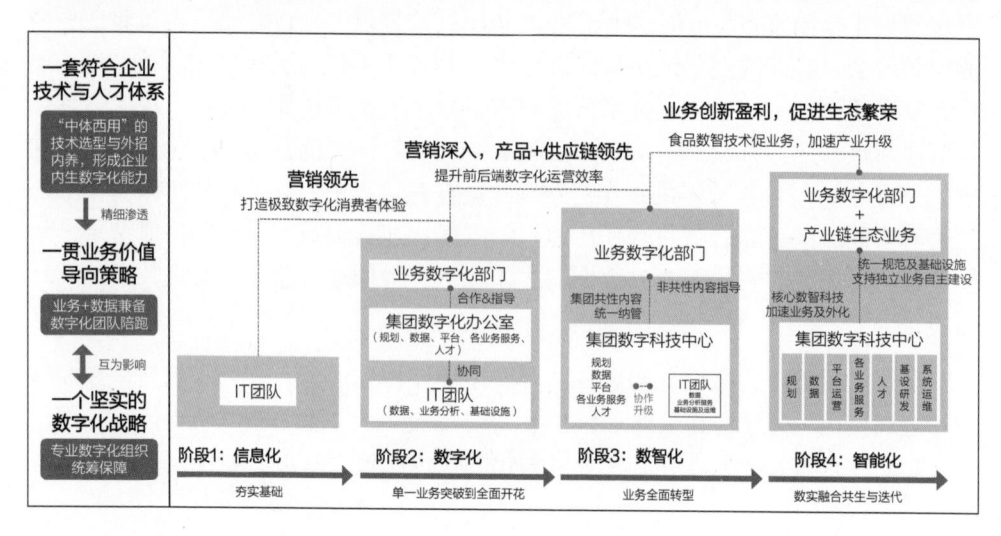

图 11.1-2　以 Y 集团为代表，数字化战略下数据&业务协同发展示意图

数智化是一种内嵌式能力，必须与业务深度融合，才能真正推动企业的可持续增长。Y 集团数据平台负责人亲身经历并见证了集团从首年数字化战略发起时概念的规划与验证，到次年选择 C 端和 M 端的双场景策略，初步释放数据价值，再到第一个 3 年期间，集团全面夯实数据资产基础，建立起统一的数字化战略，完全覆盖全事业部的前中后台，激发了各业务应用百花齐放。在战略落地过程中，通过与业务的深度碰撞和融合，不仅锻造出适配 Y 集团的专业数据人才，还打造出"数字化月"的组织文化氛围，促进了集团上下对数字化文化和运营意

识的共同提升。启动生态数据智能大赛，更是为下一个阶段的数据智能化做好了全面的准备。Y集团在数字化加持下，利润和营收依然保持稳健增长，并与时俱进，提前启动下一阶段的智能化工作。

集团通过将互联网的10年发展周期和传统零售的5年周期压缩到3年，完成了数据能力、应用及组织升级，让数据和智能成为Y集团数字化转型核心引擎和业务发展的加速器——如智慧工厂自动化生产线及品控档案、消费者AIPL洞察的新品研发与营销触达、品牌数字人、自研行业GPT等，既取自先进的数字化经营和案例，更融合了自身行业与业务管理经验及数字化实践。这种"数字化标杆效应"持续引领行业数字化最前沿的研究、实践与发展，这与很多企业数字化转型中道崩殂或变成一个所谓的"报表"项目形成鲜明对比。

【数字化观察】

Y集团证明只要战略上找到正确的路径，就能让数字化投资有可见成效。而落地成功的本质在于，数字化的内核依然是业务而不仅仅是技术。作为迅速且高质量迈入数字化新阶段的Y集团，为很多企业数字化转型成功树立标杆，提供了重要的借鉴意义，具体表现在以下几点。

- 快速吸收发展：通过充分调研和对标，定位自身问题和路标，以建设"快"。
- 业务价值为导向：支撑场景化需求构建数据资产，以建得"准"。
- 聚焦大于分散投资：打牢核心场景数字化基础，以扎得"深"。
- 务实循环验证迭代：一步一个脚印地证明业务效果，证明数据资产价值，以建得"稳"。
- 用户思维推广运营：面向组织及各角色逐个击破，以服务"广"。
- 全员参与：让懂业务的人与专业人员协同攻坚，以建得"好"。

为了充分发挥数字化的价值，关键在于围绕业务、促进与数据互相吸收，在组织层面从"头部"开始升级，并在执行层面持续优化运营。实现这种数字化的协同共生和持续迭代，需要进一步精细化数字化岗位的分工与协同。这种精细化将在11.1.3节中进行详细展开。

11.1.3 面向"数据商业"的组织设计

关键词：

数字化管理团队、自研数字科技、人才数字化及生态协同与自建团队、行业

数字化专家服务，开放平台

X集团是一个市值超2000亿元的企业，其业务布局早已覆盖产业上下游及相关产业、海内外，内容包括快消品、餐饮、地产、金融，得益于总部对技术的投资、全球化发展的支持，X集团2012年至今在数字化转型中投入超百亿元：2015年就已设立企业数字官岗位和数字化部门，通过集团数字化转型项目升级产品研发、供应链、营销、门店管理等全套零售系统，并完成上下游业务及应用体系拉通、流程及业务数据拉通；2018年前后，围绕业务全价值链，引入数字化咨询人才、电商人才及相关合作伙伴，数字化运营建设自有的O2O线上预订及支付服务、品牌会员服务、数字化营销互动、智慧门店选址等系统，增强对消费者需求理解，形成以产定销、以销定产的创新业务模式；2021年，集团几乎所有业务都完成数字化转型，并规划落地数字科技公司业务，将自己的数字化技术与人才能力整合对外输出。

10年间，伴随集团自上而下、由内而外的数字化变革，X集团营业收入翻番，数字科技也被称为集团第二发展引擎。当前的X集团数字化发展水平已全面追赶互联网速度，数字化部门也完成职能部门、业务部门、独立业务公司的三连升级。

1. 业务数字化需求拉动组织全方位数字化

自2015年开始，随着竞争对手相继推出线上业务，X集团锚定数字化是公司下一阶段发展的重要驱动力，为了加速转型，X集团直接采取组织层面的数字化调整。一方面，组织架构层面，面对线上平台合作为主、线下多级管理的自营渠道两种完全不同的模式，数字化程度和转型路径也完全不同，X集团直接将原有业务调整为数字化线下业务部门和数字化线上业务部门，在确保各有独立发展空间的同时也形成数字化程度的潜在比较、督促线上创新和线下变革，更重要的是，这两项业务都直接向董事长兼首席执行官办公室汇报，作为管理层战略重点，随时督导关注业务进展；另一方面，在人才层面，X集团直接从互联网、咨询公司等引入数字化人才，部分人才进入业务团队，部分人才则进入新成立的数字化部门，但是整体权力聚集在数字化团队手中，因为数字化需要最懂的人来推进才不会偏航，而价值效益则依赖现有业务配合才会发生，从而确保以数字化为核心，业务与数字化协同、平衡地推进各业务的数字化建设。

为了更快地提升业务的数字化水平，X集团通过外部招聘、内部提升和新人培养的方式，横向覆盖各业务、纵向贯穿管理至执行层面，实现组织的立体化数字原生。在引入的数字化领导层的带领下，X集团成功缓解了公司数字化业务上线的燃眉之急，管理者更能随时随地查看数据，了解业务进展。但是数字化业务开展并非一蹴而就，尤其数字化对于"业务+技术"的复合型人才的要求极高，人才的培养更需要时间。针对这个问题，X集团同步启动了内部数字化人才的积累工作，开展数字化人才培训项目，从年轻员工中选拔人才至数字化岗位进行轮岗培养，打通业务和数字化部门之间的人才流动通路。从组织发展上，持续内在培养新生力量，也为后续创新科技公司打下数字化人才供应链的基础。

2. 10-100 全面数字原生

经过业务变革和组织调整，X集团已经达到传统企业当时可见的最高数字化水平——业务流程数字化重组、商业模式O2O业务扩展、企业员工数字化高效办公模式升级，渠道、营销、用户、制造和管理分析都已实现人与数字化系统的良好协同。然而，X集团并未止步于此，随着数字化变革的深入，集团原有管理层已经意识到，数字化不仅是技术，更是对企业整个价值链的改造。这不仅是数字化或业务部门的工作，更是需要CEO持续掌舵和做出实战决策，才能一直保证转型是正向的、持续向前的，直到管理系统和执行系统、业务系统和技术系统、前台系统和中后台系统完全联通，系统和人完全融合，达到企业全方位的数字原生，一切才算进入下一阶段。

基于此，X集团陆续推出线上配送和到店业务，并且进一步打通各大互联网企业的在线平台，让线下和线上完全一体化；完成核心业务数字化打通后，X集团同步将会员体系和营销系统与各大互联网企业打通，推出AR应用、数字员工等创新举措，通过数据要素的流转深入业务各环节，实现精细化提效；随着系统升级，业务设计思维也发生了转变，从原来供应研发导向转为用户场景导向，用户所处的时间、空间、喜好、意图等是每一次业务调整所需考虑的关键因素，这恰好适应了多元消费市场对企业的要求。

随着业务数字化的深化，数据和数字化技术对集团的重要性越来越强——规划预测、管理决策、执行反馈，业务流和工作流的每个节点无不围绕数据流开展。X集团的组织也与时俱进、持续精细地深化数字化能力，直接对标互联网企业，不断丰富、扩展建设自己的流量运营团队、消费者运营触达团队、券和折扣数字化运营团队、大数据团队等。其中，大数据团队又进一步细分为数据产品经理、数据分析师、算法开发、数据工程师、数据架构师等角色。最终形成一个成熟的数字化大平台和大团队，支持每一个转型业务的小单元、小组织实现敏捷迭代与创新，数据已经成为每个员工、每个业务无须言说但都在践行的一部分，真正实现数字原生。

3. 生态协同繁荣

随着 X 集团的数字化产品、数字化人才全面发展，在保留核心团队的基础上，X 集团继续与多家数字化领先的外部合作伙伴协同合作，在确保自身持续具备数字化创新能力的同时，拓展和升级自身的数字化影响力。X 集团深知仅靠自身力量无法完全且持续地实现数字化目标，所以在数字化的不同层次，选择了不同的开放发展策略。

- 在基础设施层面，X 集团与云服务提供商合作，全面推进云化，实现数据与应用的底层资源可扩展。

- 在数据层面，X 集团引入外部先进的数据管理工具，在初步搭建统一的数据中台后，自行规划和完善数据服务能力，通过积极引入外部数据和算法，赋能业务战略目标，增强数据智能能力。

- 在应用层面，X 集团广泛选型采购供应商 RPA 工具和产品，结合自身需要，规划自建贴合业务数字化需求的定制功能，形成具有行业及领域特色的智能解决方案，如智能选址、智能排产等。

- 在组织与人才方面，X 集团对外通过与产品及人力资源生态合作伙伴协同，高效支撑内部基础服务能力，同时内部成立一家独立的数据服务公司，以支持数据与应用的自建开发工作。

- 在此基础上，X 集团成立数据科技公司，将自身成熟的数字化服务（系统+人才）输出至相关合作方及类似细分行业的企业，将自身经验浓缩，为其他企业数字化转型提供咨询和技术支持。

经过测算，X 集团在 2023 年已做到数字化成本节省和投入的盈亏平衡，而在战略、决策、运营及生产转型方面所带来的价值则无法估量，而与生态系统共同开发数字化平台，不仅持续为企业提升工作效率，为消费者带来更好的体验，还为行业贡献数据科技力量。对于 X 集团而言，数字化已经不仅仅是一种能力，更是一个独立运作的业务，未来将持续给 X 集团创造更多商业价值。

【数字化观察】

X 集团的数字化转型之路从一开始的业务变革就注定不是一次平凡的旅程，决心大、投入大，而事实与结果也很幸运，不仅实现自身数据驱动的发展飞跃，还积极响应了国家的数字化发展战略，获得了资产入表等国家战略响应的先机，最终实现了数据的商业化。要达成这样的转型，需要持续的耐心和毅力，做好如下工作。

- **顶层驱动与组织革新**：在企业管理层的战略引领下，进行组织架构重组，所有数字化工作直接对接最高管理层，确保数字化转型成为全员战略重点，加速策略实施与资源配置的同步推进。

- **人才培育与文化转型**：强调"业务+技术"复合型人才的"外引内养"，通过专项培训及跨部门协同，构建数据驱动的企业文化，促进业务与技术的深度融合。

- **全链路数字化与模式创新**：从消费端到供应链的全面数字化，利用数据分析优化运营，创新业务模式，提升用户体验，实现数据在企业价值链中作为新生产要素的潜能释放。

- **生态构建与开放协同**：采取开放合作策略，与外部伙伴共建生态系统，不仅加速自身转型，还通过输出数字化解决方案，开辟新的增长路径，实现从成本导向到价值创造的转型。

- **数据主导与持续迭代**：确立以数据为核心驱动力，融入决策各层面，借助高效的数据平台支持有效决策与业务优化，促进企业敏捷响应市场，持续增强竞争力。

一个彻彻底底的数字化转型是一场涉及组织结构、企业文化、业务模式、技术创新和生态系统建设的全面革命。X集团将数据视为核心资产，持续构建以数据为中心的组织文化，注重人才的培养与引进，以及保持开放合作的态度，这是实现转型成功并从中获得持续竞争优势的关键所在。

从上述企业不同数字化转型历程的概览中可以发现，数字化是企业迭代升级所需的新能力。它不是一次数字化管理咨询、雇佣数据开发外包生态或者仅仅招聘一个数据专员就能实现的工作。企业要真正建好、用好数据能力，发挥数据价值，应该是让有数据能力的技术员工专业化、让有价值的业务运营数据能力多元化、让技术与业务团队通过数据纽带融合化、让外部先进理念和能力企业本土化。只有这样，数据能力才能真正变成组织自己的能力，才能让数据像血液一样，健壮、可持续地流淌在企业每一个流程中，从而加速企业的蓬勃发展。而随着这个过程的开展，数据组织也因此逐步发展，成为企业中重要的一个团队、部门和业务，并让数据成为组织无形的文化底蕴，具备迈向未来数据原生的数字化企业新未来。

11.2 阿里巴巴的数据组织与文化运营

在审视阿里巴巴"数据技术与产品部"的发展历程及其如何通过"数据"驱动各行各业持续进步的过程中,构建高效的数据团队并在公司层面广泛推广数据文化,无疑是推动企业实现全面数智化转型的核心要素。从企业中挖掘出数据的"星星之火",到影响更多人开始重视数据;从人人有意识地"看数",到人人有想法地"用数";从今天的数智化转型之路,到走向数据原生之路。这个过程离不开的是数据组织的建设与数据文化的持续运营,直至每一位员工都开始认识到数据在工作中的必要性,那企业的数智化才算进入了一个全新的阶段。

11.2.1 阿里巴巴数据组织的发展历程

阿里巴巴的数据组织发展主要经历了三个关键阶段。

1. 第一阶段:以数据技术为核心的专业组织

在这一阶段,阿里巴巴完成了专业数据组织的建设。数据组织的建设基于业务发展需要,从技术突破的角度开始组建。其中,组织发展的关键聚焦在优秀数据技术人才的招募、选拔和培养上,同时也因为管理层在顶层设计上的高度重视,数据团队在该阶段已经初具规模。在此阶段,数据团队为业务提供的服务与其他技术团队类似,主要通过承接如取数、分析、报表建设等需求来完成数据服务,文化层面则来自于外部更为优秀公司的刺激,相当于这一批专业人员的自驱力在驱使着每一位同事在朝着数据驱动业务的方向而努力。我们相信,这个阶段与很多刚开始数据建设的企业一样,从最关键的问题出发,通过专业能力组织的建设来完成阶段性问题的突破。在这个阶段,数据文化处于萌芽期,更多的是数据专业人员为自己提出更高、更有意义的要求。

2. 第二阶段:以数据服务为核心的效率组织

在这一阶段,阿里巴巴数据组织的建设基本已经快速走入成熟期,组织框架也在此阶段围绕该形态开始持续建设,从服务效率、资源成本、业务驱动等方面多点开花。

(1)提供业务服务的数据团队。

团队与所服务的业务组织紧密结合,与商业分析师协作,共同服务管理决策;

通过管理决策所用的关键数据持续解构、建设数据产品，服务业务运营人员；通过应用产品、数据资产结合智能算法能力与关键专项业务运营人员共同探索、创新，获得业务结果，最终沉淀出解决方案。

在这个团队中，团队领导者要承载着成为业务CDO（Chief Data Officer，首席数据官）的关键使命，这也是连接业务与数据团队的第一座桥，无论从时间线上看到服务业务的数据团队是否上浮至业务层面，本质上其实都没有发生过任何变化——业务团队需要专业的数据技术与服务都是不变的。在这个团队中，除了CDO职能，核心成员配置通常围绕数据研发、数据产品与数据科学这三个数据岗位形成的稳定"铁三角"。这三个岗位的配备会在业务持续发展的过程中进行灵活配置。

- 初期奠基，强化数据基础：在业务数据建设的初期会优先配备数据研发岗位，以优先解决数据的"稳""准""快"问题。

- 中期扩展，数据赋能运营层：随着数据基础建设的逐步完善，则会开始考虑将服务管理决策的能力持续向运营层下放，让业务组织内的更多人开始用数据工作、用数据说话，这时规模化服务下的职责则需要数据产品岗位的专业人员来承担。

- 成熟深化，洞察预测与创新驱动：当业务人员广泛受益于数据服务之后，数据的价值开始从结果归因转向洞察预测，这标志着数据驱动业务发展的火苗逐渐在整个组织的执行层面点燃。此阶段，关键在于配置数据科学领域的专业人才，让他们在关键项目中深入运营执行，不仅实现预期目标，更能收获意想不到的积极成果。

（2）提供产品服务的数据团队。

作为维持业务服务团队持续高竞争力的两个关键之一，该数据团队通过高度提炼不同业务数据服务团队的共性需求，打造既贴合业务场景又便捷实用的高效服务工具。在这个数据团队中，岗位设置可以类比为专业的数据类软件公司，不仅囊括了数据产品、数据研发、工程技术团队、运维团队等专业技术岗位，还配置了如产品运营、解决方案工程师等商业化类的岗位，以此确保产品的专业性及在所服务范围内的高效覆盖。

（3）提供数据服务的数据团队。

提供数据服务的数据团队是让业务服务团队持续保持高竞争力的另一个关键。该数据团队通过高度抽象不同业务数据服务团队的公共数据及流通数据需求，建设被各业务高度复用的数据公共层及数据资产。此数据团队中的岗位设置在数据专业性上要求极高，配备优秀的数据研发人才负责建设模型，同时也是建模规范的制定者与执行者，例如，阿里巴巴数据中的核心资产OnePerson、OneCompany、OneLocation等均由该团队进行建设。此外，团队还配备了数据安全、数据挖掘及智能算法等岗位，来保障数据基础建设的高效运行与数据流通应用过程中的安全。

3. 第三阶段：以数据价值为核心的商业组织

在这一阶段，阿里巴巴的数据组织开始从服务业务走向自身即业务的商业组织，意在将自身的数据实践带向千行百业中开始重视数据建设的企业。这个组织就是今天的瓴羊，一个真正意义上基于数据原生的企业。在商业组织的建设上，瓴羊基本继承了第二阶段数据组织的建设，快速地进行了面向不同客户群体的组织微调，并在此基础上进行了专业人员的增补与丰富，完成以客户运营为核心竞争力的商业组织迭代。

（1）数智化业务咨询与实施团队。

该团队主要由第二阶段中的提供业务服务和产品服务的数据团队中的解决方案工程师及招募的外部专家快速组建而成，可以说是领域中实践经验顶尖的团队之一。

（2）专注于数据应用、引擎、交换三大领域的数据产品及研发团队。

该团队主要由第二阶段中的提供产品服务和数据服务的数据团队组成，以成熟的产品、优秀的技术能力、可商业化的数据资产、合规的数据流通经验提供商业化的产品及技术服务。

（3）客户运营与客户成功团队。

该团队主要由以往数据团队中的运营、运维及阿里巴巴过往业务中台里专业的服务人员构成，共同为客户提供最专业的保障与支持。

基于上述三个阶段的组织发展历程的描述可以看出，阿里巴巴数据组织的今日格局是其发展脉络中自然而然的进化成果，每一步都踏实地迈向更高的层次。

11.2.2 数据岗位的设定与标准

从数据研发到数据产品再到数据科学，每个岗位都有着清晰的角色职责和能力要求，为数据驱动的业务创新提供了强有力的支持。

1. 数据岗位核心角色与职责

在组织发展的过程中，数据相关类岗位已经有近十个标准模型在阿里巴巴的岗位体系中被明确且给出了清晰的成长通道，其中三个岗位在数据组织建设中尤为关键。

（1）数据研发。

从日常工作角度出发，数据研发聚焦于业务数据建模和数据治理两个方面。其中，业务数据建模是指依据规范建模理论 OneData，产出业务运营所需的数据；数据治理是指对数据的全生命周期管理，包含数据存储治理、数据模型优化、数据资产建设等环节。值得注意的是，高阶的数据研发人员则会参与到 OneData 这类全局建模规范的制定与推广中，以确保数据高质量产出。

上述工作同时对以下三个方面的能力有着较高的要求。

- 业务理解能力：要求其对所服务的业务充分理解，能够将复杂的业务语言转化为数据语言，将业务需求匹配为合适口径和粒度的数据。
- 数据建模能力：要求其依据 OneData 方法论规范设计数据模型，熟练使用大数据计算平台进行批数据处理，能够完成不同场景下的数据库选型及运用。
- 数据运维能力：要求其在日常的任务生产过程中，能够优化数据模型，解决数据倾斜问题，持续保证数据高质量产出。

数据研发岗位作为数据组织的基石岗位，是任何数据组织建设过程中最不可或缺的关键一环。

（2）数据产品。

数据产品的定义包括具备数据专业性的产品经理，在数据专业性上一般可分为两类：一类是以业务洞察为主的数据应用型，如服务商家的经营参谋与生意参谋、服务管理者的数据"观星台"等；另一类则是以数据专业领域为主的数据工具型，如数据采集领域的 Quick Tracking、数据建设领域的 Dataphin、数据可视化领域的 Quick BI 等。在数据专业性之下则是阿里巴巴集团对产品经理统一要求的三大关键内核能力，分别为客户价值定义、产品实现、商业模式&商业节奏规划。基于上述的能力描述，组织在数据产品的选拔、培养、考核上都会基于不同的等级差异给出明确的要求，其本质始终围绕"数据创造业务价值"和"数据消费更普惠"两个角度寻找最适合的产品经理去完成使命。

（3）数据科学。

数据科学是商业分析、数据研发、业务运营三种岗位属性相交叉而来的职位，在阿里巴巴集团多样的业务场景中实现数据价值。该职位要求其具有相关行业技能，能深入理解商业策略，基于业务问题快速给予数据洞察，并产出数据分析报告，设计出相应的数据驱动解决方案。在基础技能上，需要具备统计、算法、商业分析的专业能力；在软性素质上，需要具备跨团队的协同能力和沟通能力，以便更好地完成资源整合，形成数据解决方案。

在阿里巴巴集团，数据科学方向细分为三大类别。

- 数据分析型：侧重于能够依据标准的分析模型快速产出分析报告，对于行业理解有更高的要求。
- 算法型：专注于设计优质的算法模型，辅助业务决策并快速迭代。
- 解决方案型：强调跨团队协作，通过数据资产、数据产品、智能算法等的组合，围绕不同业态沉淀相应的解决方案，并完成能力的推广和复用。

2. 数据组织的紧密合作伙伴

在阿里巴巴集团，商业分析师扮演着管理决策层的"数据智囊"的重要角色，他们通过精密的数据分析，向决策者呈现事实、得出结论、提供建议，并持续监督执行情况直至落地，核心目标是助力业务发展。这一过程中，商业分析师需与数据团队紧密合作，共同定义关键指标口径、沉淀数据分析思路。

商业分析师必备的两项核心专业能力是懂得业务需求，以及对数据的深刻理解。在执行分析任务时，对他们的要求如下。

- 清晰定义问题：针对业务场景所需要解决的问题，能够通过现象探寻本质，对问题有清晰、明确的定义，并理解问题背后的价值。
- 逻辑严谨与框架明晰：基于数据与事实，进行严谨的逻辑解析，用清晰的结构框架对问题背后的原因进行分解，沉淀出有效的分析方法论。
- 系统化思维分析：面向决策制定，能够将零散、复杂的问题整理归纳，以全面整体、关联有序、动态发展的视角看问题，具有系统性思考与分析的能力。

3. 数据文化建设的关键虚拟岗位

（1）CDO。

近年来，CDO作为一个新兴的关键职位，在业界获得了显著的关注与重视。

在阿里巴巴集团的数据组织架构中，CDO 是指服务业务的数据一号位。尽管该岗位在不同的业务组织中有不同的定位，有些会直接服务于业务决策者，有些会隶属于 CTO，或是与战略相关部门绑定，但不变的是——阿里数据团队在阿里巴巴集团各个业务组织中都培养出了 CDO，由 CDO 作为桥梁来完成数据服务及数据文化在业务组织中的驱动。

（2）业务数据官。

业务数据官源自"数据达人分"这一综合评估体系，是阿里巴巴集团中的数据同路人，是数据文化推广路上的深度参与者，是数据在业务组织中的代言人。业务数据官这一称号由阿里数据授予，被授予这个称号的人最显性的特征是在做好本职工作的同时，还能用数据服务于身边的同事。除了识别这些业务数据官，阿里数据更多的是支持业务数据官把数据带到业务中创造价值，成为业务数据官坚实的后盾，携手促进业务的优化与提升。

随着阿里巴巴集团中数据组织的不断完善，数据类岗位也在这个过程中随着专业领域技术进一步深化，在多个细分领域如数据应用与数据库运维、数据安全、数据挖掘都设置了相应的专业岗位。正因为这样的专业性及组织文化的持续积累，阿里巴巴集团的数据技术与产品部在持续的业务发展中始终保持着数据驱动业务创新的强大竞争力。

11.2.3　数据文化的酝酿与繁荣

阿里巴巴数据文化的孕育与发展，紧密伴随了阿里巴巴中台体系 12 载的探索历程。直至今日，在内网中依然可以找到数据之路开始之初招募数据人时高举的"火把"，这把火传承了 12 年，让数据成为企业文化中不可或缺的一部分，甚至可以说是它让阿里巴巴被标榜为一家"数字原生"的企业。这样的文化酝酿离不开两个关键。

1. 关注数据文化建设的"一把手"

阿里巴巴集团的管理者高度重视数据，不仅在管理工作中要求团队用数据进行汇报，更由此驱动了全组织对数据的逐层重视。基于这种管理方式也衍生出了"1NN"决策体系方法论——其中的"1"就是业务的"一把手"，通过"一把手"驱动数据持续地向下建设，让数据变成一种工作语言，逐渐通过语言酝酿成企业文化。

2. 数据组织的图腾"数据委员会"

数据委员会负责对各类数据相关岗位的专业通道进行定义，为数据人指明职业发展的通路和方向。数据委员会由最专业、最资深、最理解数据的人组成，这绝非数据组织本身的"自娱自乐"，而是因为数据委员会凝聚了来自不同业务线的高管、各领域的技术专家，他们因为相信数据的力量而聚在一起，携手推进数据建设，为阿里巴巴集团的发展做出贡献。

在数据文化已经有了高屋建瓴的顶层设计之下，各种各样的运营方式让数据文化持续繁荣。

（1）阿里巴巴集团的数据门户——阿里数据：阿里数据（Data.alibaba）是数据技术与产品部的门面担当，也是阿里巴巴集团的员工有数据诉求时会想到的首选门户。阿里数据不仅帮助大家快速找到自己需要的数据、相关产品和工具，以及数据资产，还汇总了阿里巴巴数据生态的全方位内容，满足多元化的数据需求。

（2）数据技能培训——数据学堂：数据学堂汇集了所有被记录过的数据培训内容，既有《百年数据》这类在数据领域具有前瞻性的大师课，也有"数据化运营"系列课程，教会大家业务中的用数技巧，更不乏如《SQL 取数零基础入门》这样广受欢迎的基础技能培训课程。这些课程累计学习次数已超过 10 万次。

（3）数据人的年度庆典——数据峰会：作为数据人的年度盛宴，数据峰会吸引了百余个业务小组投稿年度数据应用案例。通过阿里数据平台的全员海选投票，再由数据委员会的专家进行评定，最终选出的获奖案例将在数据峰会上进行宣讲，并接受数据委员会的颁奖。

（4）数据应用案例——102 个数据故事：通过历年数据峰会的沉淀和日常工作中记录的数据小故事，数据团队把这些业务中最真实的用数场景精心编撰成册，这些故事不仅有宏观的价值，也有微观的体验，将数据驱动的业务点滴记录下来，传递给每一位与数据息息相关的人，让更多人感受到数据的真正价值。

（5）数据文化的持续运营：将需要数据文化浸染的人群分为三个层次进行运营。

- 新员工层：运营的目标是抢占数据心智，让新鲜血液在第一时间了解数据文化并产生文化认同感，这时开展《百年数据》这样的线上、线下课程就是非常好的引导方式。

- 业务数据官层：关键在于让业务数据官持续获得成就感，这种成就感可以是专业技术能力上的加强，也可以是专题性方案的探讨，业务数据官成长得更好、参与得更多，那么数据文化将会在其所在的业务组织中持续发酵。

- 业务负责人层：旨在向他们展示数据的实效价值，使业务领导者直观认识到数据的威力。如小册子《102个数据故事》、"数据峰会"等都能成为有力的例证，启发思考，激励创新。每位业务负责人都希望在阿里数据平台上推动业务迈向新高，阿里巴巴的数据文化才逐步地走向繁荣。

数据文化的建设方法不局限于上述方式，但其中的核心一定是管理者的持续重视，只有这样才能保障数据文化的持续繁荣。

11.3 数据组织与文化保障企业数据战略落地

11.3.1 数据组织及文化建设的关键点

从阿里巴巴集团到本章介绍的几家典型企业的数据组织与文化的发展来看，建设数据组织及文化的关键点在于管理者在"数字化"工作上的长期主义。真正的重视并非是批准了一年的投入预算，举办了一次全公司级的活动，高薪招募了一名在数据领域具备专业性的员工，而是坚定地将以下一些动作作为习惯且持续推动执行。

1. 制定自己的数据"观星台"

首先确定好企业经营的关键指标，其中不可或缺的一般为能总览业务全景的结果指标及财务指标。业务结果指标需满足可按照重点维度（如不同的业务部门、区域、时间等）拆解的诉求。同时，为了更好地关注业务执行情况，重点业务过程指标也应纳入监测。更进一步，可以加入行业市场相关数据作为辅助参考，以拓宽视角。最终，确保管理者养成定期查阅"观星台"的习惯，并以此为基础不断地推进各项数据的透明度与可读性。

2. 要求团队用数据报表汇报

采用数据报表作为汇报工具的主要目的在于减少数据被主观美化或不当处理的可能性。虽然在数字化转型初期，可能面临没有数据或者手工录入数据的尴尬境地，在这种情况下，坚持使用数据报表汇报就成为促进数据标准化的关键手段。

随着数字化程度的提高，通过"观星台"约束统一的数据口径，进一步确保数据间的一致性和可靠性。

3. 在企业内找到几名懂业务也理解数据的关键人

企业在数据组织建设的初期，成功绝非仅靠引入一两个数据技术或者有经验的专家就能一蹴而就的。企业中找到几位深入理解业务又对数据充满愿景的关键人物非常重要。这些关键人最好是企业的中坚力量，并乐意充当数据变革的"火种"，紧密贴合公司的战略发展与业务现状，引领数据工作的具体实施。唯有如此，数据的落地才可能既打好技术基础又同时兼具业务价值，避免出现规划与企业脱节、技术与业务脱节的局面。

4. 为企业原生和新生的数据人提供明确通道

必须认识到，数据虽是技术发展中的一环，但企业在数字化转型的过程中，需要培育数据文化的新土壤。催生出新的文化则需要明确其存在的意义，在顶层规划中设计出一条数据在业务与技术组织里的额外通路尤为重要。举例来说，在业务领域，那些在达成业务目标的同时，能高效运用数据的员工，是否应当获得更多激励？又或是在技术队伍内部，数据技术专家是否应与其他工程技术岗位一样，享有同等清晰、可量化的专业成长标准？

确立这些路径，旨在为现有数据人才及新晋数据工作者提供清晰的职业发展方向。

5. 在所有新员工的加入过程中引入数据文化

在多数企业环境中，新入职员工群体是最易于接受文化熏陶的。成熟的企业会通过培训来宣传企业文化，而初创型公司则通过团队成员来传递企业文化。如果是一家数字原生的公司，那么企业不用为数字组织和文化的建设而烦恼，因为新员工的文化就是用数据做业务。如果是数字化转型的企业，那就必须考虑在新员工的培训上强化企业的数据文化，在带教人员的安排上，优选那些已经被认证过的数据人作为新人的领路人，加速文化传承与实践。

数据组织与文化的构筑，其源头在于企业的顶层决策者，但文化的深植与延续，则需要决策者自身的"以身作则"，通过自己的看数、用数行为，方能有效驱动数据组织与文化的构建进程与可持续发展。

11.3.2 企业数据组织建设与数据文化运营的建议

在这里,基于阿里巴巴数据组织及在各个企业数字化项目中的服务经验和实践智慧,再结合企业在不同数字化发展阶段的特有情境,分别给出一些建议供参考。

1. 信息化初期融入 DT,让数据能力扎根,数据也是一种资源

我国小微企业众多,其中多数仍沿用手工或代理记账的方式,重点关注"进销存"的状态,这个范畴内的企业面临的更多是生存问题,很难谈及数据组织建设。然而,即便如此,我们仍鼓励此类企业拥抱数据文化的萌芽。如果数据能帮忙进一步看清经营的现状,那就请不要排斥数据文化的建设。

也许在这个阶段,无须立即投资聘请数据专业人才或构建复杂的数据系统,即使只是使用 Excel 清晰记录数据,开始尝试让一些数据变得清晰,企业的生产、销售等环节用清晰的数据进行反馈,就都是数据文化悄然生根的过程。或许有人疑惑,是否应该上一套系统来解决这个问题呢?答案并非绝对,数据文化的培育并不完全受限于信息化系统的完善程度。即便预算有限,企业也能通过多种途径收集数据,关键在于识别数据收集过程中可能的误差风险。

因此,对于处于此阶段并且希望在 10 年内实现快速成长的企业,我们的建议是以管理者为表率,先建立起"用数据说话"的文化基调。一旦数据文化根基稳固,无论是建设流程制度,抑或是通过信息系统建设来规范数据准确性,都有明确的方向与坚实的根基。

2. 信息化成熟期数据驱动,用数据运营业务,从资源转化资产

进入该阶段的企业,基本上都已经在经营规模上达到了一定的水平,各个业务板块、业务环节均实现了信息化在线处理。在此阶段,企业常面临的问题是"信息化的高度成熟是否等同于数字化转型的成功?"基于这个问题,建议企业在构建数据组织时,优先着眼于业务痛点,首先搭建侧重于"数据分析"的数据团队。通过数据分析需求的视角审视数据建设的水平,进而推动数据组织的持续建设。

在持续建设数据组织的过程中,企业内原本的技术团队响应业务分析导向数据需求的效率,成为衡量企业数字化水平的一个关键指标。大部分企业会因为这个驱动力开始从原有技术人才中提拔数据人才,或是招募更为专业的数据人才,加大数据问题的重视与解决力度,进而一步步推动整个数据组织的建设。

随着数据组织的雏形显现，数据文化的塑造应当紧随其后，聚焦于发掘并培养能成为数据文化"火种"的个体。初期，应集中资源聚焦于几个关键业务点的成功，进而通过数据组织持续运营，在各个业务中推广数据文化，推动数字化转型。

3. 数字化初期数据自生长，让数据变成业务，从资产转化商业要素

企业进入此阶段，标志着数字化战略已清晰确立。在这一阶段，数据组织的建设上除了引入专业数据人才，还建议引进外部的数字化转型服务商。考虑到已明确数字化战略的企业往往规模可观，如果数据人才全部依赖外部引进不仅规模庞大，而且耗时长，新人才融入企业环境与业务实操亦存在风险。因此，在人才配置上，提倡"原生+新生"相结合的策略，即内部培养与外部引进并重。同时，携手外部专业服务商，在数字化建设过程中陪跑，辅助企业培养出更多的数据人才，共同打造数据文化，为数据组织的稳固建立与数据文化的蓬勃发展铺设更为顺畅的道路，从而更好地支持企业数据价值的增长。

上述针对不同阶段的企业所提供的策略建议，旨在为意欲踏上数字化征程的企业提供实践指导。更为重要的是，无论企业处于何种发展阶段，坚持从商业本质的角度审视数字化进程，都将会更为有效地、良性地推进数据组织的建设与数据文化的发展。数据在本质上是对商业价值的直接映射，它不是一项被动应对的建设任务，而是企业主动拥抱的变革力量！